笑 雲 入 明 記
쇼운입명기

일본 승려의 눈에 비친 명·일 관계와 무역

이 저서는 2020년 대한민국 교육부와 한국연구재단의 지원을 받아 수행된 연구임 (NRF-2020S1A6A3A01054082).
This work was supported by the Ministry of Education of the Republic of Korea and the National Research Foundation of Korea (NRF-2020S1A6A3A01054082).

일본 승려의 눈에 비친 명·일 관계와 무역

쇼운입명기

쇼운 즈이킨(笑雲瑞訢) 지음
무라이 쇼스케(村井章介)·스다 마키코(須田牧子) 엮음
임경준(林慶俊) 옮김

경인문화사

발간사

한국의 동유라시아 물품학(物品學) 연구 기반 구축

동국대학교 문화학술원은 중장기 연구프로젝트로서 "동유라시아 세계 물품의 문명·문화사" 연구 아젠다를 수립한 뒤, 체계적인 연구 계획 과정을 거쳐 2020년 한국연구재단 HK+사업에 선정되었다. 본 연구 아젠다는 기존의 인간 중심 연구에서 벗어나 '물품'이 중심 되는 연구를 지향한다. 연구 범위는 지리적으로 한반도를 중심으로 우리 역사와 긴밀한 관계를 맺어 왔던 동유라시아 지역을 포괄하며, 시간적으로는 고대로부터 근세까지를 아우른다. 우리 연구단은 이와 같은 동유라시아의 광활한 시공간 속에서 생산·유통·소비되었던 물품에 초점을 맞추어 연구를 수행하고 있다.

본 연구 아젠다는 물품을 실마리 삼아 동유라시아 세계 교류사에 대한 거시적이면서도 구체적인 복원을 목표로 한다. 인류의 역사를 추동해 온 원동력은 바로 '물품'에 대한 욕구였다고 해도 과언이 아니다. 협의의 '물품'은 특정한 목적과 사용을 위해 제작된 '도구의 총체'를 의미하지만, 그 물품이 지닌 기능과 역할은 다양하게 표출된다. 인간은 물품을 생산·교환·소비하는 과정에서 저마다 독특한 취향과 가치관을 형성해 왔고, 특정 물품에 대한 갈망과 욕구는 교환과 거래의 동인이 되는 동시에 갈등과 충돌을 불러오기도 하였다. 이처럼 물품의 역사에 대한 고찰은 물품 자체가 지닌 고유한 특질을 넘어 물품을 둘러싸고 벌어지는 문명과 문화의 복잡한 연쇄과정을 밝혀내는 중요한 작업이다.

인간이 삶을 영위하는 데 있어 필수불가결한 '물품'과 그에 기반하여 형성된 문화는 어느 특정 지역에 한정되어 명멸하기도 하지만, 이동과 교류를 통해 경계를 넘어 융합하고 새로운 문화를 창출해 내기도 한다. 우리 연구단이 설정한 '동유라시아'라는 공간 범위는 한반도를 중심으로 하여 동위도 선상에 있는 중국·일본, 북쪽으로는 몽골고원과 러시아의 우랄산맥 이동(以東) 지역, 서쪽으로는 우즈베키스탄·카자흐스탄·키르기스스탄 일대를 중심으로 한 중앙아시아 지역, 남쪽으로는 태국·캄보디아·베트남·말레이시아·필리핀·인도네시아 등을 아우르는 동남아시아 지역을 포괄하고 있다. 이처럼 동유라시아라는 광활한 공간은 지역마다 서로 다른 다양한 지리적·기후적 조건을 부여하였고, 그러한 환경의 차이는 각 지역마다 고유한 물품과 독특한 문화를 잉태시켰다. 그리고 다양한 방식으로 맺어지는 인간·민족·사회·지역·국가 간의 '관계'는 어느 한 지역에서 생산된 물품이 다른 지역, 더 나아가 다른 문명 세계에 속한 사람들에게까지 영향을 주고 문화의 변동과 진전을 만들어냈다. 즉 기후·자원·기술·정치체제 등 여러 환경적 차이에 기인한 물품의 지역성이 교류의 동력으로 작용하였던 것이다.

우리 연구단은 이러한 문제의식 위에서 동유라시아 각 지역의 물품 관련 사료를 수집·분석한 결과물을 사료총서로 발간한다. 사료의 체계적인 수집과 분석은 역사 연구의 단단한 기초를 다지는 작업이라 할 수 있다. 본 사료총서 시리즈의 발간은 "동유라시아 세계 물품의 문명·문화사" 아젠다 연구 수행을 위한 자료 구축의 일환인 동시에 '한국의 동유라시아 물품학(物品學)' 연구의 초석을 다지는 작업이기도 하다. 특히 '전근대 동유라시아'라는 광활한 시공간을 대상으로 하는 본 연구 아젠다의 특성을 고려하여, 그동안 언어적 한계로 접근이 어려웠거나 아직까지 한국 학계에 소개되지 않은 사료를 중심으로 수집·역주하고 기초적인 해제를 제공하는 것에 역점을 두었다. 연구단의 이러한 노력이 가까운 미래에 한국 물품학 연구의 진전과 확산으로 결실을 맺을 수 있기를 바란다.

2024년 3월

동국대학교 문화학술원
인문한국플러스(HK+)사업단장
노대환

일
러
두
기

- 본서는 일본 승려 쇼운[笑雲]이 1451년부터 1454년에 걸쳐 호토쿠 견명선[寶德度遣明船](권말 에이쿄[永享] 이후 견명선 목록 참조) 1호선에 승선하여 교토와 북경 사이를 왕복할 때 견문을 기록한 여행기이다.

- 본 번역본은 일본학자 무라이 쇼스케[村井章介]·스다 마키코[須田牧子]가 궁내청(宮內廳) 서릉부본(書陵部本) 「입당기(入唐記)」(전1책)를 저본으로 하고, 여기에 내각문고본(內閣文庫本) 「입당기」(전1책)·도쿄대학 부속 총합도서관본 「석쇼운입명기[釋笑雲入明記]」(전1책)·사적집람본(史籍集覽本) 「인포입당기[允澎入唐記]」·『갑자야화(甲子夜話)』 수록본 「입당기」를 대교(對校)하여 출간한 일본어 역주본 『笑雲入明記: 日本僧の見た明代中國』(초판: 2010, 전자판: 2018, 平凡社)을 한국어로 역주한 것이다.

- 본서는 가독성을 고려하여 원문을 아래의 방침에 따라 번역했다.

    1. 일본어 역주본은 원칙적으로 상용한자를 사용하고 있어 번체자·이체자도 상용한자로 수정하였으나 본서는 한국 학계의 상황에 맞게 모두 번체자로 수정했다. 저본에 동일한 뜻의 이체자가 병용되었을 경우는 아래와 같이 통일했다. '菴'·'庵' → '庵', '龍'·'竜' → '龍', '峰'·'峯' → '峰', '余'·'餘' → '餘', '飯'·'帰' → '歸', '鐵'·'鉄' → '鐵'.
    2. 일본어 역주본은 일본식 구두점을 사용하였으나, 모두 한국식 구두점으로 수정했다.
    3. 본문 사이에 삽입된 할주(割註)는 〈 〉로 표기하고 대화나 인용 부분은 " "으로 표기했다.
    4. 원문에 반영된 대두(擡頭)나 궐자(闕字)는 생략했다.

5. 원문에 대한 대교 원칙은 기본적으로 일본어 역주본을 따랐으나, 수정할 점이 있는 경우 [역자주]를 명기한 뒤 그 이유를 밝혔다.
6. 일본어 역주본이 내용에 따라 전문을 12장으로 나누고 표제를 첨가한 것을 그대로 번역했다.
7. 일본어 번역본은 초보적인 설명까지도 상세한 역주를 달았다. 역사적·지리적 사항에 중점을 두었고 본문 중에 인용되는 시에 대해서도 원문 출처를 밝히고 있다. 본서에서도 이를 모두 번역했다.
8. 일본어 번역본은 2018년에 전자서적을 출간하면서 그간 지적받은 오류를 수정했다. 이를 본서에서는 [보주]라 명기한 뒤에 번역했다.
9. 일본어 번역본의 설명이 불충분하거나 오류가 있을 경우에는 [역자주]를 명기한 뒤에 관련 내용을 서술했다.
10. 중국 인명·지명은 한국식 한자 독음을 노출시키고 원문을 ( )으로 처리했고, 일본 인명·지명은 일본식 독음 뒤에 [ ]로 처리했다. 관직은 중국과 일본 모두 한국식 한자 독음으로 표기했다.

八日夜半逆風落帆而飄泊平明掛帆而走曉至碑山日本漁人
小舟六七隻在此來誇我國平安
九日山風多態舩三進而三退
十日終日雷而晚觀大魚長六七丈今以為鯨水夫曰非鯨
十一日早發碑山載漁翁一人以為南針
十二日朝无對馬嶋夕右壹岐嶋駕風御潮一日走百餘里泊于
　志賀嶋
十三日發志賀嶋至筑前安威嶋
十四日曉發芦屋日未曉到于長門國赤間關則吾日本享德
三年甲戌七月十三日也關吏曰二号舩今月五日先入關三号
舩六日方至七号舩十一日到岸九号舩今方未了云
綱司特急遞符告飯朝于京師

궁내청(宮內廳) 서릉부(書陵部) 소장, 아라이 하쿠세키[新井白石] 구장본(舊藏本).
아라이 하쿠세키의 호 '군미(君美)'가 쓰인 인장이 보인다.

將取水則高麗大眈送羅也
丈八日 遣一書求水官人二員來初疑遼到船中看大明書
籍等去送水三艘
六九日 晦三號船亦至此隔二里許
七月一日 都節制命撼兵官金進山送賞賜其礼云
白米二十斗粟米三十斗海雪十五斗燒塩十器濁醪十盆
茄子三百枚犬麻三百根乾魚二百尾豚四口雞二十首際 金進山
二日 撼兵官書至曰昨日六號船揚帆南走不知何處去
三日 水夫將唐麻三百斤打大綱
四日 三號船黎明解纜去
五日 立秋謁金進山、備水飯一中
六日 都訓使送黃瓜柴子甘醬綱司餉以腰刀一把
七日 朝有西風船後大眈沒羅

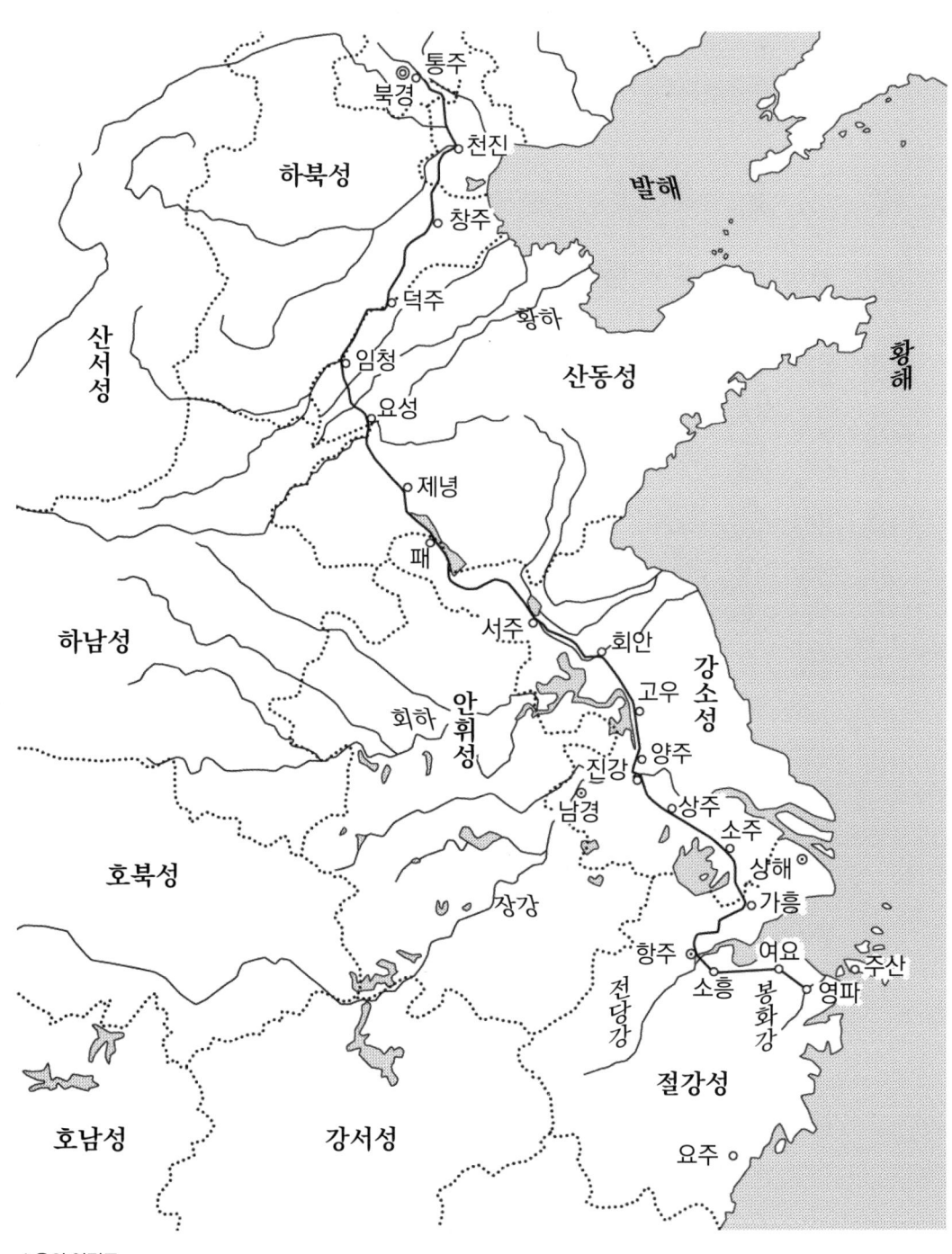

쇼운의 여정도

목차

	발간사	4
	일러두기	6
제1장	본서의 성립 과정	13
제2장	일본을 떠나 영파로	19
제3장	영파에서 보낸 날들(1) : 연회와 관광	35
제4장	영파에서 보낸 날들(2) : 출발 준비	47
제5장	영파에서 항주로 : 항주 관광	59
제6장	항주에서 북경으로	71
제7장	북경에서 보낸 날들(1) : 조견과 사연	85
제8장	북경에서 보낸 날들(2) : 황도 유람	99
제9장	북경에서 남경으로	113
제10장	남경에서 영파로 : 정사의 죽음	129
제11장	영파에서의 귀국 준비	143
제12장	제주도 표착, 그리고 귀국	151

부록 1 : 원문	157
부록 2 : 참고자료	187
해제 및 해설	239
영인자료	269
옮긴이 후기	294

제1장 본서의 성립 과정

「입당기(入唐記)」 제첨(題僉)

쇼운 세이도[咲雲西堂][1]는 휘(諱)가 즈이킨[瑞訢]이며 이전 임천사(臨川寺)[2] 기쇼헌선사[季章憲禪師][3]의 상족(上足)[4]이니 대저 견줄 데가 없을 정도로 뛰어난 인물[5]이다. 호토쿠[寶德] 3(1451)년 신미(辛未) 해에 국사(國使)를 따라 대명(大明)을 유람하였다. 10월 경사(京師)를 떠나 임신(壬申/1452)년[6] 정월에 치쿠시[筑紫][7]의 하카타[博多][8]에 이르렀다. 8월 하카타를 떠나 계유(癸酉/1453)

---

1 [역자주] 쇼운 세이도[咲雲西堂]:『쇼운입명기[笑雲入明記]』의 저자인 쇼운[笑雲]을 가리킨다. 세이도[西堂]는 무로마치[室町] 시대에 십찰(十刹)이나 오산(五山)의 임명을 받은 이의 승계(僧階)로서도 사용되었다. 한편 오산의 주지는 도도[東堂]라 하여 승려의 존칭으로도 쓰였다. 西尾賢隆,「西堂」,『國史大辭典』.

2 임천사(臨川寺): 십찰(十刹)의 하나. 교토시[京都市] 사쿄구[右京區] 사가덴류지[嵯峨天龍寺] 쓰쿠리미치쵸[造路町]에 위치하는 임제종(臨濟宗) 사찰이다. 산호(山號)는 레이기잔[靈龜山]이다. 본래 가메야마[龜山] 천황의 이궁으로 가와바타도노[川端殿]라 불렸다. 가메야마 천황의 황녀 쇼케몬인[昭慶門院]의 양자가 된 도키요시[世良] 친왕(親王)이 선사(禪寺)로 삼으려 했으나 요절하여 이루지 못하였다. 부친 고다이고 천황[後醍醐天皇]이 그 유지를 이어받아 무소 소세키[夢窓疎石]를 개산(開山)으로 하여 창건하여 칙원소(勅願所)로 삼았다. 무소는 여기에서 은거하였고, 무소파[夢窓派]의 사찰로 지정하고 입적하였다. 아시카가 다카우지[足利尊氏]는 사찰의 보호에 힘을 쏟아 십찰 제2위로 삼았다. 아시카가 요시미츠[足利義滿] 시기에는 오산(五山)의 하나로 자리매김하였다.

3 기쇼헌선사[季章憲禪師]: 기쇼 슈켄[季章周憲]을 가리킨다. 임제종 무소파에 속하며 모린 슈슌[茂林周春]의 법사(法嗣)이자 무소 소세키의 법손(法孫)에 해당한다.

4 상족(上足): 우수한 제자를 가리킨다.

5 견줄 데가 없을 정도로 뛰어난 인물: 원문은 '一夔足'. 우수한 인물을 의미하는 '夔一足'과 같은 의미인 듯하다. [역자주]『여씨춘추(呂氏春秋)』, 권22, 신행론(愼行論), 찰전편(察傳篇)에 등장하는 고사인 "若夔者一而足矣. 故曰夔一足, 非一足也"에서 유래하는 표현으로 뛰어난 인재라는 뜻이다.

6 임신(壬申): 호토쿠[寶德] 4년·교토쿠[享德] 원년에 해당한다.

7 [역자주] 치쿠시[筑紫]: 일반적으로 규슈[九州] 지역 전체나 북부인 지쿠젠[筑前]·지쿠고[筑後] 일대를 가리킨다.『日本國語大辭典』.

8 [역자주] '좁은 의미의 하카타'는 현 후쿠오카시 중심부를 가리킨다. 이에 비해 '넓은 의미의 하카타'는 하카타만[博多湾] 일대를 폭넓게 지칭한다. 고대의 하카타는 다자이후[太宰府]의 외항(外港)으로서 외국사절을 접대하는 외교 거점으로 기능하였는데, 9세기 이후에는 동아시아 해역에서 해상(海商)의 활동이 활발해짐에 따라 중세 일본 최대 규모의 국제무역 도시로 번성하였다. 고대·중세의 하카타는 경제와 외교 양 측면에서 일본의 대외 창구로서 독보적인 지위를 차지했는데, 15세기에 무로마치 막부가 대명(對明) 통교를 재개하면서 견명(遣明) 사절의 출항지로 지정되었다. 견명선(遣明船)이 명에 도항하려고 하카타만에 집결할 때는 하카타 상인의 주도로 선박 점검과 수리가 행해

년[9] 3월 19일에 비로소 바닷길에 올랐다. 4월 21일[10]에 대명의 영파부(寧波府)[11]에 닿았다. 9월 북경(北京)에 들어갔다. 갑술(甲戌/1454)년[12] 2월 28일에 북경을 떠나 6월 23일에 귀국하는 배의 닻을 올리고 출항하였다.[13] 7월 14일 나가토국[長門國][14]에 닿았다. 신미(1451)년에서 갑술(1454)년 가을에 이르기까지 900여 일의 여정[15]이었다. 명(明)에서 둘러본 것은 기록하지 않은 바가 하나도 없으니, 그 제목을 입당기(入唐記)라 하였다. 병자(丙子/1456)년[16] 봄, 본인[17]이 마침 관원(官院)[18]에 거할 때 쇼운[咲雲/笑雲]에게 청하여[19] 교토[京都] 등지사(等持寺)[20]의 수좌(首座)[21]를 맡게 하였

졌다. 이 시기에는 도시 하카타만이 아니라 하카타만에 점재하는 하코자키[箱崎]·시카노시마[志賀島]·노코노시마[能古島]와 같은 항만도시들 역시 서로 유기적인 네트워크를 이루면서 하카타만 전체가 항구도시의 복합체로서 기능하였다는 특징이 있다. 伊藤幸司, 「港町複合體としての中世博多湾」, 同 『中世の博多とアジア』, 勉誠出版, 2021 참조.

9 계유(癸酉): 쿄토쿠 2년에 해당한다.
10 4월 21일: 본문에는 '입일(廿日)'로 되어 있다.
11 영파부(寧波府): 송대 이후 무역선의 발착지이다. 중국 절강성(浙江省) 동부의 영파시(寧波市) 일대에 해당한다. 여요강(余姚江)과 봉화강(奉化江)이 용강(甬江)에 합류하는 지점에 위치한 항구도시로 시박사(市舶司)가 설치되어 번영하였다. 당 중기인 738(開元 26)년에 명주(明州)로 명명되었다가 남송대에 경원(慶元)으로 개칭되었고 명이 성립된 뒤인 1381(洪武 14)년에 영파부(寧波府)가 되었다. 명대에는 일본 선박의 입항은 영파에 한정되어 있었다.
12 갑술(甲戌): 쿄토쿠 3년에 해당한다.
13 배의 닻을 올리고 출항하였다: 원문은 '解纜'이다. 선박을 맨 밧줄을 풀고 출항하는 것을 뜻한다.
14 [역자주] 나가토국[長門國]: 율령제 하 산요도[山陽道]에 속하는 국명. 오늘날의 야마구치현[山口縣] 동북부에서 서부에 이르는 지역 일대에 해당한다. 혼슈[本州]의 서쪽 끝에 위치하여 동쪽을 제외한 삼면이 세토내해[瀨戶內海]·히비키나다[響灘]로 둘러싸여 있어 해역을 통하여 일본열도뿐만 아니라 한반도와 중국 대륙과도 교통하였다. 八木充, 「長門國」, 『國史大辭典』.
15 [역자주] 900여 일의 여정: 본문에서 말하는 900여 일의 여정은 쇼운이 교토를 떠난 1451(호토쿠 3·신미)년부터 일본에 귀국한 1454(쿄토쿠 3·갑술)년까지를 가리킨다.
16 병자(丙子): 고쇼[康正] 2년에 해당한다.
17 본인: 즈이케이 슈호[瑞溪周鳳, 1391~1473)를 가리킨다. 무로마치 시대에 활약한 임제종 몽창파(夢窓派)의 승려로 오산문학승(五山文學僧)으로서 그 명성이 일세를 풍미하였다. 1446(文安 3)~1447(文安 4)년, 1456(康正 2)~1460(寬正 원)년, 1467(應仁 원)년 세 차례에 걸쳐 상국사(相國寺) 녹원원(鹿苑院)의 탑주(塔主)로서 승록(僧錄)에 복무하였다. 간쇼[寬正] 견명선의 경우 일본 측의 국서를 담당하였고 이후 외교문서를 수집하여 『선린국보기』를 찬술하였다. 竹貫元勝, 「瑞溪周鳳」, 『國史大辭典』.
18 관원(官院): 즈이케이 슈호가 주석하던 상국사 녹원원을 가리킨다. 그는 1456(康正 2)년부터 1460(寬正 원)년까지 이곳에서 주석하였다.
19 청하여: 원문은 '屈'이다. 屈請, 즉 어떤 지위에 오르도록 정중하게 초청하는 것을 가리킨다.
20 등지사(等持寺): 등지원(等持院)이라고도 한다. 교토시 북구에 위치한 임제종 천룡사파(天龍寺派)의 사찰로 산호(山號)는 만년산(萬年山)이다. 아시카가 다카우지[足利尊氏]가 랴쿠오[曆應] 연간(1338~1342)에 무소 소세키를 개산으로 하는 선원으로 창건하였고, 이후 아시카가 씨의 보제소(菩提所)가 되었다. 이후 아시카가 요시미츠가 1377(永和 3)년에 십찰(十刹)의 수위(首位)로 지정하여 상국사가 창건되기까지 아시카가 씨의 가찰(家刹)이자 관찰(官刹)로서 막부의 공적·사적 업무를 담당하였다. 이후 1446(文安 3)년과 1466(文正 元)년 두 차례에 걸쳐 화재가 발생하여 폐사(廢寺)에 가까운 상황이 되며 급속하게 영향력을 상실하였다. 竹貫元勝, 「等持院」, 『國史大辭典』.
21 수좌(首座): 원문에는 '表率'로 되어 있다. 모범이 되어 무리를 이끄는 것을 가리키는데, 선종(禪宗)에서는 이를 수좌

는데, 기한이 차서 떠나게 되었다. 얼마 지나지 않아 다시 추천하여 등지사에 주석하게 하였다. 수좌와 주지(住持)로서 전후하여 5년을 지냈다.[22] 내가 만날 때마다 반드시 대명에 갔을 때의 일을 물었는데, 들려주는 이야기 하나하나가 자못 상세하였다. 내가 원래 거하던 자운암(慈雲庵)[23]으로 물러나던 날 쇼운 역시 우지[宇治]의 조월암(釣月庵)[24]으로 돌아갔다. 하지만 때때로 방문하여 친교가 깊어지기에 이르렀다.[25] 내가 근래 『선린국보기(善隣國寶記)』[26]를 찬술하였다. 이른바 입당기를 『선린국보기』 말미에 덧붙임으로써 훗날 대명에 들어가려는 이가 지침[南針][27]으로 삼도록 하고자 한다.[28]

때는 오닌[應仁] 정해(丁亥/1467)년 중추(仲秋/8월). 와운(臥雲)[29] 유승(羭僧)[30]이 쓰다.

라 한다. 수좌란 수행승 중에서 제1좌로 장로(長老, 즉 住持)에 다음가는 자리를 가리킨다. 『와운일건록발우(臥雲日件錄拔尤)』 조로쿠[長祿] 2(1458)년 정월 8일조에 '等持寺 首座 笑雲'이라 기재되어 있어 이때 쇼운 즈이킨이 등지사의 수좌였던 것을 알 수 있다.

22 수좌와 주지(住持)로서 전후하여 5년을 지냈다: 원문은 '分座·正座前後五歲'로 처음에는 수좌로서 이후에는 주지로서 통산 5년간 등지사에 있었다는 뜻이다.
23 자운암(慈雲庵): 원문은 '弊廬'로 즈이케이 슈호가 당시 거처하던 자운암(현 교토시 사쿄구 소재)을 가리킨다.
24 우지[宇治]의 조월암(釣月庵): 오늘날의 교토부 우지시 마키시마[槇島]에 위치한 암자. 에이토쿠[永德] 원(1381)년 정월 2~3일에서 시토쿠[至德] 3(1386)년 2월 9일에 기도 슈신[義堂周信]은 '宇治河中槇木嶼(槇島)'에 있는 조월암을 방문하여 암주(庵主)인 '우승도인(祐乘道人)'과 만났다는 기록이 있다. 『공화일용공부약집(空華日用工夫略集)』 동월조 참조.
25 때때로 방문하여 친교가 깊어지기에 이르렀다: 『와운일건록발우』에 쇼운과의 교류가 빈출된다.
26 선린국보기(善隣國寶記): 즈이케이 슈호의 저술로 사절과 승려의 해외 도항·왕래에 관한 기사와 중세 일본의 외교문서를 수록하고 있는 일본 최초의 외교사 저작이다. 분쇼[文正] 원(1466)년 8월에 고본(稿本)이 성립된 이후 여러 차례 증보가 이루어져 분메이[文明] 2(1470)년 12월에 완성되었다고 전해진다. [부록2]를 참조.
27 지침[南針]: 자석, 길잡이, 지침을 뜻한다.
28 본 구절에서 즈이케이 슈호가 『선린국보기』를 찬술할 때에 『쇼운입명기』를 찬입할 예정이었던 것을 알 수 있다. 그러나 현존하는 『선린국보기』 판본 중에서 『쇼운입명기』가 수록된 판본은 찾을 수 없다. 수록하려 하였다가 결실을 맺지 못하였거나 아니면 수록한 판본이 전해지지 않았던 것으로 추정된다.
29 와운(臥雲): 즈이케이 슈호의 별칭 중 하나.
30 유승(羭僧): 즈이케이 슈호의 별칭 중 하나.

제2장 일본을 떠나 영파로

지도 1 「해경도(海境圖)」, 『가정정해현지(嘉靖定海縣志)』 가정 42(1563)년 간행. 천일각장명대방지선간속편(天一閣藏明代方志選刊續編), 상해서점(上海書店), 1990년 소수.

① 연화양(蓮花洋, 蓮華洋)　② 보타산(補陀山, 普陀山)　③ 심가문(沈家門)　④ 보타사(寶陀司)
⑤ 주산(舟山)　⑥ 대산사(岱山司)　⑦ 라봉사(螺峯司)　⑧ 잠강사(岑江司)　⑨ 초보산(招寶山)
⑩ 정해항(定海港)　⑪ 정해위(定海衛)·정해현(定海縣)　⑫ 영파부(寧波府)

입당기(入唐記)

1451(호토쿠 3, 경태 2, 신미)년 10월

일본국(日本國) 호토쿠 3년 신미(辛未) 겨울 10월 26일에 견명선(遣明船)의 전사(專使)[31] 도요 인포[東洋允澎][32]·강사(綱司)[33] 조산 호테이[如三芳貞][34] 등이 경사(京師)를 떠났다.

28일, 셋슈[攝州]의 효고[兵庫][35]에 이르러 영복도량(永福道場)[36]에 머물렀다.

---

31 [역자주] 전사(專使): 견명사(遣明使)의 총책임자인 정사(正使)를 가리킨다. 견명사는 정사·부사(副使)·거좌(居座)·토관(土官)·종승(從僧) 등으로 구성된다. 小葉田淳, 『中世日支通交貿易史の研究』, 刀江書院, 1941. 호토쿠 견명사의 정사는 도요 인포[東洋允澎]이다.

32 [역자주] 도요 인포[東洋允澎]: 몽창파(夢窓派) 영송문파(靈松門派)의 승려로 호토쿠 견명사가 조직되던 1449년경에는 천룡사(天龍寺)에 주석하였다. 생년과 속세의 성명은 불명이다. 1453(경태 4·향덕 2)년 견명사의 정사로서 입명(入明)하여 막부의 대명(對明) 교섭을 총괄하였으나, 이듬해인 1454(경태 5)년 북경(北京)에서 영파로 돌아가던 중 항주(杭州) 무림역(武林驛)에서 병사하였다(경태 5년 5월 19일조). 玉村竹二, 『五山禪僧傳記集成』, 思文閣出版, 2003, 514쪽.

33 [역자주] 강사(綱司): 견명사의 무역 실무를 총괄하는 비상설직으로 거좌와 토관을 통할한다. 小葉田淳, 『中世日支通交貿易史の研究』, 刀江書院, 1941. 호토쿠 견명사의 강사는 조산 호테이[如三芳貞]다.

34 조산 호테이[如三芳貞]: 생몰년과 속세의 성명은 불명이다. 천룡사의 사찰 경영을 담당하는 동반중(東班衆)의 최고위 도문(都聞)을 역임하였다.

35 [역자주] 셋슈[攝州]의 효고[兵庫]: 현 효고현[兵庫縣]의 고베시[神戶市]. 오와다노토마리[大輪田泊]라고도 불리는데, 816(弘二 2)년 정박하는 배를 보호하기 위해 제방이 축조되었다. 타이라노 기요모리[平清盛]는 송(宋)과의 통교·무역을 위해 이 항구를 중시하여 큰 선박의 정박이 가능하도록 대규모 공사를 진행하였다. 이 공사는 동대사(東大寺)의 승려 조겐[重源]이 계승하여 완성하였다. 그 이후 효고라는 이름이 붙여졌고 무로마치 시대에는 아시카가 요시미츠가 대명 외교를 개시한 이후 견명선의 출항지로서 번성하였다. 이후 명조와 조선에서 파견된 사절은 하카타[博多]·아카마가세키[赤間關]·효고를 비롯한 3개소에서 입경 절차를 밟게 되었다. 「兵庫」, 『日本史辭典』.

36 [역자주] 영복도량(永福道場): 현 효고현 고베시 소재. '도량(道場)'이란 명칭을 볼 때 당시에는 시종(時宗)계의 사원이었던 듯 하나 1696년(元禄 9)의 「효고진회도[兵庫津繪圖]」에는 정토종계의 사원으로 기록되어 있다. 시종은 13세기 후반 잇펜[一遍]이 개창한 정토교(淨土敎)의 일종으로 전성기는 가마쿠라[鎌倉] 후기부터 무로마치 전기까지이며 신자의 중심은 상급 무사였다. 무로마치 후기에는 정토진종(淨土眞宗)이 급격하게 팽창함에 따라 신자가 유출되며 점차 쇠락하였다. 「時宗」, 『日本史辭典』.

그림 1   초보산(招寶山)에서 조망한 용강(甬江) 하구. 절강성(浙江省) 영파시(寧波市). 이 강을 거슬러 올라가면 영파에 이른다. 2006년 8월 촬영.

11월

9일, 한밤중에 동풍이 불어 견명선이 효고를 떠났다.

14일, 빈고[備後]의 오노미치[尾道][37]에 이르러 20일간 머물렀다.

12월

11일, 나카토국[長門國]의 아카마가세키[赤間關][38]에 이르러 영복사(永福寺)[39]에서 묵었다. 절

---

37 빈고[備後]의 오노미치[尾道]: 현 히로시마현[廣島縣]의 오노미치시[尾道市]. 세토내해 교통의 요충지다. 『무자입명기(戊子入明記)』에는 다지마[但馬]・미마사카[美作]・빗츄[備中]・빈고 등지에서 보낸 적동[赤銅]이 오노미치에서 집적되었다는 기록이 있다.

38 [역자주] 아카마가세키[赤間關]: 현 야마구치현[山口縣] 시모노세키시[下関市]. 해협을 사이에 두고 마주한 모지노세키[文司關]와 함께 무로마치 막부가 오우치씨[大内氏]를 통해 외교사절의 왕래를 관리하던 항만도시로 성장하였다. 조선에서 일본으로 파견된 사절단은 물론이고 견명사 역시 이곳에서 통관 절차를 거쳐야 했다. 무로마치 막부가 사츠마[薩摩]의 시마즈씨[島津氏]를 통해 조달한 유황(硫黃)은 아카마가세키에서 견명선에 적재되어 명조로 수출되었다. 須田牧子, 「中世後期における赤間關の機能と大內氏」, 『ヒストリア』189, 2004.

39 [역자주] 영복사(永福寺): 현 야마구치현 시모노세키시에 위치한 사찰. 헤이덴 지킨[平田慈均]을 중흥개산(中興開山)으로 하는 임제종 남선사파(南禪寺派)의 사찰로 산호는 중관산(重關山)이다. 견명선이 아카마가세키에 기항하면

앞 바다를 사이에 두고 1리 떨어진 곳에 곧 부젠[豐前]의 모지노세키[文字關][40]가 있다. 〈모지[文字] 또는 모지노세키[門司關]로도 쓴다.〉

1452(호토쿠 4, 경태 3, 임신)년 정월

임신(壬申)년 정월 5일에 견명선이 치쿠젠[筑前]과 하카타[博多]에 이르러, 묘락사(妙樂寺)[41]의 방을 빌려 묵었다.[42]

8월

18일, 1호선[43]은 하카타[博多]를 떠나 시카노시마[志賀嶋][44]에 정박하였다.

19일, 2호선과 3호선은 함께 시카섬에 이르러 문수대사(文殊大士)[45]에게 예를 올렸다.

정사와 부사를 비롯한 견명사 일행은 영복사를 숙사로 배정받곤 했다. 명이나 조선에서 파견된 사절도 마찬가지여서 조선 전기의 문신인 송희경(宋希璟, 1376~1446)의 경우 영복사에 묵으면서 노승과 한시(漢詩)를 주고받은 일이 전해진다. 伊藤幸司, 「中世後期外交使節の旅と寺」, 中尾堯編, 『中世の寺院體制と社會』, 吉川弘文館, 2002.

40 [역자주] 모지노세키[文字關]: 모지노세키[門司關]의 이칭으로 현 후쿠오카현[福岡縣] 기타큐슈시[北九州市]에 위치한다. 아카마가세키와 함께 혼슈와 규슈 사이의 간몬[關門] 해협을 관리하는 교통상의 요지로 기능하였다. 須田牧子, 「中世後期における赤間關の機能と大内氏」, 『ヒストリア』 189, 2004.

41 [역자주] 묘락사(妙樂寺): 현 후쿠오카현 후쿠오카시에 위치하는 임제종 대덕사파(大德寺派)의 사원으로 산호는 석성산(石城山)이다. 하카타 일대에 위치한 성복사(聖福寺)·승천사(承天寺)·묘락사를 비롯한 사찰은 외교사절의 숙소로 이용되곤 하였고 막부의 대외 업무를 담당하던 외교승 역시 여기에서 다수 배출되었다. 伊藤幸司, 「中世後期外交使節の旅と寺」, 中尾堯編, 『中世の寺院體制と社會』, 吉川弘文館, 2002.

42 방을 빌려 묵었다: 원문은 '僦'로 빌린다는 뜻. 즉 묘락사에서 방을 빌려 묵었다는 의미이다.

43 1호선: 국서(國書)를 소지한 정사가 승선하는, 사절단을 대표하는 선박으로 쇼운도 여기에 승선하였다. 호토쿠 견명사의 경우 천룡사(天龍寺)가 경영을 맡았다. 이외에 3호선과 9호선도 천룡사, 2호선과 10호선은 이세[伊勢]의 법락사(法樂舍), 4호선은 규슈 단다이[九州探題], 5호선은 시마즈씨(단 도항하지는 않았다), 6호선과 7호선은 오우치씨, 8호선은 장곡사(長谷寺)와 도노미네[多武峰]가 운영하였다. [부록 2] 참조.

44 시카노시마[志賀嶋]: 현 하카타만 입구에 있는 섬. 하카타만은 수심이 깊어 외양선 항해에 적합하지 않은 탓에 시카노시마에 외양선을 계류하고 작은 배로 하카타로 입항하는 경우가 많았다. 견명선의 경우 사전에 준설이 이루어져 하카타에서 직접 출항한 듯한데(『책언화상초도집(策彦和尙初渡集)』 덴문[天文] 8년 정월 28일조), 출항 전에는 반드시 시카노해신사[志賀海神社]에서 참배하여 항행의 안전을 기도했다. 간쇼[寬正] 견명선 때에는 시카노시마에도 유황을 배치하는 등 견명선의 물자 집적지로도 이용되었다(『무자입명기』).

45 문수대사(文殊大士): 시카노해신사 길상사(吉祥寺)에 안치된 문수보살상을 의미한다. 13세기의 엔지[円爾]가 오대산(五臺山)에서 가져온 것이라 전한다. 소우기[宗祇]의 『쓰쿠시도기[筑紫道記]』나 『실륭공기(實隆公記)』 에이쇼[永正] 7(1510)년 6월 11일조에 관련 기사가 있는 외에 덴분 8년 견명사의 부사를 맡았던 사쿠겐 슈료[策彦周良]가 "시카노시마의 문수당(文殊堂) 앞"에서 시가회(詩歌會)를 개최한 바 있다(『책언화상시집(策彦和尙詩集)』). 이 문수보살상은 폐불훼석으로 길상사가 파괴되었을 때 근처에 위치한 장엄사(莊嚴寺)에 옮겨져 현존하고 있다.

23일, 새벽에 시카노시마를 떠나 30리를 가 히라도섬[平戶嶋]⁴⁶에 이르러 만복도량(滿福道場)⁴⁷에서 묵었다.

24일, 유선(類船)의 감합(勘合)⁴⁸을 검사하였다. 밤이 되어서 사쓰마[薩摩]의 선박이 유황(硫黃)을 싣고⁴⁹ 히라도섬에 이르렀다. 1호선을 본선으로 하고 여기에 속하는 것을 속된 말로 유선(類船)이라 한다.

9월

5일, 아침에 히라도를 떠나 오후에 아즈치 오오시마[小豆大島]⁵⁰에 이르렀다.

---

46 히라도섬[平戶嶋]: 견명선의 항로 중에 위치하는 탓에 간쇼 견명선의 경우 막부로부터 히라도 마쓰우라[松浦] 히젠노카미[肥前守]에게 경계령이 내려지기도 했다(『무자입명기』). 덴분 8년 견명사도 히라도에 기항하여 보문사(普門寺)에 묵을 때에 마쓰우라 히젠노카미의 저택에서 접대를 받은 바 있다(『책언화상초도집』 덴분 8년 3월 22일·23일조). 다만 이 보문사는 마쓰우라 덴소[松浦天叟]가 개창한 사찰로 그 명칭은 아시카가 요시미츠의 법호에서 유래한다고 알려져 있다.
47 만복도량(滿福道場): 미상. 시종계 사원으로 추정된다.
48 감합(勘合): 명조에 도항할 때에 견명선이 의무적으로 소지해야 했던 도항증명서. 명 황제가 바뀔 때마다 100장씩 지급된, 인장이 나뉘어 찍힌 용지이다. 견명선이 파견될 때에는 선박 한 척당 한 장씩 지급되어 명측에 사증으로 제공되었다. 감합에는 일련번호가 부여되었고, 명 황제가 바뀌어 새 감합이 지급되면 다음 번 견명사가 아직 다 쓰지 않고 남은 감합을 반납하는 것이 관례였다. 통상 막부의 자산을 관리하는 기관인 공방어창(公方御倉)에 보관되다가 견명사가 출항할 때 음양헌주(蔭凉軒主)가 각 선박의 경영자에게 전달했다. 견명선의 이권을 둘러싼 경쟁이 치열해지고 아시카가씨가 분열되어 복수의 쇼군이 등장하는 15세기 말경부터는 감합 자체가 권리증서로 유통되고 반납도 제대로 이루어지지 않아 신구 감합이 뒤섞여 복잡한 양상을 띠게 된다. 호쿠토 견명선의 각 선박에는 선덕(宣德) 감합의 본자(本字) 7호에서 16호가 지급되었다. 이 중 1호선에 지급된 본자 7호에 적힌 자문(咨文)이 『선린국보기』에 실려 있다([부록 2] 참조). 귀국 시에는 경태제로부터 새롭게 감합 100장, 저부(底簿) 1선(扇)을 하사받았다. 저부는 감합과 대조할 수 있도록 작은 종이 100장을 묶은 것이다. 다만 이외의 선덕 감합은 다음 간쇼 견명선이 도항했을 때 반납했다. [역자주] 명조가 연안 주민이 해구(海寇)와 밀무역하는 것을 막으려고 1383(洪武 16)년 제정하였다. 태국을 시작으로 점차 50여 국을 대상으로 시행하였으며 일본에 적용된 것은 1404년(永樂 2)이다. 일본이 감합무역을 통해 명에 수출한 주요 품목은 도검(刀劍), 유황(硫黃), 동(銅), 부채(扇)이며 수입품은 동전(銅錢), 서적, 생사(生絲), 의상(衣裳) 등이다. 「勘合符」, 『日本史辭典』.
49 사쓰마선이 유황을 싣고 이르렀다: 유황은 일본 측이 명조에 가장 많이 수출하는 품목 중 하나로 호토쿠 견명사의 경우 총 39만 7,500근에 달했다(『당선일기(唐船日記)』, [부록 2] 참조). 이 시기 유황의 주산지는 사쓰마의 이오섬[硫黃島]였는데, 무로마치 정권은 견명선을 파견하기에 앞서 유황 사절을 사쓰마에 보내 시마즈씨가 이를 진헌하게끔 했다. 호토쿠 견명선의 경우 천룡사가 경영하는 선박만 유황을 취급하게 하고 다른 선박에는 금지한다는 하타케야마 모치쿠니[畑山持國]의 시행서가 시마즈 다다쿠니[島津忠國]에게 보내졌으나(『사쓰마구기잡록전편[薩藩舊記雜錄前編]』 소장 문서), 실제로는 각 선박이 별도로 시마즈씨에게 유황을 구입하여 명으로 건너갔다(『당선일기』). 이날 이 유황의 일부가 사쓰마에서 히라도에 전달된 것으로 보인다.
50 아즈치 오오시마[小豆大嶋]: 현 나가사키현[長崎縣] 히라도시[平戶市]에 위치한 아즈치 오오시마[的山大島]를 가리

20일, 약간의 순풍이 있어 장차 닻을 올리고 출항하고자 하였다. 강사(綱司)는 제선(諸船)의 선두(船頭)들을 집합시켜 크게 회의를 하였다. 회의가 아직 한참일 때 수부(水夫)가 노를 잡고 바다로 나아간 것이 2, 3리 남짓이고 2호, 3호도 이를 따랐다.

21일, 선두들이 "올해는 배를 타고 나아가기에 적절한 바람이 있지 않으니 봄을 기다려야만 가능하다"라고 하였다.

22일, 1호선과 2호선은 히라도섬으로 돛대를 돌렸는데, 이 중에서 2호선은 노코[野古]⁵¹로 돌아가려고 하였다.

1453(교토쿠 2, 경태 4, 계유)년 3월

계유(癸酉)년⁵² 3월 19일, 모든 배가 이른 아침에 아즈치 오오시마를 출발하여 40리를 달렸다. 날이 아직 저물지 않았을 때, 고토[五嶋]의 나루우라[奈留浦]⁵³에 이르렀다.

30일, 바람이 불었다. 오후에 1호선이 큰 바다로 나아갔고, 유선 7척이 이를 따랐다. 만 하루 동

킨다. 히라도에서 북쪽으로 약 15km 떨어진 곳에 위치한다. 아즈치섬[小豆島], 오오시마 아즈치우라[大島小豆浦], 오오시마[大島] 등으로도 표기된다. 견명선은 계절풍의 영향으로 가을에는 아즈치 오오시마에서, 봄에는 고토[五嶋] 나루우라[奈留浦]에서 명을 향해 출항하는 것이 관례였다. 여기에서도 가을에 아즈치 오오시마에서 출발하려다 순풍이 불지 않아 포기하고 이듬해 봄에 나루우라에서 출발하고 있다. 아즈치 오오시마를 영유하고 있던 오오시마씨[大島氏]에게는 견명선 파견과 관련하여 경계를 명령하는 막부의 봉행인봉서(奉行人奉書)가 내려져 있었다(『무자입명기』, 『내도문서(来島文書)』).

51 노코[野古]: 현 후쿠오카현 후쿠오카시에 위치한 노코노시마[能古島]를 가리킨다. 하카타만의 중앙부에 떠 있는 섬이다. 시카노시마의 옆에 위치한다. 간쇼 견명선 때에는 유황의 집적지이기도 했다. 고내에는 수비대가 배치되어 도이(刀伊)의 침입이나 몽골의 일본 원정 때 공격을 받은 바 있다. 시카노시마와 더불어 하카타의 출입구로서 기능했다.

52 계유(癸酉)년: 교토쿠 2(1453)년을 가리킨다.

53 고토[五嶋]의 나루우라[奈留浦]: 현 나가사키현 고토시[五島市] 나루초[奈留町]. 고토 열도의 나루섬[奈留島]의 항구. 오오시마 아즈치우라와 함께 견명선이 출발하는 항구로서 알려져 있다. 덴분 8(1539)년 견명선 역시 4월 19일에 나루우라에서 출발하여 명으로 건너갔다. 『책언화상초도집』에 의하면 나루우라에서는 나루신사[奈留神社]의 궁사(宮司)가 있는 곳에 체류했다고 하는데, 이는 부사(副使)의 예에 따른 것이라고 한다(덴분 8년 4월 1일조). 나루우라에서 체류한 호토쿠 견명선의 구체적인 행동은 알 수 없지만, 사쿠겐 슈료의 경우 나루신사에서 『반야심경(般若心經)』을 독송하거나, 순풍을 기원하거나, 노[能]를 다섯 번 봉납하는 등의 일을 했다. 나루섬을 다스리는 나루씨[奈留氏]에게도 막부의 봉행인에 의해 경계령이 내려져 있었다(『무자입명기』).

그림 2　나루시마에서 바라본 동중국해. 나가사키현 고토시 나루초. 2004년 11월 촬영.

안 6, 70리를 달렸다.

4월

1일, 유선 중에는 단지 3척 정도가 6, 7리 밖에서 보일 뿐이었다.

2일, 배에 탄 모두가 배멀미를 했고 나 역시 그러했다. 〈배에서 괴로워 하는 것을 속된 말로 '배멀미를 한다[醉]'고 한다.〉

3일, 오전에 바람이 불지 않아 뱃사람들이 묵묵히 바람이 불기를 빌었다. 염주 비둘기[靑鳩] 한 마리가 날아와 배를 한 바퀴 돌자 좋은 바람이 돛에 가득 찼다.

4일, 매가 와서 돛대 위에서 쉬었다. 오후에 바닷물이 조금 탁해졌다. 수부가 "이미 중국[唐] 땅에 들어왔습니다"고 말했다.

5일, 이른 아침 참회수행을 했다. 절반도 미처 마치지 못하였을 때 수부 한 명이 산을 보았다. 해가 저물 즈음에 그 산에 도착했다. 다산(茶山)이라고도 하고 불두산(佛頭山)[54]이라고도 했다.

6일, 낮에 보타라산(補陀羅山)[55]에 이르렀다. 배가 연화양(蓮華洋)[56]에 걸쳐 있으니 관음(觀音)보살에게 예불하고 참마법(懺摩法)을 닦았다.

7일, 화선(畫船)[57] 한 척이 심가문(沈家門)[58]에서 왔다. "무슨 배인가. 어디에서 왔는가"라고 물어왔다. 통사(通事) 조문단(趙文端)[59]이 "일본국의 진공선(進貢船)입니다"라고 답했다.

---

54 [역자주] 다산(茶山): 일본 측 번역자들은 자세한 사항은 알 수 없다 밝히면서도 상해(上海) 앞바다의 다산(茶山)이라는 섬을 추정하고 있다. 그러나 쇼운이 말하는 다산과 불두산은 모두 주산군도(舟山群島)에 위치한다. 『보타락가산신지(普陀洛迦山新志)』 권2, 「다산」조에 다산은 불정산(佛頂山)의 뒤에 있다고 기록되어 있다. 불정산의 정(頂)과 불두산의 두(頭)가 유사한 의미가 있으므로 동일한 산을 가리키는 것이라 판단된다. 쇼운은 다산과 불두산, 즉 불정산이 같은 산인 것처럼 묘사하고 있으나, 실은 서로 마주보고 있는 다른 산인 것이다. 한편 같은 사료에 따르면 불정산은 보타산(普陀山)의 북쪽에 있다고 기록되어 있으니 다산은 다시 그 불정산의 북쪽에 위치하는 셈이다. 즉 다산은 보타산의 가장 북쪽 끝에 위치한 산이라 할 수 있다. 임경준, 「『笑雲入明記』를 통해서 본 明·日 교통로와 무역품 수급」, 『일본학』 60, 2023.

55 보타라산(補陀羅山): 보타산을 가리킨다. 현 절강성(浙江省) 주산시(舟山市)의 주산군도에 위치한다. 관음보살의 성지로서 이름이 높다. 『불조통기(佛祖統紀)』 권42에 따르면 당(唐) 대중(大中) 12(858)년 일본 승려 에가쿠[慧鍔]가 오대산에서 관음상을 얻어서 귀국하려고 하였는데, 배가 보타산 근처를 지날 때 철로 된 연화가 수면 위로 솟구쳐 배를 막았다. 에가쿠는 관음보살이 이를 불쾌해 하기 때문이라고 여겨 이 섬에 기도를 한 데서 유래했다고 전해진다. 이 관음을 불긍거관음(不肯去觀音)이라 하고 안치되어 있는 암자를 불긍거관음원(不肯去觀音院)이라고 한다. 쇼운은 귀국길에서도 보타산에 들러 관음보살에게 참배했다(갑술 6월 22일조). [역자주] 일본어 번역본에는 대중 13년으로 잘못 표기되어 있다. 『대정신수대장경(大正新脩大藏經)』에 수록된 『불조통기』의 기술을 따라 12년으로 수정했다. 한편 이보다 앞선 시기의 『고려도경(高麗圖經)』에는 이 일화의 주인공이 에가쿠가 아니라 신라 상인으로 기록되어 있다. 『고려도경』 권34.

56 연화양(蓮華洋): 보타산과 주산본도(舟山本島) 사이에 있는 바다를 가리킨다.

57 화선(畫船): 색을 칠한 배를 가리킨다.

58 심가문(沈家門): 현 절강성 주산시 주산본도에 있다. 연화양을 사이에 두고 보타산과 마주하고 있는 항구다. [역자주] 심가문은 사방으로 산이 둥그렇게 끼고 있으며 창국현(昌國縣)에 속하고 어부와 나무꾼 십 수 가구가 모여서 산다고 한다. 심가문이란 이름은 그곳에 살던 대성(大姓)에서 따온 것이다. 『고려도경』 권34.

59 조문단(趙文端): 호토쿠 견명선의 수석 통사다. 임제종 성일파(聖一派)의 승려인 고우시 에호[豪之慧鳳]의 문집 『죽거청사(竹居清事)』에 「送通事趙公文端三入大明國序」라는 제목의 글이 실려 있어 조문간이 에이쿄[永享] 연간 (1429~1441) 두 차례에 걸쳐 견명선에 승선했음을 알 수 있다. 『명영종실록(明英宗實錄)』 경태 4(1453)년 11월 갑인조에 "일본 국왕이 사신 인포[允澎]와 도총통사(都總通事) 조문단 등을 보내 내조했다(日本國王遣使臣允澎及都

8일, 채선(彩船)⁶⁰ 100여 척이 와서 배를 둘러쌌다. 절동연해장군(浙東沿海將軍) 유 만호(劉萬戶)⁶¹가 용안(龍眼)⁶²·여지(荔支)⁶³ 등을 보내왔다.

9일, 마 대인(馬大人)⁶⁴이 배 1척분의 물을 주었다. 유 대인(劉大人)이 술 한 동이를 주었다.

10일, 일본의 3호선·7호선·10호선이 이미 정해현(定海縣)⁶⁵에 이르렀다고 전해왔다.

11일, 유 대인이 다시 비름[莧菜]⁶⁶·말린 죽순[笋乾]⁶⁷ 등을 보내왔다.

12일, 심가문에 이르렀다. 우 대인(牛大人)·마 대인과 유씨·양씨(楊氏)·왕씨(王氏)를 비롯한 관인⁶⁸이 탄 화선(畫船) 50여 척이 뿔피리⁶⁹를 불고 북을 치며 우리 배를 둘러쌌다.

13일, 순검사(巡檢司)⁷⁰에서 관선(官船) 1척이 와 우리 배를 맞이했다.

總通事趙文端等來朝"라고 기록되어 있어 수석 통사였던 것이 확인된다. 견명사가 일을 마친 뒤에는 영파에 머무르며 일본으로 돌아가지 않았다(갑술 6월 14일조). 간쇼 견명선 파견에 맞추어 조문단을 불러오고 싶다는 뜻을 표문(表文)에 싣는 것이 검토되었으나, 실제 실행되었는지 그 결과는 알려져 있지 않다(『음양헌일록(蔭涼軒日錄)』 간쇼 5년 7월 24일조).

60 채선(彩船): 화선과 마찬가지로 색을 칠한 배로 추정된다.
61 유 만호(劉萬戶): 자세한 인적 사항은 알 수 없다.
62 용안(龍眼): 과일. 중국 남부가 원산지로 리치와 비슷하지만 껍질에 다갈색 돌기가 있다. 날것으로 먹거나 말려서도 먹으며 약재로도 쓰인다.
63 여지(荔支): 荔枝라고도 한다. 리치를 가리킨다. 중국 남부가 원산지다.
64 마 대인(馬大人): 자세한 인적 사항은 알 수 없다.
65 정해현(定海縣): 현 절강성 영파시 진해구(鎭海區). 영파부에 속한 현(縣) 중 하나다. 현의 치소(治所)는 영파부로 통하는 은강(鄞江, 현 용강甬江)의 하구에 위치하며 영파부의 외항(外港)이었다.
66 비름[莧菜]: 채소. 비름을 가리킨다.
67 말린 죽순[笋乾]: 채소. 말린 죽순을 가리킨다.
68 우 대인·마 대인·유씨·양씨·왕씨를 비롯한 관인: 모두 자세한 인적 사항은 알 수 없다. 순검사의 관원으로 추정된다. 유씨는 앞서 등장한 절동연해장군 유만호를 가리키는 듯하다.
69 뿔피리: 원문은 '角'이다. 뿔로 만든 피리[角笛]를 가리킨다.
70 순검사(巡檢司): 관내의 치안 유지를 담당하는 부서. 『가정영파부지(嘉靖寧波府志)』 권7에 따르면 영파부가 직할하는 순검사는 총 4곳 설치되어 있었다. 즉 나봉(螺峰)·잠항(岑港)·대산(岱山)·보타(寶陀) 네 곳을 가리키는데 모두 주산본도에 위치해 있었다. [역자주] 일본어 번역본에는 잠강(岑江)이라 쓰여 있으나 잠항(岑港)의 오기이므로 수정하였다. 한편 『명사(明史)』 권75, 직관지(職官志) 4에 따르면, 순검사는 순검(巡檢)과 부순검(副巡檢)으로 구성되

14일, 비가 많이 내렸다. 덮개[篷]⁷¹로 비를 가리고 잤다.

15일, 비가 내리는 가운데 노를 저어 30리를 갔다. 주산(舟山)⁷²에 도착했다. 〈이때부터 6정(町)은 1리(里)에 해당한다.⁷³〉

16일, 조수(潮水)를 타고 60리를 가서 삼산(三山)⁷⁴에 이르렀다. 〈노를 젓지 않고 조류에 따라 가는 것을 속된 말로 '조수를 탄다'고 한다.〉

17일, 꼬박 하루만에 정해현에 이르렀다. 현령(縣令)⁷⁵이 쌀 2담(儋)⁷⁶과 술 2병 그리고 말린 죽순·앵두⁷⁷·거위·닭과 같은 먹을 것을 가져다 주었다.

18일, 배 안에서 관음참의(觀音懺儀)⁷⁸를 한 차례 수행했다.

19일, 정해현을 출발했다. 웅대한 탑 하나를 보았는데, 통사 노원(盧円)⁷⁹이 "저것은 영파부의

며 모두 종9품이다. 1369(홍무 2)년에 처음 개설되었다. 영파부의 순검사에 관해서는 『명사』 권44, 지리지(地理志) 5, 영파부조를 참조.
71 덮개[篷]: 이엉[苫]. 대나무 따위로 엮어 배 위를 덮어 비를 가리는 데 사용한다.
72 주산(舟山): 현 절강성 주산시. 주산본도의 중심 항구이다. 『가정정해현지(嘉靖定海縣志)』에 실린 해경도(海境圖)에 오늘날의 정해 근처에서 주산을 확인할 수 있다.
73 이때부터 6정(町)은 1리(里)에 해당한다: 이후의 기록에서는 일본의 단위인 6정을 1리로 삼겠다는 뜻이다. 쇼운이 귀국길에 오른 갑술 6월 24일조에는 보타산의 연화양에서 출항한 뒤 이후는 36정을 1리로 삼는다고 쓰여 있다. 중국의 1리가 일본의 약 1/6인 것을 알 수 있다. 이에 따르면 1리는 약 650m다. 명대의 1리는 560~580m였다.
74 삼산(三山): 현 절강성 주산시. 정해현에 속한다. 바다에서 용강으로 들어가는 입구에 위치한 섬이다. 사쿠겐 슈료여기에서 정박한 바 있다. 『책언화상초도집』 가정 18년 5월 15일조.
75 현령(縣令): 정해현의 지현(知縣)을 가리킨다. 『가정정해현지』 권3에 따르면 경태 2(1451)년에 정전(程佃), 천순 원(1457)년에는 대은(戴恩)이 정해현의 지현이었다.
76 담(儋): 1담은 2석(石)에 해당한다. 옹기 두 개에 들어갈 정도의 양이다. 2담은 4석이다. 『中國語大辭典』(角川書店)에 따르면 10두(斗)는 1담이며 담은 석과 동일하다고 한다.
77 앵두: 원문은 '櫻桃'. 즉 앵두를 가리킨다.
78 관음참의(觀音懺儀): 참의는 예참(禮懺) 의식을 뜻한다. 이듬해 6월 18일에도 수행하고 있다[갑술 6월 18일조]. 18일은 관음보살의 잿날이기 때문이다.
79 노원(盧円): 호토쿠 견명사의 통사 중 한 명이다. 귀국 후인 1458(천순 2, 세조 4, 조로쿠 2)년에 일본 국왕의 사절로 조선에 파견되기도 했다. 『조선세조실록(朝鮮世祖實錄)』 세조 4년 10월 병인조·동 5년 정월 정해조. [부록 2] 참조. 노원은 조선에게 천룡사의 중흥을 위한 찬조를 요청하는 한편, 호토쿠 견명사의 무례를 사죄하는 뜻을 명조에 대신

십삼중대탑(十三重大塔)입니다"[80]라고 말했다.

20일, 일본국 1호선이 새벽에 절강(浙江)[81]을 거슬러 올라가 동틀녘[82]에 영파부(寧波府)에 이르렀다. 곧 대명(大明) 경태 4(1453)년 계유 여름 4월 20일이었다. 내관(內官)[83] 진 대인(陳大人)[84]이 빈례(賓禮)로 맞이하였다. 전사(專使) 도요 인포, 강사(綱司) 조산 호테이·종승(從僧) 쇼운 즈이킨[85]·덴요 세이케이[天與淸啓][86] 등이 임시 숙소로 가서 차를 마시며 인사를 나누었다. 교자(轎

전달해 주기를 요청했다. 이때 조선 국왕에게 '왜 중국인인 네가 일본 사신으로 왔느냐'라는 질문을 받는데, 이에 대해 노원은 포로로 잡혀 일본에 온 것을 일본 국왕이 가련히 여겨주었노라고 답하고 있다. 이로부터 노원이 왜구에 의해 일본으로 끌려온 중국인이었음을 알 수 있다.

80　영파부의 십삼중대탑(十三重大塔): 천봉탑(天封塔)을 가리킨다. 영파부 천봉강사(天封講寺)의 경내에 세워진 탑으로 영파의 랜드마크 중 하나이다. 『가정영파부지』에 수록된 「군치도(郡治圖)」에도 묘사되어 있다. 무주(武周) 시기 만세등봉(萬歲登封)에서 만세통천(萬歲通天)으로 개원된 해인 696년에 건립되어 이후 화재로 여러 차례 파괴되었으나 그때마다 중건되어 현존하고 있다. 『가정영파부지』 권18. [역자주] 천봉탑은 영파부의 치소 동남쪽에 위치하며 6각 7층으로 높이는 18장이다. 탑이 세워졌을 때의 연호인 등봉과 통천에서 한 글자씩 떼다가 탑의 이름으로 삼았다. 『성화영파부간요지(成化寧波府簡要志)』 권5, 사관지(寺觀志). 연호에 대해 일본어 번역본은 '당의 통천·등봉 연간(696)'이라 표기하고 있으나 사실 관계에 따라 수정했다.

81　절강(浙江): 정해에서 영파로 거슬로 올라가는 강은 은강(鄞江), 즉 현재의 용강이다. 남쪽과 북쪽에서 은강으로 유입되는 강은 은강, 즉 현재의 봉화강(奉化江)과 자계강(慈谿江), 즉 현재의 여요강(餘姚江)이다. 절강은 전당강(錢塘江)의 다른 이름이다. 다만 계유 7월 15일조에도 '절강의 강변'에서 수륙재를 지냈다고 나와 있어 쇼운은 영파를 둘러싼 강을 아울러서 절강이라 통칭한 것으로 보인다.

82　동틀녘: 원문은 '平明'. 새벽녘, 동틀녘의 뜻.

83　내관(內官): 환관을 가리킨다.

84　진 대인(陳大人): 자세한 인적 사항은 알 수 없다. 다만 일본학자 고바타 아츠시[小葉田淳]는 시박사(市舶司)를 관할하는 환관인 시박태감(市舶太監)이 아닐까 추정한 바 있다. 小葉田淳, 『中世日支通交貿易史の硏究』, 刀江書院, 1991, 287쪽. 시박태감은 환관의 관직 중 하나로 절강, 복건(福建), 광동(廣東)의 시박사를 감독하는 역할을 맡았다. 『명사』 권74.

85　종승(從僧) 쇼운 즈이킨: 이 기록의 작성자인 쇼운 즈이킨을 가리킨다. 이외의 다른 곳에서 쇼운은 자신을 '나[予]'라는 일인칭으로 표기하고 있다. 이 부분에서만 이름을 기재한 이유는 알 수 없다.

86　덴요 세이케이[天與淸啓]: 생몰년은 알 수 없다. 임제종 대감파(大鑑派)에 속하며 시나노[信濃] 출신이다. 지쿠 신겐[知久心源] 거사(居士)의 자식이다. 호토쿠 견명사에 종승으로 참여한 뒤에 다음 간쇼 견명사에서는 정사로 활약하였다. 귀국한 뒤로는 고향인 시나노에 은거하였다. 고우시 에호의 문집 『죽거청사』에 덴요에게 남긴 송별시가 남아 있고 이외에도 기세 레이겐[希世霊彦]의 『촌암고(村庵藁)』에도 「啓天與住開善同門疏序」란 제목의 글이 있는데, 여기에 "대저 선사께서는 일찍이 국신사(國信使)를 따라 남쪽을 건너 대명국의 황제를 친견하였다. 이때 우리 사절단이 사리에 어두워서 청한 바를 명측이 들어주지 않았다. 이에 선사께서 분연히 일어나 재차 상주하여 알린 뒤에야 일이 잘 처리되어 동쪽 사람 수백 명이 비로소 살 길을 얻었다. 실로 선사 한 사람의 공이라 하겠다. 작년 갑술년에 귀국했다(蓋禪師往歲, 從國信使南遊, 親見大明國皇帝. 時我使者昧於事機, 故其所請不聽. 禪師奮然而起, 再上表以聞, 然後事行情達, 而東人數百口, 始得活. 実禪師一人之力也. 去年甲戌回国)"라고 기재되어 있어 금번 호토쿠 견명사의 대명 교섭에서 활약했음을 알 수 있다.

子)⁸⁷를 타고 역(驛)에 들어갔다. 역의 문에 달린 편액에는 '절강시박사(浙江市舶司)⁸⁸ 안원역(安遠驛)⁸⁹'이라고 쓰여 있었다. 역 안에서 우리 일본인이 머무는 곳은 편액에 '가빈(嘉賓)'이라 쓰여 있었다. 방마다 모두 편액이 걸려 있었다. 안자(安字)⁹⁰가 쓰인 1호방에는 전사가 배정되었다. 안자 2호방에는 강사가 배정되었다. 안자 3·4호방 이하로는 거좌(居座)⁹¹·토관(土官)⁹²이 차례대로 배정받았다. 나는 9호방을 배정받았다.

---

87 교자(轎子): 나무로 제작된 방형 가마를 가리킨다. 채색된 천으로 바깥이 덮여 있고, 전면에는 주렴을 드리우고 가운데 놓인 의자에 앉는 형태다.
88 절강시박사(浙江市舶司): 정식 명칭은 절강시박제거사(浙江市舶提擧司)이다. 송대에 무역을 관리하는 기관으로 설치되었다. 명내에는 조공 사설을 영접하는 기관으로서도 기능했다. 『성화영파군지(成化寧波郡志)』 권5에 따르면 영파부의 치소에서 서북쪽으로 1리 남짓 떨어져 있다고 한다.
89 안원역(安遠驛): 시박제거사에 인접해 있는, 영락 3(1405)년 9월에 설치된 외국 사신의 숙사. 건물은 원말의 군웅 중 한 명인 방국진(方國珍, 1319~74)이 남긴 가옥을 전용한 것이라 전해진다(『가정영파부지』 권8). 덴분 연간(1532~55)에 파견된 견명사의 경우 현재의 영교(靈橋) 너머 300m 정도 떨어진, 영파부 중심에서 제법 벗어나 있는 가빈당(嘉賓堂, 경청사境清寺 터)에 숙박했는데, 호토쿠 견명사 때의 숙사는 덴분 연간보다 성내의 중심에 가까운 안원역 내의 가빈관(嘉賓館)이었던 것을 알 수 있다.
90 안자(安字): '安宇'라 쓰인 판본도 있으나 뜻에 따라 수정했다.
91 거좌(居座): 토관과 함께 견명선 경영자의 대리로서 승선한 이들이다. 승려가 많다.
92 토관(土官): 거좌와 함께 견명선 경영자의 대리로서 승선한 이들이다. 속인이 많다.

제3장 영파에서 보낸 날들 (1)

연회와 관광

그림 3 절강성 영파시에 위치한 아육왕사(阿育王寺) 묘승보전(妙勝寶殿). 2007년 2월 촬영.

4월

21일, 진 대인이 관광당(觀光堂)[93]에 나아가 전사(專使)·강사(綱司)·종승(從僧) 등을 불러다 대접하였다.[94] 관광당의 뒤편에 건물이 하나 있었는데, 현판에 '여조물유(與造物遊)[95]'라 쓰여 있었다. 바로 주희(朱熹)[96]의 필적이었다. 이 내관(李內官)[97]이 온주(溫州)[98]에서 왔다.

---

93 관광당(觀光堂): 절강 시박사 경내에 있는 건물로 추정된다.
94 불러다 대접하였다: 원문은 '延待'이다. 불러다 접대한다는 뜻이다.
95 여조물유(與造物遊): 조물(造物)은 천지간의 만물 또는 이를 창조한 신을 가리킨다. 즉 신과 더불어 노닐다는 뜻이다. 소식(蘇軾)이 쓴 시를 비롯해 여러 문헌에서 빈번하게 등장하는 문구이다. [역자주] 주희가 쓴 '여조물유'란 문구는 영파 이외에도 다른 여러 지역에서 발견된다. 『민중금석지(閩中金石志)』 권11, 『환우방비록(寰宇訪碑錄)』 권9를 비롯한 자료를 참조.
96 주희(朱熹): 원문은 '朱元晦'로 남송대의 주희(1130~1200)를 가리킨다. 원매(元晦)는 주희의 자이다. 휘주(徽州) 무원현(婺源縣) 출신으로 후세에 주자(朱子)로 경칭되었다.
97 이 내관(李內官): 자세한 인적 사항은 알 수 없다. 내관은 환관(宦官)을 가리킨다.
98 온주(溫州): 현 절강성 온주시. 항구도시로 번영했다. [역자주] 춘추전국시대에는 월(越)에 속했고 진대(秦代)에는 민중군(閩中郡)에 소속으로 바뀌었다. 당 상원 연간에 온주로 개칭되었다. 기후가 따뜻하다고 하여 이렇게 이름이

22일, 진 대인이 재차 근정당(勤政堂)[99]에 와서 거좌(居座)·토관(土官) 등을 불러 돼지[100]·양·거위·닭·국수[101]·말린 죽순·절인 오이[102]·절인 가지[103]를 비롯한 16가지 음식을 앞에 크게 펼쳤다. 〈돼지나 양과 같은 가축은 일본인[104]이라면 속세에 있더라도 먹지 않는지라 이를 받아다가 다른 물품과 바꾸었다.〉

23일, 일본의 진공선 2호선·6호선·8호선 세 척이 비로소 영파부 동문(東門)[105]에 도착하였다.

24일, 부학(府學)[106]을 유람했다. 선생의 안내를 받아 영귀정(詠歸亭)[107], 반궁(泮宮)[108], 대성지문

 붙여졌다. 이후 명대에 들어서며 온주부(溫州府)가 되었다. 『대명일통지(大明一統志)』 권44, 「온주부」.
99 근정당(勤政堂): 관광당과 마찬가지로 절강 시박사 경내에 있는 건물로 추정된다.
100 돼지: 원문은 '猪'로 돼지를 가리킨다.
101 국수: 원문은 '麵斤'으로 국수와 같은 면류를 가리킨다. 『책언화상초도집』 중권의 원본 여백에 "면근(麵筋)은 면이다"라는 기술이 있다.
102 절인 오이: 원문은 '醬瓜'로 저본에는 '爪'로 되어 있으나 의미에 따라 수정했다. 장으로 절인 오이로 추정된다.
103 절인 가지: 원문은 '糟茄'로 지게미로 절인 가지로 추정된다.
104 일본인: 원문은 '日衆'으로 일본인을 가리킨다.
105 동문(東門): 봉화강에 접해 있는 문 중 하나다. 영교문(靈橋門)으로도 불린다. 동도문(東渡門)의 남쪽에 있다. 「당산승경도(唐山勝景圖)」(일본 도호쿠대학 도서관 소장)의 영파 부분을 보면 동문 바깥에 많은 수의 배가 정박해 있는 모습을 묘사하고 있는데, 배가 지나가는 다리 좌측에 '日本船津'이란 문구가 쓰여 있다. [역자주]『성화영파부간요지』 권1에 "부성에는 문이 여섯 개 있다. 동쪽에는 문이 하나 있는데 즉 영교문이다(今府城, 六門. 東一門, 曰靈橋門)"라는 기술이 있어 이로부터 영교문이 영파부성의 동쪽 문에 해당함을 알 수 있다. 또 『가정영파부지』 권1에 수록된 「군치도」에도 영파부의 동쪽 방면에 봉화강으로 통하는 문이 두 개 있는데, 하나가 동도문이고 다른 하나가 영교문이다. 일본어 번역자가 언급한 「당산승경도(唐山勝景圖)」의 정식 명칭은 「당산승경화고(唐山勝景畫稿)」로 무로마치 시대에 활동한 셋슈[雪舟, 1420~1502]의 작품이다. 影山純夫, 「唐土勝景圖卷を見る」, 『日本文化論年報』 26, 2023 참조.
106 부학(府學): 영파부에서 운영하는 부의 학교. 성내의 서북쪽, 부의 치소 북측에 위치한다. 『가정영파부지』 권7에 "부학은 성 서북 구석에 있다. 〈부 치소의 북쪽이고 감교(鑑橋)의 서쪽이다.〉 부학 내부에는 선사묘(先師廟)가 있는데, 옛 이름은 대성전(大成殿)으로 5칸이다. 동서 양쪽으로 30칸이다. 앞에는 묘문(廟門)이 있는데, 옛 이름은 대성문(大成門)이다. 문 바깥에 양지(洋池)가 있는데, 건널 수 있는 돌다리가 3개 있다. 앞에는 반궁문(泮宮門)이 있고 그 바깥에는 남쪽으로 가는 길이 셋 있다. 다시 앞에는 보문묘(寶門廟)가 있고 그 뒤에 명륜당(明倫堂)이 있다. 7칸이다. …… 반궁문의 동쪽에 문이 있어 영귀정(詠歸亭)에 이른다(府學, 在城西北隅. 〈府治北鑑橋西〉. 中為先師廟, 舊名大成殿, 凡五間, …… 前爲廟門, 舊名大成門. 門之外爲洋池, 跨以石橋三. 又前爲泮宮門, 門外爲南路三. 又前爲寶門廟, 後爲明倫堂. …… 洋宮門之東有門, 至詠歸亭)"라는 문구가 있어 이로부터 대성전, 반궁, 명륜당, 영귀정을 비롯한 건물들이 부학에 있었음이 확인된다.
107 [역자주] 영귀정(詠歸亭): 왕원공(王元恭)이 원대의 지원(至元) 6(1269)년에 영파부를 관할하던 경원로(慶元路)의 총관(摠管)이 되었을 때 학교를 일으키면서 그 안에 영귀정을 세웠다. 『성화영파부간요지』 권4.
108 반궁(泮宮): 주대(周代)에 제후의 나라에 설립한 학교를 가리키며 향사(饗射)를 익히던 곳이다. 반궁은 동쪽 문과 서쪽 문 이남에는 물을 흐르게 하고 이북에는 담장을 둘러쌌다. 천자의 나라에 설립한 학교인 벽옹(辟雍)의 경우

(大成之門), 명륜당(明倫堂)을 둘러보다가 마침내 호심사(湖心寺)[109]에 이르렀다. 사명역(四明驛)[110]에 들어서자 역 앞에 하지장(賀知章, 659~744)[111]의 사당(祠堂)[112]이 있었다. 안치된 소상(塑像)[113] 앞에 위패(位牌)가 있었는데, '당 비감·태자빈객·집현원태학사·증예부상서 하공지신(唐秘監太子賓客集賢院太學士贈禮部尙書賀公之神)'[114]이라 쓰여 있었다. 다른 소상이나 족자 앞에도 하나같이 위패가 있었다.

25일, 진 대인과 이 대인[115] 둘이 가빈관에 와서 우리 일행이 머무는 방을 돌며 인사를 나누었다.

27일, 천녕사(天寧寺)[116]를 유람했다. 문에 '묘장해(妙莊海)'라는 현판이 걸려 있었다. 이어 해

사방이 물로 둘러싸여 있던 반면 반궁은 절반만 물로 둘러싸여 있었기 때문에 반궁이라 하였다.

109 호심사(湖心寺): 영파부의 성내 서남쪽에 있는 호수인 월호(月湖) 안에 있던 사찰이다. 송대 치평(治平) 연간(1064~67)에 건립되었으며 옛 이름은 수륙명도원(水陸冥道院)이었으나 이후 호심사로 불리게 되었다. 『성화영파군지(成化寧波郡志)』, 권9.

110 사명역(四明驛): 월호 안에 있던 역이다. 역승(驛丞) 1명이 두어져 있었다. [역자주] 부 치소의 서남쪽에 있었다. 원래는 마참(馬站)이었는데, 홍무 원년에 이를 폐지하고 수참(水站)으로 바꿨다. 『가정영파부지』 권8, 「사명역(四明驛)」.

111 하지장(賀知章): 생몰년은 알 수 없으나 86세를 일기로 세상을 떠났다 한다. 당대(唐代) 회계군(會稽郡) 영흥현(永興縣) 출신이다. 자는 계진(季眞). 문장과 글씨로 이름이 높았다. 무주 증성(證聖) 원(695)년에 진사에 급제하고 예부시랑(禮部侍郎) 겸 집현원학사(集賢院學士)가 되었다. 만년에는 스스로를 사명광객(四明狂客)이라 부르며 당 천보(天寶) 연간(742~56)에 도사가 되었다. 일찍이 비서감(秘書監)으로 근무했던 경험에서 스스로를 비서외감(秘書外監)이라 부르기도 했으며 세인들은 하감(賀監)이라 칭했다. 『구당서(舊唐書)』 권190, 「하지장」전. 하지장의 사당은 지방지에는 하감사(賀監祠), 하비감사(賀秘監祠)로도 기록되어 있고 사명역의 서쪽, 그리고 월호 안에 있다고 한다. 현재에도 월호 안에 있다. [역자주] 일본어 번역자들은 하지장의 출신지를 산음현(山陰縣)이라 하고 있으나, 『구당서』와 『신당서』의 열전 모두 회계군 영흥현이라 기록되어 있어 이에 따라 수정했다.

112 하공사(賀公祠): 영파부 치소의 서남쪽 월호 안에 있다. 하지장의 고택이다. 송 소흥(紹興) 14(1144)년에 사당을 세우고 하시장을 모셨다. 『가정영파부지』 권15, 「하공사」. 한편 조선의 최부(崔溥)는 영파부를 지나다가 회계산(會稽山)과 진망산(秦望山)을 바라보며 "하지장이 어렸을 때 살던 곳"이라 한 바 있다. 최부, 『표해록(漂海錄)』, 성종 19(1488)년 윤1월 29일조.

113 [역자주] 소상(塑像): 하지장의 소상은 지정 연간에 세워졌다. 『가정영파부지』 권15, 「하공사」.

114 [역자주] 당 비감·태자빈객·집현원태학사, 증예부상서 하공지신(唐秘監太子賓客集賢院太學士贈禮部尙書賀公之神: 하지장이 역임했던 관직인 비서감, 태자빈객(太子賓客), 집현원학사와 세상을 떠난 뒤인 건원(建元) 원(756)년에 추증된 예부상서(禮部尙書)를 열거한 신위(神位)이다. 『구당서』 권109, 「하지장」.

115 이 대인: '李'가 '季'로 쓰인 판본도 있으나 뜻에 따라 '李'로 수정했다.

116 천녕사(天寧寺): 영파부성의 서쪽에 위치한 사찰이다. 경청사와 함께 견명 사절의 간부급 이외의 수행자들이 나누어서 숙박했다. 당 대중(大中) 5(851)년에 창건되었고 당초는 국녕사(國寧寺)란 명칭이었으나 송대에는 들어가 숭

회사(海會寺)¹¹⁷를 지났는데, 영파부성과 떨어진 거리가 2리 정도였다. 외문에 '화장세계(華藏世界)¹¹⁸'라 쓰인 편액이 있었다.¹¹⁹ 조당(祖堂)에 위패가 있었는데, '개산화상중봉본선사(開山和尙中峰本禪師)¹²⁰'라 쓰여 있었다.

5월

1일, 우리 일행이 아침 일찍 근정당에 가서 진 대인과 이 대인 두 내관을 만났다.

2일, 일본 진공선 4호선이 영파항에 도착했다. 규엔 류친[九淵龍琛]¹²¹이 비로소 역에 들어갔다.

녕만수(崇寧萬壽), 보은광효(報恩廣孝) 순으로 개칭되었다가 다시 천녕보은(天寧報恩)으로 바뀌었다. 원 지대(至大) 2(1309)년에 불에 타 원 지치(至治) 원(1321)년에 재건되었다. 홍무 20(1387)년에 불전, 영락 5(1407)년에 산문(山門), 선덕(宣德) 10(1435)년에 종루, 정통(正統) 6(1441)년에 장전(藏殿)이 재건되었고 경태 2(1451)년에 방장도 재건되었다. 『가정영파부지』 권18, 「천녕사」. 이에 따르면 쇼운은 막 지어진 새로운 방장을 목격한 셈이 된다. 천녕사는 민국기의 지도에는 실려 있으나 현재는 폐사된 상태다. 당 함통(咸通) 4(863)년에 산문 밖 동서로 세워진 탑 중에서 서측 탑만이 현존하고 있다.

117 해회사(海會寺): 영파부 성내 서쪽에 위치한 사찰. 원 연우(延祐) 원(1314)년에 승려 묘수(妙壽)와 그 제자들이 찬조금을 모아 건물을 짓고 해회암(海會庵)이라 칭한 데서 유래한다. 『연우사명지(延祐四明誌)』 권17. 원 지정 2(1342)년에 대해회사(大海會寺)란 칙액(勅額)을 하사받았다. 『가정영파부지』 권18, 「해회사」. 중봉명본(中峰明本)이 오랫동안 주석한 곳으로 알려져 있다.

118 화장세계(華藏世界): 극락정토를 뜻한다.

119 편액이 있었다: 원문은 '顔'으로 '額'과 동일하게 편액을 의미한다. 사쿠겐 슈료도 동일한 의미로 '顔'과 '額'을 혼용하는 것이 확인된다.

120 개산화상중봉본선사(開山和尙中峰本禪師): 중봉명본(中峰明本, 1263~1323)을 가리킨다. 원대(元代) 임제종 양지파(楊枝派)의 고승. 항주부 전당현(錢塘縣) 출신으로 그 법류를 환주파(幻主派)라 하며 일본의 선종계에도 큰 영향을 주었다.

121 규엔 류친[九淵龍琛]: 생년은 미상이나 몰년은 1498년이다. 임제종 황룡파에 속한 승려. 임제종 황룡파. 덴쇼 이치린[天祥一麟]의 법사(法嗣)로 건인사(建仁寺) 지족원(知足院)의 불도로 산성환희사(山城歡喜寺)에 주석했다. 고쇼원(1455)년에 건인사에 주석(제187세)하고 고쇼 연간에서 간쇼 연간에 걸쳐 지족원의 탑주(塔主)를 맡았다. 간쇼 7(1496)년에는 건인사 영천원(靈泉院)의 탑주가 되고 같은 사찰의 개산탑흥선오국원(開山塔興禪護國院)의 탑주도 역임했다. 오닌[應仁]의 난 때는 보제사(醍醐寺)로 난을 피했지만, 이 무렵 남선사(南禪寺)의 주지(제202세)에도 취임했다. 본 기사를 통해 그가 4호선(규슈 단다이선)에 승선했음을 알 수 있다. 기세 레이젠의 『촌암고』에 「九淵住建仁江湖疏」라는 제목의 글이 있고 그중에 "동산(東山) 건인선사(建仁禪寺)의 마침 공석이던 장실(丈室)은 일전에 성복사에 있던 규엔[九淵] 대선사가 대명국에서 돌아온 다음 해에 대단월(大檀越)의 선임을 받아 보임되었다(東山建仁禪寺, 適虛丈室, 前住聖福九淵大禪師, 自大明國歸之明年, 榮膺大檀越公選, 往以補處)"라고 기재되어 있어 그가 일찍이 성복사(聖福寺)에 주석한 적이 있었고, 명조에서 귀국한 뒤에는 건인사에 주석했음을 알 수 있다. 규슈 단다이선은 성복사의 조영선이라 할 선박이었던 까닭에 규엔이 4호선에 타고 있던 것은 이러한 인연 때문일 것이다. 단 규엔을 따라 명에 들어간 것이 확인되는 이로는 법질(法姪)인 난소 류사쿠[南叟龍朔](『독미장병추(禿尾長柄帚)』・『촌암고』・『한림오봉집(翰林五鳳集)』), 제자인 도린 뇨슌[東林如春](『월주화상어록(月舟和尙語錄)』 부록 2 참조)이 있다.

3일, 관인 진씨(陳氏)¹²²가 북경으로 떠났다. 일본에서 진공선 8척이 왔음을 조정에 상주하기 위해서였다.

4일, 진 대인이 근정당에서 차와 음식을 크게 차리고서 우리 일행에게 연회를 베풀었다. 영파부의 태수(太守)¹²³가 동석하였다.¹²⁴ 종과 북이 울리고 연희꾼[倡優]¹²⁵의 놀이가 낮에서 밤까지 이어졌다.

5일, 단오였다. 관광당에서 의례가 있었다. 오후에 진 대인이 영파의 지부(知府)¹²⁶와 여러 관인에게 연회를 베풀었다.

7일, 영파부에 있는 여러 사찰을 두루 유람했다. 백의사(白衣寺)¹²⁷ · 경청사(鏡淸寺)¹²⁸ · 연경사(延慶寺)¹²⁹ · 수창사(壽昌寺)¹³⁰ · 만수사(萬壽寺)¹³¹ · 수월암(水月庵)¹³² 등을 둘러보았다.

---

122 관인 진씨(陳氏): 자세한 인적 사항은 알 수 없다. 단 계유년 5월 4일조 등에 등장하는 '진 대인'과는 다른 인물이다.
123 영파부의 태수(太守): 영파부의 지부(知府)를 가리키는 듯하다. 경태 연간(1450~56)에 영파 지부를 역임한 자는 이춘(李春)이다. 『가정영파부지』 권2.
124 《百丈淸規 · 告香》: "請首座光伴, 齋退鳴鼓, 衆歸位立." 원문은 光伴.
125 연희꾼[倡優]: 연희꾼이나 배우를 가리킨다.
126 지부(知府): 부의 장관.
127 백의사(白衣寺): 성내의 북쪽에 위치한다. 당 장흥(長興) 원(930)년에 창건되어 정거보인원(淨居報仁院)이라 칭했는데, 속칭으로는 백의관음원(白衣觀音院)이라 불렸다. 『성화영파군지』 권9. 민국 시기의 지도에는 보이지만 현존하지는 않는다. [역자주] 백의사는 영파부 치소에서 서북쪽으로 1리 떨어진 곳에 있었는데, 홍무 3년에 이 위치로 옮겨왔다. 『영파부간요지』, 권4.
128 경청사(鏡淸寺): 성내 동남쪽에 있다. 당 천복(天復) 2(902)년에 홍소(洪紹)라는 승려가 영파 남문 밖 수육원(水陸院)이 있던 터에 유정원(柳亭院)을 창건한 데서 유래한다. 양 개평(開平) 4(910)년에 성내로 옮겼고 경청(境淸)으로 개칭했다. 『성화영파군지』 권9. 견명사 중에서 정사 · 부사 · 거좌 · 토관 · 종승과 같은 간부급은 안원역의 각 방에 머물렀지만, 그 외의 수많은 수행원은 천녕사와 경청사에서 묵었다. 가정(嘉靖) 2(1523)년 영파의 난이 발생했을 때 소실되어 이후 가빈관의 부지로 전용되었다. 『책언화상초도집』에 옛 경청사의 승려와 사쿠겐이 교류하는 기사가 있어 소실 후에도 경청사의 승려들은 저마다 다른 사찰로 옮겼음을 알 수 있다. 『책언화상초도집』 가정 18년 8월 4일조 · 20일조.
129 연경사(延慶寺): 성내 동남쪽의 호수, 즉 일호(日湖) 안에 있던 사찰. 후주 광순(廣順) 3(953)년에 창건되어 '천하강종오산지제이산(天下講宗五山之第二山)'으로 일컬어졌다고 한다. 『가정영파부지』 권18.
130 수창사(壽昌寺): 성내 동남쪽에 위치한다. 송 건도(乾道) 연간(1165~73)에 창건되었다. 『성화영파군지』 권9.
131 만수사(萬壽寺): 성내 남쪽에 위치한다. 당 함통 13(872)년에 창건되었다. 『성화영파군지』 권9.
132 수월암(水月庵): 성내 서쪽에 위치한다. 원 지정 14(1354)년에 종의(宗義)라는 승려에 의해 창건되었다. 『성화영파군지』 권9.

8일, 포정사(布政司)[133] 주 대인(周大人)[134]이 항주(杭州)에서 왔다.

10일, 안찰사(按察使)[135] 풍 대인(馮大人)[136]이 항주에서 왔다.

12일, 류큐[琉球]의 선박 한 척이 온주에 도착했다[137]고 알려왔다. 온주는 영파에서 500리 떨어져 있다.

13일, 이 내관이 새벽에 영파를 떠나 온주에 가서 류큐인[琉球人]을 맞이했다.

---

[133] 포정사(布政司): 포정사의 정식 명칭은 승선포정사사(承宣布政使司)이며, 한 성(省)의 민정을 관장하는 관청을 가리킨다. 그 장관을 포정사(布政使)라고 한다. 10일에 안찰사(按察使)의 장관인 안찰사(按察使)가 온 것으로 보아 여기서는 포정사의 관원이라기보다는 그 장관인 포정사를 가리키는 것이 아닌가 생각된다. 참고로 영파부는 절강포정사의 관할 아래 있다. 절강포정사는 항주에 위치하고 영파에는 포정분사(布政分司)가 있었다. [보주] 최근 연구에 따르면, 해당 시기의 절강 포정사 중에 주씨 성을 가진 사람은 찾아볼 수 없고 10일에 온 이는 안찰사사(按察使司)의 첨사(僉事, 안찰사의 3등관)이지 장관인 안찰사가 아니라는 지적이 제기되었다. 川越泰博,「『笑雲入明記』に見える浙江三司および中式擧人について」,『中央大學文學部紀要(史學)』57, 2012. 따라서 여기에 등장하는 포정사를 굳이 장관인 포정사로 단정할 필요는 없을 것이다. 한편 '포정사 주 대인'에 대해서는 포정사사(布政使司) 좌참의(左參議, 포정사의 3등관)인 주기(周紀)일 가능성을 제기하면서도 좌참정(左參政, 2등관)인 '주씨'의 활동 시기를 알 수 없다는 점을 들어 판단을 유보하고 있다.

[134] 주 대인(周大人): [보주] 포정사 좌참의 주기일 것으로 추정된다. 川越泰博,「『笑雲入明記』に見える浙江三司および中式擧人について」,『中央大學文學部紀要(史學)』57, 2012.

[135] 안찰사(按察使): 제형안찰사(提刑按察司)의 장관. 안찰사의 정식 명칭은 제형안찰사사(提刑按察使司)이며 한 성의 사법·감찰 업무를 담당하는 관청이다. 영파부는 절강안찰사의 관할 하에 있다. 절강안찰사는 항주에 위치하고 영파에는 안찰분사(按察分司)를 두었다. [보주] 다만 이 시기에 절강안찰사의 장관인 안찰사(按察使)는 공석이었으므로 여기에 등장하는 '안찰사 대인'이란 안찰사사(按察使司)의 첨사 풍절(馮節)이라 생각된다. 川越泰博,「『笑雲入明記』に見える浙江三司および中式擧人について」,『中央大學文學部紀要(史學)』57, 2012.

[136] 풍 대인(馮大人): [보주] 안찰사사의 첨사 풍절(馮節)이라 생각된다. 川越泰博,「『笑雲入明記』に見える浙江三司および中式擧人について」,『中央大學文學部紀要(史學)』57, 2012.

[137] [역자주] 류큐[琉球]의 선박 한 척이 온주에 도착했다: 명대의 조공제도는 공도(貢道), 즉 조공 사절이 입국하는 경로에 관해 명확하게 규정하고 있다. 그런데 명초의 류큐는 이러한 공도 규정에서 다소 자유로웠다. 원래 류큐의 조공 사절이 승선한 선박은 복건시박사가 있는 천주(泉州)로 입항하도록 규정되어 있었으나, 영락 연간 이후에는 복건성 복주(福州)나 절강성 서안(瑞安)에도 상시적으로 입항하였다. 서안은 온주부 관할 하에 있던 현이므로 아마도 본 기사에 등장하는 류큐 선박도 서안현에 입항했으리라 추정된다. 한편 선덕 7(1432)년에 서안의 현민들이 류큐 조공 사절의 입항에 따른 부담을 호소하며 영파로 회항시킬 것을 청원한 바 있는데, 이후부터 류큐 선박은 서안에서 온주를 경유하여 영파와 항주로 들어가는 경우가 많아진다. 『명선종실록(明宣宗實錄)』권89, 선덕 7년 4월 갑인조.

14일, 육왕산(育王山)¹³⁸에 갔다. 육왕산은 역에서 반나절 정도 걸렸다. 외문의 현판에는 '옥궤(玉机)'라 쓰여 있었고, 산문에는 '육왕사(育王寺)'라 쓰여 있었다. 주산청원본화상(住山淸源本和尙)¹³⁹이 종과 북을 울리며 사람들을 데리고 산문 밖까지 우리를 마중나왔다. 대웅보전(大雄寶殿)으로 우리를 안내하며 맞으면서 약사여래호(藥師如來號)를 크게 외쳤다. 차당(茶堂)으로 가 식사했다. 다 먹고 난 뒤에 묘승보전(妙勝寶殿)에 들어가 대비주(大悲呪)¹⁴⁰를 암송했다. 삼십삼중사리탑(三十三重舍利塔)¹⁴¹을 열어 그 탑 안에 손을 넣어 소탑을 두 손으로 받들어 꺼냈다. 소탑의 크기가 대략 7, 8촌 정도였다. 일찍이 아육왕(阿育王)¹⁴²이 천축(天竺)에서 내던진 것이 바로 이 소탑이라 한다.

조당(祖堂)¹⁴³에는 위패가 많았다. 하나는 '개산선밀거소선사(開山宣密居素禪師)'¹⁴⁴라 쓰여 있었고, 다른 하나는 '당산삼십삼대무준화상(當山三十三代無準和尙)'¹⁴⁵이라 쓰여 있었다. 주지스님

---

138 육왕산(育王山): 아육왕산(阿育王山) 육왕사(育王寺)를 가리킨다. 영파부의 교외에 있다. 천하선종오산제오위(天下禪宗五山第五位). 옛적에는 아육왕광리사(阿育王廣利寺)라 불렸는데, 진 의원(義元) 원(405)년에 창건되었다. 『성화영파군지』 권9. 당시의 사리탑은 인도의 아쇼카왕[阿育王]이 세운 팔만사천탑(八萬四千塔) 중 하나라 여겨졌다. 감진(鑑眞) 선사가 일본에 도항하기 전에 체재한 절로 유명하다.
139 주산청원봉화상(住山淸源本和尙): 건륭(乾隆) 22(1756)년에 간행된 『명주아육왕산속지(明州阿育王山續志)』 권16에 따르면, 육왕사의 제84대 주지라 한다. 요강(姚江) 진씨(陳氏) 출신으로 영은사(靈隱寺) 차암(借庵)의 법사다. 동서 권12에는 '주산청원본(住山淸源本)'의 작품으로 「차십경운(次十景韻)」이란 제목의 시가 실려 있다. 육왕사의 십경이란 사리탑(舍利塔)·용현암(湧現岩)·칠불담(七佛潭)·대권동(大權洞)·불적암(佛跡岩)·선서암(仙書岩)·묘희천(妙喜泉)·신규각(宸奎閣)·금사정(金沙井)·옥기봉(玉几峰)을 가리킨다.
140 대비주(大悲呪): 천수관음대비다라니경(千手觀音大悲陀羅尼經)을 가리킨다. 천수관음(千手觀音)의 공덕을 말하는 82구로 된 다라니경이다.
141 삼십삼중사리탑(三十三重舍利塔): 육왕사의 사리탑은 석가여래진신사리탑(釋迦如來眞身舍利塔)이라고 불리며 안에 '일각금종사리(一角金鐘舍利)가 있다고 한다. 『성화영파군지』 권9.
142 아육왕(阿育王): 아쇼카왕. 생몰년은 알 수 없다. 기원전 3세기 인도의 마가다국 마우리야 왕조의 제3대 국왕이다. 불교를 보호한 이상적 군주로 여겨진다. [역자주] 아쇼카왕은 왕위를 이으면서 형제를 죽이고 즉위식을 올렸다. 이후 인도의 동부 칼링가국을 정복한 것을 계기로 불법 수행에 정진하면서 통치 방침을 근본적으로 바꾸었다. 불법을 전파하고 가르치는 데 통치의 중점을 두었고 외국에도 사신을 파견해 불법을 전하도록 했다. 「阿育王」, 『國史大辭典』.
143 조당(祖堂): 종파를 세운 조사(祖師)를 모시는 사당. 조사당(祖師堂)이라고도 한다.
144 [보주] 선밀거소선사(宣密居素禪師): 법안종(法眼宗) 운거도제(雲居道齊)의 법사. 송 단공(端拱) 원(988)년 칙명에 의해 아육왕산이 선사(禪寺)가 되었을 때 초대 주지가 되었다. 『명주아육왕산속지』 권16.
145 무준화상(無準和尙): 무준사범(無準師範, 1179~1249)을 가리킨다. 임제종 양지파 파암파(破庵派)의 승려로 검각(劍閣, 현 사천성 경원시廣元市) 출신이다. 파암조선(破庵祖先)의 법을 계승하여 초산(焦山)·설두산(雪竇山)·육왕산을 걸쳐 경산(徑山)에 주석했다. 무학조원(無學祖元)과 엔지[円爾]의 사법사(嗣法師)로 일본 임제종 불광파(佛光派)·성일파(聖一派)의 개조에 해당한다.

그림 4 천동사 쌍경만공지. 절강성 영파시. 2007년 2월 촬영.

이 머무는 방장(方丈)은 승은각(承恩閣)이었다. 승은각 위에 위패가 있었는데, '석교종주소은소선사(釋敎宗主笑隱訴禪師)'[146]라 쓰여 있었다. 마침내 천동산(天童山)[147]에 이르러 하룻밤 머물렀다. 육왕산에서 천동산까지의 거리가 20리 정도였다.

15일, 천동산 경덕사(景德寺)를 유람했다. 불전은 대웅보전이었다. 조당에는 '개산의흥선사(開山義興禪師)'[148]라 쓰인 위패가 있었다. 영롱암(玲瓏巖)과 대백봉(大白峰) 사이에 밀암(密庵)[149]의

---

146 석교종주소은소선사(釋敎宗主笑隱訴禪師): 소은대소(笑隱大訴, 1284~1344)를 가리킨다. 임제종 양지파 대혜파(大慧派)의 승려로 남창(南昌, 현 강서성江西省 남창시南昌市) 출신이다. 속성(俗姓)은 진씨(陳氏)로 매기원희(晦機元熙)의 법을 계승하였다. 호주(湖州) 오회선사(烏回禪寺)·항주(杭州) 대보국사(大報國寺)·중천축사(中天竺寺)·금릉(金陵) 대룡상집경사(大龍翔集慶寺) 등에 주석하였고, 원의 문종(文宗)에 의해 대중대부(大中大夫)의 관직을 받고 광지전오대선사(廣智全悟大禪師) 호를 수여받았다. 원 지원 2(1336)년에는 석교종주(釋敎宗主)라는 호칭을 얻고 오산(五山)의 사찰을 영유하였다. 『포실집(蒲室集)』(1권)을 저술했고 『칙수백장청규(勅修百丈淸規)』(8권)을 중수했다.
147 천동산(天童山): 천동산 경덕사(景德寺)를 가리킨다. 영파부의 교외에 위치하며 천하선종오산(天下禪宗五山)의 제3위다. 진 영강(永康) 연간(304~06)에 창건되었다.
148 의흥선사(義興禪師): 자세한 인적 사항은 알 수 없다.
149 밀암(密庵): 밀암위걸(密庵威傑, 1118~1186)을 가리킨다. 임제종 양지파 호구파의 승려로 복주(福州) 복청(福淸,

탑이 있었다. 문의 현판에는 중봉(中峰)이라 쓰여 있었고 그 바로 앞에 '임제정전(臨濟正傳)'이란 글귀가 걸려 있었다. 이어서 구봉(九峰), 쌍소만공지(雙沼萬工池)150, 만송관(萬松關)을 둘러 보았다. 숙노정(宿鷺亭)은 터가 남아 있을 뿐이었다.

21일, 진 대인이 우리 일행에게 연회를 베풀려고 했다. 먼저 종자와 수부에게는 밀가루·설탕·술·식초[醋]151·소금·간장·생죽순[鮮笋]152·소귀나무 열매[楊梅]153·기름·채소154·거위·닭 등을 주었다.

27일, 진 대인이 차와 음식을 준비하여 근정당(勤政堂)에서 우리 일행에게 연회를 크게 베풀었다. 연회가 아직 절반도 지나지 않았는데, 북경 예부(禮部)155의 차문(箚文)156이 도착했다. 차문에 "일본국 진공선이 내조하러 왔다고 들었다. 저들을 신속히 북경의 궁궐로 출발하게 하라"고 쓰여 있었다.

현 복건성 복주시) 출신이다. 속성은 정(鄭)이다. 각지의 사찰을 두루 참배하여 응암담화(應庵曇華)에게 인가를 받았다. 후에는 구주(衢州) 오거암(烏巨庵)에 주석하며 경산(徑山)·영은사(靈隱寺)·천동사(天童寺)와 같은 거찰에서 주석하였다.

150 쌍소만공지(雙沼萬工池): 『천동사지(天童寺志)』 권1에 "안과 밖에 만공(萬工)이란 연못이 있는데, 쌍경(雙鏡)이라 한다. 안쪽 연못은 사찰 앞에 있으며 바깥쪽 연못은 안쪽 연과 둑을 사이에 두고 있다(池則有內外万工, 名雙鏡, 內池当寺之前, 外池與內者相方塘"이라 기록되어 있다. 정확하게는 '쌍경만공지(雙沼萬工池)'라 해야 한다.

151 식초[醋]: 식초[酢]를 가리킨다.

152 생죽순[鮮笋]: 말리지 않은 생죽순을 가리킨다.

153 소귀나무 열매[楊梅]: 소귀나무 열매를 가리킨다.

154 채소: 원문은 '荣'다. 저본에는 '柴'로 되어 있으나 의미에 따라 수정했다.

155 [역자주] 예부(禮部): 육부의 하나다. 의례(儀禮), 예악(禮樂), 제사(祭祀), 연향(宴饗), 공거(貢擧)와 같은 사무를 담당하던 관청이다. 장관은 상서(尙書, 정2품)이며 차관은 좌시랑(左侍郎, 정3품)과 우시랑(右侍郎, 정3품) 각 1명이다. 관하에 의제사(儀制司), 사제사(祠祭司), 주객사(主客司), 정선사(精膳司)의 4개의 청리사(淸吏司)가 있어 각 업무를 분장했는데, 외국 사신과 관련된 업무를 관장하던 부서가 주객사이다. 각 청리사에는 낭중(郞中, 정5품) 1명, 원외랑(員外郞, 종5품) 1명, 주사(主事, 정6품) 1명의 관원이 배치되었다. 『명사』 권72, 직관지.

156 [역자주] 차문(箚文): 고위 관청에서 하위 관청으로 내리는 명령문인 하행문서(下行文書)의 일종. 山腰敏寬편, 『中國歷史公文書讀解辭典』, 汲古書院, 2004.

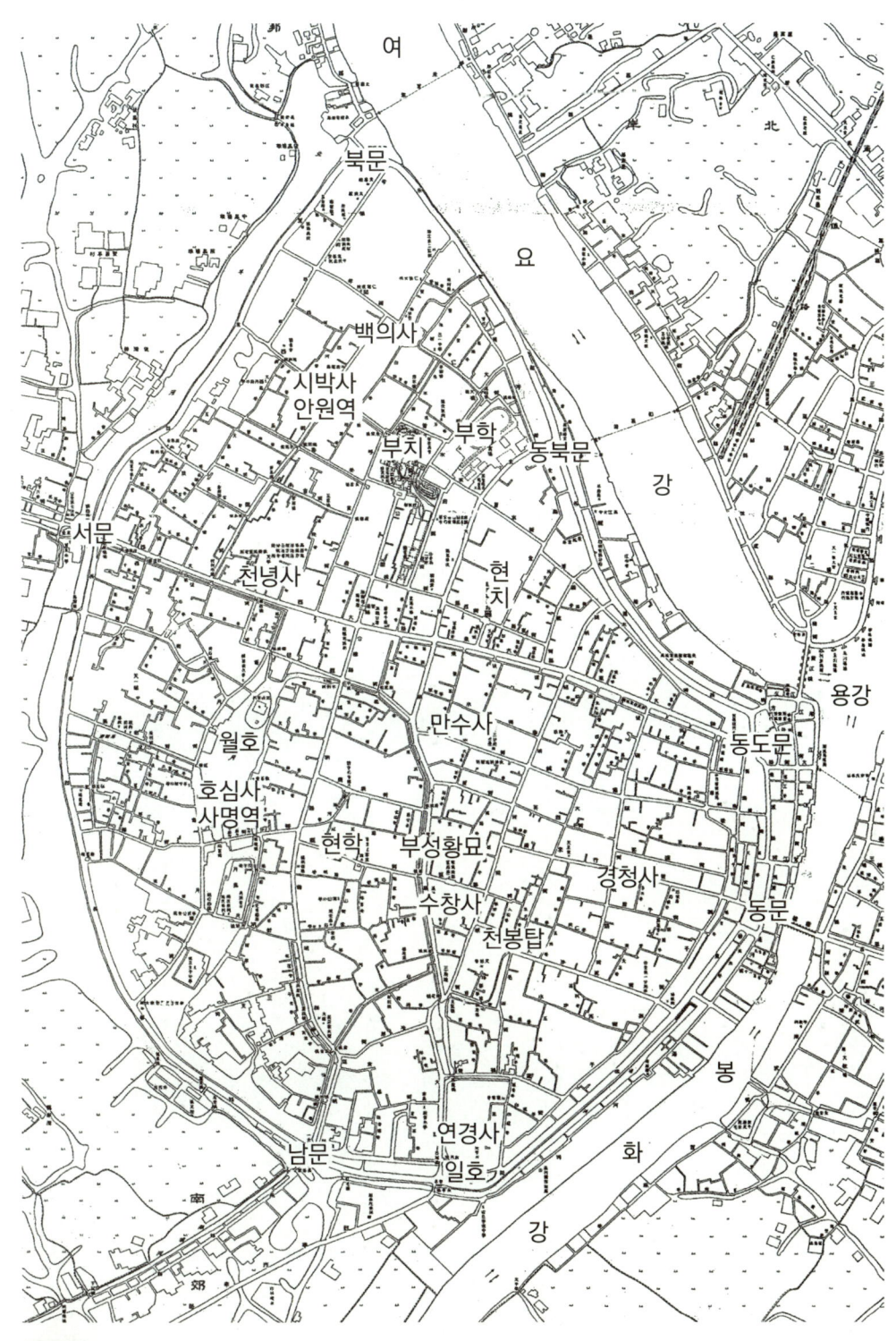

지도 2 영파부 주요 지도. 『민국은현통지(民國鄞縣通志)』 수록 지도에 가필.

제4장 영파에서 보낸 날들(2)

출발 준비

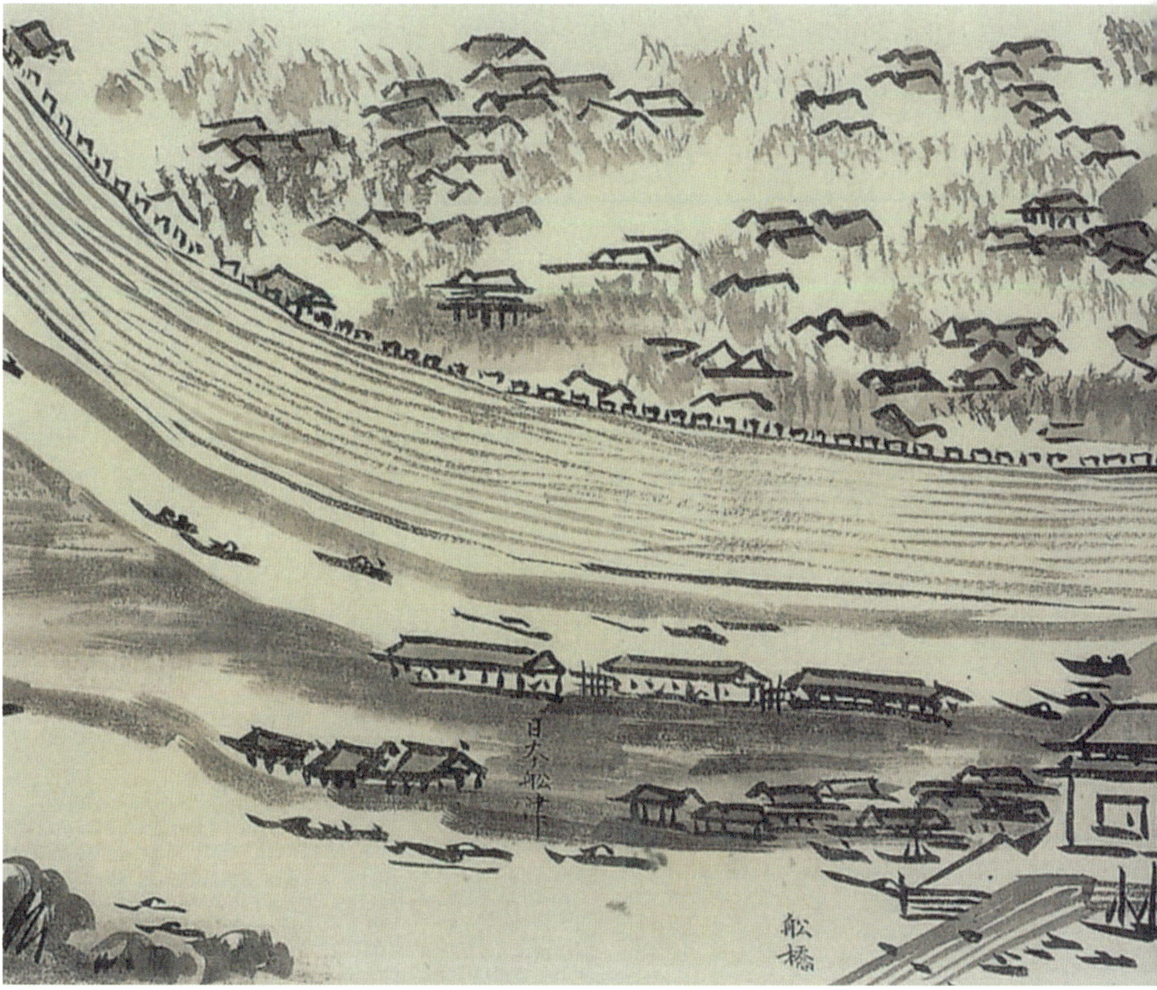

그림 5 위 – 「당산승경화고(唐山勝景畵稿)」(도호쿠대학 부속도서관 소장) 영파 부분.
아래 – 「당산승경화고」에서 동문 부근을 확대한 그림.

그림 6 　월호(月湖) 절강성 영파시. 북경으로 출발하는 첫 번째 역인 사명역은 이 호수에 있었다. 2007년 2월 촬영.

5월

28일, 1호선의 진공물을 하나하나 검수하여[157] 동고(東庫)[158]에 넣었다. 정사, 부사, 거좌, 토관이 모두 참여했다.

29일, 밤에 2호선의 진공물을 검수했다. 가뭄이 한 달 남짓 이어진 탓에 절동(浙東)[159]의 승려들은 모두 천녕사(天寧寺)에 모여 기우제를 지내라는 명이 내려졌다.

157　1호선의 진공물을 검수하여: 1호선의 진공물을 배에서 내렸다는 뜻이다.
158　동고(東庫): 사절단이 싣고 온 화물을 검수한 뒤에 수장하는 창고. 영파부 성내의 동문(東門), 즉 영교문(靈橋門) 옆에 위치한다.
159　절동(浙東): 현재의 절강성의 동부 일대를 가리킨다.

6월

1일, 정사와 부사는 동고를 떠나 진 대인을 뵈었다. 3호선의 진공물을 검수했다.

2일, 6호선과 7호선의 화물을 일시에 검수했다.

3일, 4호선의 화물을 검수했다.

4일, 8호선의 진공품을 검수했다.

5일, 정사, 부사, 거좌, 토관 등이 삼사관(三司官)[160]을 뵈었다. 문의 편액에 '절강제형안찰분사(浙江提刑按察分司)'[161]라 적혀 있었다.

6일, 1호선의 진공품을 점검하였다. 정사, 부사, 거좌, 토관이 참여했다.

7일, 1호선의 유황을 볕에 말렸다.

8일, 소목(蘇木)[162]과 동자(銅子)를 검수했다.

13일, 2호선의 화물 상자[163]를 검수했다. 저녁에 천둥이 크게 치며 비가 내렸다.

---

160 [보주] 삼사관(三司官): 도지휘사사(都指揮使司)·승선포정사사·제형안찰사사 각 사에 속하는 관료를 가리킨다. 도지휘사사는 한 성(省)의 군정(軍政)을 담당하고 위소(衛所)를 관할하는 관청으로 그 장관을 가리켜 도지휘사(都指揮使)라 한다. 이 기사에서 일본 사절과 대면한 도지휘사사의 직위·인명은 명확하지 않다. 포정사사는 주씨, 안찰사사는 3등관 풍절이다. 주씨는 5월 8일조, 풍절은 5월 10일에 각각 영파에 도착했다.
161 제형안찰분사(提刑按察分司): 한 성의 사법·감찰 업무를 담당하는 제형안찰사사, 즉 안찰사의 지부.
162 소목(蘇木): 열대지방에서 자라는 수목. 홍색의 염료로 쓰인다. [역자주] 염료만이 아니라 약재로도 널리 쓰여 각종 한방의서에 기술되어 있다. 혈을 고르게 하고 좋지 않은 피를 없애는 데 효과가 있다고 한다. 『보제방(普濟方)』 권5.
163 화물 상자: 원문은 '貨匣'이다. 화물을 넣는 상자를 가리킨다.

14일, 모든 선박의 거좌가 강사 조산 호테이의 방에 모여 화물 점검 과정에서 발생한 불미스러운 일[164]에 관해 논의했다.

15일, 진 대인이 천녕사에 가서 대재(大齋)[165]를 마련하고 기우제를 무사히 마친 것[166]을 경하했다.

16일, 1호선에 싣고 온 유황의 수량을 헤아렸다. 강사가 일본식 식사와 술[飯酒]을 준비해다가 진 대인을 접대했다.

17일, 1호선의 화물 상자를 검수했다.

18일, 만호(萬戶) 외 대인(巍大人)[167]이 일본의 공마(貢馬) 20필을 보내려고 항주로 출발했다. 일본인 중에서 토관 한 사람과 수종(隨從)[人伴] 등 50인이 외 대인을 따랐다.

20일, 7호선의 화물 상자를 검수했다.

---

164 화물 점검 과정에서 발생한 불미스러운 일: 6월 6일 이래 계속되던 진공물의 점검 작업에 무언가 불공정한 일이 있었던 것으로 추정되나, 구체적으로 어떤 일이 발생했는지는 알 수 없다.
165 [역자주] 대재(大齋): 재식(齋式)을 크게 베풀어 승려에게 공양하는 일을 말한다. 재(齋)란 본래 정오 이전에 식사를 하는 것을 가리킨다. 계율상 식(食)은 시(時)와 비시(非時)로 나뉘는데, 정오 이전을 정시(正時), 이후를 (非時)라고 한다. 시(時) 중에 식사를 하는 것을 재식(齋食)이라 한다. 재(齋)는 또한 포살(布薩)이라고도 하는데, 범어로 Upavasatha, 팔리어로 Uposatha이며 식(式)을 가리킨다. 즉 재란 본래 승려의 식사를 의미하는 것이었으나, 후에 승려에게 식사를 공양하는 의식이나 법회를 가리키게 되었다.
166 기우제를 무사히 마친 것: 원문은 '滿散'이다. 날짜를 정해 행했던 행사가 종료된 것을 가리킨다. 여기에서는 5월 29일부터 행했던 기우제가 종료되었음을 뜻한다.
167 만호(萬戶) 외 대인(巍大人): 저본에는 '太人'이라고 되어 있으나, 뜻에 따라 수정했다. 구체적으로 누구인지는 알 수 없다.

21일, 진 대인이 근정당에서 장해(張楷)¹⁶⁸, 안찰사(按察使), 포정사(布政使), 어사(御史)¹⁶⁹, 지부(知府) 다섯 명의 대인에게 연회를 베풀었다. 벽에는 항주 서호(西湖)를 그린 그림이 걸려 있었는데, 너비가 5장(丈)¹⁷⁰ 정도였다.

25일, 이 내관¹⁷¹이 온주에서 돌아와 "류큐가 말 15필, 유황 2만 근, 소목 1,500근을 진공했습니다"라고 보고했다.

26일, 역승관(驛丞官)¹⁷²이 류큐의 진공품¹⁷³을 보내려고 상경했다.

---

168 장해(張楷): 절강성 영파부 자계현(慈谿縣) 출신. 영락 22(1424)년에 진사가 되었고 선덕 4(1429)년에는 남경(南京) 감찰어사(監察御史)에 임명되었다. 이후 관직을 거듭하여 산서(山西) 제형안찰사사사(提刑按察使司事)를 거쳐 부사(副使)를 거쳐 도찰원(都察院) 도어사(都御史)에 이르렀으나, 정통 14(1449)년 복건에서 발생한 반란 진압에 실패하여 파면당했다. 천순 2(1458)년 도찰원 우도어사(右都御史)로 복직된 데 이어서 산서에서 발생한 반란 진압을 위해 군량 조달을 명령받았고 일을 마친 뒤에 다시 남경 도찰원 우도어사에 임명되었다. 천순 4(1460)년 조하(朝賀)를 위해 상경했다가 경저(京邸)에서 사망했다. 『명영종실록』 천순 4년 11월 기묘조. 『명영종실록』의 졸전(卒傳)에는 장해의 인품에 대해 "배움에 힘써 책을 덮지 않았고 시를 읊기를 좋아하여 날마다 그치지 않았다(力學猶不倦, 性喜吟詩, 日不絶口)"라며 그의 재능을 소개하였으며, 관직에 있어서는 "방종하고 해이하여 검약하지 않았으며 가는 곳마다 염치가 없었다(縱弛不檢, 所至無廉)"라고 평하고 있다. 또한 천순 2년의 복권도 경태 연간(1450~56)에 모은 재물로 관에 뇌물을 준 결과라 쓰고 있다. 『명영종실록』 천순 2년 7월 경술조. 『벽산일록(碧山日錄)』 오닌 2(1468)년 정월 27일조에 "어사 장해는 일전에 항주 안찰사였다. …… 뒤에 조서(詔書)를 거짓으로 작성한 일에 연루되어 영파부에 유배되었다. 문학(文學)이 천하를 뒤덮을 뿐만 아니라 웅략 또한 이와 같았다(御史張楷 前爲杭州按察使 …… 後坐於矯作詔書, 而謫寧波府. 不啻文學冠乎天下, 雄略亦如此矣)"라는 기록이 있어 항주안찰사(杭州安察使)를 지낸 것으로 보이지만 확실치는 않다. 계유년 7월 18일에 18세가 된 아들 백후(伯厚)가 과거를 보러 떠났다는 기사나 계유년 11월 25일 북경에 있던 백후가 쇼운의 숙소에 와서 시를 지었다는 기사, 귀국길인 갑술 6월 4일에 장해의 집에서 전별시를 선물로 받았다는 기사 등이 산재하고 있어 쇼운이 명조에 체류하는 동안 친분을 쌓았음을 알 수 있다. 『인교징서(鄰交徵書)』 3편 권1에 따르면, 시류 고토[斯立光幢]도 장해에게 자화상에 찬(贊)을 받았다고 한다. (「부록 2」 참조.)
169 어사(御史): 관리의 감찰을 담당하는 관원. 구체적으로 누구인지는 알 수 없다.
170 5장(丈): 약 15m이다. 1장은 약 3m다.
171 이 내관: 계유년 4월 21일에 온주에서 영파로 왔다가 5월 13일 류큐인이 내항했다는 연락을 받고 다시 온주로 돌아간 인물이다.
172 역승관(驛丞官): 원문은 '驛承官'으로 承은 丞의 오기라 생각된다. 계유년 9월 26일조에는 '驛丞官'이라고 나온다. [역자주] 역승(驛丞)이란 역참(驛站)과 관련된 사무를 관장하는 관직이다. 명청 시대에는 지방의 각 부(府)·주(州)·현(縣)에 설치되었다. (『淸史稿』 卷116, 「職官三」, "驛丞,【未入流】掌郵傳迎送. 凡舟車夫馬, 廩糗庖饌, 視使客品秩為差, 支直於府·州·縣, 籍其出入. 雍正六年, 定滿人不得為驛丞. 典史同.")
173 류큐의 진공품: 계유년 5월 12일조에 류큐의 선박이 온주에 도착했다는 소식이 영파에 전달되었다는 기사가 보인다. 『명영종실록』 경태 4년 8월 경자조에는 "류큐국 중산왕(中山王) 쇼킨부쿠[尚金福]가 통사(通事) 정홍(程鴻) 등을 보내 표문을 받들어 내조하고 말과 방물을 진공하니 연회를 베풀고 초폐(鈔幣), 표리(表裏)를 차등 있게 하사했다(琉球國中山王尚金福, 遣通事程鴻等, 奉表來朝, 貢馬及方物, 賜宴幷鈔幣表裏, 有差)"라는 기사가 있어 이 해 8월

27일, 진 대인이 일본 유황 5만 근을 남경(南京)에 보냈다.

7월

1일, 이른 아침에 잰걸음으로 근정당에 가서 진 대인과 이 대인[174]을 뵈었다.

2일, 진 대인이 다시 일본 유황 5만 근을 마련하여 준비하여 남경에 보냈다.

3일, 1호선에 싣고 온 동(銅)을 동고에 수납했다.[175]

4일, 천동사(天童寺)의 장로(長老) 가암(可庵)[176]이 나를 초대하여 함께 차를 마셨다. 계두자(雞頭子)[177]란 과실이 나왔는데, 석류와 비슷했지만 크기는 더 컸다.

10일, 수재(秀才)[178] 풍극용(馮克容)[179]이 내 처소로 왔다. 내가 "비문에 붉은 색 글자를 많이 쓰는 이유는 무엇입니까"라고 물었다. 풍극용은 "석비에 붉은 색으로 글자를 쓴 것일 뿐입니다"라

중산왕 쇼킨부쿠가 정홍 등을 파견했던 사실이 확인된다.

174 진 대인과 이 대인: 여러 판본에 '李'가 '季'로 되어 있으나 의미에 따라 수정했다. 계유년 4월 25일조에 '陳·李兩大人', 동년 5월 1일조에 '陳·李兩大人'이란 기사가 보인다.

175 동(銅)을 동고에 수납했다: 원문은 '掛銅'이다. 구체적인 의미는 알 수 없다. [역자주] 문맥상 동고에 수납했다 정도로 읽을 수 있어 의역했다. '掛'에는 걸다, 등록하다와 같은 뜻이 있어 '창고에 입고하는 절차를 마쳤다' 정도의 의미가 아닐까 한다.

176 가암(可庵): 천동사의 주지이다. 『사서촌집(史西村集)』에 "그 성명은 알 수 없다. 성화(成化)·홍치(弘治) 연간(1465~1505) 사람이다. 대나무 그림을 잘 쳤다(失其姓名. 成·弘間人, 善畫竹"라는 기록이 있어 그림과 예악에 능통했다고 전한다.

177 계두자(雞頭子): 과실의 일종이다. 가시연밥을 가리킨다. [역자주] 수련과의 일종으로 중국 중·남부에서 서식하며 호수나 늪과 같은 얕은 물에서 자란다. 식용이나 약용으로 쓰인다.

178 수재(秀才): 부학(府學)·현학(縣學)과 같은 국립 학교에 재적 중인 학생, 즉 생원(生員)을 가리킨다. 향시(鄉試)에 응시할 수 있는 자격을 갖는다. [역자주] 생원만이 아니라 부학·현학에서 뽑혀 국자감(國子監)에 입학한 감생(監生) 중에서 특히 뛰어난 자를 가리켜 '소수재(小秀才)'나 '노수재(老秀才)'라 부르기도 한다. 『명사』권69, 선거지(選舉志).

179 풍극용(馮克容): 자세한 인적 사항은 알 수 없다.

답했다. 내가 다시 "소동파(蘇東坡)[180]의 시에 '석염목(石鹽木)'[181]이란 말이 있던데, 무엇입니까"라 묻자 풍극용이 "나무 이름입니다. 여기에 많이 자랍니다"라고 답했다.

11일, 진 대인[182]이 북경에서 돌아왔다. 〈일본 선박이 왔음을 상주하러 떠났던 사신이다.〉

13일, 모든 선박의 화물 중에서 기송(起送)할 것을 제외하고는 각처로 돌려보냈다.[183] 〈하급 부서에서 상급 부서로 보내는 것을 '기송'이라 한다.〉

14일, 삼사(三司)의 대인[184]이 영파부를 떠나 항주로 돌아갔다. 우리 일행이 항구까지 전송했다.

15일, 모든 선박의 선두 등이 절강의 물가[185]에 가서 수륙회(水陸會)[186]를 준비했다. 종승들이 모두 참여했다.

---

180 소동파(蘇東坡): 송대의 소식(蘇軾, 1036~1101)을 가리킨다. 현재의 사천성 미산(眉山) 출신으로 자는 자첨(子瞻)이다. 가우(嘉祐) 2(1057)년에 진사에 급제한 후 지방관을 역임했는데, 왕안석(王安石)의 신법(新法)했다가 유형을 당했다. 이후 복권되어 항주 지주(知州)가 되었다가 예부상서에 임명되는데, 소성(紹聖) 원(1094)년에 재차 유배형에 처해진다. 원부 4(1101)년에 사면되어 수도로 돌아가던 중에 사망했다.
181 석염목(石鹽木): 중국 남방에 자라는 떡갈나무의 명칭. 소식의「서신교(西新橋)」란 제목의 시에 "獨有石鹽木, 白蟻不敢"이란 구절이 있다.『동파전집(東坡全集)』권23. [역자주] '석염목'은 소식의 시 중「서신교」외에「양교시(兩橋詩)」에도 보인다.『동파후집(東坡後集)』권5. 한편『대명일통지(大明一統志)』권79, 광동포정사(廣東布政司), 광주부(廣州府)를 살펴 보면, 동파정(東坡井)이란 곳의 토산(土産)으로 철력목(鐵力木)이 있고 일명 '석염목(石鹽木)'이라 한다고 주기되어 있다. 소식이 광주 유배 중에 지은 시에서 '석염목'이 언급되곤 한다. 철력목은 침염수의 일종으로 동남아시아 일부를 비롯해 중국 운남 지방이나 광서에 분포되어 있다. 풍극용이 이곳에 많다고 말한 것은 절강에 많다라는 의미보다 중국에도 많다는 의미였다고 생각된다.
182 진 대인: 계유년 5월 3일에 영파에서 북경으로 갔던 '관인 진씨'를 가리킨다.
183 [역자주] 각처로 돌려보냈다: 원문은 '還之, 各至'이다. 사적집람(史籍集覽)에는 '各至'가 '各室'로 되어 있는데, 본 번역에서는 이에 따라 '還之各室'로 수정해서 번역했다.
184 삼사(三司)의 대인(大人): 삼사란 도지휘사사·승선포정사사·제형안찰사사이며 대인은 저 세 부서에 속한 관료를 가리킨다.
185 절강 물가: 정확한 장소가 어딘지는 알 수 없다.
186 수륙회(水陸會): 물과 뭍에 사는 생물에게 음식을 베푸는 법회다. 시아귀회(施餓鬼會)의 하나다. [역자주] 밀교(密敎) 의례 중 하나로 명청시대에는 상장례 문화와 결합되어 기복신앙으로 발전한 법회다. 立川武藏·賴富本宏 編,『中國密敎』, 春秋社, 1999.

18일, 장해의 아들[187]이 18세인데, 진사(進士)에 응시하고자[188] 항주로 떠났다.

19일, 부학(府學)에 사제사(祠祭司)[189]가 있는데, 수재(秀才) 36인이 마당에서 일무(佾舞)를 추었다.

21일, 진 대인이 동고로 가서 기송할 화물을 상자에 넣었다.

8월

1일, 5경[190]에 잰걸음으로 근정당으로 가 월단례(月旦禮)[191]를 행했다. 다시 천녕사로 가 황제성탄식의 예[192]를 익혔다. 영파부의 관원들, 부학·현학의 수재, 천동사·육왕사·연경사·만수사의

---

187 장해의 아들: 장응린(張應麟)을 가리킨다. 자는 백후(伯厚)이다. 양수진(楊守陳)이 집필한 장해의 행장기인 『양문충공문집(楊文公文集)』 권7 동관고(東觀稿)에 수록된 「남경우도어사장공행장(南京右都御史張公行狀)」에 따르면, 장해에게는 응기(應麒)·응린(應麟)·응붕(應鵬) 세 자식이 있었다. 또한 『상기구시(上耆舊詩)』 권28에 수록된 「유격장군장공응린(游擊將軍張公應麟)」이란 제목의 글에 "자는 백후이며 …… 도어사 장해의 자식이다"라는 구절이 있다. 계유년 11월 25일에 "장해의 아들 장백후가 과거에 응시하느라 경사에 있다"라는 기사가 보이므로 여기에서는 둘째 아들인 장응린을 가리키는 것으로 생각된다.
188 진사에 응시하고자 항주로 떠났다: 『명사』 권70의 규정에 따르면, 자(子)·묘(卯)·오(午)·유(酉)가 들어가는 해 8월에 향시를, 진(辰)·술(戌)·축(丑)·미(未)가 들어가는 해 2월에 회시(會試)를 열도록 되어 있다. 이렇게 보면, 장응린은 계유년 7월 18일에 진사를 목표로 8월에 열리는 절강 향시를 보려고 항주로 출발하여 향시에 무사히 합격한 이듬해 2월에 회시에 응시하고자 11월에는 북경에 있었다고 추정할 수 있다. 하지만 『성화영파군지』를 비롯한 지방지의 향시 합격자란에 장응린이란 이름은 보이지 않으며, 경태 5년 진사등과록(進士登科錄)에도 마찬가지다. 장해의 행장기에 장응린이 영파위(寧波衛)의 진무(鎭撫)를 지냈다고 기록되어 있는데, 무관이기 때문인지, 아니면 문과(文科)가 아닌 무과(武科)에 응시했을 가능성도 있다. 『정덕대명회전(正德大明會典)』 권101에 무과 향시는 문과가 끝난 후 9월에 열린다고 한다. 다만 『명사』 권70에는 성화 14(1478)년에 무과의 향시·회시를 실시하고 모두 문과의 예에 따랐다고 기록되어 있는데, 그렇다면 이 시기에는 아직 무과의 향시·회시는 실시되지 않았다는 뜻이 된다. 자세한 사정은 여전히 알 수 없다.
189 사제사(祠祭司): 원문은 '제사(祭祠)'다. 무엇을 가리키는지는 알 수 없다. 제사(祭祀)를 의미할 가능성도 있다. [역자주] 일반적으로 예부에는 사제청리사(祠祭淸吏司)라는 아문이 있어 제사 업무를 담당한다. 지방에도 이와 같은 전담 부서가 있어 각종 의례를 주관했으리라 생각된다.
190 5경: 오전 3~5시경을 가리킨다.
191 월단례(月旦禮): 월초의 인사를 가리킨다. [역자주] 초하룻날에 공자에게 지내는 제사를 가리킨다. 『만력대명회전』 권91, 사제청리사.
192 황제성탄식의 예: 황제의 탄생일을 축하하는 의식.

승려들¹⁹³이 공손히 잰걸음으로 축연성수도량(祝延聖壽道場)¹⁹⁴으로 가 일제히 정해진 위치에 섰다.¹⁹⁵ 수재 한 사람이 계단 위로 올라서서 배반(排班)·배흥(拜興) 등¹⁹⁶의 구호를 제창했다.

3일, 명 황제의 성절일이었다.¹⁹⁷ 영파부의 모든 관료¹⁹⁸와 사찰의 승려들이 한결같이 잰걸음으로 천녕사로 가 성절례를 행했다. 우리 일행은 비가 와서 가지 않았으므로 진 내관이 크게 화를 냈다.

4일, 관광당¹⁹⁹에 다반(茶飯)을 마련해 진 대인이 북경으로 갈 우리 일행²⁰⁰을 전별했다.

5일, 아침에 진 대인²⁰¹을 찾아뵙고 다반으로 감사의 예를 표했다.

6일, 우리 일행 300인은 동틀 때에 안원역(安遠驛)을 출발해 사명역(四明驛)에서 각각 배에 승선했다.

---

193 [역자주] 승려들: 원문은 '淸衆'이다. 청정대해중(淸淨大海衆) 혹은 청정중(淸淨衆)이라고도 한다. 출가 교단 또는 총림에서 수행하는 대중을 가리킨다. 『佛光大辭典』.
194 축연성수도량(祝延聖壽道場): 천자의 장수를 비는 의식을 행하는 장소. 축연이란 장수를 기원하는 것. 성수는 천자의 수명을 가리킨다.
195 일제히 정해진 위치에 섰다: 원문은 '一等立定'. '一等'은 '一同'의 뜻. '立定'은 서 있는 상태란 뜻으로 여기서는 정해진 위치를 가리킨다.
196 배반(排班)·배흥(拜興) 등: 의식을 위해 정렬하여 엎드리거나 일어서거나 하는 것을 가리킨다.
197 성절(聖節): 천자의 탄생일. 만수절(萬壽節), 천장절(天長節)이라고도 한다. 경태제는 선덕 3(1428)년 8월 3일생이다. 『명선종실록』 선덕 3년 8월 임오조. [역자주] 이해의 성탄일 기록은 『명영종실록』 권232, 경태 4년 8월 정해조에 상세하다.
198 영파부의 모든 관료: 원문은 '闔府官僚'. 부의 관료 전원을 가리킨다. 闔는 모두를 뜻한다.
199 관광당(觀光堂): 시박사 내의 건물을 가리킨다. [역자주] 관광당은 유학의 교화를 펼치는 곳으로 정백자(程伯子)의 관광관(觀光舘)에서 유래한다. 보통 강원(講院)에 부속되어 있다. 남경의 국자감에도 강원에 관광당이 구성되어 있었다. 『남옹지(南廱志)』 권8, 규제고(規制考).
200 북경으로 갈 일행: 견명사 중에서 북경으로 올라가는 이들을 가리킨다. 메이오[明應] 견명사(1496년)의 경우 상경하는 정원은 50명으로 정해져 있었다. 호토쿠 견명사의 경우 별도의 규정은 없었던 것으로 생각되지만, 8월 5일조의 기사를 통해 천수백 명의 인원 중에서 상경한 인원은 300명에 불과한 것을 알 수 있다.
201 진 대인: 원문은 '大人'으로만 되어 있으나, 문맥상 진 대인을 가리키므로 이에 따라 번역했다.

제5장 영파에서 항주로

항주 관광

그림 7 북고봉(北高峰)에서 바라본 서호(西湖). 절강성 항주시. 중앙을 가로지는 것이 소제(蘇堤). 안쪽으로 뇌봉탑(雷峰塔). 오른쪽 상단부에 정자사(淨慈寺)의 가람이 보인다. 2008년 7월 촬영.

그림 8 조아묘 근처의 조아강과 운하의 접속 지점(절강성 소흥시(紹興市)·상우시(上虞市). 천정천(天井川)인 조아강에서 배를 끌어 올리기 위한 동력 장치가 지금도 가동되고 있다.

그림 9   범천사(梵天寺) 석경당(石經幢). 절강성 항주시. 2008년 7월 촬영.

> 8월

7일, 새벽에 순강(舜江)²⁰²을 출발하여 정오에 차구역(車厩驛)²⁰³에 이르렀다. 역에 월왕(越王) 구천(勾踐)²⁰⁴의 상이 있었다. 해질녘에 배가 여요현(餘姚縣)²⁰⁵ 요강역(姚江驛)²⁰⁶에 정박했다. 대용천사(大龍泉寺)²⁰⁷라는 사찰이 있었는데, 그 뒤에 있는 산의 정상이 매우 높았다. 당대(唐代)의 방간(方干)²⁰⁸이 지은 시에 이른바 "미명에 먼저 바다 밑 해를 보네"²⁰⁹라는 구절이 있으니 진실로 그러했다.

8일, 상우현(上虞縣)²¹⁰에서 배를 바꾸었다. 밤에 조아강(曹娥江)²¹¹에 정박했다.

---

202 순강(舜江): 순수(舜水)라고도 한다. 절강성 소흥부(紹興府) 여요현(餘姚縣)을 흐르는 하천이다. 영파부성 동쪽으로 봉화강과 합류하여 용강이 되어 정해현에 이른다. [역자주] 여요현의 남쪽을 흐른다. 요강(姚江)이나 동소강(東小江)으로도 불린다. 『가정절강통지(嘉靖浙江通志)』 권9 지리지 요강.
203 차구역(車厩驛): 절강성 영파부 자계현에 위치한 역사. 영파부 관할 하에 있다. 차구(車厩)라는 명칭은 자계현에서 서남쪽으로 20km 떨어진 차구산(車厩山)에서 따온 것이다. 월왕(越王) 구천(勾踐)이 이곳에 마굿간을 설치하고 말에게 여물을 먹였다는 고사에서 유래한다.
204 월왕(越王) 구천(勾踐): ?~서기전 465. 춘추시대 월(越)의 군주. [역자주] 월과 오(吳)는 오랜 숙적 사이로 오왕(吳王) 합려(闔閭)가 구천과의 전투에서 대패하여 사망하였으나, 이후 합려의 아들 부차(夫差)가 월을 정복하여 설욕했다. 이때 목숨을 구걸하여 살아남은 구천은 다시 힘을 길러 마침내 오를 멸망시키고 제후(諸侯)를 소집하여 패자(覇者)의 자리에 올랐다. 쵸운이 지나는 이 지역은 오나 월과 관련된 고사가 많은 지역이다. 『사기(史記)』 권41, 월왕구천세가.
205 여요현(餘姚縣): 소흥부에서 관할하는 현. [역자주] 절강성 소흥부 동부에 위치한 현이다. 순 임금의 성인 요(姚)에서 지명이 비롯되었다. 진대(秦代)에는 회계군(會稽郡)에 속했다가 이후 치폐를 되풀이하였고 원대(元代)에 여요주(餘姚州)를 설치한 것을 명초에 여요현(餘姚縣)으로 바꾸고 인근 300리를 편호(編戶)했다. 『독사방여기요(讀史方輿紀要)』 권92, 절강4, 여요현.
206 요강역(姚江驛): 절강성 소흥부 여요현 북성의 동문 밖에 위치한 역사. 요강은 순강의 별명이다. [역자주] 송대에 설치한 영파역(寧波驛)을 명초에 요강역이라 개칭한 데서 유래한다. 『독사방여기요』 권92, 절강4, 요강역.
207 대용천사(大龍泉寺): 절강성 소흥부 여요현 대용천산 동쪽에 있는 사찰. 동진 함강(咸康) 2(336)년에 건립되었다.
208 방간(方干): 당대의 시인. 당 함통 연간(860~74)에 회계와 감호를 방문했다.
209 미명에 먼저 바다 밑 해를 보네: 방간의 칠언율시 「제용천사절정(題龍泉寺絶頂)」을 말한다. 『삼체당시(三體唐詩)』 권3). 전문은 아래와 같다. 未明先見海底日, 良久遠雞方報晨, 古樹含風常帶雨, 寒巖四月始知春, 中天氣爽星河近, 下界時豐雷雨均, 前後登臨思無盡, 年年改換徃來人.
210 상우현(上虞縣): 소흥부 관할 하의 현. 현성은 현 절강성 소흥시 상우시 풍혜진(豊惠鎭)에 위치한다. [역자주] 절강성 소흥부 동쪽에 위치한 현. 진대에 현을 설치했는데, 순 임금의 후예가 여기에 봉해진 데서 이름을 따왔다. 회계군(會稽郡)에 속했고 당대에는 월주(越州)에 속했다가 송 이후 명대에도 이를 따랐다. 『독사방여기요(讀史方輿紀要)』 권92, 절강4, 상우현.
211 조아강(曹娥江): 상우현과 여요현의 경계를 이루는 하천. 효녀 조아(曹娥)의 설화에서 유래한다.

9일, 조아역(曹娥驛)212에 도착했다. 역 앞 흰 벽에 묵서로 '항주부까지 220리, 영파부까지 220리'라 쓰여 있었다. 정오에 회계현(會稽縣)213에 이르렀다. 육지로 1리 남짓 배를 끌어서 이동하였다.214 나는 배에서 나와 걸어 갔는데, 동관역(東關驛)215을 지나 12리를 가 조아묘(曹娥廟)216에 참배하였다. 팔자비(八字碑)217를 읽어보니 일찍이 채옹(蔡邕)218이 말했던 바의 비문이었으나 이미 쪼개져서 두 조각이 나 있었다. 송대 원우(元祐) 연간에 채변(蔡卞)219이 써서 세웠다고 한다.

10일, 동틀 무렵 소흥부(紹興府) 산음현(山陰縣)에 도착했다. 성안에 산이 있으니 곧 월왕대(越王臺)가 있던 옛터220다. 산 중턱에 높은 누각이 있었는데, 현판에 '월산승절돈(越山勝絶暾)'이라

---

212 조아역(曹娥驛): 절강성 소흥부 상우현에 있던 역사. 가정 연간(1522~66)까지는 양호진(梁湖鎭)에 있었다고 한다. 양호진은 조아강의 동쪽, 강을 바라보는 위치에 있다. [역자주] 일본어 번역자의 설명은 오류다. 예전에는 상우현에서 서쪽으로 30리 떨어진 곳에 있었다. 원 대덕(大德) 7(1303)년에 거센 강물로 인해 둑이 무너지자 현의 치소 서쪽에 있는 양호진으로 옮기고 조아참(曹娥站)이라 칭했다. 명 홍무(洪武) 초에 원래 있던 곳으로 다시 옮기니 바로 총관묘(總管廟) 근처다. 이후에 없어졌다가 가정 3(1524)년에 지현 구양호(丘養浩)에 의해 중건되었다. 『건륭절강통지(乾隆浙江通志)』 권89, 조아역.
213 회계현(會稽縣): 소흥부 관할 하의 현. [역자주] 절강성 소흥부 동쪽에 위치한 현. 본래 산음현(山陰縣)에 속했으나 남북조시대 진대(陳代)에 현을 나누어 회계현(會稽縣)을 둔 데서 유래한다. 『독사방여기요』 권92, 절강4 회계현.
214 육지로 1리 남짓 배를 끌어서 이동하였다: 배를 육지로 끌어당겨 육지를 넘었다는 뜻이다.
215 동관역(東關驛): 소흥부 회계현에 있던 역사. 조아강의 서쪽에 있다.
216 조아묘(曹娥廟): 조아강 서측 강과 마주보는 위치에 있는 묘당. 조아는 후한대의 효녀로 14세 때에 아버지가 물에 빠져 죽은 것을 슬퍼하여 강에 몸을 던졌다. 이후 조아를 제사 지내는 묘당이 세워지고 몸을 던진 강을 '조아강'이라 부르게 되었다. 한편 본 기사에서는 조아역을 나와 조아강을 건너 다시 서쪽으로 가면 동관역이 있다는 위치 설명을 하고 있다. 조아묘는 조아강과 면해 있으므로 동관역에서 12리를 가면 조아묘에 이른다는 설명은, 쇼운 일행이 앞으로 나아갔다고 보면 앞뒤가 맞지 않는다. 혹은 수로를 이용하여 동관역까지 갔다가 다시 돌아와 조아묘만을 보았다는 설명일 수도 있다.
217 팔자비(八字碑): 조아의 효행을 기리는 비석이다. '조비(曹碑)'라고도 한다. 한단순(邯鄲淳)이 지은 비문은 일찍이 산실되었고, 동진 승평 2(358)년에 왕희지(王羲之)에 의해 중건되었다. 후한의 채옹(蔡邕)은 한단순이 지었던 비문을 읽고 감동하여 비의 뒷면에 '황견유부외손제구(黃絹幼婦外孫齏臼)'라는 여덟 글자를 새겨넣어 상찬했다. '황견(黃絹)'은 절(絶)을 뜻하고 유부(幼婦)는 소녀(小女)니 묘(妙), 외손(外孫)은 여자(女子)니 호(好)를 의미한다. 제구(齏臼)는 사(辭)를 뜻하므로 종합하면 '절묘호사(絶妙好辭)'라는 글귀가 된다. 현재는 송 원우(元祐) 연간(1086~94)에 중건한 비석이 남아 있다.
218 채옹(蔡邕): 133~92. 후한의 학자다. 자는 백개(伯喈)다. 서예에 정통하여 희평석경(熹平石經)을 써 대학문 앞에 세웠다고 한다.
219 채변(蔡卞): 자는 원도(元度)다. 송 희녕 연간(1068~77)에 진사가 되었다. 왕안석의 사위다. 송 소성 연간(1094~98)에 상서좌승(尚書左丞)이 되었고 이후 소경군절도사(昭慶軍節度使)가 되었다.
220 월왕대(越王臺)가 있던 옛터: 소흥부 산음현 성 안에는 '월중팔산(越中八山)'이라 불리는 여덟 개의 산이 있다. 그 중 가장 큰 산은 용산(龍山)으로, 월왕 구천이 여기에 성을 쌓았다. 용산은 높이가 20~30m 정도의 높이로 성 아래를 내려다보면 회계의 산들과 전당강을 조망할 수 있는 전망 좋은 곳이다. 정상에 있는 '망해정(望海亭)'과 당 정원 5(789)년의 비문(망해정 아래쪽 절벽에 있음)이 유명하다.

쓰여 있었다. 그 아래 감호(鑑湖)²²¹·섬계(剡溪)²²²·곡수(曲水)²²³가 있었다.

11일, 아침에 소산현(蕭山縣)²²⁴ 서흥역(西興驛)²²⁵에 이르렀다. 정오에 전당강(錢塘江)²²⁶을 건넜다. 강의 넓이는 18리였는데, 이로부터 동쪽 일대를 절동(浙東)이라 하니 곧 월지(越地)이다. 서쪽 일대는 절서(浙西)라 하는데, 곧 오지(吳地)이다. 해질녘에 항주 무림역(武林驛)²²⁷에 들어갔다.

12일, 6호선·7호선·8호선 일행이 항주에 도착했다.

13일, 고산(孤山)²²⁸을 유람하려 했는데, 도중에 비를 만나 돌아왔다.²²⁹ 해질녘에 개어서 범천

---

221 감호(鑑湖): 경호(鏡湖)라고도 한다. 당대에 이 호수는 소흥부 남쪽에 위치한 큰 호수였으나 이후 점차 매립되어 크기가 줄어들었다. 회계산과 함께 '계산경수(稽山鏡水)'라는 말이 있는 명승지다.
222 섬계(剡溪): '섬계방대(剡溪訪戴)'라는 고사로 유명한 절강의 하천이다. 조아강의 상류에 해당한다. 왕희지의 아들 왕휘지(王徽之)가 눈 내린 달밤에 섬계에 있는 대안도(戴安道)의 집 문 앞까지 갔다가 만나지 못하고 돌아왔다. 그 이유를 묻자 왕휘지가 "흥에 취해 갔다가 흥이 다하여 돌아왔을 뿐, 기이할 따름이다"라고 대답했다고 한다.
223 곡수(曲水): 동진 영화 9(353)년에 왕희지가 소흥부 서남쪽 난저(蘭渚)에 있던 난정(蘭亭)에서 곡수의 연회를 개최했을 때 참가자가 읊은 한시에 서문을 썼는데, 바로 유명한 '난정서(蘭亭序)'다.
224 소산현(蕭山縣): 절강성 소흥부 관할 하의 현. [역자주] 소흥부의 서북쪽에 위치한 현이다. 본래 회계현에 속했으나, 천보 연간에 소산현이란 이름으로 분설되었다. 『대명일통지』 권45, 소흥부.
225 서흥역(西興驛): 여러 판본에 '縣'이라 되어 있으나, 의미에 따라 '驛'으로 수정했다. 갑술년 5월 26일조에 '蕭山縣 西興驛'이라 쓰여 있고 『역정록(驛程錄)』에도 '西興驛'이라 나온다.
226 전당강(錢塘江): 절강성 서북부를 흐르는 강이다. 절강과 강서의 경계를 이루며 선하령(仙霞嶺) 산맥에서 발원하여 항주부를 거쳐 항주만으로 흘러든다. 곡강(曲江), 절강(浙江)이라고도 한다.
227 무림역(武林驛): 항주부 성안에 있던 역사. 오 황무(黃武) 원(222)년 무림문(武林門) 밖에 세워졌다가 명 홍무 7(1374)년 성내의 지송방(芝松坊)으로 이전했다. 『만력항주부지』 권39. 지송방은 현재의 철불교(鐵佛橋) 주변 지역을 가리키는데, 인근에 철불사(鐵佛寺)가 있다.
228 고산(孤山): 항주 서호에 떠 있는 작은 섬이다. 북쪽에 가까운 위치이고 백거이(白居易)가 만든 제방인 백제(白堤)와 연결되어 있는 경승지다. 높이는 20m 정도다. 남송 시대까지만 해도 남쪽에 사원이 즐비했다고 한다. 구양수(歐陽脩)는 고산(孤山)의 절에 주석하던 승려 혜근(慧勤)과 친분이 두터웠다. 소식은 고산 아래의 샘을 선사인 육일거사(六一居士)의 호를 따서 육일천(六一泉)이라 이름 지었다. 송의 처사 임화정(林和靖)이 은거한 곳으로도 유명하다.
229 도중에 비를 만나 돌아왔다: 원문은 '途中遇雨而還'. 여러 판본에 '還'이 '遠'으로 되어 있다. 내각본에는 "『서하입해(四河入海)』 권1에는 遠이 還으로 되어 있다"라는 주기가 있고 실제 『서하입해』에도 본 구절이 인용되어 있다.

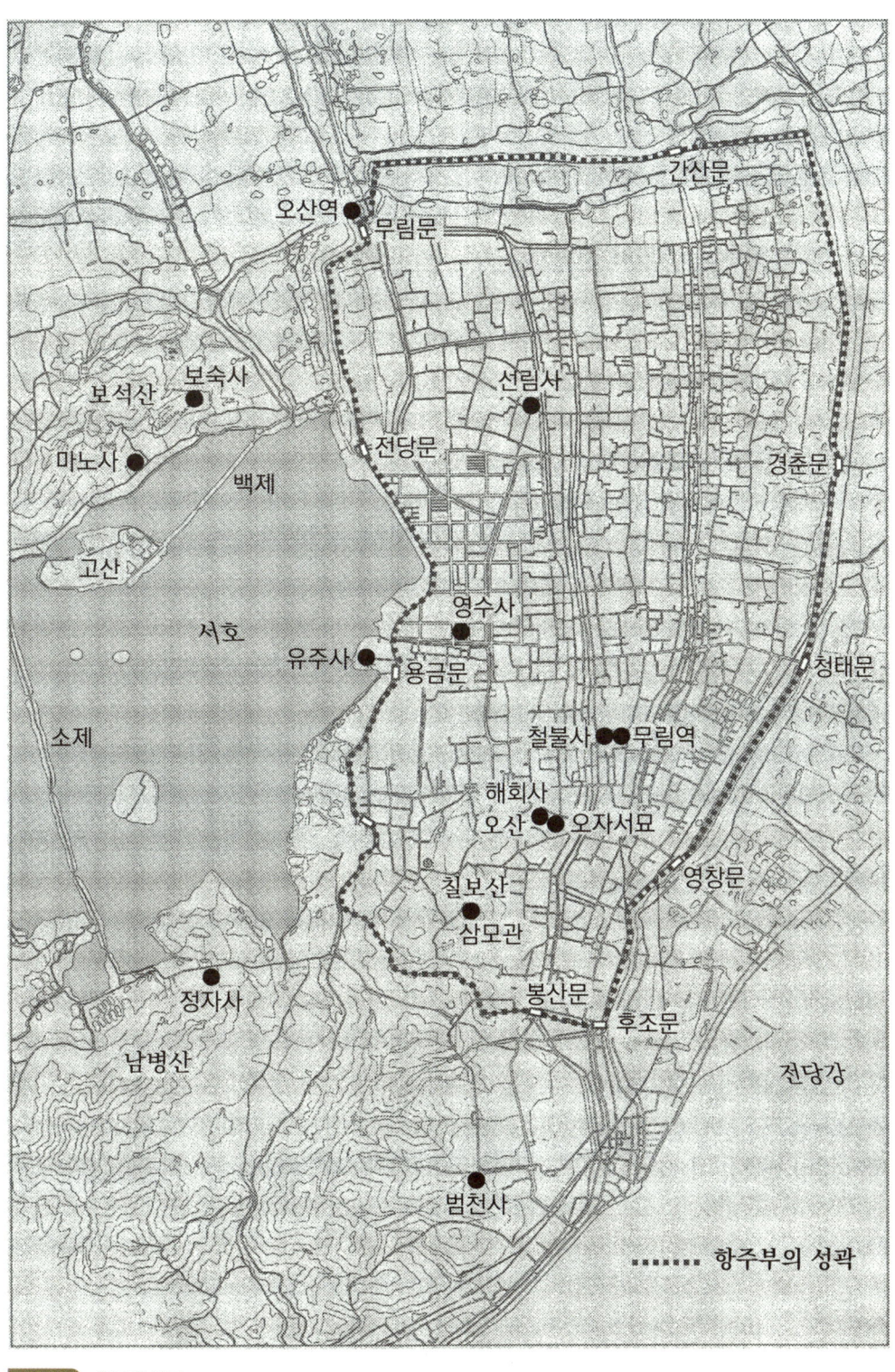

지도 3 항부주 지도.

사(梵天寺)²³⁰에 들어갔다. 사당에 소자첨(蘇子瞻)²³¹의 상이 있었는데, 비문에 '당산토지동파거사 호법명왕(當山土地東坡居士護法明王)'이라 쓰여 있었다.

14일, 용금문(涌金門)²³²을 나와 남병산(南屛山)²³³ 아래에 이르러 정자사(淨慈寺)²³⁴에 들어갔다. 남산(南山)의 외문(外門) 현판에 '서호반청정자문(西湖畔淸淨慈門)'이라 쓰여 있었다. 삼문(三門)·천불각(千佛閣)〈문의 왼쪽에 위치〉·종경당(宗鏡堂)²³⁵〈법당〉·영명실(永明室)²³⁶〈고위급 승려의 처소〉·일호헌(一湖軒)〈서원〉·응진문전(應眞文殿)〈오백나한당〉이 있었다. 장로(長老) 옥강윤화상(玉岡潤和尙)²³⁷이 방장각(方丈閣)에서 우리를 응접하며 말차를 대접했다. 시중드는 이가 손으로 가는 향을 올리고 중앙에 세웠다. 읍향(揖香)·읍차(揖茶)의 예를 강했다. 사양하고 나왔다. 서호(西湖)를 둘러보고 육교(六橋)²³⁸를 건넜다. "소공제(蘇公堤)에 버드나무 한 그루도 없네"²³⁹라는

---

230 범천사(梵天寺): 봉황산(鳳凰山)에 있던 사찰. 송 건덕(乾德) 연간(963~68) 오월(吳越)의 왕에 의해 세워졌고 송 치평 연간(1064~67)에 사액되었다. 원 원통 연간(1333~35)에 폐해졌다가 명 영락 15(1417)년에 중건되었다. 『대명일통지』 권38 ; 『서호유람지(西湖遊覽志)』 권7. 1930년대에는 천태종 불학원이 설치되어 30명의 학생이 공부했다고 하는데, 현재는 폐사되어 송 건덕 3년에 세워진 거대한 석경 두 개만 남아 있다.
231 소자첨(蘇子瞻): 자첨은 소식의 자이다.
232 용금문(涌金門): 서호에 면한 성안 서측 중앙부 풍여문(豊豫門)의 별칭.
233 남병산(南屛山): 서호 남안에 위치한 정자사 뒤의 높이 100m 정도의 산. 남병풍산(南屛風山)이라고도 한다. 정자사의 별칭으로도 쓰인다.
234 정자사(淨慈寺): 남송대 선종 오산의 제4위였던 명찰. 후주 현덕 원(954)년에 오월 충의왕(忠懿王)이 건립했다. 원래 명칭은 혜일영명원(慧日永明院)이었으나, 송 소흥 연간(1131~62)에 '정자보은광효선사(淨慈報恩光孝禪寺)'라는 칙액을 사여받아 현재의 명칭이 되었다. 『서호유람지』 권3.
235 종경당(宗鏡堂): 후주 현덕 원(954)년에 세워졌다. 원래 명칭은 연법당(演法堂)이었으나 후에 영명연수(永明延壽, 904~75)가 여기에서 『종경록(宗鏡錄)』을 저술한 데서 종경당으로 개칭되었다. 『정자사지(淨慈寺志)』 권2.
236 영명실(永明室): 종경당 옆에 있던 영명연수와 관련이 깊은 불당. 『정자사지(淨慈寺志)』 권2.
237 옥강윤화상(玉岡潤和尙): 자세한 인적 사항은 알 수 없다. 정자사에 주석한 기록이 존재하는 인물로는 원대 천태종을 대표하는 승려로 『사교의집주(四敎儀集註)』를 저술한 옥강몽윤(玉岡蒙潤, 1275~1342)이 있으나 연대가 맞지 않는다.
238 육교(六橋): 소제에 연결되어 있는 여섯 개의 다리를 가리킨다. 소제는 송 원우 연간(1086~94)에 소식이 항주태수였을 때 호수를 준설하여 서호 서쪽을 남북으로 가로지르는 제방을 쌓은 것을 말한다. 양안에 버드나무를 심고 여섯 개의 다리를 놓은 다음 각 다리 위에 정자를 세웠다. 이후 버드나무가 말라죽어 줄어들자 가정 12(1533)년에 전당령(錢塘令) 왕전(王錢)이 작은 죄를 지은 자에게 속죄로서 복숭아나무와 버드나무를 심게 했다고 한다. 쇼운이 항주를 찾았을 때는 버드나무가 없었을지도 모르겠다. 육교를 구성하는 각 다리의 이름은 영파(映波)·쇄란(鎖瀾)·망산(望山)·압제(壓堤)·동포(東浦)·홍여(虹輿)다. 『서호유람지』 권2.
239 소공제(蘇公堤)에 버드나무 한 그루도 없네: 계담종륵(季潭宗泐)이 지은 「추일전당잡흥(秋日錢塘雜興)」(『전실외집(全室外集)』 권7)이란 제목의 시에 있는 "處士梅花千樹尽, 蘇公楊柳一株無, 向來畵今何處, 落日西風埜水湖"란 구절에서 따온 말이다.

말 대로였다. 제사교(第四橋)에 이르러 북쪽 산길로 5~6리를 들어가 영은사(靈隱寺)[240]에 도착했다. 외문의 현판에 '비래봉(飛來峰)'이라 쓰여 있었다. 문을 들어가 바로 방장에 올라갔다. 주지승 공경화상(空鏡和尙)[241]과 평상에서 마주하고 밤새 이야기를 나누었다.

15일, 이른 새벽. 전에 올라가 황제의 장수를 축성(祝聖)했다.[242] 승려 한 명이 약사여래호(藥師如來號)를 제창하였고, 유나(維那)는 회향(回向)문을 음독하였다. 금상황제(今上皇帝)란 구절에 이르자, 대중(大衆)이 일제히 만세, 만세, 만만세를 외쳤다. 침당(寢堂)에서 다회가 끝났다. 상당(上堂)은 했으나 문선(問禪)은 없었다.[243] 게(偈)를 드러내 "오늘 밤 둥근 달을 우두커니 보아하니, 한 조각의 맑은 빛이 닿지 않는 곳이 어디에도 없다"[244]라고 했다. 나는 장로를 따라간 후에 고당(庫堂)으로 가서 죽을 먹었다. 절을 나왔다. 절의 앞에는 호원동(呼猿洞)·회룡교(回龍橋)·망강각(望江閣)·견산정(見山亭)·냉천정(冷泉亭)이 있었다. 절의 뒤에는 영취산(靈鷲山)·북고봉(北高峰)·봉화봉(蓬華峰)이 있었다. 마침내 비래봉(飛來峰) 옆으로 가 북쪽을 향했는데,[245] 문이 하나 있었다. 현판에는 '불국산(佛國山)'이라 쓰여 있었다. 그 안 현판에는 '삼천축정토(三天竺淨土)'라고 쓰여 있었다. 소동파가 말하는 바의 남북일산문(南北一山門)[246]이 바로 이것이었다. 무릇 노두(路頭)의 문은 뒷면에 모두 현판이 있었다. 현판의 글자는 같거나 달랐다. 하천축(下天竺)[247]. 현판에는 '천

---

240 영은사(靈隱寺): 선종 오산 제2위의 명찰. 동진 함화 원(326)년 인도 승려 혜리(慧理)가 창건했다고 전해지는 고찰이다. 여기에서 일지봉(一支峰)을 바라보던 혜리가 천축 영취산(靈鷲山)의 한 작은 봉우리가 날아온 것이라 느끼고 풀로 암자를 엮은 것에서 유래한다. 『함순임안지(咸淳臨安志)』 권80. 이 작은 봉우리를 비래봉(飛來峰)이라 하며 임화정, 소식 등이 시를 읊었다.
241 공경화상(空鏡和尙): 자세한 인적 사항은 알 수 없다.
242 축성(祝聖): 매월 1일과 15일에 황제의 장수를 기원하는 것.
243 상당(上堂)은 했으나 문선(問禪)은 없었다: 상당(上堂)은 설법을, 문선(問禪)은 문답을 가리킨다. 설법이 행해지면 이에 대해서 선객(禪客)이 문답을 하는데, 이 기사에서는 그렇지 않았다는 것을 의미한다.
244 오늘 밤의 둥근 달을 우두커니 보아하니, 한 조각의 맑은 빛이 닿지 않는 곳은 어디에도 없다: 중추절(中秋節) 상당 때에 잘 쓰이는 "오늘 밤은 달이 가득 차 맑은 빛이 모두를 비추네(此夜一輪滿 淸光何處無)"를 참조한 문구다. 『오정회원(五灯會元)』 권16에 영은사의 혜순원지(惠淳円智)와 최암도인(最奄道印) 중추절 상당 때 사용한 예가 수록되어 있다. 중추에 영은사에서 피로하기에 적합한 문구라 할 수 있다.
245 비래봉(飛來峰) 옆으로 가 북쪽을 향했는데: 비래봉을 바라보면서 북쪽으로 길을 꺾었다는 의미다.
246 소동파가 말하는 바의 남북일산문(南北一山門): 소식의 시 「증상천축변재사(贈上天竺辨才師)」(『동파전집(東坡全集)』 권6)에 "南北一山門, 上下兩天, 中有老法師, 瘦長如鶴鶄"라는 구절이 있다. 영은사 경내를 벗어나 산문을 통과하면 하천축사(下天竺寺) 경내로 들어가는 구조다. 하나의 산문이 두 사찰의 산문을 겸하고 있는 것이다.
247 하천축(下天竺): 하천축영산교사(下天竺靈山敎寺). 영취산(靈鷲山) 기슭에 위치한다. 남천축(南天竺)이라고도 불린다. 『무림구사(武林舊事)』 권5.

축영산강사(天竺靈山講寺)'라 쓰여 있었다. 갈홍정(葛洪井)·삼생석(三生石)·영산(靈山)은 자앙(子昂)[248]이 쓴 것이다. 중천축(中天竺)[249]. 천세암(千歲岩). 보장화상(寶掌和上)[250]의 상이 있었다. 조당(祖堂)에는 계담륵선사(季潭泐禪師)[251]의 비가 있었다. 상천축대강사(上天竺大講寺)[252]. 외문에는 '보문(普門)'이라 쓰인 현판이 있었다. 숙의정(肅儀亭), 손공천(孫公泉), 백운당(白雲堂), 추향각(秋香閣), 청화헌(淸華軒), 청휘루(淸暉樓), 수월루(水月樓), 운액지(雲液池). 고산(孤山)에 있는 화정(和靖)[253]의 옛 저택에는 매화 한 그루도 없었다. 계담(季潭)이 시[254]에서 "처사(處士)의 매화 천 그루가 다하여 소공(蘇公)의 버드나무가 한그루도 없네"라 했는데, 아마도 기록이 사실인 듯하다. 집안에는 낙천(樂天)[255]·화정(和靖)·동파삼현(東坡三賢)의 소상(塑像)이 있었다. 소상의 좌우로 허유(許由)[256]·엄자릉(嚴子陵)[257]의 상이 맨 앞에 놓여 있었다. 은사백여배(隱士百餘輩)의 비문이 있었다. 또한, 호숫가에 절이 있었는데, '마노강사(瑪碯講寺)[258]'라 쓰인 현판이 걸려 있었다. 중용자(中

---

248 자앙(子昂): 조맹부(趙孟頫, 1254~1323)의 자. 원대의 문인으로 호는 송설도인(松雪道人)이고 절강 오흥(吳興) 출신이다. 서화와 시문에 능해 원대 문인화의 개척자로 여겨진다.

249 중천축(中天竺): 중천축천녕만수영조선사(中天竺天寧萬壽永祚禪寺). 수 개황 17(597)년 보장(寶掌)에 의해 세워졌다. 『서호유람지(西湖遊覽志)』권11.

250 보장화상(寶掌和上): 인도 출신 천세보장(千歲寶掌)을 가리킨다.

251 계담륵선사(季潭泐禪師): 계담종륵(季潭宗泐, 1318~1391). 별호(別號)는 전실(全室)이며 소은대흔(笑隱大訢)의 법사다. 홍무 원(1368)년 중천축사에 주석했다가 금릉(金陵), 즉 남경의 천계사(天界寺)로 옮겼고 홍무 10년에 서역(西域)에 가 불경을 구했다. 『명사』志99. 귀국 후에는 승록사(僧錄司) 우선세(右善世)에 임명되었다. 중천축사에 있던 때는 젯카이 추신[絶海中津]이 방문한 바 있다.

252 상천축대강사(上天竺大講寺): 상천축영감관음사(上天竺靈感觀音寺). 후진(後晉) 천복(天福) 4(939)년에 승려 도익(道翊)이 암자를 만들었고 이후 오월 충의왕이 천축간경원(天竺看經院)을 건립한 데서 유래한다. 『상천축사지(上天竺寺誌)』권7.

253 화정(和靖): 임포(林逋, 967~1028)를 가리킨다. 자는 군복(君復)이고 시호는 화정선생(和靖先生)이다. 전당 출신으로 처음에는 강회(江淮)를 오랫동안 방랑했고 이후에는 항주로 돌아와 서호 근처 고산에 암자를 짓고 은둔 생활을 했다. 산림시인(山林詩人)으로 유명하다. 『몽양록(夢梁錄)』; 『송사(宋史)』권457.

254 계담(季潭)의 시: 「추일전당잡흥(秋日錢塘雜興)」, 『전실외집(全室外集)』권7에 수록된 시다.

255 낙천(樂天): 백거이(白居易, 772~846)의 자. 당 태원(太原), 즉 현재의 산서성 태원시 출신이다. 29세에 진사가 되어 한림학사(翰林學士), 형부상서(刑部尙書)와 같은 경관(京官) 외에도 항주·소주의 자사(刺史)를 비롯한 지방관도 역임했다. 항주자사(杭州刺史) 재직 시에 서호에 제방을 쌓았는데, 백거이의 성을 따서 백제(白堤)로 불리고 있다.

256 허유(許由): 전설상의 고사(高士). 요 임금이 천하를 선양하려 했으나 이를 거절하고 기산(箕山)에 숨어 살았다. 요 임금에게 구주(九州)의 장관으로 초빙되자 더러운 것을 들었다고 하여 영천(潁川)에서 귀를 씻었다고 전해진다.

257 엄자릉(嚴子陵): 엄광(嚴光)을 가리킨다. 자는 자릉(子陵)이다. 후한 여요 출신이다. 어릴 적에 광무제(光武帝)와 함께 유학(遊學)했으나, 광무제가 즉위한 후에는 그의 초빙에 응하지 않고 들판에서 숨어 지냈다.

258 마노강사(瑪碯講寺): 후진(後晉) 개운(開運) 3(946)년 오월왕이 고산에 건립한 마노보승원(瑪碯寶勝院)에서 유래한다. 송 소흥 연간(1131~62)에 서호의 북안으로 옮겼다. 중용자(中庸子), 즉 무외지원(無外智圓)의 묘가 있다고 알려져 있다. 원말에 폐해졌다가 영락 연간(1403~24)에 중수되었다. 석등이 수백 개 있고 건물이 높아 조망하기

庸子)²⁵⁹의 고거(故居)인 듯하다. 불족암(佛足岩) 위에 큰 절이 있는데, 보숙사(保叔寺)²⁶⁰라 한다. 절에는 금즉지(金鯽池)가 있었다. 어떤 이가 "이 물은 서호와 통한다"라고 했다. 해가 질 무렵 전당문(錢塘門)²⁶¹에 들어가 무림역(武林驛)으로 돌아왔다.

16일, 해회사(海會寺)²⁶². 절 앞에는 오자서(伍子胥)²⁶³의 묘가 있었다. 문의 현판에는 '등권희지당(登勸喜地堂)'이라 쓰여 있었다. 소상이 있었다. 비문에는 '오산토주충효위혜현성왕오공지신(吳山土主忠孝威惠顯聖王伍公之神)'이라 쓰여 있었다.

17일, 전당강(錢塘江)에서 조수(潮水)를 구경했다.²⁶⁴ 오후에는 무림역을 나와 배를 탔다. 20리를 가 덕승파(德勝垻)²⁶⁵에 정박했다.

좋은 곳으로 유명하다.
259 중용자(中庸子): 무외지원(無外智圓, 976~1022)의 호. 출가 전 성은 전당(錢塘)의 서씨(徐氏)였다. 천태종 산외파(山外派)에 속하며 봉선원청(奉先源清)에게 천태학을 배웠다. 원청 사후 고산의 마노사(瑪瑙寺)에 은거하며 저술 활동을 펼쳤다.
260 보숙사(保叔寺): 송 개보(開寶) 연간(968~76)에 건립되었다. 이후 송 함평(咸平) 연간(998~1003)에 승려 영보(永保)가 중건했다. 현재에도 서호 보석산(寶石山) 위에 우뚝 솟아 있는 보숙탑(保叔塔)이 유명하다.
261 전당문(錢塘門): 서호를 바라보는 성내 서측의 문이다.
262 해회사(海會寺): 오월왕이 건립한 사찰. 원래는 석불지과원(石佛智果院)이었으나 송 대중상부(大中祥符) 연간(1008~16)에 해회사로 개칭되었다. 명 성화(成化) 연간(1465~87)에 화재로 인해 불탔으나, 이후 승려 호중(浩中)에 의해 중건되었다. 현재는 폐된 상태지만, 오산(吳山)에 있는 '항주오공묘(杭州伍公廟)의 후전(後殿) 양측 회랑에 구오공묘(舊伍公廟), 해회사와 관련된 다수의 비문이 진열되어 있다.
263 오자서(伍子胥): 오원(伍員). 춘추시대 초나라 사람이다. 자서(子胥)는 자다. 부친과 형이 초평왕(楚平王)에 의해 살해된 후 오로 도망쳐서 오왕을 도와 초를 정벌했으나, 후에 참언(讒言)을 했다는 죄목으로 처형되어 시체가 강에 던져졌다. 이후 오나라 사람들이 그를 그리워하여 강 위에 사묘를 세웠다. 이것이 오공묘의 유래다.
264 전당강(錢塘江)에서 조수(潮水)를 구경했다: V자형의 항주만 가장 안쪽 부분으로 흘러가는 전당강의 하구에는 음력 8월 18일을 정점으로 하여 역류가 생겨 관광 명소로 유명하다. [역자주] 전당강이 바다로 흘러들면서 조수가 생기는데, 매년 사람들이 몰려들어 구경한다. 1488년 명에 표류했던 조선의 최부(崔溥)도 이곳에 들러 "서홍역 서북쪽은 평탄하고 넓어서 전당강 조수가 밀려오면 호수가 되고, 조수가 빠지면 육지가 되었다. 서홍역은 매년 항주 사람들이 해마다 8월 18일 조수가 가장 크게 들 때 전당강의 파도를 구경하는 곳이다"라고 기록한 바 있다. 최부,『표해록(漂海錄)』2월 초6일조.
265 덕승파(德勝垻): '垻'는 '壩'의 본자이다. 제방이나 보를 의미한다. 덕승파는 홍무 5(1372)년에 만들어져 무림문(武林門) 밖 약 5리 정도 떨어진 위치에 있었다.『만력항주부지(萬曆杭州府志)』권39. 현재 항주시 덕승로(德勝路) 인근으로 추정된다. 다만 본문에는 무림(武林)에서 20리 떨어진 곳이라 쓰여 있기 때문에 무림문이 아니라 무림역을 기점으로 하고 있다고 생각된다.

제6장 항주에서 북경으로

그림 10 풍교(楓橋). 절강성 소주시. 장계(張繼)의 시 「풍교야박(楓橋夜泊)」에서 묘사된 다리로 알려져 있다. 쇼운도 여기에서 1박을 했다. 2008년 8월 촬영.

그림 11 전(傳) 셋슈[雪舟] 「당토승경도권(唐土勝景圖卷)」(교토국립박물관 소장). 감로사(甘露寺) 부분.

8월

18일, 인화현(仁和縣)²⁶⁶, 오산역(吳山驛)²⁶⁷, 장안역(長安驛)²⁶⁸, 숭덕현(崇德縣)²⁶⁹을 지났다.

19일, 조림역(皂林驛)²⁷⁰, 동향현(桐鄕縣)²⁷¹ 만수사(萬壽寺)²⁷², 가흥부(嘉興府) 삼탑사(三塔寺)²⁷³, 용연승경(龍淵勝境)²⁷⁴을 지났다.

20일, 오강(吳江)의 장교(長橋)²⁷⁵를 지났다. 72동(洞)으로 되어 있었다. 1동은 즉 1칸(間)이다.

---

266 인화현(仁和縣): 항주부 성내의 북측을 차지하고 있는 현. 당시 항주부성은 북측에 인화현, 남측에 전당현(錢塘縣)이 속한다. 인화현과 전당현 모두 항주부 관할 하에 있다. 인화현의 치소를 비롯한 주요 관청 역시 항주부 성내에 있다.
267 오산역(吳山驛): 항주부 북쪽 무림문 밖에 있는 역. 원래 무림문 밖에 세워져 있던 무림역이 성 내부의 지송방(芝松坊)으로 옮겨진 이후, 홍무 7(1374)년에 항주역이 세워졌다가 홍무 9(1376)년에 오산역으로 개칭되었다. 역승 2명이 배치되었다. 쵸운 일행은 전날에 무림문 밖 5리 떨어진 지점인 덕승파에 이르렀는데, 이날 인화현을 경유하여 오산역에 도착했다는 것은 사실 관계가 의심스럽다. 인화현의 치소는 항주부 성내에 있고, 오산역은 무림문 바로 밖에 있으므로 인화현→오산역→덕승파의 순서여야 한다. 쵸운은 돌아오는 길에 덕승파를 거쳐 오산역에 도착했다고 기록했는데, 이 순서라면 지리적으로 앞뒤가 맞는다.
268 장안역(長安驛): 절강성 항주부 해녕현(海寧縣)에 위치한 역. 현재의 절강성 가흥시(嘉興市) 장안진(長安鎭) 부근이다. 대운하(大運河)에서 약간 떨어져 있으나, 『역정록』에도 기재되어 있으므로 잘못 쓴 것은 아닌 듯하다. 그러나 『역정록』이 항주부 영해현(寧海縣)이라 기록된 것은 잘못 기재된 것이다. 영해현(寧海縣)은 영파부 관할 하의 현이다.
269 숭덕현(崇德縣): 절강성 가흥부(嘉興府) 관할 하의 현. 청대(淸代)에 석문현(石門縣)으로 개칭되었다. 현재의 절강성 가흥시에 속한다.
270 조림역(皂林驛): 가흥부 동향현(桐鄕縣)에 위치한 역. 가정 연간(1522~66)에 옮겨져서 청대에는 석문현의 남문 밖에 있었다.
271 동향현(桐鄕縣): 현재의 절강성 동향시(桐鄕市).
272 만수사(萬壽寺): 자세한 사항은 알 수 없다.
273 삼탑사(三塔寺): 가흥부 성밖 서측에 있던 사찰. 사찰 앞에 세 개의 보탑(寶塔)이 있어 삼탑사라 칭했다. 오월시대에는 보안원(保安院)이라 불렸고 송대에 경덕선사(景德禪寺)로 개칭되었다가 청대에 건륭제(乾隆帝)가 남순(南巡)할 적에 다선사(茶禪寺)라 쓰인 편액과 어제시(御製詩)를 사여한 데서 다선사(茶禪寺)로 개칭되었다. 다선이란 명칭은 소식이 여기에서 차를 마셨다는 고사에서 유래한다. 『대청일통지(大淸一統志)』 권20 ; 『어제시집(御製詩集)』 3집 권21. 현재는 삼탑공원(三塔公園)으로 정비되어 있으며 2000년대에 잠시 복원되어 세워져 있다. 삼탑은 대운하를 오가는 배들에 랜드마크와 같은 역할을 했다. 명말의 화가 항성모(項聖謨)의 '삼탑도(三塔圖)'(상해박물관 소장)를 비롯해 많은 그림이 남아 있다. 『책언화상초도집』 가정 19(1540)년 8월 29일조에도 관련 기록이 있다.
274 용연승경(龍淵勝境): 『책언화상초도집』에 따르면, 삼탑사의 문에 '용연승경(龍淵勝境)' 네 글자를 새긴 편액이 걸려 있다고 한다. 또한 원말의 화가 오진(吳鎭)이 그린 「가화팔경도(嘉禾八景圖)」에도 이와 관련된 주기가 달려 있다. 삼탑사 문 앞은 대운하를 가운데 두고 '용왕사(龍王祠)'가 있는데, 그 주변 물살이 가파르고 깊다고 한다. '용연(龍淵)'은 '용담(龍潭)'과 같은 의미다.
275 오강(吳江)의 장교(長橋): 남직예(南直隸) 소주부 오강현(吳江縣)의 동문 밖에 있었다. 수홍교(垂虹橋)·이왕교(利往橋)라고도 한다. 송 경력(慶曆) 8(1048)년에 건설되었고, 원 태정(泰定) 2(1325)년에 목교(木橋)에서 석교(石橋)

소주부(蘇州府)에 이르렀다. 소주부 서문 현판에 '서문(胥門)²⁷⁶'이라 쓰여 있었다. 해가 질 무렵 풍교(楓橋)에 묵었다. 한산사(寒山寺)에 도착했다.²⁷⁷ 불전 왼쪽에는 비석이 서 있었는데, 비문에 "옛적에는 풍교사(楓橋寺)라 불렀고 혹은 강림사(江林寺)라고도 했다"라고 쓰여 있었다. 후전(後殿)은 한산(寒山)과 습득(拾得)²⁷⁸을 본존(本尊)으로 하였다. 문 앞에는 우물이 두 개 있었는데, 한산정(寒山井)·습득정(拾得井)이라 한다. 풍교를 지나 20리 떨어진 곳에 호구사(虎丘寺)²⁷⁹가 있었다.

21일, 상주부(常州府) 무석현(無錫縣)²⁸⁰에 도착했다. 수재(秀才)가 "이 현에는 절이 다섯 있습니다. 남선사(南禪寺)²⁸¹·북선사(北禪寺)²⁸²·화장사(花藏寺)²⁸³·송산사(松山寺)²⁸⁴·혜산사(惠山寺)²⁸⁵입니다"라고 말했다. 나는 혜산사를 유람했다. 경내에 샘이 있었는데, 현판에 '천하제이천

로 바뀌었다. 『대청일통지』 권55. 원래 62개의 아치로 되어 있었는데, 명대에 72개로 수축되었다. 다리 가운데에 수홍정(垂虹亭)이 있고 양 끝에는 회택정(匯澤亭)과 저정정(底定亭)이 있다. 『오군문수(吳郡文粹)』 권5. 셋슈의 「당토승경도권」(교토국립박물관 소장)에도 수홍교와 수홍정에 해당하는 다리와 정자가 크게 묘사되어 있다.

276 서문(胥門): 고소역(姑蘇驛)에 인접한 문으로 소주성의 서문이다. 여기에서 운하로 나가는데, 체운소(遞運所)도 이곳에 있다. 오자서의 옛집 옆에 있던 데에서 서문이란 이름이 붙었다. 『소정오군지(紹定吳郡志)』 권3.

277 한산사(寒山寺)에 도착했다: 한산사는 소주 구시가에서 서쪽으로 5km 떨어진, 양 천감(天監) 연간(502~19)에 창건된 사찰이다. 현재 남아 있는 건물은 20세기 초에 재건한 것이다. 풍교는 사찰 바깥 운하의 지류에 설치된 돌로 만들어진 작은 아치형 다리다. 당의 시인 장계가 지은 「풍교야박(楓橋夜泊)」이란 시가 유명하다.

278 한산(寒山)과 습득(拾得): 당대 천태산(天臺山) 국청사(國淸寺)에서 불목하니를 했던 2명의 승려를 가리킨다. 거지 같은 차림으로 기괴한 행동을 자주 벌였지만, 내뱉는 말은 하나같이 심원한 이치로 가득했다고 한다. 그러한 삶의 방식이 선종과 문인의 세계에서 선호되어 종종 선화(禪畫)의 소재가 되곤 했다.

279 호구사(虎丘寺): 진대(晉代)에 창건된 고사찰이다. 당대에 무후보은사(武丘報恩寺)로 바뀌었고 송대에 운암선사(雲巖禪寺)가 되었다. 소주(蘇州)에서 서북쪽으로 7리 떨어진 호구산(虎丘山)에 있었고 10찰의 제9위였다. 원오극근(圜悟克勤) 문하의 호구소륭(虎丘紹隆)이 송 소흥 연간(1131~62)에 이 절에서 크게 임제(臨濟)의 문풍(門風)을 일으킨 바 있다.

280 상주부(常州府) 무석현(無錫縣): 현재 강소성 무석시. 역으로는 석산역(錫山驛)이 있다. [역자주] 상주부에서 동쪽으로 90리 떨어져 있는 곳에 위치한다. 한대에는 회계군에 속했다가 당대에는 상주에 속했다. 주석이 특산품이었으나 한대 초기에 고갈되면서 무석(無錫)이란 명칭이 붙여졌다. 원대에는 주로 승격되었다가 명초에 다시 현으로 강등되었다. 『대명일통지』 권10, 상주부.

281 [역자주] 남선사(南禪寺): 무석현 망호문(望湖門) 밖에 있는 절로, 양(梁) 태청(太淸) 연간(547~549)에 건립되었다. 『건륭강남통지(乾隆江南通志)』 권45, 남선사.

282 [역자주] 북선사(北禪寺): 무석현 치소에서 동쪽으로 300보 정도 떨어져 있는 사찰. 진(晉) 흥녕(興寧) 2(364)년에 건립되었고 송 태평흥국(太平興國) 연간(976~984) 초에 지금의 편액을 하사받았다. 『건륭강남통지』 권45, 북선사.

283 [역자주] 화장사(花藏寺): 무석현에서 서쪽으로 35리 떨어져 있는 사찰이다. 송 소흥 연간(1131~1162)에 태사(太師) 장준(張俊, 1086~1154)을 여기에 장사 지내면서 사찰을 세우고 화장(華藏)이란 이름을 하사했다. 『건륭강남통지』 권45, 화장사.

284 송산사(松山寺): 자세한 사항은 알 수 없다.

285 혜산사(惠山寺): 태호에 가까운 무석공원 안에 있었던, 남북조시대에 창건된 고찰. 경내에 있는 '천하제이천'은 당

(天下第二泉)'이라 적혀 있었다.

22일, 비릉역(毘陵驛)²⁸⁶에 이르렀다. 역에는 소공(蘇公)의 유상(遺像)이 있었다. 위패에는 '송문충공 동파거사의 신주[宋文忠公東坡居士之神主]'라 적혀 있었다. 분우패(奔牛壩)²⁸⁷를 지났다. 여기 사람들은 개구리와 뱀을 먹는다.

23일, 진강부(鎭江府)²⁸⁸에 이르렀다. 진강부는 옛적의 윤주(潤州)다. 단양현(丹陽縣)²⁸⁹에 이르렀다. 남수관(南水關)²⁹⁰과 북수관(北水關)²⁹¹이 있었다. 감로사(甘露寺)²⁹²에는 높은 누각이 있었는데, 편액에 '다경루(多景樓)'라 적혀 있었다. 경구역(京口驛)²⁹³에 이르렀다.

24일, 양자강(楊子江)을 건넜다. 강의 넓이가 40리였다. 남쪽 언덕에 누각이 있었는데, 편액에

대에 『다경(茶經)』을 저술한 육우(陸羽)가 차를 끓여 마시는데 두 번째로 적합한 물이라 한 데서 비롯된다. [역자주] 무석현에서 서쪽으로 5리 떨어진, 혜산(惠山)의 백석오(白石塢)에 위치한다. 『건륭강남통지』 권45, 혜산사.

286 비릉역(毘陵驛): 남직예 상주부 무진현(武進縣)에 있었던 역. 원래 현성(縣城) 안에 있었으나 홍무 연간(1368~98)에 성 밖으로 옮겼다. 비릉(毘陵)은 상주의 아명(雅名)이다. 소식이 생을 마감한 땅으로도 알려져 있다.

287 분우패(奔牛壩): 상주부 서북 분우진(奔牛鎭)에 위치한 분우언(奔牛堰)을 가리킨다. 금소가 모산(茅山)에서 뛰쳐나와 이곳에 이르렀던 데서 명칭이 비롯되었다. 소식의 '차운답매운로(次韻答賈耘老)'라는 시에도 관련 구절이 있다. 『동파전집』 권15.

288 진강부(鎭江府): 현 강소성(江蘇省) 진강시(鎭江市). 경항운하(京抗運河)가 장강(長江)과 교차하는 위치에 있는 항구 도시. 예로부터 수상교통의 요충지로서 삼국시대에는 오(吳)의 손권(孫權)이 도읍으로 삼았다. [역자주] 진대(秦代)에는 회계군에 속했다가 송 개보 연간(968~75)에 진강군(鎭江郡)이 되었고 정화 연간(1111~17)에 진강부로 승격되었다. 명초에 강회부(江淮府)가 되었다가 이후 진강부로 다시 바뀌고 남직예에 예속되었다. 『대명일통지』 권11, 진강부.

289 단양현(丹陽縣): 남직예 진강부 관할 하의 현. 역으로는 운양역(雲陽驛)이 있다. [역자주] 진강부에서 동쪽으로 60리 떨어져 있다. 진대(秦代)에는 운양현(雲陽縣)이었다가 당 천보 연간(742~55) 초에 단양현으로 개칭되었다. 『대명일통지』 권11, 진강부.

290 남수관(南水關): 대운하에서 진강부 성내의 운하가 分岐하는 지점에 있던 관소.

291 북수관(北水關): 진강부 성내의 운하에서 대운하로 다시 빠져나가는 지점에 있던 관소. 대운하 자체는 성 밖을 우회한다.

292 감로사(甘露寺): 진강시 동북쪽, 높이 52m의 북고산(北固山)에 있던 고찰. 오의 마지막 황제인 손호(孫皓)가 창건했다. 감로(甘露) 연간(265~266)에 지었기 때문에 감로사라는 이름이 붙었다. 삼국시대에 유비(劉備)가 손권의 여동생과 혼인한 곳으로도 전해지며, 절 안에 능운정(凌雲亭)이나 낭석(狼石)을 비롯해 유비와 관련된 유적이 많다. 이외에 당대에 건립되어 송대에 재건된 철탑이나, 천하제일강산석각(天下第一江山石刻)이 있다. 감로사 다경루(多景樓)에서 장강을 조망하는 것이 절경이라 알려져 있다. 현재는 재건되어 있으나, 『책언화상초도집』 가정 18(1539)년 12월 4일조에는 최근 화재로 소실되어 자리만 남았다고 기록되어 있다.

293 경구역(京口驛): 진강부 성 밖 대운하가 장강과 합류하는 지점에 있던 역.

'강남율관루(江南律觀樓)〈윤주(潤州)〉'²⁹⁴라 적혀 있었다. 북쪽 언덕에도 누각이 있었는데, '강회승개루(江淮勝槪樓)'²⁹⁵라는 편액이 걸려 있었다. 즉 양주(揚州)에 도착한 것이다. 역의 편액에는 '광릉역(廣陵驛)'²⁹⁶이라 적혀 있었다. 역의 누각은 겹겹이 포개져 있어 처마와 기둥이 날아 춤추는 듯했다. 역 앞 장강(長江)과 회수(淮水) 등에서 마선(馬船)·쾌선(快船)·홍선(紅船)·참선(站船)²⁹⁷을 비롯한 여러 배가 배꼬리와 뱃머리가 서로 맞물려 있었다.²⁹⁸ 강 가운데에는 두 개의 산이 있었는데, 금산(金山)과 초산(焦山)²⁹⁹이다.

25일, 소백역(邵伯驛)³⁰⁰에 이르렀다. 역승(驛丞)이 도망가서 우리 일행에게 편의를 제공해주지 않았다.³⁰¹ 고우주(高郵州)는 태호(太湖)에 떠 있다.³⁰² 전하당(磚河塘)³⁰³을 거쳐 우성역(盂城驛)³⁰⁴에 도착했다.

---

294 강남율관루(江南律觀樓): 자세한 사항은 알 수 없다.
295 강회승개루(江淮勝槪樓): 진강에서 장강을 건너와 제일 처음 도착하는 지점에 있는 과주갑(瓜州閘) 부근에 있던 누각. 현존하지 않는다. 최부의 『표해록』에 "서진도(西津渡)의 마두석제(馬頭石堤)에 도착하니 나무 장대를 물 가운데 세워 긴 다리를 만들었는데, 왕래하는 사람들이 모두 배의 닻줄을 다리 밑에 매어놓고 다리를 따라 제방 언덕에 올랐다. 강회승개루는 가파른 지역에 있어 우리는 걸어서 누각 아래로 지나가야 했다. 과주진(瓜洲鎭)을 지나 시례하(是禮河), 일명 진상하(鎭上河)에 이르렀다. 거기서 다시 배를 타고 갔다"라고 하여 장강을 건너와서 과주의 서진도에서 배에서 내려 강회승개루의 밑을 걸어서 통과한 뒤 과주갑을 넘어온 배에 다시 승선했던 것을 알 수 있다. 『표해록』 2월22일조. [역자주] 명 정통 연간(1436~49)에 주열(周悅)이 건립했고 왕영(王英)이 글을 썼다. 『대명일통지』 권12, 양주부(揚州府).
296 광릉역(廣陵驛): 양주부(揚州府) 남문 밖에 있던 역. 대운하는 양주부성의 동쪽에서 남쪽을 따라 흘러가는데, 대운하와 성내 운하가 합류하는 지점에 근접해 있다.
297 마선(馬船)·쾌선(快船)·홍선(紅船)·참선(站船): 마선은 말을 실은 배, 쾌선은 관용 물자를 직접 수송하는 용도의 배, 홍선은 체송용 배, 참선은 관청의 공용선이다.
298 배꼬리와 뱃머리가 서로 맞물려 있었다: 앞에 있는 배의 꼬리와 뒤에 있는 배의 머리가 서로 맞붙어 있다는 의미로 선박이 많아 계속해서 이어져 있는 모습을 묘사한 것이다.
299 금산(金山)과 초산(焦山): 북고산(北固山)과 더불어 장강의 삼산(三山)으로 불리는 명승지다. 금산은 높이 44m의 작은 산으로 산 위에 동진(東晉) 때 창건된 금산사(金山寺)가 있다. 셋슈의 「당토승경도권」(교토국립박물관 소장)에는 장강에 떠 있는 모습으로 묘사되어 있다. 경내에 있는 중냉천(中泠泉)은 당대 『다경』의 저자 육우가 그 물을 전국 7위로 평했다고 전해진다. 당대의 유백추(劉伯芻)는 '천하제일천(天下第一泉)'이라 평했다. 초산은 장강에 떠 있는 높이 71m의 작은 섬이다. 후한 때 창건된 보제암(普濟庵)이 있는데, 청의 강희제(康熙帝)에게서 정혜사(定慧寺)라는 이름을 하사받았다. 산 정상에는 흡강루(吸江樓)가 서 있다. 남조(南朝)에서 명청(明淸)에 이르는 비석이 300개 이상 있다.
300 소백역(邵伯驛): 남직예 상주부 강도현(江都縣)에 있던 역. 대운하가 소백호(邵伯湖)로 흘러들어가는 곳에 있는 모래톱에 현재 소백선갑(邵伯船閘)이라는 갑(閘)이 있는데, 그 부근에 있었던 것으로 추정된다.

그림 12 우성역 부근의 대운하. 강소성 양주시 고우시. 왼쪽 끝에 멀리 보이는 곳이 진국사(鎭國寺). 2010년 8월 촬영.

26일, 회안부(淮安府) 산양현(山陽縣)[305]에 도착했다. 라마국(喇嘛國) 번승(番僧)[306]의 배 두 척이 북경(北京)을 떠나 돌아간다고 했다.

---

301 역승(驛丞)이 도망가서 우리 일행에게 편의를 제공해주지 않았다: 역을 관리하는 역승이 없어서 일본 사신을 접대하지 못했다는 의미이다.
302 고우주(高郵州)는 태호에 떠 있다: 양주 북쪽에는 대운하의 서쪽에 광대한 호수지대가 펼쳐져 있는데, 남쪽에서 북쪽으로 소백호, 고우호(高郵湖), 보응호(寶應湖), 백마호(白馬湖)가 서로 연결되어 있다. 태호는 고우호를 가리킨다. [역자주] 일본어 번역자는 태호를 고우호를 가리키는 것으로 보았으나, 소백태호(邵伯太湖)를 가리키는 것으로 생각된다. 『독사방여기요』 권23, 강남5.
303 [역자주] 전하당(磚河塘): 명 정통 14(1449)년 4월에 남직예 고우주의 전하당을 수리했다는 기록이 있는 것으로 보아 운하에 있던 설치물의 일종으로 추정된다. 『건륭강남통지』 권58, 운하.
304 우성역(盂城驛): 남직예 양주부 고우주성(高郵州城) 남문 밖에 있던 역. 지방지에는 '盂'이 쓰인 기록도 산재한다. 홍무 8(1375)년에 설치되었다. 『가경고우주지(嘉慶高郵州志)』 권1. 1985년에 명대의 역사터가 발굴되어 건물의 문 아치나 역승의 주택과 같은 건축물 그리고 숙역(宿驛)의 동남쪽에 말이 물을 마시던 곳의 흔적이 확인되었다.
305 회안부(淮安府) 산양현(山陽縣): 강소성(江蘇省) 회안시(淮安市) 초주구(楚州區). 산양현(山陽縣)의 치소는 회안부 성내에 있다.
306 라마국(喇嘛國) 번승(番僧): 라마국은 티베트를 가리킨다. 북경에서 티베트로 향하는 데는 장강을 거슬러 올라가 사천성을 경유하는 노선이 있다.

27일, 회음역(淮陰驛)³⁰⁷을 거쳐 청하현(淸河縣)³⁰⁸에 도착했다.

28일, 도원역(桃源驛)³⁰⁹에 도착했다.

29일, 그믐이다. 비주(邳州)의 숙천현(宿遷縣)³¹⁰에 도착했다. 초가집³¹¹이 있었다.

9월

1일, 하비역(下邳驛)³¹²에 도착했다. 저잣거리 가게에 말린 뱀³¹³을 걸어두었는데 길이가 5장(丈)³¹⁴이었다. 수재가 "성안에 진리교(進履橋)³¹⁵가 있다"라고 얘기해 주었다.

2일, 신안역(新安驛)³¹⁶에 도착했다.

---

307 회음역(淮陰驛): 남직예 회안부 서문 밖 운하의 서측에 있던 역. 홍무 연간(1368~98)에 설치되었다. 『만력회안부지(萬曆淮安府志)』 권3.
308 청하현(淸河縣): 회안부에 속한 현. 역으로서는 청구역(淸口驛)이 있다.
309 도원역(桃源驛): 회안부 도원현(桃源縣)에 있던 역. 도원현은 현재 강소성 숙천시(宿遷市) 사양현(泗陽縣)이다.
310 비주(邳州) 숙천현(宿遷縣): 현 강소성 숙천시이다. 역으로서는 종오역(鍾吾驛)이 있다. 한편 비주(邳州)는 명대에는 회안부에 속한 주였다. [역자주] 숙천현은 비주에서 남쪽으로 120리 떨어진 곳에 위치한다. 따라서 회안부 비주 관할 하의 숙천현을 지났다고 볼 수 있다. 『대명일통지』 권13, 회안부.
311 초가집: 원문은 '茆屋'이다. 이엉으로 인 집을 가리킨다. 모옥(茅屋)이라고도 한다.
312 하비역(下邳驛): 회안부 비주성 밖 서남쪽에 있던 역. 홍무 3(1370)년에 설치되었다. 『만력회안부지』 권3. 명대의 비주성은 현재의 강소성 서주시 수녕현(睢寧縣) 고비진(古邳鎭)에 있었으나, 청대 강희 7(1668)년 지진에 의해 발생한 홍수로 인해 파괴됨에 따라 다른 장소로 옮겼다.
313 말린 뱀: 원문은 '乾龍'이다. 뱀을 말린 것을 가리킨다.
314 5장(丈): 1장은 5척이다. 5m 전후다.
315 진리교(進履橋): 한(漢)의 장량(張良)이 진(秦)의 시황제 암살에 실패하고 하비에 숨어 살던 중 황석공(黃石公)이 떨어뜨린 신발[履]을 주워다 주었는데[進], 이를 좋게 본 황석공이 장량에게 병법서를 전해 주었다는 고사에서 유래된 다리다. 『사기』 권55. 원대의 시인인 주권(周權)도 「진이교」란 제목의 시를 지은 바 있을 정도로 하비 일대는 장량과 관련된 고사가 많기로 유명하다.
316 신안역(新安驛): 회안부 비주에 있던 역. [역자주] 비주의 치소에서 북쪽으로 60리 떨어진 곳에 위치한다. 홍무 23(1390)년에 세워졌다. 『만력회안부지』 권3, 건치지.

3일, 여량홍(呂梁洪)³¹⁷에 도착했다. 변하(汴河)와 사수(泗水)가 합류하는 곳으로³¹⁸ 물이 매우 빠르다. 7, 8 마리의 소에게 배 한 척을 이끌게 하였다. 소식의 시 '백보홍이수(百步洪二首)'에 나오던 백보홍(百步洪)³¹⁹이 바로 여기다. 여량상갑(呂梁上閘)³²⁰에 이르렀는데, 소가 배를 끌어서 가는 것이 여량홍과 같았다. 서주갑(徐州閘)에 이르니 여기에서는 쇠사슬[鐵鉸]³²¹을 이용해서 배를 끌었다.

4일, 서주부(徐州府) 팽성역(彭城驛)³²²에 도착했다. 밤에 비가 왔다.

5일, 비가 오는 가운데 팽성(彭城)에 머물렀다.

6일, 팽성에 머무른 지 세 밤째, 밤마다 빗소리가 들린다.

---

317 여량홍(呂梁洪): 서주성(徐州城)에서 동남쪽으로 20km 정도 떨어진 곳에 있는 수운(水運)의 난소이다. 거대한 바위가 이어져 있는 데다가 물결의 소용돌이가 격렬하여 "여량은 폭포의 길이가 30길이고, 물보라는 40리에 이른다(呂梁, 懸水三十仞流沫四十里)"라고 불릴 정도였다. 성화 연간(1465~68)에 치수 공사를 벌임으로써 위험도는 열 중에 다섯은 줄었다고 말해졌으나 쇼운 일행이 방문했을 때는 아직 공사 전이어서 물길이 빨랐을 것이다.『강희강남통지(康熙江南通志)』권14. [역자주] 여량홍의 홍(洪)은 물살이 매우 빠른 지점을 가리킨다.『독사방여기요』권29, 강남.

318 [역자주] 변하(汴河)와 사수(泗水)가 합류하는 곳으로: 사수(泗水)가 팽성현(彭城縣)에서 동남쪽으로 흘러 여현(呂縣)의 남쪽을 지날 때에 암석[石梁]이 치아 나열한 것처럼 늘어서 있어 물살이 급해지는데, 이로부터 여량(呂梁)이란 명칭이 붙여졌다고 한다. 크게 상홍(上洪)과 하홍(下洪)으로 나누어지는데, 서로 간의 거리가 7리에 이른다. 이처럼 서주 일대는 황하(黃河)의 지류인 변수(汴水)와 회수(淮水)의 지류인 사수(泗水)가 합류하는 지점으로 물살이 매우 급했다. 이러한 지리적 상황으로 말미암아 여량홍은 명대 대운하에서 통행이 어렵기로 유명한 난소였다.『독사방여기요』권29, 강남.

319 백보홍(百步洪): 쇼운은 여량홍과 백보홍을 동일시하고 있으나 양자는 별개의 홍이다. 백보홍은 서주성 밖 동남쪽으로 약 1km 떨어져 있으며 일명 서주홍(徐州洪)이라고도 한다. "바위가 어지럽게 쌓여 있고 가파르고 날카롭기가 백여 보에 이른다(亂石峭利凡百餘步)"라고 하여 여량홍과 나란히 수운의 난소로 유명했다.『명회요(明會要)』권158.

320 여량상갑(呂梁上閘): 갑(閘)은 수문을 가리킨다. 여량홍은 3km 정도의 간격을 두고 상하 두 곳에 수문이 설치되어 있었는데, 상갑은 1,050명, 하갑은 500명의 인부가 배치되어 있었다.『명회요』권159.

321 쇠사슬: 원문은 '鐵鉸'. 배를 끌기 위한 장치를 가리킨다.

322 서주부(徐州府) 팽성역(彭城驛): 서주성(徐州城) 밖 남쪽으로 약 1km 떨어진 곳에 있던 역. 영락 13(1415)년에 설치되었다. 서주의 옛 명칭이 팽성이다.『동치서주부지(同治徐州府志)』권17. [역자주] 시황제가 팽성현(彭城縣)을 설치하고 사수군(泗水郡) 관할 하에 두었다. 이후 항우(項羽)가 서초패왕(西楚霸王)을 자칭하고 팽성을 도읍으로 삼기도 했다. 당 무덕(武德) 4(621)년에 서주로 개칭하고 주의 치소를 두었다. 명대에는 남직예에 속한 주가 되었다. 원문에서는 '서주부'라 쓰여 있으나, 부가 설치된 바 없으므로 '서주'가 옳다.『대명일통지』권18, 서주.

7일, 패현(沛縣) 하갑(下閘)에 도착했다.

8일, 사정역(泗亭驛)³²³에 도착했다. 〈한(漢) 고조(高祖)가 정장(亭長)을 하던 지역이다.〉

9일, 산동(山東) 연주(兗州) 어대현(魚臺縣)³²⁴에 도착했다. 곧 노(魯)의 땅이다. 곡식을 지급받았다. 사녀(士女)는 모두 국화를 꽂고 있었다.³²⁵

10일, 제녕주(濟寧州) 노교역(魯橋驛)³²⁶에 도착했다.

11일, 남성수역(南城水驛)³²⁷에 도착했다.

12일, 동평주(東平州) 안산수역(安山水驛)³²⁸에 도착했다. 적수호(積水湖)³²⁹에 작은 어선 100여 척이 있었는데, 모두 가마우지를 싣고 있었다.

13일, 동아현(東阿縣) 형문수역(荊門水驛)³³⁰에 도착했다. 〈배가 양곡현(陽穀縣)³³¹보다 많았다. 동과(冬瓜)가 매우 크고 많았다.〉

---

323 사정역(泗亭驛): 남직예 안경부(安慶府) 서주 패현성(沛縣城)의 남쪽에 있던 역. 한 고조 유방(劉邦)이 패현의 정장이었다.
324 산동(山東) 연주(兗州) 어대현(魚臺縣): 여러 판본에 '兗'을 '袞' 또는 '衮'이라 하고 있으나 '兗'이 옳다. 현재 산동성 제녕시(濟寧市)에 해당한다. [역자주] 진대(秦代)에는 설군(薛郡)이었고 한대에 임성군(任城郡)이 되었다가 수대에 연주로 개칭되었다. 이후 명초 홍무 연간에 연주부(兗州府)로 승격되었다. 원문에서는 '연주'라 쓰여 있으나 '연주부'가 옳다.
325 사녀(士女)는 모두 국화를 꽂고 있었다: 중양절(重陽節)의 풍속이다.
326 제녕주(濟寧州) 노교역(魯橋驛): 산동성 연주부 제녕주에 있던 역.
327 남성수역(南城水驛): 연주부 제녕주에 있던 역.
328 동평주(東平州) 안산수역(安山水驛): 연주부 동평주에 있던 역.
329 적수호(積水湖): 연주부 동평주에서 서쪽으로 약 4km 떨어진 곳에 위치한 호수. 대운하가 이 호수에 들어간다.
330 동아현(東阿縣) 형문수역(荊門水驛): 『정덕대명회전』에 의하면 형문수역은 연주부 양곡현에 있던 역이지 동아현에 속하지 않는다. 양곡현성에서 동쪽으로 약 20km 떨어진 곳에 있었다. 『북하기(北河紀)』 권1.
331 양곡현(陽穀縣): 연주부 관할 하의 현. 현 산동성 요성시(聊城市).

14일, 동창부(東昌府) 청평현(清平縣) 청양역(清陽驛)³³²에 도착했다.

15일, 임청현(臨清縣) 청원역(清源驛)³³³에 도착했다. 제국(齊國)³³⁴의 땅이다. 환공묘(桓公³³⁵廟)와 안자묘(晏子³³⁶廟)가 있었다.³³⁷ 감초(甘草)가 많았다. 〈1근 값이 8문이었다.〉

16일, 고당주(高唐州) 무성현(武城縣) 갑마영수역(甲馬營水驛)³³⁸에 도착했다.

17일, 제남부(濟南府) 덕주(德州) 양점역(良店驛)³³⁹에 도착했다.

19일, 순천부(順天府) 패주(覇州) 봉신역(奉新驛)³⁴⁰에 도착했다.

---

332 동창부(東昌府) 청평현(清平縣) 청양역(清陽驛): 여러 판본에 '청수현(清水縣)'이라 되어 있지만, 문맥에 따라 수정했다. 현 산동성 요성시.
333 임청현(臨清縣) 청원역(清源驛): 산동성 동창부 임청현에 있던 역. 『명영종실록』 경태 4(1453)년 10월 병술조에 "일본국 사신이 임청에 이르러 주민을 약탈했기에 지휘로 하여금 가서 조사하게 하였는데, 이를 구타하여 거의 죽을 지경에 이르렀다(日本使臣至臨清, 掠奪居人, 及令指揮往詰, 又毆之幾死)"라 쓰여 있어 일본 사신이 근린 주민을 약탈한 데다가 담당 관원을 구타하여 중상에 이르게 한 일이 있었음을 알 수 있다. 이 사건만이 아니라 호토쿠 견명사는 "길마다 군민에게 위해를 가하고 관원을 구타했으며 회동관에 있을 때도 유곽의 관부를 때려 금약을 따르지 않았다(沿途則擾害軍民, 毆打職官, 在館則捶楚館夫, 不遵禁約)"와 같은 사건도 발생했었다. 『명영종실록』 경태 5년 2월 을사조. 이 때문에 견명사가 귀국한 후 아시카가 요시마사가 조선을 통해 명측에 사죄의 뜻을 전달하려 했다.
334 제국(齊國): 기원전 1046~379. 주의 태공망(太公望)이 봉해진 데서 유래한다. 현재의 산동성을 중심으로 한 국가로 도읍은 임치였다. 환공(桓公)이 춘추시대 최초의 패자다.
335 환공(桓公): 춘추시대 제의 군주. 기원전 685~643에 걸쳐 재위했다.
336 안자(晏子): 제의 명재상 안영(晏嬰, ?~기원전 500)을 가리킨다.
337 환공묘(桓公廟)·안자묘(晏子廟)가 있다: 환공묘는 임치현학 북쪽에 성화 3(1467)년에 옮겨지면서 노중련을 비롯한 7명의 현사도 추가되어 제사지낸다. 원래는 현의 치소에서 서북쪽으로 1km 떨어진 곳에 환공묘와 안자묘가 있었다. 송 경우 연간(1034~38)의 비각이 전해진다. 『대명일통지』 권24. 쇼운이 지났다는 사묘는 이동 전의 것인지 아니면 두 묘를 가리키는 것인지 알 수 없다.
338 갑마영수역(甲馬營水驛): 여러 판본에 '甲馬榮水驛'이라 나오지만 뜻에 따라 수정했다. 산동성 동창부 고당주(高唐州) 무성현(武城縣)에 있던 역.
339 제남부(濟南府) 덕주(德州) 양점역(良店驛): 산동성 제남부 덕주에 있던 역.
340 순천부(順天府) 패주(覇州) 봉신역(奉新驛): 북직예 하간부(河間府) 정해현(靜海縣)에 있던 역. 정해현은 현 하북성 천진시(天津市)다. 북직예 천순부 패주는 현 하북성 낭방시(廊坊市)다. 패주와 정해현은 인접해 있으므로 쇼운의 오해일 가능성이 있다. 영락 13(1415)년에 설치되었고 정해현성 밖 남측에 있었다. 『대청일통지』 권17.

20일, 양청역(楊青驛)³⁴¹ 천진위(天津衛)³⁴² 천진우위(天津右衛)에 도착했다. 〈강물이 푸르러지기 시작했다.〉

21일, 양촌역(楊村驛)³⁴³에 도착했다. 〈물이 얼기 시작했다.〉

22일, 하서역(河西驛)³⁴⁴에 도착했다.

23일, 화합역(和合驛)³⁴⁵에 도착했다.

24일, 장가만(張家湾)³⁴⁶에 도착했다.

25일, 통주(通州) 통반역(通泮驛)³⁴⁷에 도착했다. 사방에서 온 마선(馬船)·쾌선(快船)·공선(孔

---

341 양청역(楊青驛): 북직예 순천부 통주(通州) 무청현(武淸縣)에 있던 역. 현성(縣城)에서 약 60km 떨어진 양유청(楊柳靑)이란 곳에 있는데, 가정 19(1540)년에 천진성 밖으로 옮겼다. 『옹정기보통지(雍正畿輔通志)』 권43. 양유청은 현 천진시 서청구(西靑區)를 가리킨다.
342 천진위(天津衛): 북직예 하간부 정해현에 있던 위(衛). 위란 명대의 군대 편성 단위이다. 백호소(百戶所)에서 천호소(千戶所)로, 다시 천호소에서 위로, 위가 도지휘사사(도사)로, 도사가 오군도독부에 속해 있으며 민정 계통과는 별개 조직으로 운영되었다. 영락 2(1404)년에 축성되어 영락 3년에 정비되었고, 천진위·천진좌위를 두었으며, 영락 4년에 천진우위가 추가되어 천진삼위가 되었다. 『대명일통지』 권2.
343 양촌역(楊村驛): 순천부 통주 무청현에 있던 역.
344 하서역(河西驛): 순천부 통주 무청현 하서무에 있던 역.
345 화합역(和合驛): 순천부 통주에 있던 역. 통주성에서 동남쪽으로 14km 떨어진 곳에 있었다. 백하·유하·혼하가 합류하는 지점이었기 때문에 화합역이란 이름이 붙었다. 영락 연간에 설치되어 만력 연간(1573~1620)에 장가만으로 옮겨질 때에 화합역이라 개칭되었다고 한다. 『대명일통지』 권7. 하지만 화합역이란 명칭은 명대에도 등장한다. 『정덕대명회전』 권119.
346 장가만(張家湾): 현 북경시 통주구 장가만진. 통주성의 남쪽 백하의 하류에 해당하는 수륙 요충지로 가정 31(1552)년에 축성되었다. 원대에는 장씨 성을 가진 만호가 살았던 탓에 이러한 이름이 붙었다고 한다. 『대명일통지』 권1 ; 『대청일통지』 권7.
347 통반역(通泮驛): 자세한 정보는 알 수 없다. 통진역(通津驛)일 가능성도 있다. 최부의 『표해록』에 "노하수마역은 일명 통진이라고도 한다(潞河水馬驛, 一名通津)"라고 기록되어 있다. 노하역은 영락 연간에 설치되어 통주성 동문 밖 노하의 서측에 위치했다. 여기에는 체운소도 설치되어 있었다. 다만 『역정록』에는 '화합역' 다음으로 '통진역'이 나오면서 "화합역에서 통주까지 100리이며 그 사이에 장가만이 있다(自和合至通州一百里, 此間有張家灣)"라고 기록하고 있고 통진역 다음으로 노하역이 등장한다. 『책언화상초도집』와 마찬가지로 텐분 16년 견명사의 기록인 『대명보(大明譜)』도 동일하다. 한편 『책언화상초도집』과 『책언화상재도집』에는 노하역은 보여도 통진역은 보이지 않아 『역정록』의 오류일 가능성도 있다.

船)³⁴⁸·참선(站船)·운량선(運粮船)을 비롯한 여러 배가 모두 여기에 정박해 있었다.

26일, 역승(驛丞)이 거마(車馬)와 나귀[驛驢]³⁴⁹를 가져왔다. 우리 일행이 각자 거마와 나귀에 타서 북경(北京)으로 출발했다. 해가 저물 때에 숭양문(崇陽門)³⁵⁰에 들어갔다. 관인³⁵¹이 우리 일행의 성명을 기록한 다음 회동관(會同館)³⁵²으로 안내했다.

---

348 공선(孔船): 홍선을 가리키는 듯하다.
349 나귀[驛驢]: 역에 소속된 당나귀. 갑술년 2월 28일조에도 귀국 시에 짐을 옮긴 당나귀 100필이 등장한다.
350 숭양문(崇陽門): 북경성의 문 명칭 중에는 존재하지 않는다. 숭문문(崇文門)일 가능성이 있다. 숭문문은 북경성 동남쪽에 있는 눈으로 원래 문명문(文明門)이라 불렀다가 정통 연간(1436~49)에 숭문문으로 개칭되었다. 『흠정일하구문고(欽定日下舊聞考)』 권45. 최부와 사쿠겐 모두 숭문문으로 입성하고 있다. 현재 북경성의 성벽은 거의 사라진 상태지만 숭문문 주변은 남아 있다. 『당선일기』에는 제1진이 23일에 입경했다고 하는데, 날짜가 서로 맞지 않는다.
351 관인(官人): 회동관의 관원.
352 회동관(會同館): 영락 초기에 설치된 북경에서의 외국 사절단 숙소. 대사(大使) 한 명, 부사(副使) 두 명을 두어 관리했고 관부(館夫) 400명, 말 171필, 가마 137마리를 상비했다. 『당선일기(唐船日記)』에는 간부급에게는 수레가 주어지고 말과 인부가 있어 무슨 일이든 부릴 수 있다고 기록되어 있다. 이 인마들은 외국 사신들이 사용하도록 배치한 것으로 보인다. 정통 6(1441)년에 남관, 북관으로 분리 증축되어 조선, 일본, 안남 등의 나라는 남관에 숙박하는 것이 규칙이었다. 『정덕대명회전』권119. 남관은 정양문 동쪽, 옥하 서쪽, 옥하교에 인접한 곳에 위치했고, 북관은 옥하 동쪽에 있었다.

제7장 북경에서 보낸 날들 (1)

조견(朝見)과 사연(賜宴)

그림 13 자금성 태화전(太和殿). 북경시 동성구(東城區). 원래는 봉천전(奉天殿). 2004년 9월 촬영.

9월

27일, 관인이 우리에게 홍려시(鴻臚寺)[353] 습례정(習禮亭)[354]에 들어가 조참례(朝參禮)[355]를 익히

---

[353] 홍려시(鴻臚寺): 조공(朝貢), 흉의(凶儀), 사묘(祠廟)에 관한 업무를 담당하는 관명. 정양문(正陽門) 동쪽, 회동관 서쪽, 공부(工部)의 남쪽에 위치한다. [역자 주] 홍려시는 조회(朝會)·빈객(賓客)·길흉의례(吉凶儀禮)의 제반 사항을 담당한다. 경(卿) 1인(정4품), 좌(左)·우소경(右少卿) 각 1인(종5품), 좌(左)·우시승(右寺丞) 각 1인(종6품)으로 구성되며, 주부청(主簿廳)의 주부(主簿) 1인(종8품), 사의서(司儀署)·사빈(司賓) 각각 서승(署丞) 1인(정9품), 명찬(鳴贊) 4인(종9품), 서반(序班) 50인(종9품)이 소속되어 있다. 『명사』 권74, 직관지3, 홍려시.

[354] [보주] 습례정(習禮亭): 상경한 관원이나 번객(蕃客)이 조견(朝見) 의례를 익히는 건물. [역자 주] 습례정은 홍려시 북쪽에 위치하며 내조하는 외관(外官)을 위해 세운 것이다. 홍려시에서 서반과 명찬을 윤번으로 파견하여 외관으로 하여금 입조의 예를 익히게 했다. 『고문단공주의(高文端公奏議)』 권9, 조견주사의주(朝見奏事儀注).

[355] [역자 주] 조참례(朝參禮): 조참례는 입조하여 군주에게 참배하는 예를 가리킨다. 홍무 초에 제정되었고 문관은 좌액문으로 들어가고 무관은 우액문으로 들어가 봉청문에서 행한다. 『만력대명회전』 권44, 예부, 상조어문의(常朝御門儀).

게 했다.

28일, 조참례를 행했다. 동장안가(東長安街)³⁵⁶를 걸어가 옥하(玉河)³⁵⁷ 동제(東隄)·옥하 서제(西隄)를 지나 장안문(長安門)³⁵⁸과 승천문(承天門)³⁵⁹에 들어갔다. 두 개의 상이 서 있는 단문(端門)³⁶⁰을 지나니 오문(午門)³⁶¹·좌액문(左掖門)·우액문(右掖門)³⁶²이 있었다. 통과해서 봉천문(奉天門)³⁶³에서 황제를 알현했다. 관인이 큰 소리로 외치면 이에 따라 몸을 굽혀 절하고 일어나서 고두(叩頭)했다. 다시 일어나 몸을 바로 세웠다가 무릎을 꿇고 고두했다. 궐좌문(闕左門)³⁶⁴을 통해 서둘러 물러났다. 천자가 연회를 베풀어 주었다. 연회가 끝나자 다시 단문을 통해 종종걸음으로 가서 무릎을 꿇고 고두한 다음에 물러났다. 예부의 부원(部院)³⁶⁵을 방문했다. 예부상서는 비릉(毗陵)³⁶⁶ 출신 호영(胡濙)³⁶⁷이란 자로 나이는 80여 세였다.

10월

1일, 조참례를 행했다. 봉천문에서 천자를 알현했다. 의례 절차는 이전과 같았다. 궐좌문에서 연회가 베풀어졌다.

---

356 동장안가(東長安街): 승천문 앞을 지나는 도로.
357 옥하(玉河): 황성을 둘러싼 해자. 현재는 장안가에 접한 일부를 공원으로 정비한 외에는 모두 지하에 묻혀 있다.
358 장안문(長安門): 승천문 앞 광장의 좌우에 있던 장안좌문(동장안문)과 장안우문(서장안문)을 가리킨다. 현재 광장은 장안가 대로가 되었고 좌문과 우문 모두 존재하지 않는다.
359 승천문(承天門): 현재의 천안문을 가리킨다.
360 단문(端門): 승천문과 오문 사이에 있는 문.
361 오문(午門): 자금성의 정문.
362 좌액문(左掖門)·우액문(右掖門): 오문의 좌우에 있는 협문(脇門).
363 봉천문(奉天門): 현재의 태화문. 통상적으로 황제가 집무하고 백관을 접견하는 곳이다.
364 궐좌문(闕左門): 오문 바로 앞 동측에 있는 문. 외국 사절을 접대하는 연회장이다.
365 예부의 부원(部院): 예부의 관청. 회동남관의 서쪽, 대명문의 옆에 위치한다.
366 비릉(毗陵): 상주(常州)의 아명이다. 판본에 따라 '昆稜'이라 쓰여 있는데, 뜻에 따라 수정했다.
367 [역자 주] 호영(胡濙): 호영(1375~1463)은 자가 원결(源潔)이고 남직예 상주부 무진현(武進縣) 출신이다. 건문(建文) 2(1400)년에 진사에 급제했고 병과급사중(兵科給事中)에 제수되었다. 영락 원(1403)년에 호과도급사중(戶科都給事中)이 되었다. 선덕 원(1426)년에 예부상서로 진급한 이래 줄곧 예부상서에 있었다. 천순(天順) 7(1463)년에 사망했고 시호는 '충안(忠安)'이다. 『명사』 권169, 호영.

2일, 조참례를 행했다. 정사(正使)가 봉천문으로 들어가 표문(表文)368을 올렸다. 강사(綱司) 이하 우리 일행은 오문에 서 있었다. 대종(大鐘)이 울리는 것을 듣고 좌액문에서 봉천문으로 들어갔다. 꿇어앉고 절했다가 일어나서 고두했다. 일어나서 우액문으로 나갔다. 궐좌문에서 연회가 베풀어졌다. 오후에 일본에서 진공하는 말이 경사(京師)에 도달했다.369 통사 노원(盧円)이 종승 인쇼[允邵]와 세이케이[淸啓] 등과 함께 비로소 회동관에 도착했다.370

4일, 진공하는 말을 운송해 온 선박에 승선한 일행이 봉천문에서 천자를 알현했다. 상례에 따라 연회가 베풀어졌다.

5일, 조참례를 행했다. 천자가 봉천문에 거둥하여 일본의 진공마(進貢馬) 20필371을 친견했다. 상례대로 궐좌문에서 연회가 베풀어졌다. 연회를 마치고 회동관으로 돌아왔다. 관인이 쌀·밀가루·술·식초·과자·된장·땔감 등을 지급해 주었다.

7일, '일본의 9호선 한 척이 9월 14일에 영파부에 도착했다'372라고 상주했다.

---

368 표문(表文): 군주에게 올리는 문서. 여기서는 아시카가 요시마사가 명 황제에게 보내는 국서를 가리킨다. 『선린국보기』에 수록되어 있다.
369 오후에 일본에서 진공하는 말이 경사(京師)에 도달했다: 계유년 6월 18일에 "만호(萬戶) 외 대인(巍大人)이 일본의 공마(貢馬) 20필을 보내기 위해 항주로 출발했다. 일본인 중에서 토관 한 사람과 수종(隨從)[人伴] 등 50인이 외대인을 따랐다"라는 기사가 있듯이, 진공마를 운공할 별동대가 조직되어 항주에서 본대와 떨어져 북경으로 향한 것으로 알 수 있다. 그 별동대가 이날 도착했던 것이다.
370 종승 인쇼[允邵]와 세이케이[淸啓] 등이 비로소 회동관에 도착했다: 인쇼에 관해서는 자세한 인적 사항을 알 수 없다. 세이케이는 앞서 등장한 덴요 세이케이[天與淸啓]를 가리킨다.
371 일본의 진공마 20필: 호토쿠 견명사가 진헌하는 진공마의 숫자가 20필인 것은 감합에 적힌, 예부로 보낸 자문(咨文)의 진공 방물에 '馬弐拾匹'이라고 적혀 있는 데서 확인할 수 있다. 말의 진공은 그 수를 줄이면서도 마지막 견명사였던 덴분 16년 견명사까지 계속되었다. 간쇼 견명사의 경우 10필이었고 분메이 연간(1469~87)에는 4필이었다. 에이쇼 3년 견명사의 경우 일본 측에서 말의 진공이 필요한지 여부를 명측에 확인하고 있지만, 그 후 덴분 연간(1532~55)의 견명사도 4마리를 진헌하였으므로 아마도 의례적인 진공품으로 마지막까지 이어졌을 것으로 생각된다.
372 일본의 9호선 한 척이 9월 14일에 영파부에 도착했다: 9호선, 즉 천룡사선만이 극단적으로 도착이 지연되었는데, 『대승원일기목록(大乘院日記目錄)』 교토쿠 3(1453)년 3월 30일조에 따르면, 9호선은 일본 출발 자체가 9월이어서 다른 선박에 비해 특히 늦었던 것으로 보인다.

8일, 4호선·6호선·7호선·8호선 일행과 규엔 류친[九淵龍䛿]³⁷³·시류 고토[斯立光幢]³⁷⁴도 비로소 경사에 들어왔다.

9일, 중서사인(中書舍人)³⁷⁵이 왔다. 내가 시 한 수를 지으니, 중서사인이 "외역(外域)에서 대명(大明)에 조공하는 나라가 500여 국이나, 오직 일본인만이 책을 읽는다고 할만하다"라고 말했다.

10일, 4호선·6호선·7호선·8호선 일행이 비로소 조참례를 행했다.

11일, 예부가 일본의 감합을 검사했다. 주객사(主客司)³⁷⁶의 금병풍(金屛風)에 쓰인 '금(金)'자 위에 '첩(貼)'자가 덧붙여 쓰여 있었다.³⁷⁷

12일, 연산(燕山)에 첫눈이 내렸다.

---

373 규엔 류친[九淵龍䛿]: 5월 2일자 기사에 의하면 4호선, 즉 규슈단다이선에 탑승한 인물이다.
374 시류 고토[斯立光幢]: 임제종 성일파(聖一派)에 속하며 리츄 고소쿠[理中光則]의 법사다. 동복사(東福寺)의 170세가 되며 남선사에도 주석했다. 동복사의 탑두보승원(塔頭寶勝院)을 창건했다. 명에 입국하기 전 분고(豊後) 지역의 만년산(萬年山) 승광사(勝光寺)에서 주석했기 때문에 6호선에 탑승했으리라 추정된다. 시류의 법사로는 분메이 연간 이후 수차례 명에 파견된 도키 고소[東歸光松]를 비롯해 견명선에 관계된 이들이 많다.
375 중서사인(中書舍人): 고칙(誥勅)의 선사(繕寫)를 담당하는 관직. [역자 주] 종7품으로 내각의 중서과(中書科)의 사인(舍人)이다. 고칙의 서사(書寫)와 제조(制詔)·은책(銀冊)·철권(鐵券) 등의 사무를 담당한다. 『명사』 권74, 직관지3, 중서사인.
376 주객사(主客司): 예부 관할 하의 관청이다. 조공으로 온 번객의 접대를 담당한다. 낭중 1인과 원외랑 1인, 주사 2인으로 구성된다. [역자 주] 주객청리사(主客淸吏司)를 가리킨다. 예부에 속한 네 개의 청리사 중 하나다. 정통 연간 이후에 주객사주사(主客司主事) 1원을 첨설하여 회동관을 관리케 했다. 『만력대명회전』 권105.
377 금병풍(金屛風)에 쓰인 '금(金)'자 위에 '첩(貼)'자가 덧붙여 쓰여 있었다: '금병풍(金屛風)'이란 글자가 쓰여 있었는데, 이를 '첩금병풍(貼金屛風)'으로 고쳤다는 뜻이다. 금칠을 한 병풍이지 금으로 된 병풍은 아니므로 정정한 것이라 생각된다.

13일, 남만(南蠻)의 자바국인[爪哇國人]³⁷⁸ 100여 명이 회동관³⁷⁹에 있었다. 일본과 통신하기를 요청해 왔다.

14일, 여진인(女眞人)³⁸⁰이 내조했는데, 모두 말가죽[馬皮]으로 만든 옷을 입고 있었다. 달단인(韃靼人)³⁸¹과 비슷해 보였다.

15일, 조참례를 행했다. 봉천문에서 천자를 알현했다. 상례대로 연회가 베풀어졌다. 조회가 끝나고 한림원(翰林院)³⁸²을 유람했다.

16일, 술시(戌時, 19~21시)에 월식을 보았다. 아홉 겹의 담으로 둘러싸인 성안에 종고(鐘鼓) 소리가 우레같이 울려 퍼졌다.

17일, 천자가 명을 내려 다반(茶飯)을 회동북관(會同北館)³⁸³에 마련해서 우리 일행을 대접하게 했다. 내관 1명과 예부시랑이 동석했다. 연희꾼의 기예 하나하나가 사람들을 놀라게 했다.

---

378 자바국인[爪哇國人]: 인도네시아 자바(Java)를 가리킨다. 판본에 따라 '瓜哇'라 되어 있으나 뜻에 따라 수정했다. 당시의 자바국은 마자파힛(Majapahit) 왕조다. 경태 4(1453)년 10월에 일본 사절이 임청에서 상해사건을 일으킨 것에 이어서 자바국은 교활하여 약속을 지키지 않는다는 광동순무의 보고가 있다. 『명영종실록』 권234, 경태 4년 10월 병술조. [역자 주] 자바국은 바다와 인접해 있으며 바로 사파국(闍婆國)이라고도 한다. 동과 서에 각각 왕이 존재했다. 홍무 5년에 사신을 파견하여 표문과 방물을 바쳤고, 홍무 14년에 내조한 이후로는 한동안 조공이 끊어졌다. 영락 2년에 동쪽의 왕이 사신을 파견해 내조하고 인장을 요청했고, 영락 5년에 서쪽의 왕이 동쪽의 왕을 멸망시키고 내조했다. 이후 정통 8년에 3년 1공이 정해졌지만, 조공이 일정치 않았다. 『만력대명회전』 권105, 조와국.
379 회동관: 일본 사절이 머물던 동일한 회동남관이라 추정된다.
380 여진인(女眞人): 중국 동북부에 거주하던 부족이다. 이후에 청조를 세운다. [역자 주] 여진은 옛 숙신(肅慎)을 가리킨다. 영락 원년에 내조해 귀부하였고, 영락 9년에 위소를 설치하고 그 수장은 위소의 관직을 수여하여 관할하였다. 대개 여진은 건주여진(建州女眞)·해서여진(海西女眞)·야인여진(野人女眞) 세 부류로 나뉜다. 이 중에서 야인여진은 만주의 가장 동쪽 끝에 있어 멀리 떨어져 있었기 때문에 조공이 일정치 않았다. 해서여진과 건주여진은 1년 1공이었다. 『만력대명회전』 권107, 여직(女直).
381 달단인(韃靼人): 몽골인을 가리킨다.
382 한림원(翰林院): 조칙(詔勅)의 기초(起草)와 실록을 비롯한 서책의 편찬을 담당하는 관청. 회동남관의 북쪽에 위치한다. [역자 주] 제고(制誥)·사책(史冊)·문한(文翰)과 같이 문서와 관련된 일을 담당하는 부서다. 학사(學士) 1인(정5품)을 비롯해 시독학사(侍讀學士)나 시강학사(侍講學士) 등이 배치되어 있었다. 『명사』 권73, 직관지2, 한림원.
383 회동관: 원문은 '本館'이다. 회동북관을 가리킨다. 회동남관에는 연회장이 없던 탓에 회동북관에서 연회를 연 것이다.

그림 14 고궁의 오문. 북경시 동성구. 견명사절은 여기에서 자금성 안으로 들어갔다. 2008년 3월 촬영.

18일, 조참례를 행했다. 다반을 하사한 데 대해 치사했는데, 이로 인해 달단인이 내조하여 말 70필[384]을 진헌하는 모습을 보았다.

20일, 회회인(回回人)[385]이 내조하여 말 20필을 진헌했다.

21일, 회회인이 회동북관(會同北館)[386]에 들어왔다. 저들이 쓴 글자를 보니 글자가 가로로 되어 있어 마치 범자(梵字)와 비슷한 듯 비슷하지 않았다.

---

384 70필: 판본에 따라 '七千匹'이라고도 하나 문맥에 따라 수정했다.
385 회회인(回回人): 위구르인. 『당선일기』에 일본인과 회회인이 서로 사향(麝香)을 거래한 기록이 남아 있다.
386 회동북관: 원문은 '館'이다. 회회인은 북관에 머물도록 규정되어 있었다. 『정덕대명회전』 권119.

28일, 일본이 진공하는 화물 상자가 회동관에 들어왔다. 싣고 온 수레가 75량에 달했다.

11월

1일, 조참례를 행했다. 서각문(西角門)[387]으로 들어가니 좌측은[388] 봉천문이었고 우측으로 봉천전(奉天殿)[389]으로 가 천자를 알현했다. 조례를 마치고 신력(新曆)인 경태오년갑술력(景泰五年甲戌曆)[390]을 하사받았다. 백관을 비롯해 여러 사람이 서로 가지려고 다투었다. 궐좌문(闕左門)에서 연회가 베풀어졌다. 다시 예부 부원을 알현했다.

2일, 천자의 명으로 대륭복선사(大隆福禪寺)[391]를 유람했다. 곧 경태 3년에 칙명으로 건립된 사찰이었다.

3일, 다시 명이 내려져 대자은사(大慈恩寺)[392]를 유람했다. 사찰에 호승(胡僧) 200명이 있었는데, 모두 귀에 금고리를 달고 있었다.

4일, 다시 성지(聖旨)가 내려져 대흥륭선사(大興隆禪寺)[393]를 유람했다. 사찰에서 다반을 마련

---

387 서각문(西角門): 봉천문과 함께 서측에 있던 문. 판본에 따라 '西甬門'으로도 되어 있으나 문맥에 따라 수정했다.
388 좌측은: 서각문으로 들어간 경우 우측으로 가면 봉천문, 좌측으로 가면 봉천전에 닿는다. 본문은 좌주가 역전되어 있는데, 혹시 동각문(東角門)의 오기가 아닌가 생각된다. 11월 14일조에 따르면 동지 조참례에서는 동각문으로 들어갔다.
389 봉천전(奉天殿): 현재의 태화전이다. 황제가 친림하는 중대한 행사가 이뤄지는 장소로 자금성 최대 규모의 건물이다. 봉천문과의 사이에 있는 넓은 광장에 백관이 위계에 따라 줄지어 선다.
390 [역자 주] 신력(新曆)인 경태오년갑술력(景泰五年甲戌曆): 『명영종실록』 권236, 경태 4년 12월 경자조에 신력을 하사했다는 기록이 있다.
391 대륭복선사(大隆福禪寺): 경태 3(1452)년 6월에 건립이 명해져 이듬해 3월에 완성된 사찰이다. 인부 수만 명과 비용 수십만 냥을 동원했다고 한다. 경태제는 낙성 직후 친히 거둥하려 했으나, 이를 저지하는 간언에 따라 단념했다. 『명영종실록』 권217, 경태 3년 6월 3일 갑자조 ; 『명사』 권162·164. 황성의 동남쪽에 있었으나 20세기 초에 소실되어 현대는 융복사대가(隆福寺大街)라는 지명만 남아 있다.
392 대자은사(大慈恩寺): 황성의 서측에 있다. 예전 이름은 해인사(海印寺)다. 선덕 4(1429)년 중건 시에 자은사로 개칭되었다. 『대명일통지』 권1. 본 기사에도 나오는 것처럼 라마 승이 모이는 사찰이어서 실록에도 관련 기록이 자주 나온다. 『명 세종실록』 권272, 가정(嘉靖) 22년 3월 계유조.
393 대흥륭선사(大興隆禪寺): 승록사(僧錄司)에 있던 대사찰. 금의 장종(章宗)이 창건했으며 원래 이름은 경수사(慶壽寺)였다. 황성의 서쪽에 있었다. 『대명일통지』 권1. 정통 13(1448)년에 왕진(王振)이 진언을 받은 정통제의 명으로 수축되면서 대흥륭사로 개칭되었다. 가정 14(1535)년 화재로 소실되어 승록사는 융선사(隆善寺)로 옮겨졌다. 『명

해 주었는데, 강사 조산 호테이가 우리 일행이 가지 못하게 했다.

5일, 주객사에서 공물(貢物)을 검사하여 황제에게 진헌했다.

8일, 조참례를 행했다. 봉천문에서 일본의 진공품이 실린 화물을 진헌했다. 달단과 회회를 비롯한 여러 번국(藩國) 사람들이 이를 구경했다.

11일, 백관과 외역의 무리[394]가 조천궁(朝天宮)[395]에 가 동지(冬至)의 조의(朝義)를 익혔다.

12일, 조참례를 행했다. 옷을 하사받았다.[396] 정사와 부사는 금란금환가사(金襴金環袈裟)·유록남나의(柳綠藍羅衣)·버선[397]·신발을, 종승은 감나은환가사(紺羅銀環袈裟)·유록남나의(柳綠藍羅衣)·버선·신발을 하사받았다.

13일, 조참례를 행했다. 하사받은 옷에 대해 치사했다. 〈각자 궁의(宮衣)를 착용했다.〉 다시 예부 부원을 알현했다.

14일, 동지(冬至)였다. 조참례를 행했다. 좌액문에서 동각문(東角門)[398]으로 들어가 봉황지(鳳凰池)[399]를 지나 봉천전(奉天殿)에 이르러 천자를 알현했다. 문루(文樓)와 무루(武樓)[400] 사이에서 관인들이 줄을 나누어 만세를 삼창하니 그 소리가 천지를 움직이는 듯했다.

영종실록』, 권163, 정통 13년 2월 정사조;『명 세종실록』 권174 가정 14년 4월 경술조. 갑술년 2월 12일조에 서장안문(西長安門)에서 1리 떨어진 곳에 있으며 4,000명의 인원을 수용할 수 있다는 기록이 있다.
394 외역(外域)의 무리: 판본에 따라 '外城衆'이라고도 하나, 뜻에 따라 수정했다.
395 조천궁(朝天宮): 명대에 문무백관이 조정 의례를 배우던 장소. 황성의 서북쪽에 위치한다.
396 옷을 하사받았다:『대승원사사잡사기(大乘院寺社雑事記)』 분메이 17(1485)년 8월 3일조에도 동일한 취지의 기사가 실려 있다.
397 버선: 원문은 '襪子'다. 버선을 뜻한다.
398 동각문(東角門): 봉천문 앞에 있는 동측 문.
399 봉황지(鳳凰池): 자세한 사항은 알 수 없다. 현재 봉천전과 동각문 사이에는 연못이 없다.
400 문루(文樓)와 무루(武樓): 봉천전 앞 광장을 끼고 동서로 서 있는 건물. 동측이 문루고 서측이 무루다.

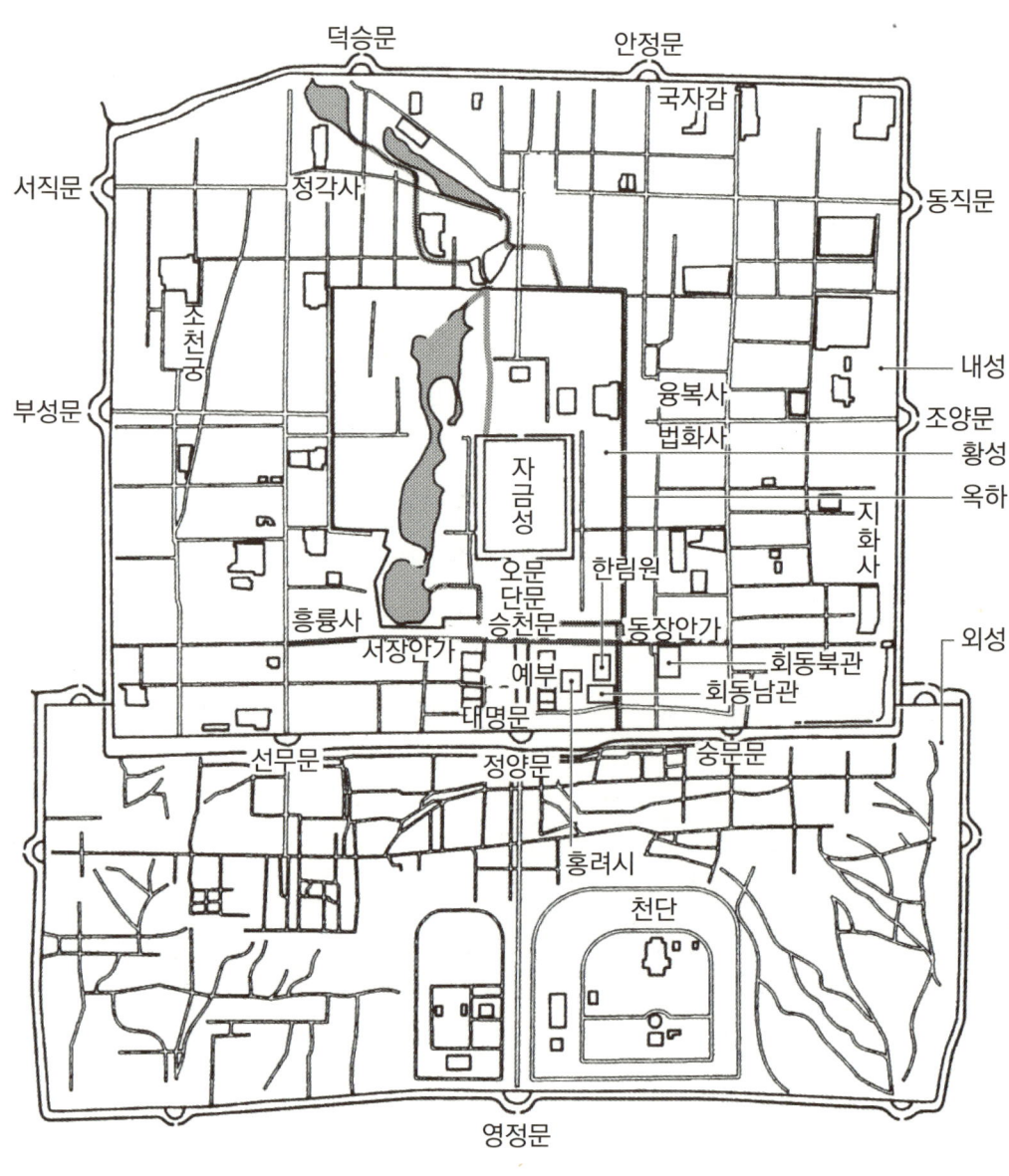

지도 4 북경성 관계 지명. 쇼운이 방문했을 시점에 외성(外城)은 아직 만들어지지 않았다.

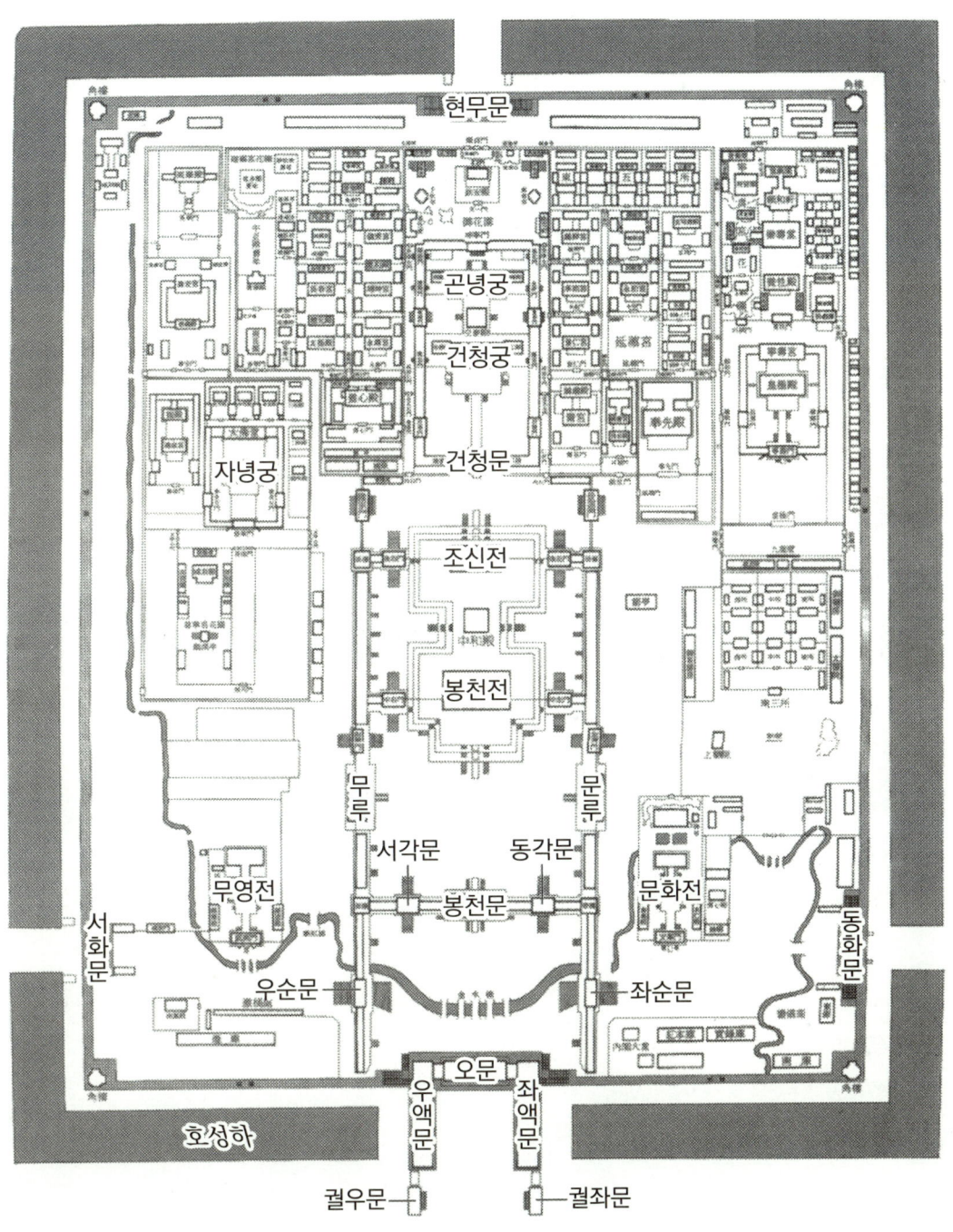

지도 5 자금성 지도.

15일, 조참례를 행했다. 중서대인(中書大人)⁴⁰¹이 봉천문에서 나와 종승을 토관보다 상석에 배치했다.

16일, 달단인 800인이 내조했다. 낙타 20여 필이 이들을 뒤따랐다.⁴⁰²

19일, 천자가 일본 측 일행을 가엾이 여겨 겨울용 의상을 하사했다.

25일, 장해(張楷)의 아들인 장백후(張伯厚)가 과거에 응시하려고 경사에 체류하는 중이었는데, 와서 시를 써주었다.

12월

1일, 조참례를 행했다. 봉천문에서 조례했다. 연회가 베풀어졌다.

2일, 조참례를 행했다. 조참례가 있을 때마다 반드시 연회가 베풀어졌다.

6일, 천자가 정사와 부사에게는 단자(段子)·나사(羅紗) 4단(端), 견자(絹子) 6단, 동자(銅子) 1만을, 종승에게는 단자 1단, 견자 2단, 동자 5,000을 하사해 주었다.

7일, 조참례를 행했다. 황제가 하사해 준 은덕에 감사를 표하였다.

8일, 일본측 2호선 거좌 세이카이[清海]⁴⁰³가 비로소 경사에 도착했다. 10월 10일에 영파를 떠났었다고 한다.

9일, 고려(高麗)⁴⁰⁴의 관인이 내조하였다.

---

401 중서대인(中書大人): 중서사인과 동일하다.
402 [역자 주] 달단인의 내조 기록은 『명 영종실록』 권236, 경태 4년 12월 무술조에 실려 있다.
403 일본측 2호선 거좌 세이카이[清海]: 판본에 따라 '本二號船'으로 나오나, 수정했다. 세이카이에 대해서는 자세한 인적 사항을 알 수 없다.

15일, 조참례를 행했다. 9호선의 진공마를 진헌했다.

17일, 강사·거좌가 예부낭중(禮部郎中)⁴⁰⁵을 뵙고 일본에 돌아가겠다는 뜻을 전했다.

21일, 일본의 세이카이와 고려의 관인에게 본관(本館)에서 다반⁴⁰⁶을 베풀었는데, 우리 일본과 고려가 서로 상석을 다투었다. 결국 주객사가 와서 좌측에는 일본이 앉고 우측에는 고려가 앉게 했다.

23일, 사천인(四川人) 200여 명이 회동북관⁴⁰⁷에 도착했다.

25일, 일본 일행 300여 명에 대해 본관에서 다반이 베풀어졌다.

26일, 조참례를 행했다. 다반을 베풀어 준 것에 대해 하례했다.

27일, 백관이 조천궁에 가 세단(歲旦)의 조례(朝禮)를 익혔다. 외국인 모두 이를 따랐다.

28일, 일본의 세이카이 등이 조참례를 했했다. 옷을 하사받았다.

29일, 입춘(立春). 세이카이 등이 조참례를 행했다. 궁의를 입었다. 옷을 하사해 준 것에 치사했다.⁴⁰⁸

30일, 제야(除夜). 장안가에 등불을 펼쳐놓은 모습이 마치 낮과 같았다.

---

404 [역자 주] 조선(朝鮮)의 관원을 가리킨다. 조선은 단종(端宗) 원(1453)년 김윤수(金允壽)를 정사로 하는 사절단을 명에 파견했으므로 여기에 등장하는 관원은 바로 김윤수를 비롯한 관원들을 말한다.『조선단종실록(朝鮮端宗實錄)』권8, 단종 원년 신묘조 ;『명영종실록』권236, 경태 4년 12월 무술조.
405 예부낭중(禮部郎中): 원문은 '禮中'. 예부낭중의 약칭이다.
406 다반: 판본에 따라 '茶飮'으로 되어 있으나, '茶飯'으로 수정했다.
407 회동북관: 사천에서 입조한 이들은 회동북관에 머물도록 규정되어 있었다.『정덕대명회전』권119.
408 옷을 하사해 준 것에 치사했다: 판본에 따라 '致敗賜衣謝'라 되어 있으나, '敗'를 삭제했다.

제8장 북경에서 보낸 날들 (2)

황도 유람

그림 15　장안가(長安街)와 옥하(玉河). 북경시 동성구. 2005년 1월 촬영.

그림 16　거용관(居庸關). 북경시 창평구. 2004년 12월 촬영.

1454(교토쿠 2, 경태 5, 갑술)년 정월

대명(大明) 경태 5년 갑술(甲戌) 봄 정월 1일 오경(五更, 오전 3~5시)에 조참례를 행했다.

황제가 봉천전으로 거둥했다. 문무백관이 호령에 따라 일제히 줄지어 섰다.⁴⁰⁹ 몸을 굽혀⁴¹⁰ 절하고나서 일어나 4번 절하고 몸을 일으켜 바로 섰다.⁴¹¹ 백관의 우두머리가 예식을 행하고 축수하였다. 예식이 끝나자 줄지어 선 무리별로 절했다. 일어나서 4번 절한 뒤에 3번 무도(舞蹈)하고 절했다. 다시 일어나서 4번 절하고 무릎을 굽힌 다음 만세(萬歲)를 삼창했다. 다시 만만세(萬萬歲)를 삼창했다. 절한 뒤에 다시 일어나 4번 절하고 몸을 바로 세웠다. 예식이 끝나자 봉황지에서 좌액문으로 나가 궐좌문에 들어갔다. 광록시(光祿寺)⁴¹²에서 연회를 베풀어주었다. 일본·라마(賴麻)⁴¹³·고려·회회·달단·달달(達達)·여진⁴¹⁴·운남(雲南)·사천·류큐를

그림 17 국자감(國子監). 북경시 동성구. 2004년 12월 촬영.

---

409 문무백관이 일제히 줄지어 섰다: 원문은 '排班'이며 '班齊'가 부기되어 있다. '班齊'라는 호령에 따라 문무백관이 정해진 위치에 섰다는 의미이다.
410 몸을 굽혀: 원문은 '鞠躬'인데, 판본에 따라 '鞠'이 '匊'으로 쓰인 경우도 있으나 수정했다.
411 바로 섰다: 원문은 '平身'. 절한 뒤에 몸을 일으켜 직립 자세로 바꾸는 것을 가리킨다.
412 광록시(光祿寺): 원문은 '光祿'으로 광록시를 가리킨다. 연회나 제사와 관련된 업무를 주관하는 관청이다. 자금성 동쪽, 옥하의 서쪽, 승천문 안쪽에 위치한다.
413 라마(賴麻): 티베트를 가리킨다.
414 달달(達達)·여진: 해서여진과 건주여진을 가리키는 것으로 추정된다.

비롯한 여러 번국(番國)⁴¹⁵이 모두 여기에 참여했다.

2일, 법화사(法華寺)⁴¹⁶를 유람했다. 승당(僧堂)에 들어가니 한 노승이 "내 스승은 일본인 료테츠[亮哲]⁴¹⁷입니다. 일찍이 스승께서 '눈앞에 풍물은 각기 다르나, 오직 한매(寒梅)만 한결같이 꽃을 피우네'란 게(偈)를 지으셨습니다"⁴¹⁸라고 말했다.

3일, 강사가 예부의 관원을 알현했다. 부채 10개를 바쳤다. 예부 관원은 사양하고 받지 않았다.

4일, 세이카이 등이 단자⁴¹⁹·견자·면자(綿子)를 하사받았다.

6일, 예부가 일본이 가져온 화물의 값을 지급했다.

11일, 황제가 천비묘(天妃廟)⁴²⁰에 거둥했다.

---

415 여러 번국(番國): 『명사』 본기 경태 4년 시세(是歲)조에 따르면 이밖에도 안남(安南)·자바[爪哇]·참파[占城]·하미[哈密]·오이라트[衛拉特]도 전년에 입공했다.
416 법화사(法華寺): 원문은 '法花寺'지만 '法華寺'를 가리킨다. 명조방(明照坊)에 있던 사찰이다. 경태 연간(1450~56)에 태감(太監) 유통(劉通)의 저택을 사찰로 만든 것이다. 천계(天啓) 연간(1621~27)에 중수되어 대장경이 사여되었다. 『흠정일하구문고(欽定日下舊聞考)』 권45. 청대에는 이전되어 현재 북경시 숭문구에 현존하고 있다.
417 료테츠[亮哲]: 자세한 인적 사항은 알 수 없다.
418 눈앞에 풍물은 각기 다르나, 오직 한매(寒梅)만 한결같이 꽃을 피우네: 『선림구집(禪林句集)』에 수록된 "달은 밝은 달의 가을을 알고, 꽃은 한결같은 봄을 아네(月知明月秋, 花知一樣春)"란 유명한 선어(禪語)에 의거한 것이다. 달과 꽃은 무심한 듯하면서도 시절을 정확히 알고 있다는 의미다.
419 단자(段子): 수자직(繻子織) 비단인 단자(緞子)를 뜻한다.
420 천비묘(天妃廟): 자세한 사항은 알 수 없다. 남교(南郊)의 오기인지도 모르겠다. 『명영종실록』에는 이날 경태제가 천비묘를 참배했다는 기록이 없다. 다만 경태 5년 정월 갑자조에 "남교에서 천지에 크게 제사 지냈다. 황제가 환궁하여 상성황태후(上聖皇太后)와 황태후(皇太后)를 알현한 뒤에 봉천전에 와서 문무백관과 경성례(慶成禮)를 올렸다(大祀天地于南郊, 帝還, 謁上聖皇太后·皇太后, 畢出奉天殿, 文武百官行慶成禮)"라는 기록이 있어, 13일에 남교(南郊)에서 천지에 제사 지내고 환궁했음을 알 수 있다. 남교란 황제가 환구(圜丘)를 쌓아 천지에 제사 지내는 장소인데, 명대에는 영락 연간(1403~24)에 천지단(天地壇)이 세워졌고, 가정 연간(1522~66)에 천단(天壇)과 지단(地壇)이 분리되었다. 이후 청대에도 그대로 계승되어 현재 천단공원(天壇公園)이 되었다. 명 황제는 매년 정월에 남교(南郊)에 행차하여 천지에 제사 지내는 것이 상례였는데, 삼일 전부터 재계에 들어가 전날에는 천지단 옆에 마련된 결재장(潔齋場)에 들어간다. 본 기사에 기록된 것은 황제가 결재장에 들어가는 행차를 가리키는 듯하다.

그림 18 전(傳) 셋슈, 「국국인물도(國國人物圖)」(교토국립박물관 소장). 왼쪽부터 라마승, 회회인, 달단인.

12일, 황제가 가마를 돌려 대명문(大明門)[421]으로 들어갔다. 악기를 연주하면서 앞으로 나아가는 자가 수천 명이었다. 여기에 보화를 짊어지고 가는 코끼리가 세 마리, 육룡거(六龍車)[422]가 두 대, 수레를 끄는 코끼리가 두 마리가 있었다. 봉련(鳳輦) 두 대는 사람이 짊어지고 갔는데, 한 대는 황제가 제어했다. 창을 갖고 호위하는 자가 수만 명이고 갑주로 무장하고 말에 탄 자가 36만 기(騎)였다. 대명문에 이르자 동장안가(東長安街)과 서장안가(西長安街)로 나뉘어 갔다.

13일, 등시(燈市)[423]를 관람했다. 등롱(燈籠) 옆에 모두 유리병(瑠璃瓶)을 걸었다. 병 안에는 몇

---

421 대명문(大明門): 자금성 내에서 오문·단문·승천문을 통과하면 나오는 문. 여기에서 더 나아가 정양문을 지나면 남교에 이른다.
422 육룡거(六龍車): 천자가 탑승하는 거가(車駕). 말 여섯 마리가 끌기 때문에 이러한 이름이 붙었다.
423 등시(燈市): 원소절(元宵節), 즉 정월 15일 대보름을 전후하여 화려한 조등롱(釣燈籠)이 둘러쳐지는 장소를 가리킨다. 원소절은 등롱절(燈籠節)으로도 불리며 등롱을 걸어서 부처에게 제사를 지내는 행사와 도교의 삼원신앙(三元信仰)이 혼재되어 있다. 북경의 등시(燈市)는 동화문(東華門) 왕부가(王府街)의 동쪽, 숭문가(崇文街)의 서쪽에 약 1km에 걸쳐 남북으로 펼쳐지는데, 청대에는 정월 8일부터 17일경까지 저녁에서 아침까지 등롱이 점등되어 있었

마디 크기의 물고기가 있었다. 등롱 빛이 비치자 물고기가 춤추듯 뛰어올랐는데, 그 모습이 매우 귀여웠다. 제대천(濟大川)⁴²⁴이 유리등붕(瑠璃燈棚)⁴²⁵이란 제목으로 "얼어붙은 문지방 안이 매우 차니 옥룡이 서리었다"라고 읊은 것이 이것이리라.

15일, 조참례를 행했다. 예식이 끝나자 오문에서 백관에게 연회가 베풀어졌다. 일본을 비롯해 외역의 여러 사신은 궐우문에서 연회가 베풀어졌다. 밤에 등롱을 바라보며 동장안가를 걸었다. 단문(端門)을 멀리 바라보니 만 개의 등불이 하늘에 빛났다.

17일, 의관(衣冠)을 차려입고 말을 탄 자가 어깨 위에 붉은 비단을 얹었는데 땅에 끌렸다. 사람들이 이를 따라가며 북을 치고 피리를 불며 황궁을 한 바퀴 돌았다. 내가 이것이 무엇인지 묻자 한 사람이 "집에 사내 아이를 낳으면 저렇게 하는 것이 관례입니다"라고 답했다.

21일, 남경에서 진공할 은자(銀子)를 실은 수레 300량이 경사에 이르렀다. 이 중에서 수레 10량을 거용관(居庸關)⁴²⁶ 순검사(巡檢司)에게 보냈다. 수레 1량에 은 3만 냥이 실려 있었다.

2월

1일, 봉천문에서 조참례를 행했다. 정사가 표문을 바치며 방물의 값을 더 치러주기를 청했다.

다. 『흠정일하구문고』 권45. 현재에도 등시구(燈市口)라는 지명이 남아 있다.
424 제대천(濟大川): 대천보제(大川普濟, 1179~1253)를 가리킨다. 임제종 대혜파(大慧派)에 속한다. 절강성 영파부 봉화현 출신으로 속성(俗姓)은 장(張)이며 천동사(天童寺) 절옹여담(浙翁如琰) 문하에서 배웠다. 송 가정(嘉定) 10(1217)년 경원부(慶元府) 묘승원(妙勝院)에서 출가하여 이후 경원의 보국사(報國寺)·관음원(觀音院)·대중사(大中寺), 가흥의 광효사(光孝寺), 소흥의 십만사(十方寺), 임안(臨安)의 정자사(淨慈寺)·영은사(靈隱寺) 등에 주석했다. 송 보우(寶祐) 원년 정월 18일에 입적하니 세수(世壽)로 75세, 법랍(法臘) 56세였다. 제자로 72명이 있었다. 『오등회원(五燈會元)』을 편찬하고 『대천보제선사어록(大川普濟禪師語錄)』을 남겼다. 물초대관(物初大觀)이 찬술한 행장이 전한다. 어록에 「送日本國僧」이란 송별게가 있다.
425 유리등붕(瑠璃燈棚): 남송의 송파종(松坡宗)이 찬술한 게송 편집본 『강호풍월집(江湖風月集)』 서두를 장식하는 유명한 선시이다. 전문은 "氷壺凜凜玉龍蟠, 吐出明珠照膽寒, 好是山堂無月夜, 一天星斗堕干"과 같다.
426 거용관(居庸關): 만리장성에 설치된 관소(關所). 예로부터 요충지로 유명했으며 홍무 2(1369)년 서달(徐達)에 의해 축성되었고, 영락 3(1405)년에 융경위(隆慶衛), 즉 이후의 연경위(延慶衛)가 설치되어 북방의 침입을 방비하는 곳이 되었다. 『독사방여기요』 권10.

4일, 예부가 통사(通事) 조문단(趙文端)을 불러다가 일본인이 요청하는 바가 무엇인지를 묻자 조문단이 "만약 선덕 8(1433)년의 예[427]에 따라 값을 치르지 않는다면, 본국으로 돌아가지 못합니다"라고 답했다.

6일, 예부의 관원이 "방물 값은 선덕 10(1435)년의 예[428]에 따라야 한다"라고 말했다.

---

427 선덕 8(1433)년의 예: 무로마치 막부의 6대 쇼군인 아시카가 요시노리[足利義教]가 선덕 8(1433)년에 류시츠 도엔[龍室道淵, ?~?]을 파견했을 때 교섭한 방물 가격을 가리킨다. 4대 쇼군인 아시카가 요시모치[足利義持]에 의한 단교 후 처음으로 보낸 사절이었다. 선덕제는 이에 앞서 류큐에 일본의 조공을 촉구하는 사신을 보냈으나, 이 사절이 류큐에 도착하기 이전에 류시츠 일행이 내조했다. 구체적인 방물 가격은 알 수 없으나, 일본 측에서 선호할 정도로 우대받았던 것을 짐작할 수 있다.

428 선덕 10년의 예: 선덕 10(1435)년 아시카가 요시노리가 조츄 츄쇼[恕中中誓]를 파견했을 때 교섭한 방물 가격을 가리킨다. 구체적인 방물 가격은 알려져 있지 않으나, 본 기사로 미루어 보아 앞서 선덕 8년의 예보다 박한 가격이었음을 알 수 있다. [역자 주] 일본어 번역자는 선덕 8년과 10년의 방물 가격을 알 수 없다고 하지만, 『명영종실록』 권236, 경태 4년 12월 갑신조에서 확인할 수 있다. 이 기사에는 선덕 8년과 경태 4년의 가격이 제시되어 있는데, 이 중에서 경태 4년은 선덕 10년의 예를 따랐으므로 이를 통해 선덕 10년의 방물 가격을 유추할 수 있다. 아래 양자를 대조한 표를 제시한다.

물품명	단위	선덕 8년		경태 4년	
		수매가(鈔)	수량	수매가(銀/鈔)	수량
蘇木	1斤	1貫	10,600斤	7分	106,000斤
硫黃	1斤	1貫	202,000斤	5分	364,400斤
紅銅	1斤	300文	4,300斤	6分	152,000여斤
長刀	1把	10貫	200把	6貫	417把
腰刀	1把	10貫	3,050把	6貫	9,483把
鎗	1條	3貫	불명	2貫	10배
扇	1把	300文	불명	불명	10배
火筯	1雙	300文	불명	불명	10배
抹金銅銚	1箇	6貫	불명	4貫	10배
花硯	1箇	500文	불명	불명	10배
小帶刀	1把	500文	불명	불명	10배
印花鹿皮	1張	500文	불명	불명	10배
漆器皿	1箇	800文	불명	600文	10배
貼金灑金硯匣	1副	3貫	불명	1貫500文	10배
硯銅水滴	1副	3貫	불명	불명	10배
지출액(銅錢)		약 217,700貫		약 130,000貫	

임경준, 「『笑雲入明記』를 통해서 본 15세기 중반의 明·日 관계와 進貢·貿易」, 『일본학』 53, 2021, 240~241쪽.

7일, 강사가 예부의 관원을 만나 "선덕 10년의 예에 따라 값을 받는다면, 본국에 돌아가 죽임을 당할 것입니다. 다만 가엾이 여겨 살펴주시길[429] 바랄 뿐입니다"라고 말했다.

8일, 예부의 부원이 시랑(侍郞)·낭중(郞中)·원외랑(員外郞)·주객사 등을 소집하여 값을 어떻게 치를지를 논의하여 정하게 했다.

9일, 진사(進士)를 지망하는 3,000여 명[430]이 시험장[431]에 들어갔다.

10일, 시험장[432]을 보니, 곧 국자감(國子監)[433]이었다. 가시나무 울타리를 삼엄하게 설치하여 구경꾼이 들어오지 못하게 했다.

11일, 정통 연간(1436~1449)에 새로 번역된 불경(佛經)[434] 1질을 보았는데, 곧 『화엄경(華嚴經)』이었다.

12일, 대흥륭사(大興隆寺)는 서장안문(西長安門)에서 1리 떨어진 곳에 있다. 속한 승려만도

---

429 가엾이 여겨 살펴주시길: 판본에 따라 '憐寮'라고도 되어 있으나 의미상 '憐察'로 수정했다.
430 진사(進士): 정확히는 진사가 아닌 진사를 목표로 응시한 과거 수험생을 가리킨다. 이때는 회시(會試)가 행해졌는데, 회시에 합격하면 공사(貢士)가 되고 이어지는 전시(殿試)를 거쳐 진사가 된다. 전시에서는 합격 여부가 아니라 순위가 정해졌다. 경태 5(1454)년 회시에는 총350명이 합격했고, 이 중에서 349명이 전시에 응시했다. 그 결과, 진사가 된 이들도 349명이었다. 『명영종실록』 권238, 경태 5년 2월 병오조; 『명영종실록』 권239, 경태 5년 3월 갑인조.
431 시험장: 원문은 '試局'이다. 회시의 시험장을 의미한다. 이때의 장소는 국자감(國子監)이었다.
432 시험장: 원문은 '試院'이다. 앞서 나온 '試局'과 동일한 의미다.
433 국자감(國子監): 국가의 최고 교육기관이다. 전국에 소재한 학교를 관장한다. 북경에 본감(本監)을 두고 남경에도 두었다. 북경의 국자감은 황성 동북쪽 안정문 근처에 있었는데, 공자를 제사 지내는 문묘(文廟) 옆에 위치하며 현존하고 있다. 제주(祭酒) 1명, 사업(司業) 1명, 감승(監丞) 2명, 전부(典簿) 1명 외에 박사(博士) 5명과 조교(助教) 15명이 배치되어 학생의 교육 업무를 맡았다. 학생에는 전국의 학교에서 선발된 인원 이외에 유학생도 있었다.
434 새로 번역된 불경(佛經): 원문은 '新譯經'이다. 판본에 따라 '新驛經'으로도 되어 있으나, 문맥상 수정했다.

4,000명이다. 제일좌(第一座), 즉 수좌(首座)인 질암순공(質庵淳公)[435]은 일찍이 승록사(僧錄司)[436]를 맡았던 독방화상(獨芳和尙)의 고제(高弟)[437]다. 조야(朝野)에서 그를 칭송했다. 나는 차를 마시며 담소를 나누며 "청규(淸規)[438]에는 '다일중(茶一中)[439]'이라는 구절이 나오는데, 여기에서 '중(中)'은 어떻게 해석해야 합니까?"라고 물었다. 질암순공이 "중은 종(鐘)과 음이 같으니, 마땅히 '일종(一鐘)' 또는 '일일(一日)'로 해석해야 합니다"라고 답했다. 〈이를 '일중(一中)'이라고 한다.〉

13일, 정각사(正覺寺)[440]를 유람했다. 사찰의 정문 현판에 '정각산(正覺山)'이라 쓰여 있었다. 비록 경사에 있는데도 불구하고 '산호(山號)'가 있었다.

---

435 질암순공(質庵淳公): 질암문순(質庵文淳). 생몰년은 알 수 없다. 시류 고토[斯立光幢]가 도당천신상(渡唐天神像)에 그의 찬문(贊文)을 얻어 실었고, 규엔 류친[九淵龍琛]도 법질(法姪)인 쇼쥬 류토[正宗龍統]의 시문집 『독미장병추(禿尾長柄帚)』에 그의 서문을 싣고 있다. 이를 통해 북경에 도착한 일본 승려들이 많이 찾은 고승(高僧)이었음을 알 수 있다.

436 승록사(僧錄司): 판본에 따라 '僧司錄'으로도 되어 있으나, 수정했다. 예부에 속하며 불교 전반을 담당하던 관청이다. 남경이 수도였을 때는 천계사(天界寺)에 설치되었으나, 북경 천도 후에는 흥륭사에 설치되었다. [역자 주] 승록사는 승려와 관련된 업무를 관장한다. 홍무 원년에 선세원(善世院)을 세웠다가 홍무 4년에 혁파하고 이듬해에 도첩을 발급했다. 홍무 15년에 승록사를 설치했다. 관직은 두되 봉록은 주지 않으며 예부에 속했다. 좌(左)·우선세(右善世) 2명(정6품), 좌(左)·우천교(右闡敎) 2명(종6품), 좌(左)·우강경(右講經) 2명(정8품), 좌(左)·우각의(右覺義) 2명(종8품)으로 조직되어 있다. 지방의 부(府)·주(州)·현(縣)에는 승강사(僧綱司)를 두어 그 사무를 분담했다. 『명사』 권74, 직관지3, 승록사 ; 서인범, 「명 중기의 賣牒制 연구」, 『동양사학연구』 85, 2003.

437 독방화상(獨芳和尙)의 고제(高弟): 판본에 따라 '高弟'가 '高第'로 되어 있으나, 수정했다. [보주] 독방화상(獨芳和尙)은 독방홍련(獨芳洪蓮, 1366~1456)이다. 태원(太原) 오씨(吳氏)로 흥륭사에 있던 승록사의 좌강경(左講經)을 역임했다. 『보속고승전(補續高僧傳)』 권5, 홍련전에 따르면 경태 4년에 입공한 승본 승려, 즉 호토쿠 견명사 일행들이 독방화상과 문답을 나누고는 감명을 받았던 일화가 소개되어 있다.

438 청규(淸規): 선승(禪僧)이 지켜야 할 규칙. 당 백장회해(百丈懷海)가 제정한 데서 유래한다. 원 순제(順帝)의 명을 받아 동양덕휘(東陽德輝)가 정리하여 편찬한 『신수백장청규(勅修百丈淸規)』가 가장 잘 정돈된 것으로 알려져 있다.

439 다일중(茶一中): 『신수백장청규』에 "今晨齋退, 就雲堂, 点茶一中"이란 문구가 여러 곳에서 보이는데, 아마도 다회(茶會)의 통지를 결정하는 정형구인 듯하다.

440 정각사(正覺寺): 영락 연간에 창건되었다. 원래는 황성 북서쪽 발상방(發祥坊)에 있었다. 청대에는 부성문(阜成門) 밖으로 이전되었다. 『대청일통지』 권7. 성화 3(1467)년 어마감(御馬監) 태감 한량(韓諒)이 사택을 시주하여 불전을 세웠고 이듬해 한량의 주청에 따라 '정각선사(正覺禪寺)'라는 이름이 사여되었다. 『흠정일하구문고』 권53.

14일, 지과사(知果寺)⁴⁴¹의 대해화상(大海和尙)⁴⁴²은 임제종의 종사(宗師)다. 기봉(機鋒)⁴⁴³이 매우 높아서 함부로 사람을 대하지 않는다. 내가 "어떤 것이 불법의 대의입니까"라고 묻자 대해화상은 "당신들은 어디 사람입니까"라고 되물었다. 내가 "일본에서 왔습니다"라고 답하자 대해화상은 "아직도 일본을 벗어나지 못했구나. 삼십봉(三十棒)⁴⁴⁴을 주어야겠다"라고 대답했다. 내가 "상좌의 허물입니다"라고 하자 대해화상이 웃었다. 시자가 차를 끓여 왔다.

15일, 봉천문에서 조참례를 행했다. 조례는 평상시와 같았다.

16일, 흥륭사(興隆寺) 독방화상(獨芳和尙)은 조동종의 유로(遺老)다. 도(道)가 높아 군왕과 신하에게 존중받았다. 내가 만나뵙고 과자를 먹는데, 법사가 구운 떡을 들고는 "이것이 일본에도 있소"라고 물어왔다. 나는 있다고 대답했다. 다시 대추를 들더니 "일본에도 있소"라고 물어서 있다고 답했다. 법사가 "여기에는 무슨 일로 왔소"라고 물어와서 나는 "노화상(老和尙)의 만복(萬福)을 위해서 왔습니다"라고 답했다. 법사가 웃으면서 자신이 주석한 『심경(心經)』 한 권을 주었다.

17일, 류큐국의 장사(長史)가 와서 내조했다.⁴⁴⁵

---

441 지과사(知果寺): 지화사(智化寺)인 듯하다. 지화사는 황성 동쪽 황화방(黃華坊)에 있었으며 정통 연간(1436~49)에 왕진에 의해 창건되었다. 천순제(天順帝)는 복위 후에 향목으로 왕진의 상을 만들어 놓고 그리워했는데, 지화사에 정충(旌忠)이라는 사묘를 만들어 제사 지냈다. 『명사』 권304.
442 대해화상(大海和尙): 자세한 인적 사항은 알 수 없다. 경태 5년에 나오는 남포(南浦)가 우선세에서 경질되면서 후임으로 임명된 승려일 가능성이 높다.
443 [역자 주] 기봉(機鋒): 선종의 용어로 선기(禪機)라고도 한다. 기(機)는 격발시키는 교법을 통해 활동하는 마음의 작용을 가리킨다. 봉(鋒)은 선기의 예리한 상태를 활용하여 선승(禪僧)이 학인에 대한 교화를 의도하는 것을 가리킨다. 『불광대사전』.
444 삼십봉(三十棒): 스승이 수행자를 엄격하게 교도하는 것을 가리킨다.
445 류큐국의 장사(長史): 『명영종실록』 권238, 경태 5(1454)년 2월 기해조에 따르면, "류큐국이 국사를 관장하는 왕제(王弟) 쇼타이큐[尚泰久]"를 사신으로 보내 장형인 국왕 쇼킨푸쿠[尚金福]가 사망한 것, 차형인 쇼후리[尚布里]와 조카 쇼시로[尚志魯]가 왕위 다툼을 벌이다 함께 사망한 것, 이 와중에 금인(金印)이 불타버린 것, 국인(國人)이 쇼타이큐 자신의 즉위를 바란다는 것 등을 고해왔다는 기록이 있다. 이에 대해 경태제는 금인을 다시 지급하고 회사품을 주었으며, 이듬해에는 사자를 보내 쇼타이큐를 류큐 국왕으로 책봉했다. 『명영종실록』 권252, 경태 6년 4월 신묘조. 장사란 각 왕부에 설치된 정사를 관장하는 관청의 장관을 가리킨다. 『명사』 권75. 류큐 왕국의 재상급 인사가 사신으로 온 것이다. 다만 이때 온 사자의 성명은 전해지지 않는다.

21일, 흥륭사(興隆寺) 대승록사(大僧錄司) 우선세(右善世)[446] 남포화상(南浦和尙)[447]이 송행서(送行序)를 지어 주었다.

22일, 칙서가 내려져 우리 쪽에서 상주하여 요청했던 고동대향로(古銅大香鑪) 2개, 황동방향로(黃銅方香鑪) 1개, 동경(銅磬) 1구, 요발(鐃鈸) 1부를 각각 2건씩 사여받았다.[448]

26일, 예부 부원이 개시한 과거의 방문(榜文)을 보았다. 방문의 내용은 다음과 같았다.

> 예부에서 과거에 대해 알리는 글. 이번 경태 5년의 회시(會試)에서 합격한 거인(擧人)의 성명을 아래에 열거하여 마땅히 방문(榜文)으로 알린다. 합격한 거인 350명을 하나하나 열거하면 다음과 같다.[449]

---

[446] 우선세(右善世): 승록사의 관직 중 하나로 정6품이다.
[447] 남포화상(南浦和尙): 생몰년은 알 수 없다. 이때 주었다는 송행서(送行序) 역시 전해지지 않는다. 다만 장문공산사(長門功山寺)에 남아 있는 허암현적(虛庵玄寂)의 행록은 남포의 작품으로 추정되며 거기에 "僧錄司右善世兼翠微山勅建大円通禪寺開山第一代住持承旨廣善戒壇円授宗師臨濟二十三代正傳心印七十一翁如幼老人南浦書"라는 서명이 있다. 이를 통해 이해에 71세였으며 원통사(円通寺)의 개산이었음을 알 수 있다. 행록은 경태 5(1454)년 정월 29일에 허암현적의 4세 법손인 영절(令晢)과 현호(玄浩)의 요청에 따라 쓰여졌다. 또한 규엔 류친은 남포에게 운쇼 잇케이(雲章一慶)의 어록 서문을 얻어 실었다. 『벽산일록』 조로쿠[長禄] 3년 8월 25일. 쇼운을 비롯한 일본 승려들이 너도나도 집필을 요청했음을 알 수 있다. 이로부터 약 반년 후인 경태 5년 7월에는 천교(闡敎)의 청양(淸讓) 등이 은 수만 냥의 뇌물을 받고 규정 수 이상의 도첩을 발급한 것이 발각되어 남포도 동조한 무리로 간주되어 체포되었다. 『명영종실록』 권243, 경태 5년 7월 신해조.
[448] 사여받았다: 『선린국보기』에 수록된 경태 5(1454)년 정월 9일자 「明景泰帝別幅」(부록 참조) "古銅大香二箇·古銅小香一箇·黃銅方香一箇·黃銅花瓶一對·黃銅磬一口·鐃鈸二雙·黃銅花龜鶴燭台一對"와 대응된다. 요발은 두 개를 맞부딪혀서 소리를 내는 불구(佛具)인데, '一付各二件'은 무슨 의미인지 불분명하다. '二雙'의 오기인지도 모르겠다. 별폭에 기재된 물품 중 "古銅小香一箇·黃銅花瓶一對·黃銅花龜鶴燭台一對"가 본 기사에는 빠져 있다. 누락이 있을 것으로 추정된다.
[449] 합격한 거인 350명을 하나하나 열거하면 다음과 같다: 경태 5(1454)년에 실시된 회시에 합격한 거인의 성명을 내건다는 뜻이다. 중식(中式)은 과거에 합격한 것을 뜻한다. 거인은 향시(鄕試)에 합격한 자를 말한다. 회시는 3년에 한 번씩 각 지방의 거인을 모아 북경에서 실시했으며, 합격하면 전시를 거쳐 진사가 된다. 『명사』 권70. 2월 9일과 10일조에서 경태 5년의 회시는 9일부터 국자감(國子監)에서 실시되었음을 알 수 있다. 아울러 『명영종실록』 경태 5년 2월 병오조에는 "예부에서 중식거인(中式擧人) 팽화(彭華)를 비롯한 350명을 데리고 황제를 알현했다(禮部, 引會試中式擧人彭華等三百五十八陛見)"라 기록되어 있듯이 2월 25일에 회시의 합격자가 황제와 대면한 것으로 보면 예부가 25일 전에 합격자를 발표했고 쇼운은 그 명부를 이날 본 듯하다. 『명영종실록』에 따르면, 3월 1일에 전시가 실시되었고, 3일에 결과가 발표되었다. 『명영종실록』 경태 5년 3월 임자·갑인조. 전시의 결과는 성적순으로 일갑(一甲), 이갑(二甲), 삼갑(三甲)으로 나뉜다. 일갑은 세 명으로 상원(壯元), 방안(榜眼), 탐화(探花)라 하며 '진사급제'로 여겨진다. 이갑은 약간 명으로 '진사 출신'으로 여겨진다. 삼갑은 약간 명으로 '동진사(同進士) 출신'으로

제일명(第一名), 팽화(彭華).⁴⁵⁰ 강서(江西) 안복현(安福縣)⁴⁵¹ 유학생(儒學生)⁴⁵² 춘추(春秋)⁴⁵³

제이명(第二名), 윤직(尹直).⁴⁵⁴ 강서 봉화현(奉化縣)⁴⁵⁵ 감생(監生)⁴⁵⁶ 역(易)

제삼(第三), 서란(徐鑾).⁴⁵⁷ 절강 개화현(開化縣)⁴⁵⁸ 유학생(儒學生) 서(書)

제삼백오십명(第三百五十名), 운운(云云). 본 방문으로써 유시(諭示)한다.

경태 5년 2월 일 고시

분류된다.

450 팽화(彭華): 전시에서는 수석에 오르지 못한 듯하며 이 해의 장원은 손현(孫賢)이었다. 『명영종실록』 경태 5년 3월 갑인조·병진조. 팽화는 전시 후에 곧바로 한림원 서길사(庶吉士)에 임명되었고 이어 편수(編修)가 되어 『대명일통지(大明一統志)』와 『영종실록(英宗實錄)』 등을 편찬했다. 이어서 시독학사(侍讀學士)로서 『속자치통감강목(續資治通鑑綱目)』을 편찬했다. 성화 17(1481)년 한림원 학사(學士)에 올랐다. 성화 21년에는 이부좌시랑(吏部左侍郎)이 되어 내각에 들어가 정무에 종사했으나 병을 얻어 성화 22년 10월 예부상서로 승진하여 이듬해 3월에 퇴임하고 귀향했다. 홍치 9(1496)년 10월에 65세로 사망했다. 『명영종실록』 홍치 9년 10월 기묘조. 향년 23세였다.

451 안복현(安福縣): 강서성 길안부(吉安府) 안복현.

452 유학생(儒學生): 유학(儒學)의 재학생인 생원(生員)을 가리킨다. 유학은 지방에 설치된 부학·주학·현학의 총칭이다. 국자감이 아니라 부학·주학·현학 중 어딘가에 적을 두고 있었던 것으로 보인다. [보주] 경태 5년의 진사등과록(進士登科錄)에 팽화가 기재된 란에 '현학증광생(縣學增廣生)'이란 주기가 있어 현학에 속했던 것을 알 수 있다. 川越泰博, 「『笑雲入明記』に見える浙江三司および中式擧人について」, 『中央大學文學部紀要(史學)』 57, 2012.

453 춘추(春秋): 사서오경의 하나. 명대의 과거는 첫째 사서오경의 의미, 둘째는 사서오경에 대한 논의, 셋째는 정책을 묻는 문제가 출제된다. 이 중에서 사서오경의 의미를 묻는 시험 중에 역경·서경·시경·예기·춘추 각각에 대해 최우수자를 선별하여 이를 오경괴(五經魁) 혹은 회괴(會魁)라 칭했다. 이에 따라 회시의 수석이던 팽화는 춘추, 차석인 윤직은 역경, 3등 서란은 서경 분야의 최우수자였다고 할 수 있다. [보주] 단 경태 오년의 진사등과록에 윤직은 서경, 서란은 역경을 수험했던 것으로 기재되어 있다.

454 윤직(尹直): 전시에서는 2등이 아니었던 것으로 보이며, 팽화와 함께 한림원 서길사에 임명되었고 이어서 편수(編修)가 되어 『환우통지(寰宇通志)』, 『영종실록』 등을 편찬하고 성화 11(1475)년 예부 우시랑에 올랐으나 부친의 상으로 관직에서 물러났다. 같은 해에 남경의 이부 우시랑과 예부 좌시랑에 올랐고, 성화 22년 병부 좌시랑에 제수되어 한림원 학사를 겸임하면서 내각에 들어가 정무를 맡았다. 이어 태자소보 병부상서에 올랐고 이듬해인 성화 23년 치사(致仕)하고 정덕 6(1511)년 12월에 사망했다. 『명영종실록』 권82, 정덕 6년 12월 무자조. 향년은 일설에 의하면 80세였다고도 한다. 『엄산당별집(弇山堂別集)』 권45. 이것이 맞다면 당시 팽화와 같은 23세였다는 뜻이다. [보주] 다만 경태 5년 진사등과록에는 28세로 기록되어 있다.

455 봉화현(奉化縣): 『명사』의 윤직전에는 '태화인(泰和人)', 『명영종실록』의 줄기에는 '강서(江西) 태화인(泰和人)'으로 기재되어 있다. 강서성 길안부에는 태화현이 있는 한편 봉화현은 절강성 영파부에 속한 현이므로 쇼운의 오기이거나 옮겨 적는 과정에서 오류가 있던 것으로 추정된다.

456 감생(監生): 국자감의 생원을 의미한다. [보주] 단 경태 5년의 진사 등과록에 윤직은 감생이 아니라 현학의 증광생으로 기록되어 있다.

457 서란(徐鑾): 『명영종실록』 경태 5(1454)년 3월 을축조에 수록된 상위 합격자 임관 기사에는 이름이 보이지 않는다. 『건륭절강통지(乾隆浙江通志)』 권131, '선거(選擧)' 항목에는 이 해 절강성 출신 진사 47명이 기록되어 있는데, 뒤에서 세 번째로 보인다. 권135에는 경태 원년 향시 합격자의 목록이 있는데, 여기에 이름이 보이고 회괴(會魁)라는 주(注)가 붙어 있다. 이후 감찰어사(監察御史)를 역임했다.

458 개화현(開化縣): 절강성 구주부 개화현.

28일, 봉천문에서 아침 조례를 한 다음 귀국하라는 성지(聖旨)를 받았다.⁴⁵⁹ 오전에 말 60필, 노새 40필, 나귀 100필, 수레 120량을 끌고 회동관을 나섰다. 해가 저물어 통주(通州) 통진역(通津驛)⁴⁶⁰에 도착했다.

---

459 귀국하라는 성지(聖旨)를 받았다: 『명영종실록』 권238, 경태 5년 2월 을사조에 일본국 사신의 귀국을 촉구하는 예부의 상주가 있어 경태제를 이를 재가한 기사가 보인다.
460 통진역(通津驛): 원문은 '通泮驛'으로 되어 있으나 문맥상 북직예 순천부 통주의 통진역을 가리키는 듯하다.

제9장 북경에서 남경으로

그림 19 양주에서 바라본 장강. 강소성 양주시. 금산사 탑이 희미하게 보인다. 강을 거슬러 올라가면 남경에 이른다. 2008년 8월 촬영.

2월

29일, 행인사(行人司)[461]에서 반송관(伴送官)[462] 도(陶) 씨를 보내 관자(關子)[463]를 가지고 왔다. 〈행인사는 사방의 행인(行人)을 관장하는 관직의 명칭이다. 여러 번국의 사신을 호송하는 것을 반송관이라 한다. 관자(關子)란 일본에서 말하는 '과서(過書)', 즉 통행증이다.〉

---

461 행인사(行人司): 사정(司正) 1인(정7품), 좌(左)·우사부(右司副) 각 1인(종7품), 행인(行人) 37인(정8품)이 배치되어 있다. 조칙(詔勅)의 반포, 종실의 책봉, 번국의 안무를 비롯해 상사(賞賜)·위문(慰問)·진제(賑濟)·제사와 같은 업무를 담당한다. 『명사』 권74, 직관지3, 행인사.

462 반송관(伴送官): 판본에 따라 '伴官送'으로 되어 있으나, 의미에 맞춰 수정했다. 외국 조공 사절이 경사를 떠난 이후 국경을 넘기까지 호송하는 업무를 담당한다.

463 관자(關子): 주기에 일본의 과서(過書)와 같다고 쓰여 있듯이 통행증이다. 갑술 3월 2일조에 반송관이 관자를 보이고 역사에 배를 준비시키고 있는데, 이로부터 현지에서 각종 편의를 제공하는 기능도 있었음을 알 수 있다.

30일, 아침에 통진역⁴⁶⁴을 떠나 배에 올랐다. 해가 저물 무렵에 장가만⁴⁶⁵에 정박했다.

3월

1일, 비가 조금 뿌렸다. 화합역(和合驛)⁴⁶⁶을 지났다.

2일, 하서역(河西驛)⁴⁶⁷에 이르렀다. 반송관이 관자를 인준하여 마쾌선(馬快船) 15척⁴⁶⁸을 갖추었다. 선척마다 수레 8대 분량의 화물을 싣고 인원은 23~24명이 승선했다.

3일, 황봉주(黃封酒)⁴⁶⁹를 열어 상사(上巳)⁴⁷⁰를 즐겼다. 수부(水夫)들이 취하여 노래를 불렀다. 양촌역(楊村驛)⁴⁷¹에 이르렀다.

4일, 강물이 탁해지기 시작하니, 곧 황하(黃河)의 지류에 이르렀음을 알았다. 오후에 양청역(楊靑驛)⁴⁷²을 지나 밤이 되어 봉신역(奉新驛)⁴⁷³에 이르렀다.

5일, 하간부(河間府) 천진위(天津衛)⁴⁷⁴에 이르렀다.

---

464 통진역: 원문에는 '通洋驛'으로 되어 있으나, 의미에 맞춰 통진역(通津驛)으로 수정했다.
465 장가만: 현 북경시 통주구 장가만진에 해당한다. 일본 사절단이 상경할 때는 계유년 9월 24일에 도착했었다. 해당 주석 참조.
466 화합역(和合驛): 순천부 통주에 있던 역사. 일본 사절단이 상경할 때는 계유년 9월 23일에 도착했었다. 해당 주석 참조.
467 하서역(河西驛): 순천부 통주 무청현 하서무(河西務)에 있던 역사. 상경할 때는 계유년 9월 21일에 도착했었다. 해당 주석 참조.
468 마쾌선(馬快船): 북경까지 온 일본인은 계유년 12월 25일조에 따르면 300여 명이다. 따라서 배 한 척당 23인에서 24인이 승선한다면 300여 명은 모두 탑승 가능하다. 단 갑술년 5월 16일조에서 확인할 수 있듯이 강사, 거좌, 토관 등은 별도로 참선 4척에 승선한 상태였다. [보주] 마쾌선은 주로 공헌물을 중심으로 하는 관물 수송과 사신·고관 등의 이동에 이용되었던 선박이다.
469 황봉주(黃封酒): 천자에게서 하사받은 술.
470 상사(上巳): 음력 3월 삼짇날을 가리킨다. 일본에서는 이날 흐르는 물 근처에서 재계하고 1년 동안의 부정을 없앤다.
471 양촌역(楊村驛): 순천부 통주 무청현에 있던 역사. 상경 시에는 계유년 9월 21일에 도착했었다. 해당 주석 참조.
472 양청역(楊靑驛): 순천부 통주 무청현에 있던 역사. 상경 시에는 계유년 9월 20일에 통과했었다. 해당 주석 참조.
473 봉신역(奉新驛): 북직예 하간부 정해현에 있던 역사. 상경 시에는 계유년 9월 19일에 도착했었다. 해당 주석 참조.
474 천진위(天津衛): 하간부 정해현에 있던 위소. 상경 시에는 계유년 9월 20일에 도착했었다. 해당 주석 참조. 상경 시의 경로에서 알 수 있듯이 양촌역·천진위·양청역·봉신역·유하역 순서로 통과하기 마련인데, 이날 천진위를 통과

6일, 유하역(流河驛)⁴⁷⁵에 이르렀다. 경오(庚午)년 과거에 합격한 거인(擧人)⁴⁷⁶으로 고문(高門)⁴⁷⁷이 세워진 자가 둘이었다.

7일, 창주(滄州) 장로체운소(長蘆遞運所)⁴⁷⁸를 지나 전하역(磚河驛)⁴⁷⁹에 이르렀다.

8일, 교하현(交河縣) 신교역(新橋驛)⁴⁸⁰을 지나 오교현(吳橋縣) 연와역(連窩驛)⁴⁸¹에 이르렀다.

9일, 제남부(濟南府) 덕주(德州)의 양점역(良店驛)⁴⁸²에 이르렀다.

10일, 안덕역(安德驛)⁴⁸³에 이르렀다. 성 안팎이 임청(臨淸)이나 회안(淮安)에 못지 않게 부유했다.

11일, 경주(景州) 고성현(故城縣)의 양가장역(梁家莊驛)⁴⁸⁴에 이르렀다. 과거문(科擧門)⁴⁸⁵이 많았다.

한 것은 부자연스럽다. 쇼운의 오기가 아닌가 추정된다.
475 유하역(流河驛): 하간부 청현(青縣)에 있던 역사. 현재의 하북성 창주시 청현에 해당한다.
476 경오(庚午)년 과거에 합격한 거인(擧人): 경오년에 개최된 향시의 합격자라는 의미다. 회시와 전시는 간지에 진(辰)·미(未)·술(戌)·축(丑)이 들어가는 해에 열리고, 향시는 자(子)·묘(卯)·오(午)·유(酉)가 들어가는 해에 열리도록 규정되어 있었다. 이 시점에서 가장 가까운 경오년은 경태 원(1450)년이다. 지방지 사료에 따르면 청현 출신자로 경오년 향시에 합격한 이로는 윤공(尹恭)과 장안(張安)이 있으므로 이 중 하나일 가능성이 높다. 『옹정기보통지』 권64, 거인.
477 고문(高門): 여기서는 과거문을 가리킨다.
478 창주(滄州) 장로체운소(長蘆遞運所): 창주는 하간부 관할 하의 주로 현 하북성 창주시에 해당한다. [보주] 장로체운소는 창주의 치소 서남쪽에 있는데, 좌선과 홍선을 갖추고 수부 수백 명이 배속되어 있었다. 『가정하간부지(嘉靖河間府志)』 권4·8.
479 전하역(磚河驛): 하간부 창주에 있던 역사.
480 교하현(交河縣) 신교역(新橋驛): 하간부 교하현에 있던 역사. 홍무 25(1392)년에 설치되었다. 박두역(泊頭驛)이라고도 한다. 현성에서 25km 떨어진 곳에 있었다. 『옹정기보통지』 권43.
481 오교현(吳橋縣) 연와역(連窩驛): 하간부 경주 오교현에 있던 역사.
482 제남부(濟南府) 덕주(德州) 양점역(良店驛): 상경 시에는 계유년 9월 17일에 도착했었다. 해당 주석 참조.
483 안덕역(安德驛): 산동성 제남부 덕주에 있던 역사. 수역(水驛)은 주성(州城)의 서문 밖에 있었다. 『대청일통지』 권127.
484 경주(景州) 고성현(故城縣)의 양가장역(梁家莊驛): 하간부 경주 고성현 양가장역을 가리킨다. 『역정록』에는 양점역과 갑마영역(甲馬營驛) 사이에 양가장역이 보인다.
485 과거문(科擧門): 과거 합격자의 본적 주거지 문 앞에 합격을 기념하여 세운 석문을 가리킨다.

12일, 동창부(東昌府) 무성현(武城縣) 갑마영수역(甲馬營水驛)⁴⁸⁶에 이르렀다. 밤에 도구역(渡口驛)⁴⁸⁷을 지났다.

13일, 광평부(廣平府) 청하현(淸河縣)⁴⁸⁸을 지나 임청현(臨淸縣) 청원역(淸源驛)⁴⁸⁹에 이르렀다. 임청하갑(臨淸下閘)⁴⁹⁰에 이르렀다.

14일, 임청상갑(臨淸上閘)에 이르렀다. 청양역(淸陽驛)⁴⁹¹에서 비로소 푸른 풀을 보았다. 강물이 조금 맑아졌다.

15일, 요성(聊城)의 성루(城樓)⁴⁹²는 첩첩이 겹쳐 있어 매우 장려하였다. 숭무역(崇武驛)⁴⁹³에 이르렀다. 오후에 형문역(荊門驛)⁴⁹⁴을 지났다. 매우 적막했다. 저녁에 황하를 건넜다. 강의 너비는 20리 남짓이었다. 인부 여럿이 동쪽으로 흐르는 물길을 나누어서 북쪽으로 향하게 하는 공사를

---

486 동창부(東昌府) 무성현(武城縣) 갑마영수역(甲馬營水驛): 산동성 동창부 고당주 무성현에 있던 역사. '東昌'은 판본에 따라 '本昌'으로도 나오는데, 의미에 맞춰 수정했다. 상경 시에는 계유년 9월 16일에 도착했었다. 해당 주석 참조.
487 도구역(渡口驛): 동창부 임청현에 있던 역사. [역자 주] 일본어 번역자는 임청주(臨靑州)라 표기하고 있으나, 임청현(臨靑縣)이 주로 승격된 것은 홍치 2(1489)년의 일로 경태 연간에는 임청현이었다. 『가정산동통지(嘉靖山東通志)』권3, 건치연혁. 이하 모두 이에 따라 임청현으로 수정했다.
488 광평부(廣平府) 청하현(淸河縣): 현 하북성 형태시(邢臺市).
489 청원역(淸源驛): 동창부 임청현에 있던 역사. 상경 시에는 계유년 9월 15일에 도착했었다.
490 임청하갑(臨淸下閘): 원문은 '臨淸下聞'으로 옆에 '閘'이 주기되어 있다. 본 역주의 저본인 서릉부본(書陵部本)의 필사자가 옮겨 적을 때에 부기한 것이라 생각된다. 갑(閘)은 수문을 가리킨다. 임청하갑은 동창부 임청현에 설치된 임청갑을 가리킨다. 30명의 인부가 배속되어 있었다. 『정덕대명회전』권159. 다만 갑문이 상갑(上閘)과 하갑(下閘) 두 개가 있었는지는 불명이다. [역자 주] 임청현에는 총 4개의 갑문이 존재하는데, 임청갑(臨淸匣), 회통갑(會通閘), 남판갑(南板閘), 신개갑(新開閘)이다. 임청갑과 회통갑, 남판갑과 신개갑은 서로 멀리 떨어져 있지 않으므로 쇼운이 말하는 하갑과 상갑은 임청갑과 남판갑을 가리키는 것으로 생각된다. 『가정산동통지』권14, 교량.
491 청양역(淸陽驛): 동창부 청평현에 있던 역사. 상경 시에는 계유년 9월 14일에 도착했었다. 해당 각주 참조.
492 요성(聊城)의 성루(城樓): 현 산동성 요성시 동창부구에 있던, 홍무 7(1374)년에 건립된 광악루(光岳樓)를 가리킨다. 『역정록』참조. 광악루는 악양루(岳陽樓), 황학루(黃鶴樓)와 더불어 중국의 3대 누각으로 유명하다.
493 숭무역(崇武驛): 동창부 요성현에 있던 역사. 현성 동문 밖에 있었다. 『건륭산동통지』권26.
494 형문역(荊門驛): 산동성 연주부 양곡현에 있던 역사. 상경 시에는 계유년 9월 13일에 도착했었다. 해당 각주 참조.

하고 있었다.⁴⁹⁵ 밤에 안산수역(安山水驛)⁴⁹⁶에 정박했다.

16일, 연주부(兗州府)⁴⁹⁷ 동평주(東平州) 문상현(汶上縣) 개하역(開河驛)에 이르렀다. 〈즉 노국(魯國)이다.〉 개하(開河)에서 서쪽으로 10리 정도 떨어진 곳에 청구(青丘)라는 호수가 있다. "운몽택(雲夢澤)과 같은 곳이야 여덟, 아홉 개쯤 삼켜도"⁴⁹⁸란 시구가 가리키는 곳이 바로 여기다. 남경의 진공선(進貢船) 1,000여 척이 보였는데, 한결같이 모두 후추를 싣고 있었다. 여기에 운량선(運粮船) 10,000여 척이 강을 가득 채워서 움직이지를 못하고 있었다. 저녁에 제녕주(濟寧州)⁴⁹⁹에 이르렀다. 이곳이 바로 제(齊)와 위(衛)의 경계다.

17일, 남성수역(南城水驛)⁵⁰⁰에 이르렀다. 서쪽에 산이 있었는데, 이른바 구산(龜山)⁵⁰¹이다.

18일, 아침에 연주부를 출발했다. 동북쪽으로 산이 보였는데, 곧 대산(岱山)⁵⁰²이다. 연주는 노(魯)에 속하고 제녕(濟寧)은 제(齊)에 속한다. 일찍이 두소릉(杜少陵)⁵⁰³이 지은 「망악(望岳)」이란 시에 "제(齊)와 노(魯)에도 그 푸르름이 끝이 없구나"⁵⁰⁴란 구절이 있는데, 실로 그러했다.

---

495 [보주] 여러 인부가 동쪽으로 흐르는 물길을 끌어다가 북쪽으로 향하게 하는 공사를 하고 있었다: 12세기 이후 황하는 동쪽으로 흘러 산동반도 남쪽 황해로 흘렀으나, 일부는 북쪽으로 올라가 안산(安山) 북쪽을 경유하여 대청하(大清河)와 합류하여 산동반도 북쪽 발해로 흐르고 있었다. 이를 가리키는 것인지, 구체적으로 어떤 공사를 가리키는 것인지는 불명이다.
496 안산수역(安山水驛): 연주부 동창부에 있던 역사. 상경 시에는 계유년 9월 12일에 도착했었다. 해당 각주 참조.
497 연주부(兗州府): 원문에는 '袞州'로 나오나, 의미에 따라 수정했다. 이하 동일하다.
498 운몽택(雲夢澤)과 같은 곳이야 여덟 아홉 개쯤 삼켜도: 사마상여(司馬相如, 기원전 179~기원전 117)의 「자허부(子虛賦)」에 나오는 일절로 전후는 "가을에는 청구(青丘)에서 사냥하고, 자유롭게 바다 밖에서 소요한다면, 운몽택과 같은 곳이야 여덟, 아홉 개쯤 삼켜도, 가슴 속에는 결코 겨자씨만큼도 걸릴 것이 없네(秋田乎青丘, 傍偟乎海外, 吞若雲夢者八九, 其於胸中曾不蔕芥)"『문선(文選)』권7. 「자허부」는 사마상여가 자허(子虛)라는 가공의 인물과 논의하는 형태로 부(賦)를 지어다 한(漢) 무제(武帝)에게 바친 것이다. 자허가 초의 사자로서 제의 왕이 벌이는 사냥에 동행했을 때 초의 운몽택에서 벌인 사냥이 얼마나 성대했는지를 자랑하자 제의 오유선생(烏有先生)이 제의 국토는 운몽택을 여덟, 아홉 개 삼키더라도 가슴에 걸리는 것이 없을 정도로 광대하다며 반박한 구절이다.
499 제녕주(濟寧州): 연주부 관할 하의 주. 현 산동성 제녕시.
500 남성수역(南城水驛): 연주부 제녕주에 있던 역. 상경 시에는 계유년 9월 11일에 도착했었다. 해당 주석 참조.
501 구산(龜山): 산동성 제남부 태안주에 속한 산.
502 대산(岱山): 태산(泰山)을 가리킨다. 오악 중 제일로 천자가 제사 지내는 성산으로서 숭배되었다. 제남부 태안주에 속한다.
503 두소릉(杜少陵): 두보(杜甫, 712~70)를 가리킨다. 자는 자미(子美)로 소릉은 호다.
504 제(齊)와 노(魯)의 푸르름이 아직 끝나지 않았네: 두보가 지은 오언율시 「망악」의 한 구절이다. 『두공부시집(杜工部

19일, 조촌갑(趙村閘)⁵⁰⁵과 석불갑(石佛閘)⁵⁰⁶을 지나 노교역(魯橋驛)⁵⁰⁷에 이르렀다.

20일, 어대현(漁台縣)⁵⁰⁸에 이르렀다. 이 현은 곧 노공(魯公) 관어대(觀魚台)⁵⁰⁹의 옛 터다. 조림갑(棗林閘)⁵¹⁰과 남양갑(南陽閘)⁵¹¹을 지나 사하역(沙河驛)⁵¹²에 이르렀다.

21일, 서주부(徐州府) 패현(沛縣) 사정역(泗亭驛)⁵¹³을 지나 풍서역(豊西驛)⁵¹⁴에 이르렀다. 한 고조(高祖) 유방(劉邦)이 칼로 뱀을 베어버렸다는 곳이다.⁵¹⁵

詩集)』권1. 전문은 다음과 같다. "태산은 대저 어떠한고 하니, 제와 노에도 그 푸르름이 끝이 없구나. 조화가 온갖 빼어난 기운을 여기에 모았고, 음양은 저녁과 새벽을 나누네. 구름이 일어나니 가슴은 요동치고 돌아가는 새가 시야에 들어오네. 마땅히 정상에 올라 뭇 산의 작음을 한번 굽어보리라(岱宗夫如何, 齊魯靑未了. 造化鍾神秀, 陰陽割昏曉. 盪胸生曾雲, 決眥入歸鳥, 會當凌絶頂, 一覽衆山小.)." 즉 태산의 북쪽인 제와 남쪽인 노 어느 쪽에서 바라보더라도 태산의 푸르름이 끝없이 펼쳐진 모습을 묘사한 것이다.

505 조촌갑(趙村閘): 남성수역과 노교역 사이에 있던 갑문. 제녕주 관할 하에 있었다. 갑관(閘官) 1명, 인부 수십 명이 배속되어 있었다. 『북하기(北河紀)』권5·6.
506 석불갑(石佛閘): 남성수역과 노교역 사이에 있던 갑문. 제녕주 관할 하에 있었다. 갑관 1명, 인부 수십 명이 배속되어 있었다. 『북하기(北河紀)』권5·6.
507 노교역(魯橋驛): 연주부 제녕주에 있던 역. 상경 시에는 계유년 9월 10일에 도착했었다. 해당 주석 참조.
508 어대현(漁台縣): 판본에 따라 '魯台縣'으로도 나오나, 문맥에 맞춰 수정했다. 연주부 관할 하에 있던 현이다. 상경 시에는 계유년 9월 9일에 도착했었다. 해당 주석 참조.
509 관어대(觀魚台): 노(魯)의 은공(隱公, ? ~ 기원전 712)이 물고기를 보던 장소로 여겨진다. 소식도 관어대를 주제로 시를 지은 바 있다. 어대현성에서 북쪽으로 약 6km 떨어져 있다. 『대명일통지』권23.
510 조림갑(棗林閘): 노교역과 사하역 사이에 있던 갑문. 제녕주 관할 하에 있었고 인부 수십 명이 배속되어 있었다. 상갑(上閘)과 하갑(下閘)이 있었으며 남양갑과 연계하여 수심을 조절했다. 『거제일득(居濟一得)』권1.
511 남양갑(南陽閘): 노교역과 사하역 사이에 있던 갑문. 조림갑에서 남쪽으로 약 6km 떨어져 있다. 어대현 관할 하에 있었으며 인부 수십 명이 배치되어 있었다. 『정덕대명회전』권159 ; 『건륭산동통지』권19.
512 사하역(沙河驛): 연주부에 있던 역사.
513 사정역(泗亭驛): 남직예 안경부 서주 패현에 있던 역사. 상경 시에는 계유년 9월 8일에 도착했었다.
514 풍서역(豊西驛): 자세한 사항은 알 수 없다. 이어지는 기사에 한 고조 유방과 관련된 고사가 인용되어 있으므로 풍서택(豊西澤)의 오기이지 않을까 추정된다. 『역정록』에는 '풍익택(豊益澤)'이라 나오는데, 이 역시 오기이다.
515 한 고조(高祖) 유방(劉邦)이 칼로 뱀을 베어버렸다는 곳이다: 한 고조 유방이 사수(泗水)의 정장(亭長)으로 있을 무렵 현령의 명을 받아 인부들을 여산(驪山)으로 호송하는 임무를 맡았다. 그런데 도망치는 이들이 많아서 목적지에 도착할 즈음에는 아무도 남아 있지 않을 것이라는 생각이 미쳤다. 이에 유방은 풍서택에서 술을 마시고 인부들을 풀어준 뒤 술에 취한 채 연못에 뛰어들었는데, 이때 길을 막고 있던 뱀을 베어 두 동강 냈다는 고사를 말한다. 뱀을 베고 난 후 유방은 길가에서 잠이 들었는데, 뒤따라 온 종자가 이 뱀이 사실은 백제(白帝)의 아들인데, 적제(赤帝)의 아들이 죽였다고 노파가 울부짖는 데도 그대로 떠났다는 이야기를 들었다는 이야기가 전해진다. 『사기』권8, 고조본기. 이 풍서택은 서주 풍현에서 서쪽으로 10km 정도 떨어진 곳으로 추정된다. 『대청일통지』권69.

22일, 사구갑(謝溝閘)⁵¹⁶을 지나 유성상갑(留城上閘)⁵¹⁷에 이르렀다.

23일, 팽성역(彭城驛)⁵¹⁸에 이르렀다. 역 앞이 변수(汴水)와 사수(泗水)가 합류하는 지점이었다. 배를 엮어서 다리로 만들어 놓았다. 성의 북쪽에 산이 있었는데, 옛 이름은 운룡산(雲龍山)이고 지금은 석불산(石佛山)⁵¹⁹이라 한다. 서쪽에는 희마대(戲馬台)⁵²⁰의 옛 터가 있었다. 서북쪽에 누각이 있으니 이른바 황루(黃樓)⁵²¹라 한다. 성 바깥에 한 고조 유방의 사묘⁵²²가 있는데, 그 안에 고조만이 아니라 소하(蕭何)⁵²³·조참(曹參)⁵²⁴을 비롯한 이들의 유상(遺像)이 엄연히 남아 있었다.

	한조고황대제(漢祖高皇大帝)	
한차후소하지위(漢酇侯蕭何之位)		한유후장자방⁵²⁵위(漢留侯張子房位)
한노후해연⁵²⁶지위(漢魯侯奚涓之位)		한강후주발⁵²⁷지위(漢絳侯周勃之位)
한평양후조참위(漢平陽侯曹參位)		한회음후한신⁵²⁸위(漢淮陰侯韓信位)

---

516 사구갑(謝溝閘): 남직예 안경부 서주 패현에 있던 갑문. 20명의 갑부(閘夫)가 배속되어 있었다. 『정덕대명회전』 권 159.
517 유성상갑(留城上閘): 서주 패현에 있던 갑문.
518 팽성역(彭城驛): 서주성에서 남쪽으로 1km 떨어진 곳에 있던 역사. 상경 시에는 계유년 9월 4일에 도착했었다. 해당 주석 참조.
519 석불(石佛): 현 강소성 서주시 남측에 있는 운룡산(雲龍山)을 가리킨다. 구름이 산을 구불구불 감싼 모습이 마치 용과 같아서 이와 같은 이름이 붙여졌다 한다. 또한 동쪽 암벽에 큰 석불이 있어 석불산으로도 불렸다.
520 희마대(戲馬台): 항우(項羽)가 말을 훈련시키는 모습을 바라보려고 축조했다는 누대이다.
521 황루(黃樓): 소식이 황하의 치수에 성공하자 이를 기념하여 세운 누각이다. 서주성 동북쪽 구석에 위치한다. 운룡산·희마대와 마찬가지로 서주성 남쪽에 위치하지만, 『역정록』에는 북쪽에 운룡산, 서쪽에 희마대, 서북쪽에 황루가 있다고 서술하고 있어 본 기사도 이를 따랐다.
522 한 고조 유방의 사묘: 즉 한(漢)의 고묘(高廟)를 가리킨다. 한 고조 유방의 사묘인데, 『역정록』에는 서주성 남문 밖에 위치한다고 기재되어 있다.
523 소하(蕭何): 원문은 '蕭'로만 되어 있으나 한 고조 유방의 중신 소하(蕭何, ? ~ 기원전 193)를 가리킨다. 패현 출신으로 시호는 문종후(文終侯)고 작위는 차후(酇侯)며 한신(韓信), 장량(張良)과 더불어 3걸로 칭해진다.
524 조참(曹參): 원문은 '曹'로만 되어 있으나 한 고조 유방의 중신 조참(曹參, ? ~ 기원전 190)을 가리킨다. 패현 출신으로 시호는 의후(懿侯)며 작위는 평양후(平陽侯)다.
525 장자방(張子房): 장량(張良, ? ~ 기원전 186)을 가리킨다. 자방(子房)은 자로 시호는 문성후(文成侯)다. 유방을 보좌하여 유후(留侯)에 봉해졌다. 소하·한신과 함께 3걸로 칭해진다.
526 해연(奚涓): 생몰년은 알 수 없다. 유방을 보좌하여 노후(魯侯)에 봉해졌다.
527 주발(周勃): ? ~ 기원전 169. 시호는 무후(武侯)며 패현 출신이다. 유방을 따라 군사를 일으켜 강후(絳侯)에 봉해졌다.
528 한신(韓信): ? ~ 기원전 196. 회음 출신이다. 원래는 항우(項羽)를 따랐다가 유방에게 귀순하여 수차례 무공을 세웠다. 제왕(齊王)에 봉해진 뒤 초왕(楚王)이 되었으나 회음후(淮陰侯)로 좌천되었다. 결국에는 모반을 계획했다는 이

한안국후왕릉529위(漢安國侯王陵位)	한무양후번쾌530위(漢舞陽侯樊噲位)
한영음후관영531위(漢穎陰侯灌嬰位)	한선평후장오532위(漢宣平侯張敖位)
한곡양후역상533위(漢曲陽侯酈商位)	한여음후하후영534위(漢汝陰侯夏侯嬰位)

24일, 팽성(彭城)535에 이르렀다. 밤에 비가 내렸으나 새벽이 되니 날이 맑아졌다. 여량상갑(呂梁上閘)536을 넘었다. 배는 많은데 강물은 적었다. 이어서 방촌역(房村驛)537에 정박했다.

25일, 밤에 다시 비가 내렸다. 오후에 여량백보홍(呂梁百步洪)538을 지나자 강물은 많아지고 배는 줄어들었다. 쌍홍(雙洪)539에 정박했다.

26일, 회안부(淮安府) 신안역(新安驛)540에 이르렀다. 머리가 잘린 시체가 있었다. 패문에 "강도

유로 참살당했다.

529 왕릉(王陵): ? ~ 기원전 181. 패현 출신으로 유방을 따라 군사를 일으켜 안국후(安國侯)에 봉해졌다.
530 번쾌(樊噲): ? ~ 기원전 189. 시호는 무후(武侯)로 패현 출신이다. 유방을 따라 군사를 일으켜 무양후(舞陽侯)에 봉해졌다.
531 관영(灌嬰): ? ~ 기원전 176. 시호는 의후(懿侯)다. 현재의 하남성(河南省) 상구시(商丘市)인 유양(睢陽) 출신이다. 유방을 섬겨 영음후(潁陰侯)에 봉해졌다.
532 장오(張敖): ? ~ 기원전 182. 시호는 무후(武候)다. 유방을 섬겼던 아버지 장이(張耳)의 뒤를 이어 조왕(趙王)이 되었고, 유방의 딸 노원공주(魯元公主)를 아내로 맞았다. 후에 신하가 유방을 죽이려 계획한 것이 발각되어 선평후(宣平侯)로 강등되었다.
533 역상(酈商): ? ~ 기원전 180. 시호는 경후(景侯)로 현 하남성 개봉시(開封市) 기현(杞縣)인 고양(高陽) 출신이다. 유방을 섬겨 곡주후(曲周侯)에 봉해졌다. 본문에서는 곡양후(曲陽侯)로 되어 있으나, 곡주와 곡양 모두 현재 하북성에 위치한다.
534 하후영(夏侯嬰): ? ~ 기원전 172. 시호는 문후(文侯)다. 유방을 섬겨 여음후(汝陰侯)에 봉해졌다.
535 팽성(彭城): 팽성역을 가리킨다.
536 여량상갑(呂梁上閘): 여량홍에 있던 상갑(上閘)과 하갑(下閘) 중에 상갑을 가리킨다.
537 방촌역(房村驛): 안경부(安慶府) 서주(徐州)에 위치한 역사.
538 여량백보홍(呂梁百步洪): 여량홍을 가리킨다. 백보홍(百步洪)은 서주홍(徐州洪)이라고도 하며 여량홍과는 다르다. 저자 쵸운은 상경 시에도 이곳을 지나면서 여량홍과 백보홍을 동일한 것으로 혼동하고 있었는데, 귀경 시에도 동일한 인식을 그대로 보여준다. 참고로 상경 시에는 계유년 9월 3일에 도착했었다.
539 쌍홍(雙洪): 쌍구(雙溝)를 가리키는 듯하다. 사쿠겐 슈료가 명에서 가져왔다는 『도상남북양경노정(圖相南北兩京路程)』에 따르면 방촌역에서 약 5km 떨어진 지점에 위치하며 배를 정박하기 좋은 장소라는 부기가 있다.
540 회안부(淮安府) 신안역(新安驛): 남직예 회안부 비주(邳州)에 위치한 역사. 상경 시는 계유년 9월 2일에 도착했었다.

주안활(朱犴猾)⁵⁴¹의 수급(首級)"이라 쓰여 있었다.

27일, 비주(邳州) 하비역(下邳驛)⁵⁴²에 이르렀다.

28일, 직하역(直河驛)⁵⁴³에 이르렀다.

29일, 종오역(鍾吾驛)⁵⁴⁴에 이르렀다.

30일, 고성역(古城驛)⁵⁴⁵에 이르렀다.

4월

1일, 도원현(桃源縣) 도원역(桃源驛)⁵⁴⁶에 배를 정박했다. 이 지방 풍속인 포규선(蒲葵扇)⁵⁴⁷을 만들어 팔고 있었다.

2일, 황선(黃船)⁵⁴⁸ 3척이 곤의(袞衣)⁵⁴⁹를 싣고 북경으로 올라가고 있었다. 내관(內官) 3명이 배에 다가오는 자들을 향해 화살⁵⁵⁰을 쏘았다.

3일, 부학(府學)에 들어갔다. 선생에게 "이곳의 지명이 도원(桃源)인 까닭이 있습니까"라고 묻자 선생이 "이 지역은 초(楚)에 속합니다. 일찍이 초의 영왕(靈王)이 복숭아나무[桃樹]를 심어 복

---

541 주안활(朱犴猾): 주안(朱犴)은 악인을 뜻한다. 즉 '악인 주씨' 정도의 의미다.
542 비주(邳州) 하비역(下邳驛): 회안부 비주에 위치한 역사. 상경 시에는 계유년 9월 1일에 도착했었다.
543 직하역(直河驛): 회안부 비주에 위치한 역사. 비주성에서 동남쪽으로 30km 정도 떨어진 지점에 있다. 홍무 23(1390)년에 설치되었다. 『만력회안부지(萬曆淮安府志)』 권3.
544 종오역(鐘吾驛): 회안부 비주 숙천현의 종오역을 가리킨다. 상경 시에는 계유년 8월 29일에 도착했었다.
545 고성역(古城驛): 회안부 도원현(桃源縣)에 위치한 역사.
546 도원역(桃源驛): 회안부 도원현에 위치한 역사. 상경 시에는 계유년 8월 28일에 도착했었다. 해당 주석 참조.
547 포규선(蒲葵扇): 포규(蒲葵), 즉 빈랑나무의 잎으로 만든 부채를 가리킨다.
548 황선(黃船): 어용선(御用船)을 뜻한다. 황색 깃발을 내걸어 어용선임을 나타낸다.
549 곤의(袞衣): 용 문양을 수놓은 천자의 예복.
550 화살: 원문은 '彈'이다. 탄궁(彈弓)을 가리킨다.

숭아 밭[桃園]을 만들었습니다. 이로 인해 도원이라 부르게 되었습니다"라고 답했다.

4일, 청하현(清河縣) 청구역(清口驛)⁵⁵¹에 이르렀다. 역 앞에 황하의 한 지류가 서쪽에서 흘러 내려왔다. 우리 배는 회수(淮水)⁵⁵²를 따라 남쪽으로 갔다. 두 물줄기가 합류하면서 맑은 줄기와 탁한 줄기가 자연스럽게 나뉘었다. 이곳에서 우리가 탄 배는 회수를 거슬러 올라갔다. 밤이 되어 산양역(山陽驛)⁵⁵³에 이르렀다. 청구(清口)에서 여기에 이르는 60리 사이에 수조선창(修造船廠)⁵⁵⁴이 있었다.

5일, 회음역(淮陰驛)⁵⁵⁵을 지나 청강포(清江浦)⁵⁵⁶에 이르렀다. 한신묘(韓信廟)⁵⁵⁷와 표모묘(漂母墓)⁵⁵⁸가 있었다.

6일, 고우주(高郵州) 안평역(安平驛)⁵⁵⁹에 이르렀다. 벽사호(甓社湖)⁵⁶⁰란 곳이 있었는데, 곧 손

---

551 청하현(清河縣) 청구역(清口驛): 회안부 청하현에 위치한 역사다. "남쪽에는 회하가 있고 동북쪽으로 황하와 합류하니 이를 가리켜 청구(清口)라 한다. 옛적에는 사구(泗口)라 했다(南有淮河, 東北與黃河合, 謂之清口, 舊謂之泗口). 『명사』 권40. 상경 시에는 계유는 8월 27일에 도착했었다.
552 회수(淮水): 회하(淮河)와 같다.
553 산양역(山陽驛): 자세한 사항은 알 수 없다. 이러한 명칭은 명측 기록인 『정덕대명회전』과 일본 측 기록인 『역정록』 모두 보이지 않는다. 단 산양현의 치소는 회안부 성안에 있다. 상경 시에는 계유년 8월 26일에 도착했었다.
554 수조선창(修造船廠): 조선소(造船所)다. 청강포(清江浦)에는 조선창(造船廠)이 설치되어 있었고 여기에서 60위(衛)에 배치할 수량의 운선(運船)을 제조했었다. 『만력회안부지(萬曆淮安府志)』 권3.
555 회음역(淮陰驛): 회안부성의 서문 밖에 위치한 역사. 상경 시에는 계유년 8월 27일에 도착했었다.
556 청강포(清江浦): 현 회안시(淮安市) 청포구(清浦區)에 해당한다. 청강갑(清江閘)이 설치되어 있던 수상 교통의 요지이다. 청구역과 회음역 사이는 난소였던 탓에 영락 연간에 진선(陳瑄)이 새로 운하를 개착하면서 신장갑(新莊閘), 복흥갑(福興閘), 청강갑(清江閘), 이풍갑(移風閘)을 설치해 조정했다. 『명사기사본말』 권24.
557 한신묘(韓信廟): 한신(? ~ 기원전 196)을 제사 지내던 사묘.
558 표모묘(漂母墓): 淮陰故城(현·淮安市 碼頭鎮)의 동쪽에 위치한다. (『太平寰宇記』 권124). 회음고성(淮陰古城), 즉 현 회안시 마두진(碼頭鎮) 동쪽에 있었다. 『태평환우기(太平寰宇記)』 권124. 표모는 빨래하는 여인을 뜻한다. 회음에서 태어나 유방의 중신이 된 한신(韓信)은 젊은 시절 먹을 것이 없을 정도로 가난했는데, 강에서 빨래하던 노파가 그 모습을 보고 안타깝게 여겨 밥을 베풀어주었다. 한신은 이를 잊지 않고 출세하자 은혜를 갚았다고 한다. 북경에서 대운하를 이용하여 내려오면 표류모의 무덤이 있는 회음고성, 청강포, 회안부성 밖의 회음역, 성안의 산양현 순서로 지나게 된다. 쇼운은 4일에 산양현에 이르렀고 5일에 청강포에 도착했다고 기록하고 있는데, 역행하는 것이 된다. 5일에 회음역을 출발하여 청강포에 이르렀는지도 의심스럽다.
559 고우주(高郵州) 안평역(安平驛): 남직예 양주부 고우주 보응현(寶應縣)에 위치한 역사. 보응현성의 북문 밖에 있었다. 『가정보응현지략(嘉靖寶應縣志略)』 권1.
560 벽사호(甓社湖): 고우주성에서 서쪽으로 20km 떨어진 곳에 있던 호수.

그림 20 청강갑(淸江閘). 강소성 회안시. 두 다리 아래가 수문이다. 2010년 8월 촬영.

신로(孫莘老)가 책을 읽던 곳이었다.[561] 산곡(山谷)[562]의 시에 "벽사호 안에 밝은 달이 있네"[563]란 구절이 있다.

7일, 강도현(江都縣) 소백역(邵伯驛)[564]에 이르렀다. 강사 조산 호테이[如三芳貞]가 일행 30명을

---

561 손신로(孫莘老)가 책을 읽던 곳이었다: 손신로는 황정견(黃庭堅)의 장인. 벽사호 부근에 집을 지어 살던 어느 날 책을 읽고 있는데, 별안간 주위가 대낮처럼 밝아졌다. 빛을 따라 호수에 가니 거기에서 큰 구슬을 발견했다. 이해 시행된 과거에 손신로가 합격했다고 한다.『대명일통지』권12.
562 산곡(山穀): 황정견(黃庭堅, 1045~1105)의 호다. 홍주(洪州) 분녕(分寧), 즉 현 강서성(江西省) 구강시(九江市) 출신이다. 자는 노직(魯直)으로 23세에 진사가 되었고 이후 소식(蘇軾)의 구법당(舊法黨)에서 활약했다. 문장이 뛰어나고 시를 잘 지어 소식 문하의 사학사(四學士) 중 하나로 칭해졌다.
563 벽사호 안에 밝은 달이 있네: 황정견이 지은「정외구손신로이수(呈外舅孫莘老二首)」라는 시의 한 구절이다.『산곡집(山穀集)』권9.
564 강도현(江都縣) 소백역(邵伯驛): 양주부 강도현에 위치한 역사. 상경 시에는 계유년 8월 25일에 지났었다. 해당 주석 참조.

뽑아다가 우리보다 먼저 항주(杭州)로 향하게 했다.565

8일, 양주부(揚州府) 광릉역(廣陵驛)566에 이르렀다. 성 안 인구가 100만 가구에 달했다. 흐드러지게 핀 작약(芍藥)567이 아름다웠다. 일찍이 채번(蔡繁)568 경(卿)이 만화회(萬花會)를 연열었다는데,569 실로 그럴만했다. 여기서부터 북경까지는 3,800리고 남경까지는 180리다.

9일, 의진역(儀眞驛)570에 이르렀다. 사찰이 하나 있었는데, 천녕사(天寧寺)571라 했다. 한 승려의 안내로 관음각(觀音閣)에 올랐다. 눈 앞에 펼쳐진 풍경 속에서 승려가 이곳저곳을 가리키며 "저곳은 '오마도(五馬渡)'572라고 합니다. 서진(西晉)이 망할 때에 다섯 왕이 남쪽으로 건넜던 곳

---

565 강사 조산 호테이[如三芳貞]가 일행 30명을 뽑아다가 우리보다 먼저 항주(杭州)로 향하게 했다: 원문에는 '綱司貞'으로 되어 있으나, 강사 조산 호테이를 가리킨다. 다른 일행은 공무역 결제 관계로 장강을 거슬러 올라가 남경으로 향했지만, 조산은 30명을 데리고 먼저 항주로 내려갔다는 뜻이다. 남경에는 불필요한 화물을 먼저 옮겨놓았을 것이다. 남경과 항주로 진로가 나누어지는 곳은 광릉역(廣陵驛)보다 먼저. 여기에서는 광릉역보다 앞에 있는 소백역에서 먼저 출발한 것이 된다.
566 양주부(揚州府) 광릉역(廣陵驛): 원문에는 '楊州府'로 되어 있으나 문맥에 따라 수정했다. 광릉역은 양주부에 있던 역사. 상경 시에는 계유년 8월 24일에 도착했었다. 해당 주석 참조.
567 작약(芍藥): 원문은 '紅藥'으로 작약을 뜻한다.
568 채번(蔡繁): 판본에 따라 '蔡'가 '葵'로 된 경우도 있으나, 의미에 맞춰 수정했다. 채번은 양주의 태수였다고 하나 자세한 사항은 알 수 없다.
569 채번(蔡繁) 경(卿)이 만화회(萬花會)를 연열었다는데: 소식의 문장 중에 "양주의 작약은 천하의 제일이다. 채번이 태수가 되어 만화회를 시작하니 꽃을 십여만 가지 썼다(揚州芍藥爲天下冠, 蔡繁卿爲守始作萬花會, 用花十餘萬枝)"란 구절이 있다. 『동파지림(東坡志林)』 권5. 채번(蔡繁)은 양주(揚州) 태수(太守)였는데, 그가 만화회(萬花會)를 시작했다. [역자 주] 정확하게는 채번이 만화회를 개최하면서 꽃을 지나치게 많이 썼던 탓에 모든 정원의 꽃이 사라졌는데, 소식이 부임하면서 그 폐단을 인지하고 만화회를 금지시키면서 했던 말이다. 『패문제광군방보(佩文齋廣群芳譜)』 권45.
570 의진역(儀眞驛): 양주부 의진현(儀眞縣)에 있던 역사. 의진현은 청대에 의징현(儀徵縣)으로 바뀌었다. 현 강소성 양주시 의징시(儀徵市)에 해당한다.
571 천녕사(天寧寺): 양주부 의진현에 있던 사찰. 천녕만수사(天寧萬壽寺)라고도 하며, 당 경룡(景龍) 3(709)년에 창건되었다. 소식이 이 절에서 사경(寫經)을 했다고 전해진다. 현재 남아 있는 탑은 홍무 4(1371)년에 중건된 것이다. 청말에 소실되어 탑신(塔身)만 남아 있던 것을 2000년대에 들어와서 복원했다.
572 오마도(五馬渡): 서진(西晉) 말에 혼란을 피해 영가(永嘉) 원(307)년 진의 다섯 왕, 즉 낭야왕(琅邪王), 서양왕(西陽王), 여남왕(汝南王), 남돈왕(南頓王), 팽성왕(彭城王)이 맞은편 남경으로 강을 건넜다고 하는 장소. 직전에 '다섯 말이 날아서 강을 건넜는데, 그중 한 마리가 용이 되었다'라는 속요(俗謠)가 유행했는데, 다섯 왕 중에서 낭야왕 사마예(司馬睿)가 즉위하여 동진(東晉)의 원제(元帝)가 된 것을 예언했다고 전해진다. 『진서(晉書)』 권6. 의진현(儀眞縣)의 치소에서 서쪽으로 10km 정도 떨어진 선화진(宣化鎭)에 위치한다. 『대명일통지』 권12. 남경에도 오마도(五馬渡)란 명칭이 붙은 장소가 있는데, 막부산(幕府山) 앞에 있다. 『대명일통지』 권6.

입니다. 저기 보이는 포구는 '서포(胥浦)'입니다. 오자서(伍子胥)가 검을 풀어 놓고 강을 건너간 장소[573]입니다." 오후에 배가 양자강(楊子江)에 다다랐다. 돛이 순풍(順風)을 타고 나아갔다. 밤중에 강을 건넜다. 뱃사람들이 모두 '관세음보살보문품(觀世音菩薩普門品)'을 읊었다. 새벽에 강의 남쪽을 돌아갔는데,[574] 강변 양쪽이 갈대로 무성했다.

10일, 아침에 석두성(石頭城)[575]을 보고 낮에 성 아래로 내려왔다. 성의 높이는 수 장에 이르는데, 너비는 얼마인지 모르겠다. 혹자가 "둘레는 20일 거리"라고 말했다. 용강(龍江) 추분장(抽分場)[576]을 지났다. 광은문(廣恩門)[577]에 이르러 용만(龍灣)[578]에 정박했다.

---

573 오자서(伍子胥)가 검을 풀어 놓고 강을 건너간 장소: 춘추시대 초(楚)의 평왕(平王)에게 아버지와 형이 죽임을 당한 오자서(伍子胥)가 도망쳐 장강 근처까지 왔을 때, 늙은 어부의 배에 타 강을 건너 무사히 오에 도착했다. 강을 건넌 보답으로 이 어부에게 검을 풀어 주었던 장소인데, 어부는 검을 받지 않았다.『오월춘추(吳越春秋)』권1. 오자서가 강을 건너려 했던 장소를 서포(胥浦)라 하며 의진현(儀眞縣)에서 서쪽으로 약 5km 떨어진 곳에 있다. 오자서를 모시는 사묘가 있다, (『강희강남통지(康熙江南通志)』권33.

574 새벽에 강의 남쪽을 돌아갔는데: 장강을 북에서 남쪽으로 건너 응천부(應天府)를 향해 거슬러 올라갔다는 의미다.

575 석두성(石頭城): 석두성은 남경의 서쪽, 청량산(淸涼山) 북쪽에 있는 성이다. 성곽이 처음 지어진 것은 오대(吳代)이며, 이후에도 유지·확장되었다. 다만 장강을 거슬러 온 쇼운 일행이 처음부터 이 석두성을 보는 것은 불가능하다. 또한 "둘레가 20일 거리"라는 표현은 석두성만이 아니라 성벽으로 둘러싸인 남경 전체를 가리키고 것이라 추정된다.

576 용강(龍江) 추분장(抽分場): 의봉문(儀鳳門) 밖에 위치한다. 용강은 사자산 서쪽에 있는 의봉문 밖과 외금천문(外金川門) 밖의 두 구역으로 되어 있다. 장강에 면해 있고 사자산이 두 구역을 나누고 있는 형태다. 의봉문 밖의 구역에는 용강관(龍江關)·추분장(抽分場)·정해사(靜海寺) 등이 있다. 외금천문 밖의 구역에는 용강 수마역(水馬驛)이 있다.

577 광은문(廣恩門): 자세한 사항은 알 수 없다.

578 용만(龍灣): 정덕(正德) 연간(1506~21)에 작성된『금릉고금도고(金陵古今圖考)』에 수록된 「경내제수도고(境內諸水圖考)」에는 사자산(獅子山) 북측 정면에 있는 장강의 물굽이로 묘사되어 있다. 원대의 지리서인『지대금릉신지(至大金陵新志)』권4하에는 "상원현(上元縣) 용만수참(龍灣水站)〈금릉향(金陵鄉)에 있으며 현에서 15리 떨어져 있고 배가 22척 배치되어 있다〉(上元縣龍灣水站〈在金陵鄉, 去縣十五里, 船二十二隻〉)"라는 구절이 보이는데, 사자산의 북측 구역을 가리키고 명대에 용강(龍江)이라 불리던 지역에 해당하는 것으로 보인다. 혹은 용강 자체를 가리킬 수도 있다. 원대에는 수역(水驛)이 설치되어 수군도 배치되었다.

그림 21 광릉역 터로 추정되는 곳. 강소성 양주시. 부근에 '관역전가(館驛前街)'를 비롯해 역사였던 것을 나타내는 지명이 다수 남아 있다. 2008년 8월 촬영.

제10장 남경에서 영파로

정사의 죽음

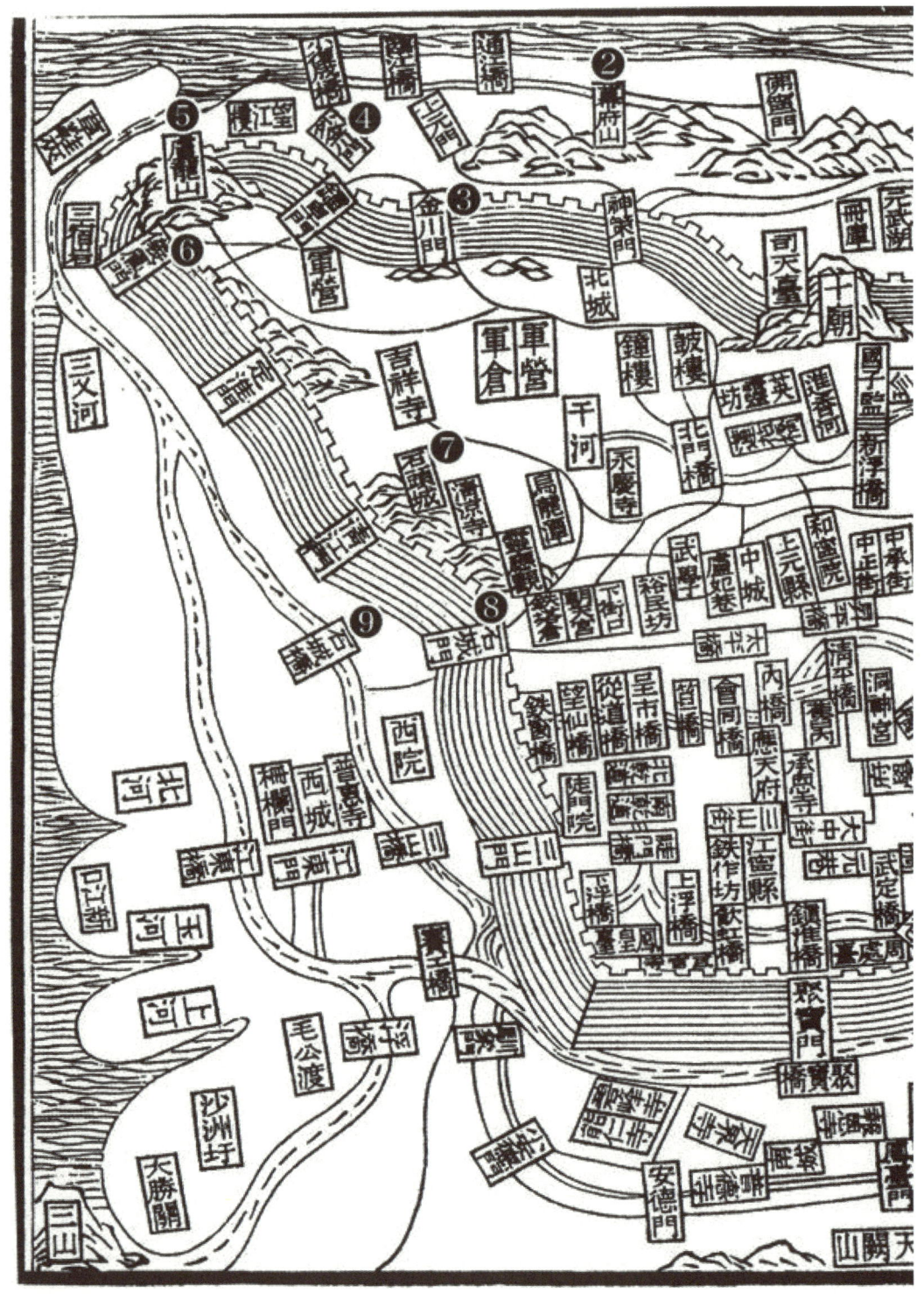

지도 6 　명도성도(明都城圖): 금릉고금도고(金陵古今圖考) 정덕 11(1516)년 간행. 남경희견문헌총간(南京稀見文獻叢刊) 남경출판사(南京出版社), 2006년 수록.

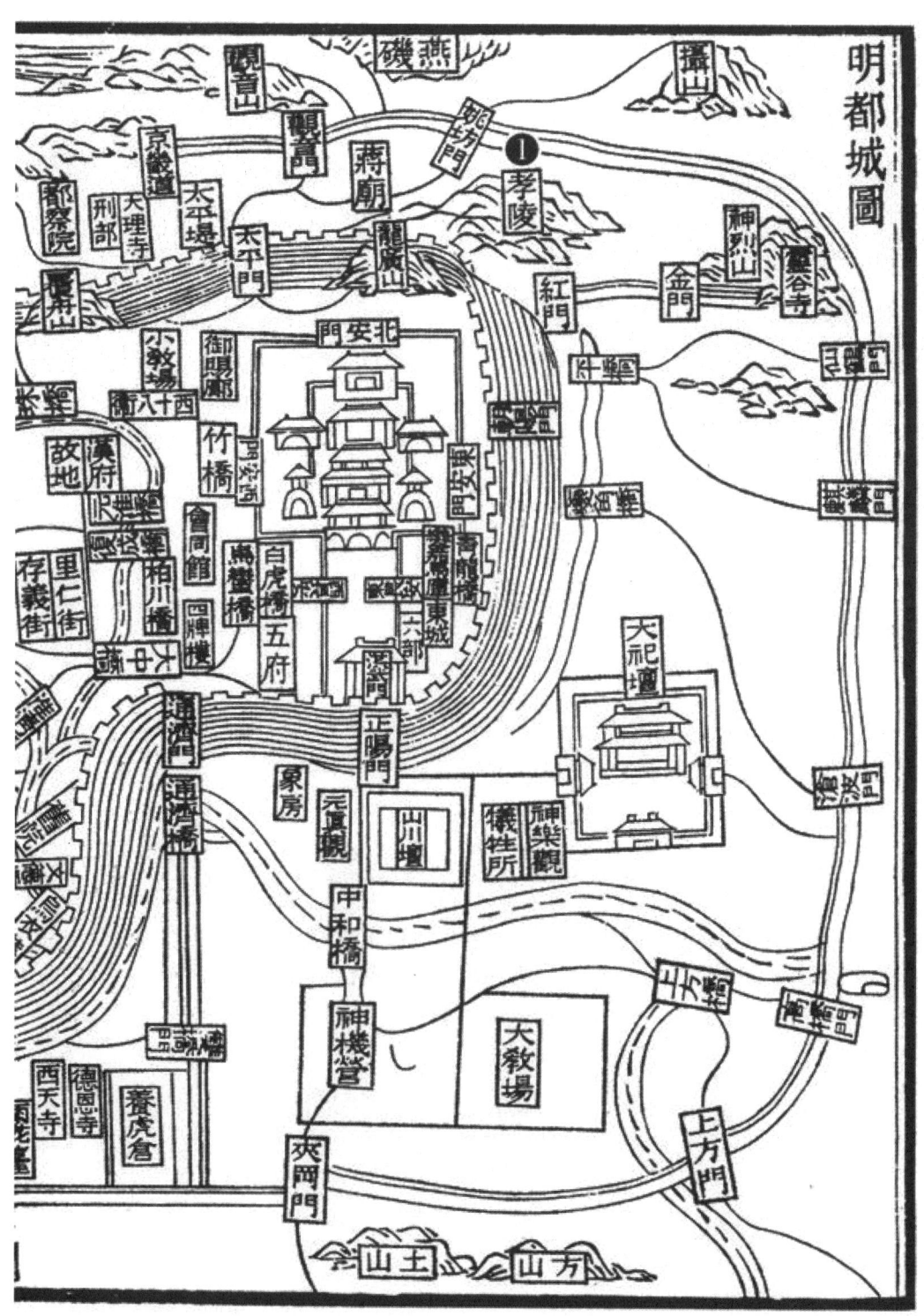

① 효릉(孝陵) = 종산(鍾山)　② 막부산(幕府山)　③ 금천문(金川門)　④ 외금천문(外金川門)
⑤ 노룡산(盧龍山) = 사자산(獅子山)　⑥ 의봉문(儀鳳門)　⑦ 석두성(石頭城)　⑧ 석성문(石城門)　⑨ 석성교(石城橋)

그림 22 남경성의 동북쪽 종산(鍾山)의 모퉁이에 위치한 효릉(孝陵). 명 태조 홍무제의 묘다. 2007년 8월 촬영.

4월

11일, 내관(內官) 3인과 도독(都督) 1인이 우리를 광은가(廣恩街)[579]에서 영접했다.

12일, 정해사(靜海寺)[580]를 유람했다. 임제종 산하의 절이다. 높은 누각이 있었는데, 그 위에 올라가니 양자강(揚子江)과 회수(淮水) 그리고 멀고 가까운 산이 한눈에 보였다.

13일, 수재(秀才) 한 명이 우리를 찾아 왔다. 내가 이 지역의 연혁을 물었더니 곧 갓 안에서 작

---

579 광은가(廣恩街): 광은문(廣恩門)에서 성안으로 이어지는 길이라고 생각되나 자세한 사항은 알 수 없다.
580 정해사(靜海寺): 의봉문(儀鳳門) 바로 밖에 있는 절. 영락 17(1419)년 정화(鄭和)의 제5차 원정대가 귀국한 것을 기념하며 건립되었다. 『건륭·강남통지』 권43.

은 붓을 꺼내 "이 땅은 춘추시대 때는 오(吳)에 속했고, 전국시대(戰國時代) 때는 월(越)에 속했으며, 이후에는 초(楚)에 속했습니다. 처음에 금릉읍(金陵邑)을 두었는데, 진대(秦代)에 말릉(秣陵)으로 이름을 고쳤으며, 오(吳)의 대제(大帝)⁵⁸¹가 여기를 도읍으로 삼으며 이름을 건업(建業)이라 고쳤습니다. 진(晉)의 무제(武帝)가 다시 말릉(秣陵)이라 고치면서 남북을 나누어 북쪽을 건업(建業)이라 하고 다시 업업(業鄴)이라 고쳤다가 다시 건강(建康)으로 바꾸었습니다. 동진(東晉)의 원제(元帝)가 강을 건너 와 다시 여기를 도읍으로 삼으며 단양군(丹陽郡)이라 했습니다. 송(宋)·제(齊)·양(梁)·진(陳)이 모두 여기를 도읍으로 했습니다. 당(唐)·송(宋) 이후에는 원(元)이 다시 도읍으로 삼았습니다. 즉 자야아투[札牙篤] 황제⁵⁸²가 지순(至順) 원(1330)년에 건강(建康)으로 개칭하여 집경로(集慶路)가 되었습니다. 대명(大明)이 세워진 지 얼마 되지 않아서는 여기를 새 나라의 도읍으로 정하고 응천부(應天府)⁵⁸³라 고쳤습니다"라고 썼다.

14일, 다른 수재(秀才) 한 명이 찾아 왔는데, 구면인 듯했다. 안내를 해주어 광은가(廣恩街)의 빽빽한 점포를 둘어보았다. 황금으로 만든 쟁반에는 앵두를 쌓아 놓았고, 은으로 만든 주발에는 사탕수수를 담아 놓았다.

17일, 원 태감(袁太監)⁵⁸⁴이 휘파람새 한 마리,⁵⁸⁵ 멧새,⁵⁸⁶ 금계(錦鷄),⁵⁸⁷ 원앙을 보내왔다.

18일, 태감(太監)이 다시 잉꼬⁵⁸⁸ 한 마리, 고운 죽순 한 소반·천초화(川草花)⁵⁸⁹ 한 소반, 술 한 단지를 보내왔다.

---

581 오(吳)의 대제(大帝): 오를 건국한 손권(孫權, 182~252)을 가리킨다. 대제는 시호에 해당한다.
582 자야아투[札牙篤] 황제: 원의 문종(文宗, 1304~32)을 가리킨다. 휘는 투그 테무르[圖帖睦爾]다.
583 응천부(應天府): 여기에 등장하는 수재의 설명은 『대명일통지』 권6의 서술과 거의 일치한다.
584 원 태감(袁太監): 자세한 인적 사항은 알 수 없다.
585 휘파람새 한 마리: 원문은 '鶯歌'.
586 멧새: 원문은 '畫眉'. 멧새를 가리킨다.
587 금계(錦鷄): 중국 원산으로 깃털이 매우 미려하다.
588 잉꼬: 원문은 '鸚哥'. 잉꼬를 가리킨다.
589 천초화(川草花): 훤초화(萱草花)의 속명. 『농정전서(農政全書)』 권46.

21일, 종산(鍾山)590에 도착했다. 양주성(揚州城)에서 거리가 10리 정도 떨어져 있었는데, 송죽(松竹)이 무성하게 우거져 있었다.591

22일, 우리 일행이 석성교(石城橋)592에 이르렀다. 내관(內官) 3명과 총병관(總兵官) 4명이 교상(交床)593에 걸터 앉아 큰 목소리로 "오늘은 너희가 가져온 유황을 돌려주겠다. 내일은 너희가 가져온 동자(銅子)와 소목(蘇木)을 돌려주겠다"594라고 외쳤다.

23일, 명측에서 유황 3만 근과 동자 1,250강(扛)을 우리에게 반환했다.

24일, 명측에서 동과 소목을 반환했다.

25일, 황선(黃船) 3척이 얼음을 싣고 북경으로 올라가는데, 수부 1,000여 명이 옷을 벗고 배를 끌어당기고 있었다.

26일, 태감이 신전(新錢) 3,000만 매로 값을 쳐서 지급해 주었다.595 〈새로 주조한 동전은 선덕통보(宣德通寶)를 가리킨다.〉

---

590 종산(鍾山): 현재의 자금산(紫金山). 장산(蔣山)이라고도 한다. 영곡사(靈谷寺)와 태조 홍무제의 능묘인 효릉(孝陵)이 위치해 있다.
591 무성하게 우거져 있었다: 원문은 '蔚然'. 초목이 매우 무성하게 자라난 모습을 형용하는 낱말이다.
592 석성교(石城橋): 석성문 밖에 있던 다리.『만력응천부지(萬曆應天府志)』권16.
593 교상(交床): 접이 의자. 호상(胡床)과 동일하다.
594 오늘은 너희가 가져온 유황을 돌려주겠다. 내일은 너희가 가져온 동자(銅子)와 소목(蘇木)을 돌려주겠다: 호토쿠 견명사가 가져 온 유황은 36만 4,100근, 동은 15만 2,000근이다. 명측은 기타 공물의 가격과 함께 절초견(折鈔絹) 229필, 절초포(折鈔布) 459필, 전(錢) 5만118관(貫)을 주기로 결정한 바 있다.『명영종실록』권236, 경태 4년 12월 갑신조. 이후 도요 인포의 항의를 받아 동전 1만 관, 견 500필, 포 1,000필을 증액했다.『명영종실록』권237, 경태 5년 정월 을축조. 본 기사를 통해 반환된 분량도 있었던 것을 알 수 있다.
595 신전(新錢) 3,000만 매로 값을 쳐서 지급해 주었다: 3,000만 매는 3만 관. 5월 17일조에 항주부에서 지급된 3만 관과 합치면 6만 관이 되어 명실록에 기재된 회사(回賜) 결정액과 일치한다. 단 17일조에는 단지 전동(錢銅) 3만 관이라 하는데 대해 여기에서는 신전(新錢)으로 쓰면서 선덕통보를 가리킨다고 특기하고 있다.

27일, 태감이 사견자(紗絹子) 5,000단(端)⁵⁹⁶을 지급해 주었다.

5월

1일, 비가 크게 내렸다.

2일, 금릉(金陵)을 떠나 용강위(龍江衛)⁵⁹⁷에 도착했다.

3일, 새벽에 날이 개었다. 명측에서 관선(官船) 100여 척을 보내주어 우리를 양자강까지 호송했다. 정오에 금산(金山)과 초산(焦山)⁵⁹⁸을 지났고, 저녁에 북고산(北固山)⁵⁹⁹ 아래에 다다랐다.

4일, 비가 내리는 와중에 노를 저어서 진강부(鎭江府) 단도현(丹徒縣)⁶⁰⁰에서 출발했다. 단도현은 바로 진의 시황제가 죄수[赭衣] 3만 명을 풀어 지맥을 뚫은 곳이다.⁶⁰¹

5일, 단양현(丹陽縣)⁶⁰²에 도착했다.

6일, 맹독하(孟瀆河)⁶⁰³에 도착했다.

---

596 사견자(紗絹子) 5,000단(端): 판본에 따라 '鈔'라고도 나오나, 내용에 맞춰 '紗'로 수정했다. 단위는 단(端)은 반(反)과 같다. 2반이 1필이므로 5,000단이면 2,500필에 해당한다. 회사 결정액은 729필이므로 이 수치는 의심스럽다. 사적집람본에는 50단으로 나오지만 역시 맞지 않는다.
597 용강위(龍江衛): 좌위(左衛)와 우위(右衛)로 나뉘어져 식료와 선박을 비축하고 있었다. 『명사』 권90, 병지(兵志)2 위소.
598 금산(金山)과 초산(焦山): 둘 다 진강부 인근 장강 중류에 있는 섬이다. 상경 시에는 계유년 8월 24일에 통과했었다. 해당 주석 참조.
599 북고산(北固山): 금산과 초산의 거의 가운데에 위치한다. 산 정상에 감로사와 다경루가 있어 금산이나 초산과 함께 명승지로 유명하다. 상경 시에는 계유년 8월 23일에 감로사를 탐방한 바 있다. 해당 주석 참조.
600 진강부(鎭江府) 단도현(丹徒縣): 현 강소성 진강시 단도구에 해당한다.
601 진의 시황제가 죄수[赭衣] 3만 명을 풀어 지맥을 뚫은 곳이다: 길흉을 점치는 자가 이 지역은 왕자의 도읍이 될만한 지세라고 한 것을 노여워 한 시황제가 산을 깎아 지세를 바꾸었다는 고사를 말한다. '赭衣'는 죄수를 가리키는데, 당시 죄수에게 붉은 옷을 입혔던 데서 비롯된 말이다. [역자 주] 쇼운은 시황제가 죄수를 3만 명 보냈다고 하지만, 실제 인원은 3,000명이었다. 『통전(通典)』 권182, 주군(州郡)12.
602 단양현(丹陽縣): 현 강소성 진강시 단양시를 가리킨다. 상경 시에는 계유년 8월 23일에 통과했었다. 해당 주석 참조.
603 맹독하(孟瀆河): 남직예 상주부 무진현 분우진(奔牛鎭) 동남쪽에서 경항운하(京杭運河)로부터 나누어져 장강으로

그림 23　보대교(寶帶橋). 강소성 소주시. 2008년 8월 촬영.

7일, 상주(常州) 비릉역(昆陵驛)[604]에 도착했다. 북쪽에서 오는 배들은 여기에 도달하면 모두 돛대를 접는다. 오(吳)·월(越) 지역은 다리 아래를 통과해야 하는 경우가 많기 때문인 듯하다.

8일, 소주(蘇州) 장주원(長洲苑)[605]에 도착했다.

9일, 밤에 풍교(楓橋)[606]에 정박했다.

　　　흘러가는 하천이다. 여기서는 맹독하와의 분기 지점을 통과했다는 의미다. 상경 시에는 맹독하에 관해 별도 기록한 바가 없었지만, 계유년 8월 22일에 분우진에 도착했다는 기록이 있다.
604　상주(常州) 비릉역(昆陵驛): 상주부 무진현 성문 밖에 있던 역사. 상경 시에는 계유년 8월 22일에 통과했었다. 해당 주석 참조.
605　소주(蘇州) 장주원(長洲苑): 남직예 소주부 장주현(長洲縣)에 있던 오의 고원(故苑). 태호 북쪽 연안과 면해 있고 오왕 합려가 사냥을 하던 장소로 알려져 있다.
606　풍교(楓橋): 소주부 한산사(寒山寺) 앞에 있는 다리. 상경 시는 계유년 8월 20일에 도착했었다. 해당 주석 참조.

10일, 소주부(蘇州府)에 입성했다. 화석(花席)과 다완(茶椀)이 매우 많았다.

11일, 저녁에 서문(胥門)607에서 출발했다.

12일, 오강현(吳江縣)에 도착했다. 보대교(寶帶橋)608가 53동(洞), 수홍교(垂虹橋)609가 72동(洞)이었고, 다리 중간에 수홍정(垂虹亭)이 있었다. 여기서부터 태호(太湖)가 떠올라 있다. 태호는 아마도 호주(湖州)·상주(常州)·의주(宜610州)·소주(蘇州) 4주에 걸쳐 있는 듯하다.611 한쪽으로 돛을 기울여서 통과한 곳을 열거하면 진택(震澤)·입택(笠澤)·송강(松江)·초계(苕溪)·고저(顧渚)·삽계(雪溪)·고소산(姑蘇山)·서새산(西塞山)·동정(洞庭)이다.612 태호 안에 석제(石堤)가 있는데 길이가 40리이다.613

13일, 가흥부(嘉興府) 동향현(桐鄕縣) 조림역(皂林驛)614에 도착했다. 숭덕현(崇德縣)615을 지났다.

---

607 서문(胥門): 소주성의 서문. 여기에서 운하로 나가게 된다.
608 보대교(寶帶橋): 소주에서 동남쪽으로 약 3km 떨어진 오현장교(吳縣長橋)에 있다. 당 원화 14(819)년에 소주 자사(蘇州刺史) 왕중서(王仲舒)가 건설했다. 길이 317m, 폭 4m, 아치 53개를 가진 현존하는 중국 최장 석교이다. 셋슈의 「당토승경도권(唐土勝景圖卷)」(교토국립박물관 소장)에 선명하게 그려져 있으며, 7m가 넘는 긴 두루마리에서 약 4분의 1을 차지하고 있다.
609 수홍교(垂虹橋): 오강현성 동문 밖에 있던 다리. 별명은 장교(長橋)다. 상경 시에는 8월 20일조에 '오강의 장교'로 등장했었다. 해당 주석 참조.
610 宜: 판본에 따라 '宣'으로도 나오는데, 내용에 맞춰 수정했다.
611 호주(湖州)·상주(常州)·의주(宜州)·소주(蘇州) 4주에 걸쳐있는 듯하다.: 실제로 태호는 4개 주에 걸쳐 있다.
612 한쪽으로 돛을 기울여서 통과한 곳을 열거하면 진택(震澤)·입택(笠澤)·송강(松江)·초계(苕溪)·고저(顧渚)·삽계(雪溪)·고소산(姑蘇山)·서새산(西塞山)·동정(洞庭)이다: 모두 태호의 명소거나 인근 지명이다. 『역정록』에도 동일한 지명이 열거되어 있다. 다만 실제 통과한 장소를 모두 적은 것은 아니고 잘 알려진 장소만 추려 기록한 것이라 생각된다.
613 태호 안에 석제(石堤)가 있는데 길이가 40리이다: 무엇을 가리키는지는 알 수 없다.
614 조림역(皂林驛): 판본에 따라 '皇林驛'으로도 나오나, 내용에 맞춰 수정했다. 절강성 가흥부 동향현에 있던 역사. 상경 시에는 계유년 8월 19일에 통과했었다.
615 숭덕현(崇德縣): 가흥부 관할 하의 현. 상경 시는 계유년 8월 18일에 도착했었다.

14일, 항주부(杭州府) 인화현(仁和縣)⁶¹⁶ 덕승파(德勝垻)⁶¹⁷에 도착했다.

15일, 오산역(吳山驛)⁶¹⁸에 도착했다. 정사(正使) 도요 인포의 몸 상태가 좋지 않아 먼저 무림역(武林驛)⁶¹⁹으로 들어가게 했다.

16일, 강사(綱司)·거좌(居座)·토관(土官)⁶²⁰ 등이 승선한 참선(站船) 4척이 무림역으로 들어갔다. 종자 등은 그대로 오산역에 머물렀다.

17일, 완 태감(阮太監)이 값으로 전동(錢銅) 3,000만 매를 지급해 주었다.⁶²¹

18일, 오산(吳山)⁶²²의 오자서(伍子胥) 사묘⁶²³를 참배했다. 마침내 삼모관(三茅觀)⁶²⁴에 이르렀다. 삼모관은 대저 오(吳)의 명승지⁶²⁵다. 좌측으로는 서호(西湖)가 있고 우측으로는 전당강(錢塘

---

616 항주부(杭州府) 인화현(仁和縣): 절강성 항주부 관할 하의 현. 항주부 성안 북쪽도 인화현에 속하며 현의 치소를 비롯한 관청도 성안에 있었다. 상경 시에는 인화현, 오산역, 장안역, 숭덕현 순으로 기록했는데, 여기에서는 성 밖에 있던 오산역이 먼저 나오고 있다. 인화현의 관할 지역으로 들어갔다는 의미. 상경 시에는 계유년 8월 18일에 통과했었다. 해당 주석 참조.
617 덕승파(德勝垻): 무림문 밖 약 2km 떨어진 곳에 있던 제방. 상경 시에는 계유년 8월 17일에 도착했었다. 해당 주석 참조.
618 오산역(吳山驛): 무림문 밖에 있던 역사. 상경 시는 계유년 8월 18일에 도착했었다.
619 무림역(武林驛): 항주부 성안의 지송방에 있던 역사.
620 강사(綱司)·거좌(居座)·토관(土官): 원문에는 '綱·居·土'로 나오지만, 각각 강사·거좌·토관을 의미한다. 한편 쇼운은 종승(從僧)이었는데, 이들과 함께 항주부성에 들어갔으므로 이때 인원에는 종승도 포함되었으리라 추정된다. 즉 강사·거좌·토관·종승을 비롯한 견명사의 간부급 인사들이 성안의 무림역에 들어갔던 것이다. 오산역에 남은 무리들은 21일에 항주부성을 통과하여 그대로 전당강에 이르고 있다.
621 값으로 전동(錢銅) 3,000만 매를 지급해 주었다: 3,000만 매는 3만 관. 여기에서는 '신전(新錢)'이 아니라 '전동(錢銅)'으로 기록된 점에 주목할 필요가 있다. 남경에서 받은 것은 선덕통보였다고 추정되는데, 항주부에서 지급된 것은 선덕통보만은 아니었던 듯하다.
622 오산(吳山): 오자서의 묘에서 비롯된 지명이므로 서산(胥山)으로도 불린다. 최고 130m 정도의 구릉이다. 전낭상의 북안, 서호의 동남 방향에 위치한다. 별명은 성황산(城隍山).
623 오자서(伍子胥) 사묘: 충청묘(忠淸廟)를 가리킨다. 당 원화 10(815)년 자사인 노원보(盧元輔)가 축성했다고 전해진다. 『함순임안지(咸淳臨安志)』 권71. 항주에서 소흥에 걸쳐서는 진수신(鎭水神)으로 신앙되었다.
624 삼모관(三茅觀): 자세한 사항은 알 수 없으나, 삼모영수관(三茅寧壽觀)이 아닐까 추정된다. 삼모영수관은 오산과 이어지는 칠보산(七寶山)에 있는데, 진대(秦代) 초기에 선인(仙人)이 되었던 함양 출신 첫째 모영(茅盈), 둘째 모고(茅固), 셋째 모충(茅衷) 3형제를 한대 이후 제사 지낸 데서 유래한다. 『서호유람지』 권12.
625 명승지: 원문은 '勝慨'. 뛰어난 경치라는 의미다.

江)⁶²⁶이 흐르는데, 오산(吳山) 중턱⁶²⁷에 자리를 잡고 있다. 호수 한가운데 우뚝 서 있는 곳은 곧 고산(孤山)⁶²⁸이다. 앞으로 돌출해 있는 곳은 비래봉(飛來峰)이다. 북고봉(北高峰)⁶²⁹ · 남병산(南屏山)⁶³⁰ · 육교(六橋)⁶³¹ · 삼천축(三天竺)⁶³²이 한눈에 둘러볼 수 있는 거리에 있다.

19일, 정사 도요 화상[東洋和尙]⁶³³이 무림역에서 세상을 떠났다. 저녁에 용금문(涌金門)⁶³⁴ 유주사(柳洲寺)⁶³⁵에서 사유(闍維)⁶³⁶했다. 독경(讀經)⁶³⁷이 다 끝나기 전에 사찰의 장로(長老)가 스스로 횃불⁶³⁸을 집고 불사(佛事)를 행했다. 게(偈)에 이르기를 "불을 뿜어내기가 석류꽃이 눈동자에 비친 듯 밝고, 훈풍이 은은하게 열반성(涅槃城)을 스치네"⁶³⁹라고 하였다.

---

626 전당강(錢塘江): 원문은 '錢塘'. 전당강을 의미한다.
627 중턱: 원문은 '半腰'. 산 중턱이란 의미다.
628 고산(孤山): 항주 서호에 떠있는 작은 섬. 경승지로 알려져 있다. 쇼운은 상경 시에 계유년 8월 13일에 고산을 유람하려다가 우천으로 인해 돌아왔다.
629 북고봉(北高峰): 영은사 뒤로 솟아 있는 봉우리.
630 남병산(南屏山): 서호 남안 정자사 뒤에 위치한 산. 상경 시에는 계유년 8월 14일에 정자사를 방문했었다. 해당 주석 참조.
631 육교(六橋): 소제(蘇堤)와 육지를 연결하는 여섯 개의 다리. 쇼운은 상경하던 계유년 8월 14일에 서호 유람을 하면서 이 다리를 건넌 바 있다.
632 삼천축(三天竺): 서호 서안에 위치한 하천축영산교사(下天竺靈山教寺), 중천축천녕만수영조선사(中天竺天寧萬壽永祚禪寺), 상천축영감관음사(上天竺靈感觀音寺)를 가리킨다. 쇼운은 상경하던 계유년 8월 15일에 하천축, 중천축, 상천축 순서로 방문한 바 있다.
633 정사 도요 화상[東洋和尙]: 도요 인포를 가리킨다. 5월 15일조에 몸 상태가 나빠진지라 다른 일행보다 한발 앞서 무림역에 들어갔었다.『음량헌일록』분메이 18(1486)년 12월 28일조에 정사 도요 인포가 귀국하던 도중에 입적했음이 기록되어 있다.
634 용금문(涌金門): 서호에 면하고 있는 항주부성 서측 중앙의 풍여문(豊予門)의 별칭.
635 유주사(柳洲寺): 용금문 밖에 있던 사찰. 송 개보 연간(968~76) 전왕(錢王)에 의해 건립되었다. 원래 명칭은 자복원(資福院)이었다. 옆에 오룡왕묘(五龍王廟)가 있었는데, 송 개희(開禧) 원(1205)년에 유주사로 통합했다.『서호유람지』권8. 부근에는 양화왕(楊和王)의 별장인 환벽원(環碧園), 장순왕(張循王)의 별장인 영광루(迎光樓)가 나란히 있어 서호를 바라보는 가장 경치 좋은 곳으로 알려져 있다.
636 사유(闍維): 사유(闍維), 즉 다비식을 의미한다. 판본에 따라 '舍誰'로도 되어 있으나, 내용에 맞춰 수정했다.
637 독경(讀經): 판본에 따라 '諫'으로도 되어 있으나, 내용에 맞춰 '讀'으로 수정했다.
638 횃불: 원문은 '火把'.
639 불을 뿜어내기가 석류꽃이 눈동자에 비친 듯 밝고, 훈풍이 은은하게 열반성(涅槃城)을 스치네: 열반성은 극락, 정토를 의미한다.

20일, 철불사(鐵佛寺)[640]·외오사(畏吾寺)[641]·영수사(靈壽寺)[642]를 지났다.

21일, 오산(吳山)에 머무르던 종자 등이 성안의 항구를 통과하여 곧바로 전당강(錢塘江)에 이르렀다.

22일, 일기(一起)[643] 50인이 항주를 떠나 영파부(寧波府)에 이르렀다. 출발하는 순서[644]를 가리켜 '일기(一起)', '이기(二起)'라 한다.

23일, 전천축(前天竺)의 운옥(雲屋)[645]이 선림사(仙林寺)[646]에 퇴거(退居)하고 있었는데, 그 명성이 오월(吳越)에 자자했다. 내가 찾아가 선사(先師)[647]의 상에 대한 찬사(贊詞)를 부탁했다. 붓을 잡고 선 채로 글을 썼고 또 게를 하나 지어서 내게 주었다.

---

640 철불사(鐵佛寺): 자광사(慈光寺)를 가리킨다. 후진(後晉) 개운(開運) 연간(944~46) 초기에 오온선사(晤恩禪師)에 의해 세워졌다. 원 지정 연간(1341~67)에 무너졌다가 명 정통 연간(1436~49)에 중건되었다. 철로 주조한 미륵존상(彌勒尊像)이 있어 철불사(鐵佛寺)라는 속칭이 붙었다. 『무림범지(武林梵志)』 권1. 현재는 폐사되어 철불교(鐵佛橋)라는 다리 이름만 흔적으로 남아 있다. 무림역이 이 철불사 근처에 있었다.

641 외오사(畏吾寺): 일반적으로 영수사(靈壽寺)를 뜻하지만, 여기서는 별도의 사찰로서 언급되고 있다. 영수사와 철불사 인근의 이슬람 사원으로 봉황사(鳳凰寺)가 있다. 봉황사는 원 연우(延祐) 연간(1114~20)에 회회대사(回回大師) 아로정(阿老丁)이 세운 것으로, 처음에는 진교사(眞教寺)라고 불리다가 청 광서(光緒) 18(1892)년에 봉황사(鳳凰寺)로 개칭되어 현존하고 있다. 속칭 예배사(禮拜寺)라고도 불린다. 이 봉황사를 가리킬 가능성이 있다.

642 영수사(靈壽寺): 용금문(涌金門) 근처에 있는 사찰이다. 『만력항주부지(萬曆杭州府志)』 권97에는 외오아사(畏吾兒寺)로, 『건륭항주부지(乾隆杭州府誌)』 권28에는 외오사(畏吾寺)라 칭해진다. 곡부교(曲阜橋)의 동쪽에 위치하며 원 지정 21(1361)년 강절행성(江浙行省) 좌승상(左丞相) 타시 테무르(Taš temür/達實得穆爾)가 건립했다. 위구르인이 세웠기 때문에 의오사(義烏寺)라고도 불린다. 홍무 24(1391)년 영수사로 개칭되었다. 『서호유람지』 권18. 현재는 폐사되어 영수사가(靈壽寺街)라는 지명만 남아 있다.

643 일기(一起): 판본에 따라 '起'가 '赴'로 되어 있는데, 내용에 맞춰 수정했다.

644 출발하는 순서: 원문은 '發行次第'로 출발하는 순서를 뜻한다.

645 전천축(前天竺)의 운옥(雲屋): 운옥묘연(雲屋妙衍)을 가리킨다. 호토쿠 견명사에는 난레이 시에츠[南嶺子越]의 법손인 게이인 젠큐[桂隱元久]가 승선하여 운옥묘연으로부터 난레이의 비문을 얻었다. 이 비문에는 '경태 5년 갑술 여름 사월 초하루(景泰五年歲在甲戌夏四月朔日)'라는 일자가 있고 '절강 항주부 승강사 도강 천축영산 주지 비구 운옥묘연 찬·절강 항주전위 소신교위 관군백호 규원 오동승 서 전액(浙江杭州府僧綱司都綱天竺靈山住持比丘雲屋妙衍撰·浙江杭州前衛昭信校尉管軍百戶葵原吳東升書篆額)'이라고 적혀 있다. 야마구치현 시모노세키시 동강사(東隆寺)에 현존하고 있다. 부록 2 참조.

646 선림사(仙林寺): 선림자은보제사(仙林慈恩普濟寺). 송 소흥 32(1162)년 건립 당시 효종(孝宗)과 이종(理宗)에게서 사액 받았다. 원 지정 연간(1341~67) 장사성(張士誠)이 이곳에 군기국(軍器局)을 두었다. 홍무 4(1371)년 중건하여 승강사(僧綱司)를 두었다. 『서호유람지』 권18.

647 선사(先師): 기쇼 슈켄[季章周憲]을 가리킨다.

24일, 이기(二起) 100여 인이 항주를 떠났다.

25일, 삼기(三起)가 무림역을 나서려 했는데, 비가 내려 그대로 머물렀다.

26일, 아침에 교자(轎子)가 왔다. 여기에 타서 무림역을 떠나 오후에 전당강을 건너 숙산현(蕭山縣) 서흥역(西興驛)648에 도착했다.

27일, 소흥부(紹興府)에 도착했다. 부의 치소는 회계(會稽)와 산음(山陰) 두 현(縣)의 경계에 있다.649 감호(鑑湖)650와 섬계(剡溪)가 있었다.

28일, 일찍 산음(山陰)을 나와 오후에 갑문 두 개651를 건넜다. 저녁에 조아역(曹娥驛)652에 도착했다.

29일, 비가 내리는 가운데 여요성(餘姚城)653 아래에 도착했다.

30일, 새벽에 차구역(車廐驛)654을 지나 오후에 영파부에 도착했다. 배를 은수(鄞水)655에 정박하고 안원역(安遠驛)656에 들어가니 안자구호방(安字九號房)657이 배정되었다.

---

648 숙산현(蕭山縣) 서흥역(西興驛): 절강성 소흥부 숙산현에 있던 역사. 상경 시에는 계유년 8월 11일에 통과했었다. 해당 주석 참조.
649 부의 치소는 회계(會稽)와 산음(山陰) 두 현(縣)의 경계에 있다: 판본에 따라 '府治'로도 되어 있으나 내용에 맞춰 '府治'로 수정했다. 소흥부의 치소는 회계현과 산음현의 경계에 세워져 있다는 의미이다.
650 감호(鑑湖): 소흥부성 남쪽에 길게 뻗어 있는 큰 호수. 쇼운은 상경 시인 계유년 8월 10일에 감호를 둘러본 바 있다. 해당 주석 참조.
651 갑문 두 개: 구체적으로 어떤 갑문을 가리키는지는 알 수 없다.
652 조아역(曹娥驛): 소흥부 상우현에 있던 역사. 상경 시는 계유년 8월 9일에 도착했었다. 해당 주석 참조.
653 여요성(餘姚城): 소흥부 여요현성. 상경 시는 계유년 8월 7일 저녁에 여요현성 밖에 있던 요강역에 정박했었다. 해당 주석 참조.
654 차구역(車廐驛): 절강성 영파부 자계현성 밖에 있던 역사. 상경 시에는 계유년 8월 7일에 통과했었다. 해당 주석 참조.
655 [보주] 은수(鄞水): 은강(鄞江)을 가리킨다. 영파부성 남쪽을 흐르는 봉화강(奉化江)이 동측의 자계강(慈谿江)과 합류하여 바다로 흘러간다. 현재 명칭은 용강(甬江)이다.
656 안원역(安遠驛): 시박제거사(市舶提擧司)에 인접한 사신의 숙소. 상경 시에도 이곳에 묵었었다. 해당 주석 참조.
657 안자구호방(安字九號房): 가빈관(嘉賓館)의 방. 쇼운은 처음 가빈관에 숙소에 들어왔을 때도 같은 방을 배정받았었다. 계유년 4월 20일조 참조.

제11장 영파에서의 귀국 준비

그림 24 영파를 둘러싼 강의 삼차로. 절강성 영파시. 오른쪽은 용강(甬江), 아래쪽은 정해현에 이른다. 왼쪽은 여요강(餘姚江)이고 북쪽으로 거슬러 올라가면 북경에 이른다. 바로 앞은 봉화강(奉化江). 2007년 2월 촬영.

6월

1일, 근정당(勤政堂)[658]에 나아가 진 대인(陳大人)[659]을 만났다. 내가 북경 남대(南台)에서 있었던 일[660]에 대해 말하니 진 대인이 기뻐하였다. 〈나와 진 대인 사이에 언어가 대강 통했다.〉

2일, 거좌 묘조 쓰분[妙增都聞][661]이 항주에서 영파에 왔다.

3일, 강사 조산 호테이[662]가 항주에서 영파에 왔다.

658　근정당(勤政堂): 시박제거사의 건물명으로 추정된다. 앞의 주석 참조.
659　진 대인(陳大人): 시박태감으로 추정되는 인물로 쇼운 일행이 영파에 들어왔을 때 영접한 인물이다. 앞의 주석 참조.
660　북경 남대(南台)에서 있었던 일: 남대는 곧 어사대(御史臺)를 가리킨다. 혹은 '남경'의 오기일 수도 있다. 즉 북경에서 남경까지의 여정 중에 있었던 일 전체를 의미할 수도 있다.
661　거좌 묘조 쓰분[妙增都聞]: 몽창파 화엄문파에 속한 승려. 3호선(천룡사선)의 거좌. 에이쿄 견명사에도 참여했었다.
662　강사 조산 호테이: 갑술년 4월 7일에 소백역에서 먼저 출발하여 항주로 향한 바 있다.

4일, 경청사(鏡淸寺)663를 유람했다. 장해(張楷)664의 저택을 방문했는데, 내가 돌아가는 것을 알고는 송별하는 시를 지어주었다.

5일, 명측에서 동전(銅錢)으로 값을 쳐주었다. 항주에서 영파에 이르기까지 받은 액수를 계산해 보니 3만 관(貫)이었다.665

6일, 저녁에 거센 바람과 폭우가 일었다. 그 모습이 검은 용 한 마리가 절강에서 솟구쳐 나와 하늘로 올라가는 것만 같았다. 검은 구름 한 줄기가 마치 용이 꼬리를 아래로 늘어뜨린 것처럼 3장(丈) 정도나 되었다.

7일, 성지(聖旨)가 도착했다. 태수(太守)666가 저택에 다반(茶飯)을 크게 마련했는데, 우리 일행 1,000여 명이 모두 그 연회에 참가하였다.

8일, 여러 배의 토관에게 사견자(紗絹子)를 분배했다.

9일, 육왕사(育王寺)의 청원(淸源)667이 천녕사(天寧寺)668에 잠시 머물고 있었는데, 우리 일행이 앞다투어 그에게 송별사(送別辭)를 구했다.

10일, 천동사(天童寺)의 가암(可庵)669이 안원역에 있어서 내가 그에게서 송별시를 구한 다음에 작별을 나누었다. 구선(臞仙)이 지은 의서(醫書)인 『활인심(活人心)』670을 얻었다.

---

663 경청사(鏡淸寺): 천녕사와 함께 견명사절의 간부급 인사들이 나누어 숙박했던 곳이다.
664 장해(張楷): 쇼운과 계속 교류가 있던 인물이다. 해당 주석 참조.
665 항주에서 영파에 이르기까지 받은 액수를 계산해 보니 3만 관(貫)이었다: 항주에서 여기까지 수령한 동전의 총액이 3만 관이라는 뜻이다. 갑술년 5월 17일조에 전동(錢銅) 3,000만 매와 대응한다.
666 태수(太守): 자세한 사항은 알 수 없다. 경태 연간(1450~56)의 영파지부로는 이춘(李春)이 있다.
667 육왕사(育王寺)의 청원(淸源): 계유년 5월 14일조에 등장하는 육왕사의 주지 청원본화상(淸源本和尙)과 동일 인물이다.
668 천녕사(天寧寺): 경청사와 함께 견명사절의 간부급 인사들이 나누어 숙박했던 곳이다.
669 가암(可庵): 천동사의 주지. 쇼운은 계유 7월 4일에 가암의 초대를 받아 차를 마신 바 있다.
670 구선(臞仙)이 지은 의서(醫書)인 『활인심(活人心)』: 구선은 홍무제의 제17자 주권(朱權, 1378~1448)의 호. 저작으

11일, 사명역(四明驛)⁶⁷¹에 송회선생(宋恢先生)⁶⁷²이 송별시를 지어 내게 보내 왔다.

12일, 이경방(二卿坊)⁶⁷³의 정유광(鄭惟廣)⁶⁷⁴은 팔분자(八分字)⁶⁷⁵에 능했다. 나를 위해 한 폭을 써주었다.

13일, 시박사(市舶司)에서 우리 일행이 바다 위에서 먹을 30일분의 관미(關米)⁶⁷⁶를 지급해 주었다. 한 사람 당 6두(斗) 정도의 분량이었다.

14일, 조문단(趙文端)⁶⁷⁷과 완귀옥(阮貴玉)⁶⁷⁸ 두 통사(通事)는 영파위(寧波衛)⁶⁷⁹에 머물기로 했다.

15일, 우리 일행이 새벽에 안원역(安遠驛)⁶⁸⁰을 떠나 각각 본선(本船)에 탑승했다. 진 대인과 이 대인⁶⁸¹ 그리고 지부(知府)인 주 대인(主大人)⁶⁸²이 동문항(東門港)⁶⁸³까지 우리를 전송했다. 저녁

로 『선신기비보(仙神奇秘譜)』(1455년 간행), 『다보(茶譜)』, 『선주어신추(仙肘語神枢)』(『고금도서집성(古今圖書集成)』 박물휘편예전(博物彙編藝典) 제62권) 등이 있다. '활인심(活人心)'은 '활인심방(活人心方)'의 줄임말인 듯하다. 『구선활인심방(臞仙活人心方)』 2권은 14세기 말에 간행된 양생학 저술로 도쿄대학 부속 총합도서관, 궁내청 서릉부, 성궤당문고(成簣堂文庫)에 『활인심법(活人心法)』 2권 2책 (조선 명종 5년 경주부 간본)이 있다. 일본에서는 조오[承應] 2(1653)년에 『구선활인심법(臞仙活人心法)』이라는 제목으로 교토에서 출판되었다.

671 사명역(四明驛): 월호(月湖) 안에 있던 역사.
672 [보주] 송회선생(宋恢先生): 자는 굉지(宏之). 은현(鄞縣) 출신이다. 『건륭은현지(乾隆鄞縣志)』 권15. 『용상기구시(甬上耆舊詩)』 권5에 전이 있다.
673 이경방(二卿坊): 성안 동남 쪽에 위치한 방(坊). 정통 11(1446)년에 수륙기(守陸奇)가 태복소경(太僕少卿), 정복신(鄭復信)이 태상소경(太常少卿)이 된 것을 기념하여 정옹신(鄭雍言)이 세웠다. 『가정영파부지』 권9.
674 [보주] 정유광(鄭惟廣): 자는 여성(汝誠). 은현 출신이다. 『석창역대시선(石倉歷代詩選)』 권334.
675 팔분자(八分字): 서체의 일종. 파책(波磔)이 많은 것이 특징이다. 송대에는 예서(隸書)라고 잘못 불린 탓에 오늘날까지도 예서의 일종으로 여겨지는데, 왕응린(王應麟)이 이를 비판한 바 있다.
676 관미(關米): 자세한 사항은 알 수 없다. 『당선일기』에 "귀국할 때는 일본에 도착할 때까지의 양미(糧米) 등등을 선박에 선적한다"라는 기록이 있다.
677 조문단(趙文端): 호토쿠 견명사의 수석 봉사. 앞의 주석 참조.
678 완귀옥(阮貴玉): 호토쿠 견명사의 통사.
679 영파위(寧波衛): 위는 명대의 군대 편성 단위다. 영파위의 관청은 영파부성 안의 서쪽에 있었다. 즉 조문단과 완귀옥 두 통사가 일본에 돌아가지 않고 영파에 머무르기로 했다 정도의 의미다.
680 안원역(安遠驛): 영파에서 쇼운 일행이 묵었던 숙사. 앞의 주석 참조.
681 이 대인: 판본에 따라 '李'로도 나오나 내용에 맞춰 '李'로 수정했다.
682 지부(知府)인 주 대인(主大人): 자세한 인적 사항은 알 수 없다. 앞서 등장한 '태수'를 가리키는지도 모르겠다.
683 동문항(東門港): 영파부성 동문 밖에 있던 항구. 계유년 4월 23일조에 "일본의 진공선 2호선·6호선·8호선 세 척이

에 영진교(靈津橋)⁶⁸⁴을 지나 3리 정도를 갔다.

16일, 조수(潮水)를 타고 10리 남짓을 이동했다.

17일, 저녁에 정해현(定海縣)⁶⁸⁵에 이르렀다. 화선(畫船) 100여 척과 갑사(甲士) 수만 인이 우리 일행을 호송하여 주산(舟山)에 이르렀다.

18일, 아침에 관음참의(觀音懺儀)⁶⁸⁶을 수행했다. 저녁에 노를 저어 40리를 더 갔다.

19일, 왼편으로 창국현(昌國縣)⁶⁸⁷을 바라보면서 앞으로 나아갔다.

20일, 바다 안개가 짙어 어두운 통에 동쪽과 서쪽이 어디인지를 분간할 수 없었다. 오후에 날이 개어서 이 틈을 타 나아갔다. 그런데 갑자기 세찬 바람과 큰 파도를 만나 1호선은 철로 만든 큰 닻을 하나 잃어 버렸고, 3호선은 철로 된 닻 2개 잃었으며, 4호선은 철로 된 닻 3개를 잃었다.

21일, 순검사(巡檢司)⁶⁸⁸에 이르렀다. 총병관(總兵官)⁶⁸⁹에게 선박에서 쓸 땔감을 받았다.

22일, 아침에 연화양(蓮華洋)⁶⁹⁰을 지났다. 저녁에 보타락산(補陀落山)⁶⁹¹에 올라 관음대사(觀音

비로소 영파부 동문(東門)에 도착하였다"라는 기록이 있어 동문 바깥에 항구가 있었던 것을 알 수 있다.
684　영진교(靈津橋): 자세한 사항은 알 수 없다.
685　정해현(定海縣): 절강성 영파부 관할 하의 현. 현 절강성 영파시에 속한다. 앞의 주석 참조.
686　관음참의(觀音懺儀): 계미년 4월 18일에도 같은 수행을 한 바 있다.
687　[보주] 창국현(昌國縣): 주산본도에 설치되어 있던 현. 홍무 17(1384)년 창국위(昌國衛)를 설치하고 홍무 20년에 현을 폐하고 창국위를 상산현(象山縣)으로 옮겼다.『가정영파부지』권9. 여기에서는 창국현이 설치되어 있던 주산본도를 가리키는 것으로 생각된다.
688　순검사(巡檢司): 관내의 도적을 토벌하고 치안을 유지하는 임무를 맡는 관청. 왼편으로 주산을 바라보는 항로라면 영파부가 직할하는 서순검사(西巡檢司) 중에서 나봉(螺峰)과 보타(寶陀) 중 하나라 생각된다.
689　총병관(總兵官): 여기에서는 순검사의 장관을 가리킨다.
690　연화양(蓮華洋): 보타산과 주산본도 사이에 있는 해협.
691　보타락산(補陀落山): 보타산을 가리킨다.

그림 25 보타산의 불긍거관음원에서 바라 본 연화양. 쇼운 일행은 여기에서 일본으로 돌아가기 위해 출항했다. 2007년 2월 촬영.

大士)[692]에 참배했다.

23일, 때마침 순풍이 불어와서 와 선박이 모두 바다로 출항했다.

---

692 관음대사(觀音大士): 보타산의 불긍거관음(不肯去觀音). 쇼운은 입명할 적인 계유년 4월 6일에도 참배한 바 있다. 앞의 주석 참조.

제12장 제주도 표착, 그리고 귀국

그림 26 제주도 남쪽 해안. 쇼운 일행이 제주도의 어디로 표착했는지는 알 수 없지만, 1653년 네덜란드인 헨드릭 하멜이 표착한 곳은 이 부근으로 추정된다. 2007년 7월 촬영.

6월

24일, 아침에 일어나 유선(類船)을 살펴 보니 6, 7리 밖에 단지 돛 두어 개의 그림자가 있을 뿐이었다. 〈여기부터는 36정(丁)을 1리(里)로 계산한다.〉

25일, 바닷물이 조금 맑아졌다. 수부가 "이미 중국[唐] 땅을 벗어났습니다"라고 말했다.

26일, 날이 저물 무렵 멀리 산이 보였다. 어느 것인지는 알지 못했다.

27일, 어제 보았던 산 아래에 도착했다. 수부가 모두 기뻐하며 "우리나라 히젠[肥前] 고토[五島]입니다"라고 말했다. 작은 배[693]로 노를 저어 가서[694] 물을 가져오게 했더니 고려(高麗)의 대탐몰라(大耽沒羅)[695]라는 곳이었다.

28일, 서찰 한 통을 보내 물을 요청했더니 관인 2명이 찾아왔다. 처음에는 우리를 의심했지만, 배 안에 들어가서 대명(大明)에서 출간된 서적을 보고는 돌아가서 물 3동이를 보내왔다.

29일, 밤에 3호선도 우리가 있는 곳에 이르렀다. 우리와는 2리 정도 떨어져 있었다.

7월

1일, 도절제사(都節制使)696가 총병관(摠兵官)697 김진산(金進山)698에게 명해 물품을 보내왔다. 동봉한 서찰을 보니 "백미(白米) 20두(斗), 좁쌀 30두, 해설(海雪)699 50두, 구운 소금[燒塩] 10기(器), 탁주[濁醪]700 10분(盆), 오이[苽子]701 300매(枚), 대마(大麻) 300근(根), 건어(乾魚) 200미(尾), 돼지 4마리, 닭 20마리 이상.702 김진산(金進山)"이라 쓰여 있었다.

2일, 총병관이 보내 온 서찰을 보니 "어제 6호선이 돛을 올려 남쪽으로 항행했는데, 어디로 갔는지는 알지 못합니다"라고 쓰여 있었다.

3일, 수부가 당마(唐麻) 300근(斤)을 가지고 큰 그물을 만들었다.

---

693 작은 배: 원문은 '小脚船'. 선박에 적재하여 주변과의 연락용으로 사용하는 단정(短艇)을 가리킨다.
694 노를 저어 가서: 원문은 '棹'. 판본에 따라 '掉'으로도 나오는데, 내용에 맞춰 수정했다.
695 대탐몰라(大耽沒羅): 제주도를 뜻한다. 제주도의 옛 이름인 탐라(耽羅)의 음차로 추정된다.
696 도절제사(都節制使): 원문은 '都節制'. 제주진(濟州鎮)에는 정3품인 병마수군절제사(兵馬水軍節制使) 1명이 배치되어 있었다.『경국대전(經國大典)』권4. [역자 주] 제주진이 설치되고 병마수군절제사가 배치된 것은 세조 12(1466)년으로 쇼운이 표류했던 1454년에는 안무사(按撫使) 겸 감목사(監牧使) 최수평(崔守平)이 배치되어 있었다.
697 총병관(摠兵官): 무엇을 가리키는지 알 수 없다.『경국대전』에 총병관이란 관직은 검출되지 않는다. [역자 주] 제주목사의 부관격인 제주판관(濟州判官)을 가리키는 듯하다. 판관은 목사를 보좌하여 민정과 군정의 한 축을 담당했다.
698 김진산(金進山):『朝鮮王朝實錄』成宗 21년(1490)에 그 이름이 한 번 나오기는 하나, 자세한 사항은 기록되어 있지 않으며, 동일 인물인지도 알 수 없다.
699 해설(海雪): 구체적으로 무엇인지 알 수 없다.
700 탁주[濁醪]: 탁한 술, 즉 막걸리를 의미한다.
701 오이[苽子]: 줄을 의미한다. 볏과의 여러해살이 식물로 열매와 새싹을 식용한다. 잎은 엮어서 멍석을 만들어 쓴다.
702 이상: 원문은 '際'이다. 관문서 말미에 붙이는 관형구이다. [역자 주] 물품의 이름을 다 적은 다음에 쓰는 것이어서 '이상'이라고 해석했다. 인물에 관계되는 내용은 '原'을 쓰고, 물품의 이름을 다 적은 다음에는 '際'를 써서 '인원물제(人原物際)'라 한다.

4일, 3호선이 여명 즈음에 닻줄을 풀고 바다로 출항했다.

5일, 입추(立秋). 김진산을 만났다. 물에 만 밥 한 그릇[703]을 내주었다.

6일, 도제사(都制使)가 황과(黃瓜), 보리,[704] 간장(甘醬)[705]을 보내왔다. 강사가 요도(腰刀) 한 묶음을 답례로 주었다.

7일, 아침에 서풍이 불어 와 대탐몰라를 출발했다.

8일, 밤중에 역풍이 불어 돛이 떨어져서 표류했다. 아침 해가 뜰 무렵에 돛을 다시 달고 항행하여 저녁에 웅산(雄山)[706]에 이르렀다. 일본 어부가 모는 작은 배 6, 7척이 있었다. 어부들이 "우리 일본은 평안합니다"라고 말했다.

9일, 산바람이 세게 불어서[707] 배가 세 번 나아갔다가 다시 세 번 물러났다.

10일, 하루종일 뇌우(雷雨)가 내렸다. 날이 저물자 큰 물고기가 보였는데, 길이가 6, 7장(丈)이었다. 나는 고래라고 생각했는데, 수부가 "고래가 아닙니다"라고 말해 주었다.

11일, 이른 시간에 웅산을 출발했다. 고기잡이하는 노인 한 사람을 승선시켜 안내역으로 삼았다.

---

703 물에 만 밥 한 그릇: 원문은 '水飯一中'. '水飯'은 부드럽게 찐 밥을 냉수에 만 것을 말한다. 여름철에 먹는 식사다. '一中'은 한 그릇이란 뜻이다.
704 보리: 원문은 '麳子'. 보리를 뜻한다.
705 간장: 원문은 '甘醬'. 간장을 뜻한다.
706 웅산(雄山): 자세한 사항은 알 수 없다. 항로와 일본 어선이 있던 것을 보면 고초도(孤草島), 즉 거문도를 가리키는 것으로 추정된다.
707 산바람이 세게 불어서: 원문은 '山風多態'. '多態'는 바람의 방향이 안정되지 않은 모습을 형용하는 말이다.

12일, 아침에 왼편으로 쓰시마[對馬島]⁷⁰⁸가 보였다. 저녁이 되자 오른편으로 이키시마[壱岐島]⁷⁰⁹가 보였다. 순풍이 불고 조수를 타서 하루에 100여 리를 항행하여 시카노시마[志賀島]⁷¹⁰에 정박할 수 있었다.

13일, 시카노시마를 떠나 치쿠젠[筑前] 아이시마[安威島]⁷¹¹에 이르렀다.

14일, 새벽에 아시야[芦屋]⁷¹²를 출발하여 해가 아직 저물지 않을 무렵에 나가토국[長門國] 아카마가세키[赤間關]⁷¹³에 도착했다. 곧 우리 일본의 교토쿠[享德] 3(1454)년 갑술(甲戌) 7월 13일이었다. 아카마가세키의 관리⁷¹⁴가 "2호선은 이번 달 5일에 먼저 관소에 들어왔습니다. 3호선은 6일에 도착했고, 7호선은 11일에 연안에 이르렀습니다. 9호선은 이제 막 왔습니다"⁷¹⁵라고 이야기해주었다. 강사가 급체부(急遞符)를 가지고서 우리가 본국에 돌아왔음을 교토에 고했다.

---

708 쓰시마[對馬島]: 현 나가사키현 쓰시마시.
709 이키시마[壱岐島]: 현 나가사키현 이키시마시.
710 시카노시마[志賀島]: 현 후쿠오카현 후쿠오카시. 하카타만 입구에 위치하는 섬. 앞의 주석 참조.
711 아이시마[安威島]: 현 후쿠오카현 가스카군[糟屋郡] 신구마치[新宮町]. '相島' 혹은 '藍島'로도 쓴다. 현해탄 해상 위에 위치하며 고토 혹은 이키시마 방면에서 간몬 해협을 향할 때에 경유지로서 중요하다. 에도시대에 조선통신사는 반드시 아이시마를 경유했다.
712 아시야[芦屋]: 현 후쿠오카현 온가군[遠賀郡] 아시야초[芦屋町]. 치쿠젠국 미마키군[御牧郡] 온가강[遠賀川] 하구에 위치하며 예로부터 항구로 번영했다. 중세에는 아시야 도기의 산지로 유명했다. 『무자입명기(戊子入明記)』에 따르면, 간쇼[寬正] 견명선에는 아시야의 상인도 승선하고 있었다.
713 나가토국[長門國] 아카마가세키[赤間關]: 현 야마구치현 시모노세키시. 앞의 주석 참조.
714 아카마가세키의 관리: 나가토국의 슈고[守護] 오우치씨[大內氏]의 가신. 오에이[應永] 말년에 시라마쓰씨[白松氏]씨나 덴분[天文]기에 니자토[新里氏]가 알려져 있으나, 이 시점의 고유명사는 전해지지 않는다.
715 2호선은 이번 달 5일에 먼저 관소에 들어왔습니다. 3호선은 6일에 도착했고, 7호선은 11일에 연안에 이르렀습니다. 9호선은 이제 막 왔습니다: 쇼운은 1호선에 승선했으므로 이 시점에서는 4호선, 6호선, 8호선, 10호선은 아직 도착하지 않았던 것을 알 수 있다.

부록 1 원문

(題僉)

'入唐記'

咲雲西堂, 諱瑞訢, 前臨川季章憲禪師上足, 蓋一夔足者也. 寶德三年辛未歲從國使遊大明, 十月 辭京師, 壬申正月至筑紫博多, 八月出博多, 癸酉三月十九日始泛大洋. 四月二十一日, 達大明寧波府. 九月入北京. 甲戌二月二十八日出北京. 六月二十三日, 歸船解纜. 七月十四日, 到長門國, 凡自辛未冬至甲戌秋, 九百餘日云云.[1] 所歷覽者, 無一不記, 名曰入唐記焉. 丙子春, 予偶居官院, 屈咲雲, 表率京等持, 紀滿而去矣. 未幾又舉住等持, 分座·正座前後五歲矣. 予每會必問大明事, 一一諭告, 頗詳悉矣. 予退藏弊廬之日. 咲雲亦[2]歸宇治釣月庵. 然時時訪, 及交義可觀也. 予近述善隣國寶記, 所謂入唐記, 附之國寶記末, 以爲異時入大明者, 南針云.

時應仁丁亥初元仲秋　臥雲僧叙

入唐記[3]

日本國寶德三年辛未冬十月二十六日, 遣唐專使允澎·綱司芳貞等辭京.

二十八日. 至接〔攝〕州兵庫, 寓永福道場.

十一月九日. 夜半有東風, 船出兵庫.

十四日. 至備後尾道, 留二旬.

十二月十一日. 至長門國赤間關, 居永福寺, 寺前隔海一里, 乃[4]豊前文字關也.{文字又作門司.}

壬申正月五日. 船至筑前博多, 僦于妙樂寺.

八月十八日. 一號船出博多, 掛于志賀嶋.

1　[역자 주] 저본에는 '々'로 표기하였지만, 한국에서는 쓰지 않는 표기이므로 변경했다. 이하 동일하다.
2　'亦'은 東大本에 '又'로 되어 있다.
3　서두부터 이 부분까지는 史籍集覽本·甲子夜話本에 수록되어 있지 않다. 史籍集覽本은 '允澎入唐記'라는 제목이 붙여져 있다.
4　'乃'는 東大本에 없다.

十九日. 二號船·三號船同至志賀, 禮文殊[5]大士.

廿三日. 曉發志賀, 行三十里, 至平戶嶋, 居滿福道場.

廿四日. 檢類船勘合, 入夜薩摩船載硫[6]黃至, 一號船爲本船, 屬之者, 諺曰類船.

九月五日. 朝發平戶, 午至小豆大島[7].

二十日. 少有順風, 將解纜, 綱司集諸船船頭等大合議, 議未半, 水夫把機開洋者二, 三里, 二號·三號從之.

廿一日. 船頭等曰, 今年不可有風也, 待春可乎.

廿二日. 一號·二號[8]回棹[9]于平戶島[10], 二號將歸野古.

癸酉三月十九日. 諸船早發大島[11], 走四十里. 日未晚, 至五嶋[12]奈留浦.

三十日. 有風. 午後一號船開洋, 類船七艘從之, 一晝夜走六, 七十里.

四月一日. 類船只見三帆于六, 七里外.

二日. 衆人皆醉, 我亦醉.{困于船者, 諺曰醉.}

三日. 午前無風, 船衆默禱. 青鳩一隻飛來匝船, 好風滿帆.

四日. 鷹來息桅上. 午後海水少濁. 水夫曰, 已入唐地.

五日. 早朝修懺. 懺未半, 一夫見山. 晚[13]到此, 或曰茶山, 曰佛頭山.

六日. 午至補陀羅山. 掛船于蓮華洋, 詣[14]觀音而修懺摩法.

七日. 畫船一艘自沉[15]〔沈〕家門來, 問曰, 什麼船. 從那裡來. 通事趙文端答曰, 日本國進貢船.

---

5 '殊'는 甲子夜話本에 '珠'로 되어 있다.
6 '硫'는 東大本에 '流'로 되어 있다.
7 '島'는 甲子夜話本에 '嶋'로 되어 있다.
8 '二號'는 史籍集覽本에 없다.
9 '棹'는 內閣本·東大本에 '禪'으로 되어 있다.
10 '島'는 甲子夜話本에 '嶋'로 되어 있다.
11 '島'는 甲子夜話本에 '嶋'로 되어 있다.
12 '嶋'는 史籍集覽本에 '島'로 되어 있다.
13 '晚'은 內閣本·東大本·史籍集覽本·甲子夜話本에 '曉'로 되어 있다.
14 '詣'는 內閣本·東大本에 '諸'로 되어 있다.
15 '沉'은 史籍集覽本에 '沈'으로 되어 있다.

八日. 彩船百餘艘來迓船. 淅[16]〔浙〕東沿海將軍劉萬戶, 送龍眼・荔支等.
九日. 馬大人贈水一艘. 劉大人贈酒一槽[17].
十日. 聞日本三號・七號・十號船已到定海縣.
十一日. 劉大人[18]又送莧荣・笋乾等.
十二日. 到沉[19]〔沈〕家門, 牛[20]大人・馬大人・劉氏・楊氏・王氏諸官人畵船五十餘艘, 吹角打鼓匣船.
十三日. 官船一隻, 自巡檢司來迎船.
十四日. 大雨. 掩篷[21]而眠
十五日. 雨中推櫓行三十里. 到[22]舟山. {從此六町一里.}
十六日. 乘潮行六十里, 至三山. {不推櫓随潮而行, 諺曰乘潮.}
十七日. 一潮, 到定海縣, 縣令贈以米二儋・酒二瓶・笋乾・櫻桃・鵝・雞[23]等.
十八日. 船中修觀音懺儀一座.
十九日. 出定海縣. 見一塔巍然, 通事盧[24]円曰, 這箇是寧波府十三重大塔也.
二十日. 日本國一號船, 曉泝淅[25]江, 平明達寧波府. 乃
大[26]明景泰四年[27]癸酉夏四月廿日也. 內官陳大人賓迎. 專使允澎・綱司芳貞・從僧瑞訢・清啓等, 就仮館揖茶. 乘轎子入驛, 驛門額曰, 淅[28]〔浙〕江市舶司安遠[29]驛. 驛中日本衆所館, 額曰嘉賓. 有諸房房額. 安[30]宇〔字〕一號房, 專使居

---

16 '淅'은 內閣本・東大本・史籍集覽本에 '浙'로 되어 있다.
17 '槽'는 東大本・史籍集覽本・甲子夜話本에 '樽'으로 되어 있다.
18 '人'은 東大本에 '夫'로 되어 있다.
19 '沉'은 甲子夜話本에 '沈'으로 되어 있다.
20 '牛'는 內閣本・東大本・史籍集覽本・甲子夜話本에 '午'으로 되어 있다.
21 '篷'은 東大本・甲子夜話本에 '蓬'으로 되어 있다.
22 '到'는 史籍集覽本에 '至'로 되어 있다.
23 '雞'는 史籍集覽本・甲子夜話本에 '鷄'로 되어 있다.
24 '盧'는 史籍集覽本에 '處'로 되어 있다.
25 '泝淅'은 東大本에 '泝', 史籍集覽本에 '沂淅'으로 되어 있다.
26 平出은 史籍集覽本・甲子夜話本에 없다.
27 '年'은 內閣本・東大本・甲子夜話本에 '季'로 되어 있다.
28 '淅'은 甲子夜話本에 '浙'으로 되어 있다.
29 '遠'은 史籍集覽本에 '達'로 되어 있다.
30 '安'은 史籍集覽本에 '按'으로 되어 있다.

之, 安字³¹二號房, 綱司居之. 安字³²三·四號以下, 居座·土官³³次第領之. 予居九號房.

廿一日. 陳大人就觀光堂, 延待專使·綱司·從僧等. 堂後有一室, 額曰, 與造物遊, 乃朱³⁴元晦筆也. 李內官自溫州來.

廿二日. 大人又就勤政堂, 延居座·土官等, 猪·羊·鵝·雞³⁵·麺斤·笋乾·醬爪³⁶[瓜]·糟茄共十六盤, 大列于前. {猪·羊等, 日衆雖俗士不食之, 蓋受之³⁷, 以換他器財等.}

廿三日. 日本二號·六號·八號³⁸等船三隻, 始到府東門.

廿四日. 遊于府學, 先生引到詠歸亭, 泮³⁹宮, 大成之門, 明倫堂, 遂至湖⁴⁰心寺. 入四明驛, 驛前有賀知章祠堂, 安塑像, 前有牌⁴¹, 曰唐秘監太子賓客集賢院太⁴²學士贈禮部尚書賀公之神. 凡諸像·影像之前皆有牌⁴³.

廿五日. 陳·季⁴⁴⁴⁵兩大人來于嘉賓, 巡禮日衆諸房.

廿七日. 遊天寧寺. 門揭妙莊海. 又過海會寺, 去城可二里. 外門顔華⁴⁶藏世界. 祖堂有牌⁴⁷, 曰開山和尚中峰本禪師.

五月一日. 日衆早起勤政堂, 見陳·季⁴⁸[李]兩內官.

---

31 '字'는 東大本·史籍集覽本·甲子夜話本에 '宇'로 되어 있다.
32 '字'는 東大本·史籍集覽本·甲子夜話本에 '宇'로 되어 있다.
33 '土官'은 史籍集覽本에 없다.
34 '朱'는 內閣本·東大本·史籍集覽本·甲子夜話本에 '米'로 되어 있다.
35 '雞'는 東大本·史籍集覽本·甲子夜話本에 '鷄'로 되어 있다.
36 '爪'는 史籍集覽本·甲子夜話本에 '瓜'로 되어 있다.
37 '之'는 史籍集覽本에 없다.
38 '八號'는 東大本에 없다.
39 '泮'은 東大本·甲子夜話本에 '洋'으로 되어 있다.
40 '湖'는 東大本에 '潮'로 되어 있다.
41 '牌'는 史籍集覽本에 '碑'로 되어 있다.
42 '太'는 史籍集覽本에 '大'로 되어 있다.
43 '牌'는 史籍集覽本에 '碑'로 되어 있다.
44 '季'는 史籍集覽本에 '李'로 되어 있다.
45 李: 諸本 '季'
46 '華'는 內閣本·東大本에 '筆', 史籍集覽本·甲子夜話本에 '筆'로 되어 있다.
47 '牌'는 史籍集覽本에 '碑'로 되어 있다.
48 '季'는 史籍集覽本에 '李'로 되어 있다.

二日. 日本四號船到寧波港, 龍琛始入驛.

三日. 官人陳氏起北京, 奏日本進貢船八隻[49]來.

四日. 陳大人大設茶飯, 享日衆於勤政堂. 府太守光伴. 鐘鼓·倡優, 自朝至晚.

五日. 端午, 觀光堂有禮. 午後陳大人宴知府諸官.

七日. 歷遊府中諸刹, 白衣寺·鏡淸寺·延慶寺·壽昌寺·萬壽寺[50]·水月庵.

八日. 布[51]政司(使力)周大人自杭州來.

十日. 按察使馮大人自杭來.

十二日. 告琉球船一隻到溫州. 州去寧波五百里.

十三日. 李內官曉發寧波起溫州, 將賓迎琉球人.

十四日. 赴育王山. 山去驛半日程. 外門額玉机[52], 山門揭育王寺. 住山淸源本和尙鳴鐘鼓率大衆出迎山門外. 引接于大雄寶殿, 高[53]唱藥師如來號. 就茶堂茶飯. 飯罷入妙勝寶殿, 誦大悲呪. 開三十三重舍利塔, 入其塔中手, 捧小塔而出. 其大七, 八寸許. 所謂阿育王自天竺所擲者是也.

祖堂多牌. 一曰[54]開山宣密居素禪師, 一曰[55]當山三十三代無準和尙. 方丈, 承恩閣, 閣上有牌, 曰釋敎宗主

笑[56]隱訢禪師. 遂至天童山而一宿, 其間二十里.

十五日. 天童山景德寺, 佛殿大雄寶殿. 祖堂有開山義興禪師牌. 玲瓏巖·大白峰之間, 有密庵塔. 門額中峰, 眞前揭臨濟正傳. 九峰, 雙沼萬工[57]池, 萬松關, 宿鷺亭遺趾存耳.

---

49 '隻'은 史籍集覽本에 '艘'로 되어 있다.
50 '萬壽寺'는 東大本에 없다.
51 '布'는 史籍集覽本·甲子夜話本에 '市'로 되어 있다.
52 '机'는 東大本에 '札'로 되어 있다.
53 '高'는 內閣本·東大本·史籍集覽本·甲子夜話本에 '裔'로 되어 있다.
54 '日'은 內閣本·東大本에 闕字로 되어 있고, 史籍集覽本·甲子夜話本에는 없다.
55 '日'은 內閣本·東大本에 闕字로 되어 있고, 史籍集覽本·甲子夜話本에는 없다.
56 平出은 史籍集覽本·甲子夜話本에 없다.
57 '工'은 內閣本·東大本·史籍集覽本·甲子夜話本에 '土'로 되어 있다.

廿一日. 陳大人將宴日衆. 先賜人伴・水夫等, 以麵粉・砂磄[58]・酒・醋・塩・醬・鮮笋[59]・楊梅[60]・油[61]・紫[62]{茱䝉}・鵝・雞[63]等.

廿七日. 大備茶飯, 宴日衆勤政堂. 宴未半, 北京禮部劄至曰, 聞日本國進貢船來朝, 速令起闕云[64]云.

廿八日. 擧一號船進貢物, 入之東庫. 正・副使, 居座, 土官皆出.

廿九日. 晦, 二號船擧進貢[65]. 天旱月餘, 有命, 浙[66]東僧衆皆集天寧寺祈雨.

六月一日. 正使・副使起東庫, 謁陳大人. 三號船擧貢物.

二日. 六・七號船物貨一時擧之.

三日. 擧四號船貨物.

四日. 八號船進貢擧之.

五日. 正・副使, 居座, 土官等謁三司官. 門額曰, 浙[67]江提刑按察分司.

六日. 點檢一號船進貢. 正・副・居・土出.

七日. 晒一號硫磺.[68]

八日. 檢蘇木・銅子.

十三日. 檢二號貨匣. 晚大雷而雨.

十四日. 諸船居座集于綱司房, 議點檢不公之事.

十五日. 陳大人就天寧寺, 設大齋[69], 以慶祈雨滿散

十六日. 量一號船硫磺[70], 綱司備日本樣飯酒, 享陳大人.

---

58 '磄'은 史籍集覽本・甲子夜話本에 '糖'으로 되어 있다.
59 '笋'은 東大本에 없다.
60 '梅'는 東大本에 '桃'로 되어 있다.
61 '油'는 東大本에 없다.
62 '紫'는 內閣本・東大本・史籍集覽本・甲子夜話本에 '茱'로 되어 있다.
63 '雞'는 史籍集覽本・甲子夜話本에 '鷄'로 되어 있다.
64 '云'은 東大本에 없다.
65 '進貢'은 東大本에 '進貢物'로 되어 있고, '物' 위에 異筆로 '。'이 있다.
66 '浙'은 東大本・史籍集覽本에 '淅'으로 되어 있다.
67 '浙'은 東大本・史籍集覽本에 '淅'으로 되어 있다.
68 '晒一號硫磺'은 東大本에 '{後}檢蘇木銅子', 史籍集覽本에 '晒一號硫黃'으로 되어 있다.
69 '齋'는 東大本・甲子夜話本에 '齊'로 되어 있다.
70 '磺'은 史籍集覽本에 '黃'으로 되어 있다.

十七日. 檢一號船貨匣.

十八日. 萬戶巍太[71]〔大〕人送日本貢馬二十匹, 起[72]杭州. 日衆土官一員・人伴等五十人從之.

廿日. 七號船貨匣檢之.

廿一日. 陳太[73]〔大〕人就勤[74]政堂, 享張楷[75]・按察使・布政司〔使カ〕・御史・知府五大人. 壁上掛杭西湖圖, 其絵廣[76]五丈許.

廿五日. 李內官從溫州來曰, 琉球貢馬十五匹・硫磺二萬斤・蘇木一千[77]五百斤.

廿六日. 驛承官送琉球進貢上京.

廿七日. 陳大人將日本硫磺五萬斤送南京.

七月一日. 早趣[78]勤[79]政堂見陳・季〔李〕二大人[80].

二日. 陳大人又調日本硫黄[81]五萬斤, 送南京.

三日. 東庫掛一號船銅子.

四日. 天童長老可庵招予會茶. 有雞頭子, 似柘榴而大.

十日. 秀才馮克容[82]來. 予問, 碑文多有書丹字, 如何. 容[83]曰, 石碑上以丹書字耳. 又問, 東坡詩有石鹽木之語, 如何. 曰, 木名也, 此方盛有之.

十一日. 陳大人自北京歸. {奏日本船來之使.}

十三日. 諸船貨物起送之外還之, 各至[84]. {自下達上曰起送.}

---

71 '太'는 東大本・史籍集覽本・甲子夜話本에 '大'로 되어 있다.
72 '起'는 史籍集覽本에 없다.
73 '太'는 東大本・史籍集覽本・甲子夜話本에 '大'로 되어 있다.
74 '勤'은 東大本・史籍集覽本에 '勸'으로 되어 있다.
75 '楷'는 史籍集覽本에 '揩'로 되어 있다.
76 '廣'은 東大本에 없다.
77 '千'은 史籍集覽本에 '斤'으로 되어 있다. '本マ'라는 注記가 있다.
78 '趣'는 內閣本・東大本・史籍集覽本・甲子夜話本에 '起'로 되어 있다.
79 '勤'은 史籍集覽本에 '勸'으로 되어 있다.
80 '人'은 東大本에 '夫'로 하고 '人'이라고 頭注하였다.
81 '黄'은 史籍集覽本・甲子夜話本에 '磺'으로 되어 있다.
82 '容'은 內閣本・東大本・史籍集覽本・甲子夜話本에 '客'으로 되어 있다.
83 '容'은 史籍集覽本・甲子夜話本에 '客'으로 되어 있다.
84 '至'는 史籍集覽本에 '室カ'란 注記가 있다.

十四日. 三司大人起府歸[85]杭, 日衆送至港上.

十五日. 諸船船頭等就淅[86]〔浙〕江浜設水陸會, 從僧[87]皆出.

十八日. 張楷子十八歲, 擧進士起杭.

十九日. 府學有祭詞[88], 秀才三十六人舞于庭.

廿一日. 陳大人起東庫, 將起送物入匣.

八月一日. 五更趨[89]勤[90]政堂爲月旦禮. 又起天寧寺習
　　　　　皇[91]帝聖誕之禮儀, 府中諸官, 府學·縣學秀才, 天童山·育王寺·延慶·萬壽
　　　　　清衆, 恭趣于祝延聖壽道場, 一等立定. 秀才一人立階上, 唱排班拜興[92]等.

三日. 皇帝聖節, 闔府官僚·諸刹僧衆, 皆趣天寧寺而講禮. 日衆因雨不起, 陳內官大怒.

四日. 觀光堂茶飯, 陳大人餞[93]北上之衆也.

五日. 朝詣大人致茶飯之謝.

六日. 日[94]衆三百員平明出安遠驛, 各乘船四明驛.

七日. 晨發舜江, 午至車厩驛. 驛有越王勾踐像. 晚泊船于[95]餘姚縣姚[96]江驛. 有寺曰大
　　　龍泉寺, 寺後絶項大高, 唐方干[97]詩所謂, 未明先見[98]海底日, 誠[99]哉.

八日. 上虞縣, 換船. 夜泊曹娥江.

九日. 曹娥驛. 驛前白壁墨書曰, 至杭州府二百二十里. 至寧波府二百廿里. 午至會稽

---

85 '歸'는 東大本에는 없다.
86 '淅'은 內閣本·東大本·甲子夜話本에 '浙'로 되어 있다.
87 '僧'은 東大本에는 없다.
88 '詞'는 內閣本·東大本·史籍集覽本·甲子夜話本에 '調'로 되어 있다. [발표자]'祭詞'는 '詞祭'의 오기인 듯하다.
89 '趨'는 內閣本·東大本·史籍集覽本·甲子夜話本에 '起'로 되어 있다.
90 '勤'은 史籍集覽本에 '勸'으로 되어 있다.
91 平出은 史籍集覽本·甲子夜話本에는 없다.
92 '興'은 東大本·史籍集覽本·甲子夜話本에 '典'으로 되어 있다.
93 '餞'는 東大本·史籍集覽本·甲子夜話本에 '錢'으로 되어 있다. 史籍集覽本에는 「餞カ」라는 注記가 있다.
94 '日'은 史籍集覽本에는 없다.
95 '于'는 內閣本·東大本·史籍集覽本에 '千'으로 되어 있다.
96 '姚'는 東大本에는 없다.
97 '唐方干'은 東大本에 '方'으로 되어 있다.
98 '見'은 東大本에는 없다.
99 '誠'은 東大本에 '城'으로 되어 있다.

縣. 陸地行船一里許. 予出船步行, 過東關驛四三里. 詣曹娥廟. 讀八字碑[100], 蔡邕所謂碑, 己[101]〔已〕折爲二, 宋元祐中蔡[102]卞書而立之.

十日. 曉到紹興府山陰縣. 城中有山, 乃越王臺舊趾. 半山有高閣, 額曰越山勝絶瞰. 其下有鑑湖·剡溪·曲水.

十一日. 朝至蕭山縣西興[103]縣〔驛〕. 午渡錢塘江, 江廣十八里, 東岸曰淛[104]〔浙〕東, 乃越地也. 西岸曰淛[105]西, 乃吳地也. 晚入杭州武林驛.

十二日. 六·七·八號船衆到杭.

十三日. 將遊孤山, 途中遇雨而還[106]. 晚晴, 入梵天寺, 祠堂有蘇子瞻像, 牌〔⌒〕[107] 當山土地東坡居士護法明王.

十四日. 出涌金門, 至南屛山下, 入淨慈寺. 南山外門額西湖畔清淨慈門. 三門·千佛閣{門左}·宗鏡堂{法堂}·永明室{方丈}·一湖軒{書院}·應眞文殿{五百羅漢堂}·長老玉岡潤和尙接[108]方丈[109]閣點茶. 侍者手擎纖香立中央, 講揖香·揖茶之禮. 辭去. 遶西湖度六橋, 所謂蘇公堤無柳一株. 至第四橋, 北入山路五, 六里, 到靈隱寺. 外門額曰飛來峰. 入門[110]直上方丈[111], 住持像[112]〔僧〕空鏡和尙對床夜話.

十五日. 早晨[113]. 上殿祝聖. 一僧唱藥師如來號, 維那讀回向. 至今上皇帝, 大衆同音呼

---

100 '碑'는 史籍集覽本에 '婢'로 되어 있다.
101 '己'는 史籍集覽本·甲子夜話本에 '已'로 되어 있다.
102 '蔡'는 東大本에는 없다.
103 '興'은 東大本·史籍集覽本·甲子夜話本에 '円'으로 되어 있다.
104 '淛'은 內閣本·甲子夜話本에 '浙'로 되어 있다.
105 '淛'은 東大本·史籍集覽本에 '淛'으로 되어 있다.
106 '還'은 內閣本·東大本·史籍集覽本·甲子夜話本에 '遠'으로 되어 있다. 內閣本에는 '四河入海卷一之一引, 遠作還'이라는 注記가 있다. 史籍集覽本에는 '還力'라는 注記가 있다.
107 ⌒은 東大本·史籍集覽本·甲子夜話本에는 '日'로 되어 있다.
108 '接'은 東大本에는 없다.
109 '方丈'은 東大本에 細字로 되어 있다.
110 '門'은 東大本에는 없다.
111 '丈'은 內閣本에 '文'으로 되어 있다.
112 '像'은 史籍集覽本에 '僧'으로 되어 있다.
113 '早晨'은 史籍集覽本에 '甲辰'으로 되어 있다.

萬歲, 萬歲, 萬萬歲[114]. 寢堂茶罷. 上堂無問禪. 有偈, 示[115]曰, 佇看今夜一輪滿, 一片清光何處無. 予隨長老後, 就庫堂喫粥了. 出[116]寺. 寺前呼猿洞·回龍橋·望江閣·見山亭·冷泉亭. 寺後靈鷲山·北高峰·蓮[117]華峰. 遂[118]傍飛來峰而北, 有一門. 額曰佛國山. 其內額曰三天[119]竺淨土. 東坡所謂南北一山門是也. 凡路頭之門, 裏面皆有額. 額字或同或[120]異. 下天竺. 額曰天竺靈山講寺. 葛[121]洪井·三生石·靈山. 子昂筆. 中天竺. 千歲岩. 有寶掌和上像. 祖堂有季潭泐[122]禪師牌. 上天竺大講寺. 外門額普門. 肅儀亭, 孫公泉, 白雲堂, 秋香閣, 淸華[123]軒, 淸暉樓, 水月樓, 雲液池, 孤山和靖舊宅, 無梅一枝. 季潭詩所謂, 處士梅花千樹盡, 蘇公楊柳一株無. 蓋記實也. 宅中有樂天·和靖·東坡三賢塑像. 像左右許由·嚴子陵爲首. 隱士百餘輩有牌. 又湖邊有寺, 揭瑪碯講[124]寺之額. 中庸子故居乎. 佛足岩之上, 有大刹. 曰保叔寺. 寺有金鯽池. 或曰, 此水與西湖通. 晩入錢塘門, 歸武林驛.

十六日. 海會寺. 寺前有伍子胥廟. 門額登勸喜地堂. 有塑像. 牌曰吳山土主忠孝威惠顯聖王伍公之神.

十七日. 錢塘江觀潮. 午後出武林乘船. 行二十里, 泊于德勝埧[125].

十八日. 仁和縣. 吳山驛. 長安驛. 崇德縣.

十九日. 皂皂林驛. 桐鄕縣萬壽寺. 嘉興府三塔寺. 龍淵勝境.

---

114 '萬歲, 萬歲, 萬萬歲'는 史籍集覽本에 '萬山山山山萬萬山山', 甲子夜話本에 '萬山山山, 萬萬山山'으로 되어 있다.
115 '示'는 東大本에는 없다.
116 '出'은 東大本에는 없다.
117 '蓮'은 東大本·甲子夜話本에는 '蓬'으로 되어 있다.
118 '遂'는 東大本·史籍集覽本은 '逐'으로 되어 있다.
119 '天'은 內閣本·東大本·史籍集覽本·甲子夜話本에 '夾'으로 되어 있다. 史籍集覽本에는 '天力'라는 注記가 있다.
120 '或'은 史籍集覽本에는 없다.
121 '葛'은 東大本·史籍集覽本·甲子夜話本에 '萬'으로 되어 있다.
122 '泐'은 甲子夜話本에 '泐'로 되어 있다.
123 '華'는 內閣本·東大本·史籍集覽本·甲子夜話本에 '等'으로 되어 있다.
124 '瑪碯講'는 東大本에 '瑪講'으로, 史籍集覽本에 '碼碯'로 되어 있다.
125 '埧'는 東大本·史籍集覽本·甲子夜話本에 '頂'으로 되어 있다.

廿[126]日. 吳江. 長橋七十二洞. 一洞[127]乃一間也. 蘇州府. 府西門額曰胥門. 晚泊于楓橋, 到寒山寺. 佛殿左有碑[128]. 曰舊名楓橋[129]寺, 又曰江林寺云云. 後殿寒山[130]·拾得爲本[131]尊. 門前有二井, 曰寒山井·拾得井. 去楓橋二十里, 有虎丘寺.

廿一日. 常州府無錫縣. 秀才曰, 此縣有寺. 南禪·北禪·花藏·松山·惠山[132]. 予遊惠山寺. 寺有泉, 額曰, 天下第二泉.

廿二日. 毘陵驛. 驛有蘇公遺像, 牌曰, 宋文忠公東坡居士之神. 奔中〔牛力〕壩[133]. 民食蛙虵.

廿三日. 鎭江府, 古潤州[134]. 丹陽縣, 南水關, 北水關. 甘露寺有高樓, 額曰, 多景樓. 京口驛.

廿四日. 渡楊子江, 江廣四十里. 南岸有樓, 額江南律觀樓〔潤州〕. 北岸有樓, 揭[135]江淮勝槪樓[136]. 乃楊州也. 有驛額廣陵驛. 驛樓重重, 簷楹飛舞. 驛前江淮等處馬·快·紅·站諸船, 舳艫相啣[137]. 中流有二山, 謂金山·焦山也.

廿五日. 邵伯驛. 承官逃亡, 不館日衆. 高郵州泛于太湖. 磚河塘, 盂[138]城驛.

廿六日. 淮安府山陽縣. 彩[139]〔刺〕麻國番僧船二隻, 辭北京歸.

廿七日. 淮陰驛, 清河縣.

廿八日. 桃源驛.

廿九日. 晦. 邳州宿遷縣. 有茆屋.

---

126 '廿'은 甲子夜話本에 '二十'으로 되어 있다.
127 '一洞'은 史籍集覽本에는 없다.
128 '左有碑'는 史籍集覽本에 '左右有牌'로 되어 있다.
129 '橋'는 東大本에는 없다.
130 '寒山'은 史籍集覽本에 '寒山寺'로 되어 있다.
131 '本'은 東大本에는 없다.
132 '山'은 東大本에는 없다.
133 闕字는 史籍集覽本·甲子夜話本에는 없다.
134 '州'는 東大本에는 없다.
135 '揭'는 東大本에 '楬'로 되어 있다.
136 '樓'는 東大本에는 없다.
137 '啣'은 東大本에 '卸'로 되어 있다.
138 '盂'는 內閣本·東大本·史籍集覽本·甲子夜話本에 '孟'로 되어 있다.
139 '彩'은 甲子夜話本에 '賴'로 되어 있다.

九月一日. 下邳驛. 市店掛乾龍, 長丈五. 秀才曰, 城裡有進履橋.

二日. 新安驛.

三日. 呂梁洪. 汴·泗支〔交力〕流處, 水太急. 使七, 八牛牽船一隻. 百步洪是也. 呂梁上閘, 牛牽船與洪同. 徐州閘, 州以鐵鉸[140]牽船.

四日. 徐州府彭城驛. 有夜雨.

五日. 雨中泊于彭城.

六日. 泊彭城, 三夜, 夜夜聽雨.

七日. 沛縣下閘.

八日. 泗亭驛. {漢高爲亭長之舊地}

九日. 山東袞[141]州魚台縣. 魯地. 給粟, 士女皆替[142]〔簪〕菊〔菊〕花.

十日. 濟寧州魯橋驛.

十一日. 南城水驛.

十二日. 東平州安山水驛. 積水湖有小漁舟百餘隻, 皆載鶴.

十三日. 東阿縣荊門水驛. {船多陽穀縣. 冬瓜[143]甚大甚多.}

十四日. 東昌府淸水〔平〕縣淸陽驛.

十五日. 臨淸淸[144]源驛. 齊地. 有桓公廟·晏子廟. 甘草多. {一斤代八文.}

十六日. 高唐州武城縣甲馬榮〔營〕水驛.

十七日. 濟南府德州良店驛.

十九日. 順天府霸州奉新驛.

廿日. 楊靑驛. 天津衛, 天津右衛. {河水始淸.}

廿一日. 楊村驛. {水始凍[145].}

廿二日. 河西驛.

---

140 '鉸'는 史籍集覽本에 '鋏'으로 되어 있다.
141 '袞'은 史籍集覽本·甲子夜話本에 '兗'으로 되어 있다.
142 '替'는 史籍集覽本에 '簪力'라는 注記가 있고, 甲子夜話本에 '簪'으로 되어 있다.
143 '瓜'는 史籍集覽本에 '爪'로 되어 있다.
144 '淸'은 東大本·史籍集覽本·甲子夜話本에 'ヶ'로 되어 있다.
145 '水始凍'은 內閣本·東大本·史籍集覽本·甲子夜話本에는 大字로 되어 있다.

廿三日. 和合驛.

廿四日. 張家湾.

廿五日. 通州通泹驛. 馬船·快船·孔船·站船·運粮船等四來, 諸船皆繫于此.

廿六日. 驛丞官出車馬·驛驢 日衆各乘之起[146]京. 晚入崇陽門. 官人記人員姓名, 引達于會同館.

廿七日. 官命入鴻臚寺習禮亭, 習朝參禮.

廿八日. 朝參, 長安街, 玉河東隄·玉河西隄[147], 長安門, 承天之門. 端門, 有二象, 午門·左[148]掖門·右掖[149]門, 奉天門見

皇帝[150]. 官[151]人唱, 鞠躬拜起, 叩頭起, 平身, 跪叩頭. 快走闕左門. 賜宴, 宴罷, 又趣端門, 跪叩頭而出. 謁禮部院. 禮部乃昆棱[152]〔毘陵〕胡濙, 年八十餘.

十月一日. 朝參. 奉天門見天子, 朝儀如前, 賜宴闕左門.

二日. 朝參. 正使入奉天門捧表文, 綱司以下立午門, 聞大鐘鳴, 自左掖門入奉天門. 跪拜起, 叩頭起. 自右掖門出, 賜宴于闕左門. 午後日本貢馬達京. 通事盧円, 從僧允邵·淸啓等, 始[153]到于館.

四日. 馬船衆朝見[154]天子于奉天門. 賜宴如常.

五日. 朝參. 天子御奉[155]天門, 觀日本進貢馬二十匹. 闕左門賜宴如常. 宴罷歸館. 官給米·麵粉·酒·醋[156]·菓子·醬·柴等.

七日. 奏日本九號船一隻, 九月十四日到寧波府.

八日. 四號·六號·七號·八號等船衆, 龍踩·光幢始入京.

---

146 '起'는 史籍集覽本에 '赴'로 되어 있다.
147 '隄'는 史籍集覽本에 '堤'로 되어 있다.
148 '左'는 史籍集覽本에는 없다.
149 '右掖'은 史籍集覽本에는 '左提'로 되어 있다.
150 '擡頭'는 史籍集覽本·甲子夜話本에는 없다.
151 '官'은 東大本에서는 '官' 위를 闕字로 하였다.
152 '棱'은 史籍集覽本에 '陵カ'라는 注記가 있다.
153 '始'는 東大本에는 없다.
154 闕字는 史籍集覽本·甲子夜話本에는 없다.
155 '奉'은 東大本에는 없다.
156 '醋'는 東大本에 '酷'으로 되어 있고, 史籍集覽本에 '酪'으로 되어 있다.

九日. 中書舍人至. 予呈一詩. 舍人曰, 外城[157]〔域〕朝貢于大明者, 凡五百餘國, 唯日本人獨讀書云云.

十日. 四·六·七·八號船衆, 始朝參.

十一日. 禮部檢日本勘合, 主客[158]司金屛風金字上添貼字.

十二日. 燕山初雪.

十三日. 南蠻瓜〔爪〕哇國人百餘人在館. 求通信於日本.

十四日. 女眞人來朝, 皆服馬皮. 似韃旦人.

十五日. 朝參. 見天子於奉天門, 賜宴如常, 朝罷遊翰林院.

十六日. 戌刻月食. 九重城裏鐘鼓雷轟.

十七日. 上命設茶飯於本館, 以享日衆. 內官[159]一員幷禮部侍郞光伴. 倡優伎術事事驚人.

十八日. 朝參. 致賜茶飯之謝. 因觀[160]韃旦人來朝, 獻[161]馬七千[162]〔十〕匹.

廿日. 回回人來朝, 獻馬二十匹.

廿一日. 入回回人館, 見書字, 字橫行, 似梵字而非.

廿八日. 日本進貢[163]貨匣, 入會同館, 車七十五兩.

十一月一日. 朝參. 入西甬[164]〔角〕門, 左奉天門, 右到奉天殿. 見皇[165]帝. 朝禮畢, 賜新曆{景泰五年甲戌曆}, 百官{幷}諸人争進而奪之. 賜宴闕左門. 又謁禮[166]部院.

二日. 上命入大隆福禪寺, 寺乃景泰三年勅建也.

三日. 又命見大慈恩寺. 寺有胡僧二百員, 皆耳帶金環.

---

157 '城'은 史籍集覽本에 '域'으로 되어 있다.
158 '客'은 東大本에는 없다.
159 '官'은 東大本에는 없다.
160 '觀'은 史籍集覽本에 '觀見'으로 되어 있다.
161 '獻'은 東大本에는 없다.
162 '千'은 東大本·史籍集覽本·甲子夜話本에 '十'으로 되어 있다. 해석에 반영한다.
163 '貢'은 史籍集覽本에는 없다.
164 '甬'은 史籍集覽本에 '角力'라는 註記가 있다.
165 擡頭는 史籍集覽本·甲子夜話本에는 없다.
166 '禮'는 東大本에는 없다.

四日. 又有旨¹⁶⁷, 入大奧¹⁶⁸〔興〕隆禪寺. 寺設茶飯. 綱司貞¹⁶⁹令衆不赴.

五日. 主客司檢進貢物.

八日. 朝參. 奉天門獻日本貨物. 韃旦・回回¹⁷⁰諸番觀之.

十一日. 百官及外城¹⁷¹〔域〕衆往朝天宮, 習冬至朝義.

十二日. 朝參. 賜衣. 正・副使金襴金環袈裟・柳綠藍羅衣・襪子¹⁷²・履, 從僧紺羅銀環袈裟・柳綠藍羅衣・襪子・履.

十三日. 朝參. 致賜衣謝, {各着宮¹⁷³衣}, 又謁禮部院.

十四日. 冬至. 朝參. 自在¹⁷⁴〔左〕掖門入東角門, 過鳳凰池到奉天殿. 見¹⁷⁵天子. 文樓・武樓之間, 萬官排班三呼萬歲, 聲動天地.

十五日. 朝參. 中書大人自奉天門出, 排從僧¹⁷⁶於土官上.

十六日. 韃旦人八百人來朝. 駱駝二十餘匹從之.

十九日. 上憐日本人伴等, 賜冬衣裳.

廿五日. 張楷子張伯¹⁷⁷厚應舉在京, 來作詩.

十二月一日. 朝參. 奉天門朝禮. 賜宴.

二日. 朝參.¹⁷⁸每朝參, 必賜宴.

六日. 朝參. 欽賜正・副使段子・羅紗¹⁷⁹四端・絹子六端・銅子一萬, 從僧¹⁸⁰段子一端・絹子二端・銅分¹⁸¹〔子力〕五千.

---

167 '旨'는 東大本에는 없다.
168 '奧'는 史籍集覽本・甲子夜話本에 '興'으로 되어 있다.
169 '貞'은 史籍集覽本에 '員'으로, 甲子夜話本에 '負'로 되어 있다.
170 '回'는 東大本・史籍集覽本・甲子夜話本에 '々'로 되어 있다.
171 '城'은 史籍集覽本에 '域'으로 되어 있다.
172 '子'는 東大本에 '乎'로 되어 있다. みせけち 위에 異筆로 '子'라는 注記가 있다.
173 '宮'은 史籍集覽本・甲子夜話本에 '官'으로 되어 있다.
174 '在'는 東大本・史籍集覽本・甲子夜話本에 '左'로 되어 있다.
175 闕字는 史籍集覽本・甲子夜話本에는 없다.
176 '僧'은 東大本에는 없다.
177 '伯'은 史籍集覽本에 '佰'으로 되어 있다.
178 闕字는 史籍集覽本・甲子夜話本에는 없다.
179 '紗'는 史籍集覽本에 '沙'로 되어 있다.
180 '僧'은 東大本에 '增'으로 되어 있다.
181 '分'은 史籍集覽本에 '子力'라는 注記가 있다.

七日. 朝參. 謝欽賜之恩.

八日. 本[182]〔日本〕二號船居座淸海始達京. 曰, 十月十日發寧波.

九日. 高麗官人來朝.

十五日. 朝參. 獻九號船貢馬匹.

十七日. 綱司·居座謁禮中, 咨還日本.

廿一日. 日本淸海·高麗官人, 賜茶飮[183]〔飯〕於本館, 爭位 主客司來, 左日本, 右高麗.

廿三日. 四川人二百餘人至館.

廿五日. 日衆三百餘員, 就本館賜茶飯.

廿六日. 朝參. 致茶飯慶.

廿七日. 百官往朝天宮, 習歲旦朝禮. 外國人皆從.

廿八日. 日本淸海等朝參. 賜衣.

廿九日. 立春. 淸海等[184]朝參. 着宮衣, 致敗[185][186]賜衣謝.

三十日. 除夜. 長安街列炬如晝.

大明景泰五年甲戌春王[187]正月一日, 五更朝參.

    皇帝[188]御奉天殿. 千官排班〔班齊〕. 菊〔鞠〕躬拜, 興四拜, 平身. 班首行禮祝壽. 禮畢, 就班拜. 興四拜, 三舞導〔踏力〕拜. 興四拜, 就跪, 三呼萬歲歲歲歲歲. 幷三呼萬萬歲, 拜. 興四拜, 平身. 禮畢, 自鳳[189]皇池出[190]左掖門, 入于闕左門. 賜光祿宴[191]. 日本·賴麻·高麗·回回·韃旦[192]·達達·女眞·雲南·四川·琉球等, 諸番皆五焉.

二日. 遊法花寺. 入僧堂. 一老僧曰. 我師乃日本亮哲也. 師曾有偈曰. 眼前風物般般

---

182 '本'은 史籍集覽本에 '日本'으로 되어 있다.
183 '飮'은 東大本·史籍集覽本에 '飯'으로 되어 있다.
184 '等'은 東大本에 '寺'로 되어 있다.
185 '敗'는 東大本에는 없다.
186 '敗'를 오자로 보아 삭제하였다.
187 '王'은 史籍集覽本에는 없다.
188 東大本에는 '皇帝'를 一字 擡頭하였다.
189 '鳳'은 史籍集覽本에 '九'로 되어 있다.
190 '出'은 東大本에 '出出'로 되어 있다.
191 '宴'은 東大本에는 없다.
192 '回回·韃旦'은 東大本에 '回·韃旦'으로, 史籍集覽本에 '韃旦·回々'로 되어 있다.

別. 唯有寒梅一樣花.

三日. 綱司謁禮部. 獻扇子十把. 禮部辭焉.

四日. 淸海等[193]賜段子·絹子·綿子.

六日. 禮部給日本番貨價直.

十一日. 皇帝幸于天妃廟.

十二日. 帝回駕入大明門. 奏樂前行者數千人. 大象負寶玉行者三匹. 六龍車二, 二象牽車者二. 鳳輦[194]二, 人肩之. 其一 帝御之. 執戟擁衛者數萬人. 甲冑士走馬者三十六萬騎. 至大明門, 分行東長安街·西長安街.

十三日. 觀燈市. 燈籠傍皆掛瑠璃瓶. 瓶中有數寸魚, 映燈光而踊躍, 甚可愛也. 濟大川題[195]瑠璃燈棚曰, 氷壺凜凜玉龍[196]蟠. 其謂之乎.

十五日. 朝參. 禮畢, 百官午門賜宴, 日本·外域[197]諸人闕右門賜宴. 夜觀燈, 至東長安街. 望見端門, 萬燭耀天.

十七日. 有衣冠騎馬, 搭[198]紅絹於肩上而曳地從之, 鳴鼓笛, 以遶宮城者. 予問之, 則曰, 家產男子者, 例如此. 云云.

廿一日. 南京貢銀子車三百兩, 至京. 送十車於居庸關巡檢司, 車一兩銀三萬兩.

二月一日. 朝參奉天門. 正使捧表, 請益方物給價.

四日. 禮部召趙[199]通事, 問[200]日本人所求, 曰, 給價若不依宣德八年例, 再不歸本國. 云云.

六日. 禮部曰, 方物給價, 其可照依宣德十年[201]例.

七日. 綱司謁禮部曰, 十年[202]例, 還本國誅戮, 只願憐察[203]〔察〕.

八日. 禮部院集侍郎·郎中·員外郎·主客司等, 議定給價.

---

193 '等'은 東大本에 '寺'로 되어 있다.
194 '輦'은 史籍集覽本에 '輩'로 되어 있다.
195 '題'는 東大本에는 없다.
196 '龍'은 史籍集覽本에는 없다.
197 '域'은 東大本에 '城'으로 되어 있다.
198 '搭'은 東大本에 '塔'으로 되어 있다.
199 '趙'는 內閣本·東大本·史籍集覽本에 '逍'로 되어 있다.
200 '問'은 東大本에 '向日'로, 史籍集覽本·甲子夜話本에 '向'으로 되어 있다.
201 '年'은 東大本·史籍集覽本·甲子夜話本에 '季'로 되어 있다.

九日. 進士三千員入試局.

十日. 將觀試院, 乃國子監也. 嚴設棘圍, 不許遊人入.

十一日. 看正統年[204]中新驛〔譯〕經一峽, 乃花嚴也.

十二日. 大興隆寺者, 西長安門一里, 有衆四千員. 第一座質庵淳公, 乃前僧司錄[205]〔錄司〕獨芳和尙高第[206]〔弟〕也. 朝野稱之. 予茶話次問, 淸規有茶一中之語, 中字如何. 淳曰, 與鐘音同, 宜作一鐘, 又一日.{謂之一中云云.}[207]

十三日. 遊正覺寺. 山門[208]額曰正覺山. 雖[209]城中而有山號.

十四日. 知果寺大[210]海和尙濟下宗師. 機鋒峭峻, 妄不接人. 予因問之, 如何是[211]佛法大意. 海曰, 你是何處人. 予曰, 日本國來. 海曰, 未離日本, 好與三十[212]棒. 予曰, 上座罪過. 海笑. 侍者點茶來.

十五日. 朝參奉天門. 朝禮如常.

十六日. 興隆寺獨芳和尙洞下遺老, 道重王臣. 予見之, 喫菓子次, 師擧燒餠曰, 日本有麼. 曰{有[213].} 又擧棗子曰, 日本有麼. 曰, 有. 師曰, 這裏來爲什麼. 予曰, 老和尙萬福. 師笑. 賜自所註[214]心經一卷.

十七日. 琉球國長史來朝.

廿一日. 興隆寺大僧錄司右善世南浦和尙賜送行序.

廿二日. 勅給賜奏討古銅大香鑪二个·黃銅方香鑪一个·銅磬一口·鐃鈸一付各二[215]件.

廿六日. 觀禮部院開科擧榜. 榜曰,

---

202 '年'는 東大本·史籍集覽本·甲子夜話本에 '季'로 되어 있다.
203 '寮'는 史籍集覽本·甲子夜話本에 '察'로 되어 있다.
204 '年'은 東大本·史籍集覽本에 '李'로, 甲子夜話本에 '季'로 되어 있다.
205 '司錄'은 甲子夜話本에 '錄司'로 되어 있다.
206 '第'는 東大本·史籍集覽本·甲子夜話本에 '弟'로 되어 있다.
207 '謂之一中云云'은 史籍集覽本에는 大字로 되어 있다.
208 '門'은 東大本에 '內'로 되어 있다.
209 '雖'는 東大本·史籍集覽本·甲子夜話本에 '錐'로 되어 있다. 史籍集覽本에는 '雖力'라는 注記가 있다.
210 '大'은 東大本에 '太'로 되어 있다.
211 '是'는 東大本에는 없다.
212 '十'은 東大本에 '千'으로 되어 있다.
213 '有'는 東大本·史籍集覽本·甲子夜話本에 '有'로 되어 있다.
214 '註'는 史籍集覽本에 '注'로 되어 있다.
215 '二'는 史籍集覽本에는 없다.

> 禮部爲科擧事. 今²¹⁶將景泰五年會試, 取到中式擧人姓²¹⁷名開列于後, 須至榜者.
> 計開中式擧人三百五十名.
>
> 第一, 名彭華 江西安福縣儒學生 春秋
> 第二, 名尹直 江西奉化縣監生 易
> 第三, 徐鑾 浙江開化縣儒學生 書
> 第三, 百五十. 名云云. 右榜諭衆通知. 景泰五年二月 日榜.

廿八日. 奉天門早朝, 欽奉聖旨賜歸. 午前出會同館, 馬六十四匹·騾四十四匹·驢一百匹·車一百二十兩. 晚至通州通泲²¹⁸驛.

廿九日. 行人司差, 伴送官陶氏齋²¹⁹關子來. {行人, 司名, 掌四方行人. 護諸番神〔使力〕而送之, 曰伴官送²²⁰〔送官〕. 關子, 日本所謂過書也.}

三十日. 朝辭通泲²²¹驛登船. 晚泊張家灣.

三月一日. 小雨. 過和合驛.

二日. 河西驛. 伴送官准關子, 具馬·快船一十五隻. 隻載車八兩貨物, 人員二十三, 四輩

三日. 開黃封酒以賞上己²²²〔巳〕. 水夫²²³醉歌. 至于楊村驛.

四日. 河水始濁, 乃黃河之流也. 午過楊靑驛, 夜至奉新驛.

五日. 河間府天津衛.

六日. 流河驛. 庚午科擧人建高門者二.

七日. 滄州長蘆遞運所, 磚河驛.

---

216 '今'은 東大本·史籍集覽本·甲子夜話本에는 '令'으로 되어 있다.
217 '姓'은 東大本에 '性'으로 되어 있다.
218 '泲'은 東大本·史籍集覽本·甲子夜話本에 '洋'으로 되어 있다.
219 '齋'는 東大本·史籍集覽本에 '齊'로 되어 있다.
220 '官送'은 甲子夜話本에 '送官'으로 되어 있다.
221 '泲'은 史籍集覽本·甲子夜話本에 '洋'으로 되어 있다.
222 '己'는 內閣本·史籍集覽本·甲子夜話本에 '巳'로 되어 있다.
223 '夫'는 甲子夜話本에 '天'으로 되어 있다.

八日. 交河縣新橋驛[224], 吳橋縣連窩驛.

九日. 濟南府德州良店驛.

十日. 安德驛. 城裡城外之富, 不減臨淸·淮安.

十一日. 景州故城縣良[梁]家莊驛, 科擧門多.

十二日. 本[東]昌府武城縣甲馬營水驛. 夜過渡口驛.

十三日. 廣平府淸河縣臨淸縣淸源驛. 臨淸下聞[閘歟.][225]

十四日. 臨淸上閘, 淸陽驛, 始見靑草, 河水少淸.[226]

十五日. 聊城城樓重重大壯麗. 崇武驛. 午過荊門驛. 寂甚. 晚渡黃河, 河[227]廣二十里許. 萬夫支東流而就北流. 夜泊安山水驛.

十六日. 袞[228]州府東平州汶上縣開河驛{魯地.} 開河西可十里, 有湖曰靑丘, 吞雲夢八九者是也. 南京進貢船千[229]餘艘, 皆載胡椒, 又運粮船萬餘艘塞河而不動. 晚至于濟寧州, 州乃齊·衛境也.

十七日. 南城水驛. 西有山[230], 所謂龜山也.

十八日. 朝出袞[231]州, 東北有山, 乃岱山也. 袞[232]州屬魯, 濟寧屬齊, 杜少陵望岳詩曰, 齊魯靑未了, 誠哉.

十九日. 趙村閘, 石佛閘, 魯橋驛.

廿日. 魯[魚]台縣, 縣[233]乃魯公觀魚[234]台舊地. 棗林閘, 南陽閘, 沙河驛.

廿一日. 徐州府沛縣泗亭驛, 豊西驛[澤力]. 漢高斬虵處[235]也.

---

224 '驛'은 史籍集覽本에 '縣'으로 되어 있다.
225 '聞[閘歟.]'는 東大本·甲子夜話本에 '聞[間歟.]'로 되어 있고, 史籍集覽本에는 '聞'의 右傍에 '間力'라는 注記가 있다.
226 14일조는 史籍集覽本에는 없다.
227 '河'는 東大本·史籍集覽本·甲子夜話本에는 없다.
228 '袞'은 史籍集覽本·甲子夜話本에 '兗'으로 되어 있다.
229 '千'은 內閣本·東大本·史籍集覽本·甲子夜話本에 '一'로 되어 있다. 史籍集覽本에는 '一'의 右傍에 'マ丶'라는 注記가 있다.
230 '山'은 史籍集覽本에 '水'로 되어 있다.
231 '袞'은 史籍集覽本·甲子夜話本에 '兗'으로 되어 있다.
232 '袞'은 史籍集覽本·甲子夜話本에 '兗'으로 되어 있다.
233 '縣'은 史籍集覽本에는 없다.
234 '魚'는 史籍集覽本에 '魯'로 되어 있다. '魚力'라는 注記가 있다.
235 '虵處'는 史籍集覽本에 '蛇所'로, 甲子夜話本에 '虵所'로 되어 있다.

廿二日. 謝溝閘, 留城上閘.

廿三日. 彭城驛. 驛[236]前汴·泗交流. 船爲橋, 城北有山. 舊名雲龍, 今日石佛. 西有戲馬台舊基. 西北有樓. 所謂黃樓云. 城外有漢高廟. 廟裏[237]高祖及蕭·曹等遺像[238] 儼然.

	漢祖高皇大帝	
漢鄼侯蕭何之位		漢留侯張子房位
漢魯侯奚涓之位		漢絳侯周勃之位
漢平陽侯曹參位		漢淮陰侯韓信位
漢安國侯王陵位		漢舞陽侯樊噲位
漢穎陰侯灌嬰位		漢宣平[239]侯張敖位
漢曲陽侯酈商位		漢汝陰候[240]〔侯〕夏侯嬰位

---

236 '驛'은 史籍集覽本에 '驛'으로 되어 있다.
237 '裏'는 史籍集覽本에 '裡'로 되어 있다.
238 '像'은 史籍集覽本에는 없다.
239 '平'은 內閣本에 '乎'로 되어 있다.
240 '候'는 史籍集覽本·甲子夜話本에는 '侯'로 되어 있다.

廿四日. 彭城. 夜雨晨晴. 超呂梁上閘, 船多水少. 次于房村驛.

廿五日. 又有夜雨. 午過呂梁百步洪, 水多船少. 泊[241]于雙洪.

廿六日. 淮安府新安驛. 有斬首虜[242]. 牌曰強盜朱犴猾[243]首級.

廿七日. 邳州下邳驛.

廿八日. 直河驛.

廿九日. 鍾[244]吾驛.

三十日. 古城驛.

四月一日. 桃源縣桃源驛, 泊[245]船. 土俗製蒲葵扇賣之.

二日. 黃船三隻, 裝載袞衣上北京. 內官三員挾彈, 射近[246]船者.

三日. 入府學. 問先生, 此地名桃源有以乎[247]. 曰, 地屬楚, 楚靈王曾栽桃[248]樹, 以爲桃園, 因而名之云云.

四日. 清河縣淸口驛. 驛前黃河[249]一支西來. 我船隨淮水而南. 二水交流, 淸濁自分. 從此船泝[250]淮水, 晚至于山陽驛. 自淸口至此六十里間, 有修造船廠.

五日. 淮陰驛. 淸江浦. 有韓信廟·漂母墓.

六日. 高郵州安平驛. 有甓社湖, 乃孫莘老讀書處. 山谷寄詩曰, 甓社湖中有明月云云.

七日. 江都縣邵伯驛. 綱司貞差人伴三十人, 自此直往杭州.

八日. 楊州府廣陵驛. 城中百萬家, 盛賞紅藥[251]. 葵[252]〔蔡〕繁卿曾爲萬花會, 宜矣. 從此至[253]北京三千八百里, 至南京一百八十里.

---

241 '泊'은 內閣本에 '伯'으로 되어 있다.
242 '虜'는 史籍集覽本에는 '膚'로 되어 있다.
243 '朱犴猾'은 內閣本에 '未犴猾'로, 東大本에 '未行揖'으로, 史籍集覽本·甲子夜話本에 '未肝揖'으로 되어 있다.
244 '鍾'은 東大本·史籍集覽本·甲子夜話本에 '鐘'으로 되어 있다.
245 '泊'은 東大本에 '治'로 되어 있다.
246 '近'은 內閣本·東大本·史籍集覽本·甲子夜話本에 '進'으로 되어 있다.
247 '乎'는 內閣本에 '平'으로 되어 있다.
248 '桃'는 史籍集覽本에는 없다.
249 '河'는 史籍集覽本에는 없다.
250 '泝'는 內閣本·東大本에 '沂'으로 되어 있다.
251 '藥'은 史籍集覽本에 '葉'으로 되어 있다.
252 '葵'는 史籍集覽本·甲子夜話本에 '蔡'로 되어 있다.
253 '至'는 內閣本·東大本에 '主'로 되어 있다.

九日. 儀眞驛. 有寺, 曰天寧. 一僧引登觀音閣, 指示境致曰, 彼處曰, 五馬渡. 晋五王南渡所. 此浦曰, 胥浦. 伍子胥解劍渡江所[254]. 云云. 午後船至楊子江. 順風揚帆, 夜半渡江. 舟人皆誦普門品. 曉繞江南, 兩岸蘆多.

十日. 朝見石頭城. 午至城下. 城高數丈, 未知其長, 或曰, 周回二十日程也. 至龍江抽分場. 至廣恩門, 泊于龍灣.

十一日. 內官三員·都督一員, 迎接于廣恩街.

十二日. 遊靜海寺. 寺濟下也. 有高閣, 閣上見江淮遠近之山.

十三日. 一秀才[255]來. 予問地圖. 才乃冠中出小筆, 書曰, 此地春秋屬吳, 戰國屬越, 後屬楚. 初置金陵邑, 秦改曰秣[256]陵, 吳大帝都此, 改曰建業. 晋武帝改爲秣[257]陵, 又分北爲建業, 改業鄴, 復改爲建康. 東晋元帝, 渡江復都焉, 又爲丹陽郡. 宋·齊·梁·陳因之. 唐·宋之後, 元又都焉. 札牙篤[258]皇帝至順元年, 改建庚[259]〔康〕爲集慶路. 方今大明立極之初, 定鼎于此, 改曰應天府. 云云.

十四日. 秀才又來, 如舊識. 延予遊廣恩街淺鋪. 堆櫻桃於金盤, 盛甘蔗[260]於銀椀.

十七日. 袁[261]太監送鸎歌一隻·畵眉·錦鷄·鴛鴦.

十八日. 太[262]監又送鸚哥一隻·鮮笋一盤·川草花一[263]盤·酒一罈.

廿一日. 鍾[264]山. 去城可十里, 松竹蔚然.

廿二日. 日衆至石城橋. 內官四員·總兵官三員據交床, 厉[265]〔励〕聲曰, 今日還爾硫黃[266], 明日還价銅子·蘇木等.

---

254 '渡江所'는 史籍集覽本에 '所渡'로 되어 있다.
255 '才'는 東大本에 '又'로 되어 있다.
256 '秣'은 內閣本·甲子夜話本에 '秫'로, 東大本·史籍集覽本에 '林'로 되어 있다.
257 '秣'은 東大本·甲子夜話本에 '稱'으로 되어 있다.
258 '篤'은 甲子夜話本에 '䔍'으로 되어 있다.
259 '庚'은 史籍集覽本에 '康'으로 되어 있다.
260 '甘蔗'는 內閣本·甲子夜話本에 '甘麄'로, 東大本에 '耳麄'로 되어 있다.
261 '袁'은 內閣本·東大本·史籍集覽本·甲子夜話本에 '表'로 되어 있다.
262 '太'는 史籍集覽本에 '大'로 되어 있다.
263 '一'은 史籍集覽本에는 없다.
264 '鍾'은 東大本·史籍集覽本·甲子夜話本에 '鐘'으로 되어 있다.
265 '厉'는 東大本·史籍集覽本·甲子夜話本에 '房'으로 되어 있다.
266 '黃'은 史籍集覽本에 '礦'으로 되어 있다.

廿三日. 出硫黃三萬斤·銅子一千二百五十扛[267], 還之.

廿四日. 銅子{幷}蘇木還之.

廿五日. 黃船三隻載氷上北京, 水夫千餘脫衣牽船.

廿六日. 太監出給價新錢三千萬.{宣德分.}

廿七日. 出鈔[268]〔紗〕絹子五千[269]端.

五月一日. 大雨.

二日. 辭金陵, 次于龍江衛.

三日. 晨晴. 官船百餘[270]送至楊子江, 午過金山·焦山, 晚次于北固山下.

四日. 雨中推櫓出鎭江府丹徒縣. 縣乃秦始皇發赭衣三萬人, 鑿地脈之處.

五日. 丹陽縣.

六日. 孟瀆河.

七日. 常州毘陵驛. 北來諸船到此皆倒桅[271]竿, 蓋以吳[272]越多過橋下也.

八日. 蘇州長洲[273]苑.

九日. 夜泊楓橋.

十日. 入蘇州府. 花席·茶椀太多.

十一日. 晚出胥門.

十二日. 吳江縣. 寶帶橋五十三洞, 垂虹橋七十二洞, 橋半有垂虹亭. 從此泛太湖. 湖蓋跨湖·常·宣〔宜〕·蘇之四州. 片帆所過, 震澤·笠澤·松江·苕溪·顧渚·雪溪·姑蘇山·西塞山·洞庭 湖中有石堤, 其長四十里.

十三日. 嘉興[274]府桐鄉縣皇[275]〔皂〕林驛, 崇德縣.

---

267 '扛'은 東大本에 '社'로 되어 있다.
268 '鈔'는 史籍集覽本에 '紗'로 되어 있다.
269 '千'은 史籍集覽本에 '十'으로 되어 있다.
270 '餘'는 東大本에 '金'으로 되어 있다.
271 '桅'는 內閣本·東大本에 '捴'로 되어 있다.
272 '吳'는 內閣本·東大本·史籍集覽本·甲子夜話本에 '其'로 되어 있다.
273 '洲'는 史籍集覽本에 '州'로 되어 있다.
274 '興'은 東大本에 '典'으로 되어 있다.
275 '皇'은 史籍集覽本에 '皂'으로 되어 있다.

十四日. 杭州府仁和縣, 德勝垻.

十五日. 吳山驛, 正使不安, 先入武林驛.

十六日. 綱[276]·居·土等站船四隻入武林驛. 人伴等留于吳山驛.

十七日. 阮太監出給價錢銅三千萬.

十八日. 詣吳山伍[277]子胥廟. 遂到三菲〔茅力〕觀. 觀蓋吳中之勝槪也. 左西湖, 右錢塘, 而據吳山之半腰, 屹立于湖中, 則孤山也. 突出于前面, 則飛來峰也. 北高峰·南屏山·六橋·三天竺, 在一望之間耳[278].

十九日. 正使東洋和尙終于武林驛. 晚於涌金門柳洲[279]寺舍誰〔維〕, 諹〔讀〕經未畢, 寺長老自拈火把作佛事, 其偈曰, 噴火榴花照[280]眼明, 薰風抹[281]過涅槃城云云.

廿日. 過于鐵佛寺·畏吾寺·靈壽寺.

廿一日. 人伴等留于吳山者, 透城裏[282]港, 直到錢塘江.

廿二日. 一赴[283]〔起〕五十人發杭, 起寧波府. 發行次第曰一起二起.

廿三日. 前天竺雲屋退居于仙林寺, 名[284]喧吳越. 予往求先師像贊[285]詞. 援筆立書, 又做一[286]偈餞[287]予.

廿四日. 二起百餘人發杭.

廿五日. 三起將出武林, 因雨而留.

廿六日. 朝來轎子, 出武林. 午渡錢塘江, 至蕭山縣西興驛.

廿七日. 紹興府, 府冶[288]〔治〕會稽·山陰二縣縣界. 有鑑湖·剡溪.

---

276 '綱'은 東大本에 '鋼'으로 되어 있다.
277 '伍'는 東大本에 '伍'로, 甲子夜話本에 '吾'로 되어 있다.
278 '耳'는 內閣本·東大本·史籍集覽本·甲子夜話本에는 없다.
279 '洲'는 史籍集覽本에 '州'로 되어 있다.
280 '照'는 史籍集覽本에 '點'으로 되어 있다.
281 '抹'은 東大本에 '秣'로 되어 있다.
282 '裏'는 史籍集覽本에 '裡'로 되어 있다.
283 '赴'는 甲子夜話本에 '起'로 되어 있다.
284 '名'은 東大本에는 없다.
285 '贊'은 東大本·史籍集覽本에 '替'로 되어 있다.
286 '一'은 東大本에 '入'으로 되어 있다.
287 '餞'은 史籍集覽本에 '錢'으로 되어 있다.
288 '冶'는 東大本·史籍集覽本·甲子夜話本에 '治'로 되어 있다.

廿八日. 早出山陰, 午超二閘. 晚曹娥驛.

廿九日. 雨中次于餘姚城下.

三十日. 晨過車廐驛, 午後達寧波府. 繫[289]船鄞水, 入安遠驛, 居安字九號房.

六月一日. 入勤政堂, 見陳大人. 予說北京南台之事, 大人喜. {予[290]粗通語音.}

二日. 居座妙增自杭[291]州至.

三日. 綱司芳貞杭州至.

四日. 遊鏡淸寺. 遂至張楷[292]家, 楷有詩送予行.

五日. 給價銅錢. 從杭至此[293]計三萬貫.

六日. 晚有疾風暴[294]雨, 一龍出浙[295]江上天, 黑雲一道如尾而下乘[296]〔垂〕者三丈餘.

七日. 有聖旨. 太[297]守高第[298]大備茶飯, 日衆千餘皆五其宴.

八日. 諸船土官分紗絹子.

九日. 育王淸源寓天寧寺. 日衆競求送行語.

十日. 天童可庵在驛. 予求詩辭焉, 醫臞[299]仙活人心.

十一日. 四明驛宋[300]恢先生有詩送予.

十二日. 二卿[301]坊鄭惟廣能八分字, 爲予書之.

十三日. 市舶司給海上三十日關米, 人各六斗.

十四日. 趙文端[302]·阮貴玉二通事, 留于寧波衛.

---

289 '繫'는 史籍集覽本에 '擊'로 되어 있다.
290 '予'는 東大本에 '宁'로, 史籍集覽本에 '吾'로 되어 있다.
291 '杭'은 史籍集覽本에 '自杭'으로 되어 있다.
292 '楷'는 史籍集覽本에 '褚'으로 되어 있다.
293 '此'는 東大本에 '北'으로 되어 있다.
294 '暴'은 東大本에 '恭'로 되어 있다.
295 '浙'은 史籍集覽本에 '淅'으로 되어 있다.
296 '乘'은 史籍集覽本에 '垂'로 되어 있다.
297 '太'는 史籍集覽本에 '大'로 되어 있다.
298 '第'는 史籍集覽本에 '常'으로, 甲子夜話本에 '蒙'으로 되어 있다.
299 '臞'는 東大本·史籍集覽本·甲子夜話本에 '曜'로 되어 있다.
300 '宋'은 史籍集覽本에 '采'로 되어 있다.
301 '卿'은 東大本에 '郎'으로 되어 있다.
302 '端'은 東大本에 '瑞'로 되어 있다.

十五日. ○日[303]眾晨辭安遠驛, 各乘[304]本船, 陳・季〔李〕二大人, 知府主大人, 送至東門港, 晚過靈津橋, 行三里許.

十六日. 乘潮行可十里.

十七日. 晚至定海縣, 畫[305]船百餘艘・甲士數萬人送, 至舟[306]山.

十八日. 朝修觀音懺儀 晚推櫓行四十里.

十九日. 左昌國縣而行.

廿日. 海霧昏昏不東西, 午後乘晴而出, 忽遇急風怒濤, 失[307]一大鐵猫[308]〔錨〕, 三號船失二鐵猫[309]〔錨〕, 四號船失三鐵猫[310]〔錨〕.

廿一日. 至巡檢司. 總兵官須柴諸船.

廿二日. 朝過蓮華洋, 晚登補陀落山, 拜觀音大士.

廿三日. 好風時來. 諸船開洋.

廿四日. 起看[311]類船, 六, 七里外只有二帆影.{從此以下卅六丁[312]一里.}

廿五日. 海水少淸. 水夫曰, 已[313]離唐地.

廿六日. 晚見遠山. 不知何處.

廿七日. 至昨所見山下. 水夫皆喜曰, 吾肥前五嶋[314]也. 掉[315]〔棹〕小脚船, 將取水, 則高麗大耽沒羅也.

廿八日. 遣一書求水, 官人二員來. 初疑, 遂到船中, 看大明書籍等去, 送水三艘.

廿九日. 晦, 三號船亦至此, 隔二里許.

---

303 '○日'은 東大本・史籍集覽本・甲子夜話本에 '日'로 되어 있다.
304 '乘'은 東大本・史籍集覽本・甲子夜話本에 '來'로 되어 있다.
305 '畫'은 東大本에 '盡'으로 되어 있다.
306 '舟'는 東大本・史籍集覽本・甲子夜話本에 '丹'으로 되어 있다.
307 '失'은 東大本에 '矢'로 되어 있다.
308 '猫'는 內閣本・甲子夜話本에 '描'로, 東大本에 '楢'로, 史籍集覽本에 '錨'로 되어 있다.
309 '猫'는 內閣本・東大本・甲子夜話本에 '描'로, 史籍集覽本에 '錨'로 되어 있다.
310 '猫'는 內閣本・東大本・甲子夜話本에 '描'로, 史籍集覽本에 '錨'로 되어 있다.
311 '看'은 內閣本・東大本・甲子夜話本・史籍集覽本에 '着'으로 되어 있다.
312 '丁'은 史籍集覽本에 '町'으로 되어 있다.
313 '已'은 東大本에 '己'로 되어 있다.
314 '嶋'는 史籍集覽本에 '島'로 되어 있다.
315 '掉'는 史籍集覽本・甲子夜話本에 '棹'로 되어 있다.

七月一日. 都節制命摠兵官金進山送賞賜. 其札[316]云,
　　白米二十斗・粟米[317]三十斗・海雪十五斗・燒塩十器・濁醪十盆・苽子三百
　　枚・大麻三百根・乾魚二百尾・豚四口・鷄二十首, 際, 金進山.

二日. 摠[318]兵官書至曰, 昨日, 六號船揚帆南走, 不知何處去.

三日. 水夫將唐麻三百斤, 打大綱.

四日. 三號船黎明解纜去.

五日. 立秋. 謁金進山, 山備水飯一中.

六日. 都制使送黃瓜[319]・茮子・甘醬. 綱司酬以腰刀一把.

七日. 朝有西風. 船發大耽沒羅.

八日. 夜半逆風, 落帆而飄泊. 平明掛帆而走, 晚至雄山. 日本漁人小舟六, 七隻在此,
　　來談我國平安.

九日. 山風多熊[320]〔態〕, 船三進而三退.

十日. 終日雷雨[321]. 晚觀大魚, 長六, 七丈. 予以爲鯨, 水夫曰, 非鯨.

十一日. 早發雄山. 載漁翁一箇, 以爲南針.

十二日. 朝左對馬嶋[322], 夕右壱岐嶋[323]. 駕風御潮, 一日走百餘里, 泊于志賀嶋[324].

十三日. 發志賀嶋[325], 至筑前安威嶋[326].

十四日. 曉[327]發芦屋, 日未晚到于長門國赤間關, 則吾日本享德三年甲戌七月十三日
　　也. 關吏曰, 二號船[328]今月五日先入關, 三號船六日方至, 七號船十一日到岸,
　　九號船今方來了云云. 綱司將急遞符告歸朝于京師.

316　'札'은 東大本・史籍集覽本・甲子夜話本에 '禮'로 되어 있다.
317　'米'는 史籍集覽本에는 없다.
318　'摠'은 甲子夜話本에 '總'으로 되어 있다.
319　'瓜'는 史籍集覽本에 '爪'로 되어 있다.
320　'熊'은 史籍集覽本에 '態'로 되어 있다.
321　'雨'는 內閣本・東大本・史籍集覽本・甲子夜話本에 '而'로 되어 있다.
322　'嶋'는 史籍集覽本에 '島'로 되어 있다.
323　'嶋'는 史籍集覽本에 '島'로 되어 있다.
324　'嶋'는 史籍集覽本에 '島'로 되어 있다.
325　'嶋'는 史籍集覽本에 '島'로 되어 있다.
326　'嶋'는 史籍集覽本에 '島'로 되어 있다.
327　'曉'는 內閣本・東大本・史籍集覽本・甲子夜話本에 '晚'으로 되어 있다.
328　'船'은 史籍集覽本에 없다.

부록 2 참고자료

목차

『驛程錄』(전문)

『唐船日記』(전문)

『善隣國寶記』

　「日本國王源義成表」

　「禮部宛咨文」

　「明景泰帝勅書」

　「明景泰帝別幅」

　「禮部咨文」

　「朝鮮國王宛源義政書狀」

『綱光公記』

『臥雲日件錄拔尤』

『碧山日錄』

『大乘院寺社雜事記』

『大乘院日記目錄』

『蔭軒日錄』

『明實錄』

『籌海圖編』

『朝鮮王朝實錄』

詩文類

　「送通事趙公文端三入大明國序」(翱之惠鳳)

　「渡唐天神像贊」(明·質庵文淳)

　「禿尾長柄箒序」(明·質庵文淳 / 明·衛時用 / 九淵龍眔)

　「虛庵和尙行錄」(明·南浦和尙)

　「日本長州鳳凰山安國禪寺南嶺和尙道行碑」(明·雲屋妙衍)

　　付「普応中興大建禪師像贊」(明·漚幻)

　「斯立光像贊」(明·張楷)

　「竹居淸事跋」(明·張楷)

　「前住當山後住建長東林和尙入祖堂」(抄)(月舟寿桂)

『驛程錄』(전문)

해설

1540년에 북경에 도착한 덴분[天文] 8년 견명사의 부사(副使), 1549년 북경에 도착한 덴분 16년 견명사의 정사(正使)를 역임한 사쿠겐 슈료[策彦周良]이 영파에서 북경에 이르는 길목의 역들을 기록한 것이다. 각 역의 소재지는 물론 인근의 명소와 유적 등이 기재되어 있어 견명사의 여정을 알 수 있는 귀중한 사료다. 말미에는 사절단의 인원수, 공물, 명에게 받은 사여 수량도 기록되어 있어 덴분 8년 견명사 파견 때에 작성된 것으로 추정된다. 다만, 덴분 16년 견명사의 기록인『책언화상재도집(策彦和尚再渡集)』과 동일한 표현도 산재해 있어 덴분 8년 견명사 때에 쓴 것을 바탕으로 이후에 증보하여 작성된 것이라 추정된다. 아울러『쇼운입명기』의 기록과 동일한 표현이 몇 군데 보이는데, 사쿠겐 슈료는『쇼운입명기』를 휴대하고 다니면서 이를 참고하여 여행한 것이 아닌가 생각된다. 현재 천룡사 묘지원(妙智院) 소장으로 교토국립박물관에 기탁되어 있다.

본문

(表紙)

「驛程錄」

浙江寧波府鄞縣城裡

安遠驛

境清寺 天寧寺 有五百羅漢像, 延慶寺

四明福地 道士観也, 月湖 賀秘監曾遊處也, 今有祠, 西有湖心寺,

四明驛

補陀寺 天下名山

太白名山天童景德禅寺 育王山広利禅寺

本府西門外有西埧, 自北門至西舟行四十里, 此次有慈溪縣, 自西埧至車四十里、

同左方		紹興府余縣城外右方	
車厩驛	至七十里	**姚江驛**	龍泉寺絶頂有井, 東麓有嚴子陵廟, 大江口埧 至七十里

同左方		同右方		
上虞縣	梁潮埧	**曹娥驛** 曹娥場	江口埧	至七十里

同會稽縣左方		同城外左方		
東關驛	江口埧	**蓬萊驛**	會稽山在近	至八十里

同山陰縣		同	
錢清驛	至七十里	**蕭山縣**	
浙江馹「月落潮平」·「海月江雲」·「山屏水局」			
		「鳳山環翠」·「湖山全勝」	

同蕭山縣左方 西興·武林中間有錢塘江,		浙江杭州府錢塘縣城裡		廿七里
西興驛 「全越都會」	至七十里	**武林驛** 保叔寺 開山善導和上		
「浙東勝槪」·「襟江帶海」自此門到錢塘江,		「登高覽勝」·「承天門」		
		「觀風堂」·「皇華」·「梧松鳳鶴」		

嘉靖廿七年【戊申】小春十九日宵分, 登吳山經忠節坊詣伍子胥廟, 廟門牓忠清廟, 廟簷額「伍公神廟」四字,

庫裡中央按子胥象〔像〕, 象前有木牌, 刻「忠孝威惠顯聖王伍公之神」十一字, 鐵佛寺

西湖	孤山	三賢堂 有白樂天·蘇東坡·林和靖三塑像,	蘇公堤	放鶴亭
		今副按唐杭州刺史鄴侯李公像, 曰四賢祠		

六橋　大佛寺　泌雪泉　智果寺　碼磁寺　永壽寺　鳳林寺　十里松　十里荷　北高峰

　　　　　第四橋上山色湖光亭
　靈隱寺　冷泉寺　飛來峰　三天竺寺 上天中天之間, 有佛足泉
　南高峰　南屏 五百羅漢有之, 湖南佛國,　　三茅觀
　　　　清淨慈寺

嘉靖廿七戊申小春二十日辰刻, 冒雨駕轎經武林門·北關駐節到吳山駅停驂, 驂〔駟〕
樓門上揭「湖山一覽」
四大字, 堂裡中央額「皇華」二大字, 堂后扁「三吳勝槩」

東西天目　徑山　　　一百里路

(嘉靖廿七)
同上小春廿一日, 登北高峰, 峰頂乃保叔寺也, 山門揭「寶石山」三大字, 次有八角七
重塔婆, 膀舍利寶所塔, 鐘樓傾倒掛鐘於佛殿裡, 鐘銘曰「西湖北山保叔崇壽院」.

杭州府寧海縣			嘉興府左方	
長安驛	此間有吳山駅, 武林門外,	百四十里	**崇德縣**	十八里

同桐鄉縣左方		同城外右方		中門額「勅賜景德禪院」
皁林驛		五十五里	**西水驛** 三塔寺 龍淵佳境	五十五里
			嘉興府 望吳門	

蘇州府吳江縣左方　吳山越水佳境處			同城外右方 太湖 七十二橋乃垂虹橋也	
平望驛	平湖第一山殊勝禪寺	六十里	**松陵驛** 寶帶橋五十三洞	六十里
	天風火月		三忠祠在此, 吳〔伍〕子胥爲其首	
			笠澤 松江 茗溪	
			雪溪 西塞山 洞庭山	

					九龍峰 五里街	
寒山井·拾得井				恵山寺	天下第二泉 子昂書之	
同城外右方	楓橋	寒山寺	常州府無錫縣左方		二泉眞處亭	
姑蘇驛	虎丘寺	第三泉, 憨憨泉, 六十里	錫山驛			六十里
		有怪石, 曰千人坐, 實可坐千人,				
		試劍石 和靖讀書台		南禪 北禪 華藏 松山		
				南山福地		

東坡終焉地也, 有祠堂, 膀曰
「延陵館」眉山精舍 東坡書院

同城裡右方	西蠡山莊蓋胡頤舊山莊也,		鎮江府丹陽縣右方	南水關 北水關	
毘陵驛		六十里	呂城驛	一閘	六十里
	天開竹院 口口寺紅梅閣				

同左口〔方〕	江南水陸第一要衝, 甘草多,	同丹徒縣城外左方	丹徒垻	天樞廟 張子房祠也,	
雲陽驛	二閘	六十里	京口驛	一閘	五十里

江天閣 朝陽閣之傍有朝陽洞, 東北有善財岩, 盤陀石西南有郭璞墓,
開山裴頭陀 天下第一泉, 曰中冷泉,

楊子江	金山龍游禪寺	山顚有六亭, 曰江山一覽, 曰煙雨奇觀, 曰觀瀾,

曰留雲, 曰吞海, 曰廻瀾, 絶頂有刹竿,
僧堂揭「大徹」二字 乃円悟和上所立也

銀山	銀山書院	玉山寺	甘露寺	在北固山上, 天下第一江山, 有九層鐵塔, 多景樓火后唯存遺址,

	海雲堂				
焦山寺	有漢焦光祠, 膀曰隱士祠,		象山	楊子山	
	山絶頂有吸江亭,				
	天風海濤, 醉石				
觀音山		石頭城			

應天府南京城外
龍江驛	紫金山 獅子山 在城裡,	六十里	城門十二門, 城周廻三百五十里, 外國人	
			不曾入城裡,	

同句容縣			揚州府儀眞縣	
龍潭驛 不至此驛		八十里	儀眞驛 車垻不知數,	五十五里
			茶碗皿等多了, 天寧寺 觀音閣 五馬渡	
			胥浦 伍子胥解劍渡航所云云,	

同城外左方	淮海奇觀 瓊花觀		同江都縣右方	
廣陵驛	無雙亭六角	七十五里	邵伯驛 有邵公廟	四十五里
	古硯·香爐·鐵索·燭舌等多,			
	城中百萬家盛賞紅藥, 蔡氏曾爲萬花會}			

高郵州城外左方			同右方	
孟〔盂〕城驛	太湖	六十五里	界首驛	六十里

同寶應縣右方			淮安府山陽縣城外右方	
			有新舊二城, 有漂母祠,	
安平驛	有混堂	六十里	淮陰驛 文出甘羅, 武出韓信, 孝出王祥	
			韓信故里, 廟亦在玆,	六十里
			有孔宣尼廟	

同淸□□右方	黃河 涇河 有城隍廟		同桃源縣左方	楚靈王曾栽桃樹爲園,	
淸口驛	五閘	八十里	桃園驛	土俗栽蒲葵扇	六十里
	興國寺 有十六羅漢像,				

同右方			邳州宿遷縣右方	項羽所生之地,至今有遺祠,	
古城驛		六十里	鍾吾驛	祠門扁「西楚覇王」四大字】	八十里

同右方			淮安府邳州城外右方	有黃石公張子房像,
直河驛		六十里	下邳驛	授書坊〔房〕進履圯橋 在城裡,
				小兒小女能駭馬,
				有八景
				羊山寺　　　　　六十里

同睢寧縣右方			徐州右方 有鳳冠寺	
新安驛		六十里	房村驛	房村彭城之間有三洪,曰呂梁
			呂梁書院	洪,曰娘娘洪,曰徐州洪,今改
				爲百步洪,　　　　六十里

　　　　　　　　　　　　　　　　　　　　　　　　項羽戲馬台
同城外　城外有大浮橋,南門外有漢高祖之神,大仏寶殿 雲龍山
彭城驛 三佛寺 曰鐵佛,曰臥佛涅槃象〔像〕也,曰石佛,石佛寺后有黃茅岡,有八景,亞父塚在雲龍山下, 七十里
　　　城北有山,舊名雲龍,今曰石佛,西有戲馬台舊基,西北有樓,曰黃樓

　　　泗亭
　　　夾溝彭城之間有留城,有子房廟,境山大雲禪寺
同左方　　　　　　　　　　　　　　　　同沛縣左方 歌風台 台中有漢高祖木主,
夾溝驛 三閘沛縣謝溝閘爲其甲, 九十里　　泗亭驛 台前有瑠璃井、井邊有石碑,
　　　　　　　　　　　　　　　　　　　　豊西澤漢高斬蛇處 鐫以漢高手勅太子書,　九十里

兗州府右方	兗州東北有岱山, 兗州屬魯, 濟寧屬齊		同濟寧州左方		
沙河驛	一閘	六十里	**魯橋驛**	五閘 石佛閘亦其一也,	九十里
	魚台縣, 縣乃魯公觀魚台舊地,			棗林閘,	
				南洲書院銅磬·鐃鈸多了, 桃實多了,	

樓上中央橫額「意不在酒」四字, 樓下壁間有「壯觀」二大字, 卽太白遺墨也,

同城外左方	七閘		**太白樓**		
南城水馬驛		六十里	在南門城上, 八十五里樓中有李白醉像, 又左有賀知章像, 樓下有浣筆泉到分水龍王廟, 分水成兩片, 其下水, 南至杭州入錢塘歸海, 北至通州直沽其下水入海,		
	西有龜山		觀瀾亭 有混堂, 前程長堤, 有盜賊之患, 不許夜行,		

魯地 蒲桃·梨子多了,

同東平州汶上縣左方	蓮花多了, 有龍王廟,		同右方		
開河水驛	五閘	一百里	**安山水驛**	二閘	六十里
	獲麟古渡				
開河西可十里有湖, 曰青丘吞雲夢八九者是也,					

聊城城樓太壯麗, 額「光岳樓」之三大字,

同東阿縣右方	安平勝槪 黃河		同東昌府城外聊城縣左方 七十城有之,		
荊門驛	周家店閘	七十里	**崇武水驛**	八閘 土橋閘亦其一也,	七十里
				西瓜·大角豆多了,	

東昌府淸平縣右方	戴家灣		同臨淸縣右方	觀音閣 通濟寒泉鉦多,	
淸陽驛	二閘	七十里	**淸源水馬驛**	三閘 甎閘 放下閘	七十里
	煉蓼多了, 河水少淸,		自此水驛以下無閘, 故舟人於是造櫓, 甘草多了, 齊地有桓公廟, 又有晏子廟, 有混堂		

同高唐州武城縣左方　　　　　　　　　同右方
渡口驛　　　　　　　八十里　　　　　甲馬營驛 宋太祖所生之地也,　八十里

濟南府德州右方　　　　　　　　　　　同城外右方
梁家莊驛　　　　　　九十里　　　　　安德驛　　　　　　　七十里
　　　　　　　　　　　　　　　　　　　　城裡城外之富,不減臨清·淮安,

同右方　　　　　　　　　　　　　　　河間府景州吳橋縣左方
良店驛 有魚樹,平波花　八十里　　　　連窩驛　　　　　　　八十里
　　本驛以下酸風捲沙,白晝暗昏昏,

同交河縣左方　　　　　　　　　　　　同滄州城外右方
新橋驛　　　　　　　七十里　　　　　磚河驛 滄瀛樓 水月寺ノ樓岬嵫長芦寺 七十里
　　花紅 桃實多了　　　　　　　　　　　勅賜集善禪寺

同魚濟縣右方 有道士觀,觀門揭「闈威門」,　　同左方
乾寧驛　　　三清殿安老君象〔像〕七十里　流河驛　　　有混堂　　七十里
　　南京酒轉賣,

同靜海縣右方　　　　　　順天府通州武清縣右方　此間有直沽城　　天津衛
奉新驛　　　　　　　七十里　　　　　楊青驛　　　　桃花口　　七十里
　　　　　　　　　　　　　　　　　　　深柳夾兩岸,　　　　天津雄鎭門

同左方　　　　　　　　　　　　　　　同左方　河水始濁,乃黃河之流也,萬柳夾岸,
楊村驛　勅賜報成禪寺　八十里　　　　河西驛　　　　　　　一百里

同右方　　　　　　　　　　　　　　　同
和合驛　　　　　　　一百里　　　　　通津驛 自和合至通州一百里,
　　　　　　　　　　　　　　　　　　　　此間有張家灣,

同　　　馹門揭「水陸要會」四大字,堂裡額「日近皇都」四大字,　　三橋

潞河驛　乃張家灣也,自本灣駕車入北京,)　　　六十里　　　永濟寺　月白松香

　　　　　　　　　　　　　　　　　　　　　　　　　　　野雲海月

　　　　　　　　　　　　　　　　　　　　驛縣總數七十個所

順天府通州

會同館　城裡置會同館者二所,其一在玉河西,俗謂之玉河館,
　　　　玉河乃通御溝,東長安街有兩朱門,列于東西 一揭玉河東隄四字,
　　　　　　　　　　　　　　　　一牓玉河西隄四字,

京都城門　有九座,曰正陽,曰宣武,曰崇文,曰阜城' 曰東直,曰西直,曰安定,曰朝陽,曰德勝,
　　　　　出此門則翰林院在近,

　　　　　　　東長安　日人朝參之門也,西長安門在西,　承天門　端門　午門
禁門　九重　左掖門　奉天門　東角門　西角門　左順門　此門裡文華殿,西有武英殿,

此殿青瑠璃瓦,所謂青宮是也,
謹身殿　太子所居也,　　　午門外闕左門　於此門裏日人茶飯
於鴻臚寺習禮亭,前日人習禮,
大明門　面于南乃天子警蹕之門也,

自寧波至北京路程四千五百七十五里　與日本路程合較處,
　　　　　　　　　　　　　　　則凡七百六十二里半,

京裏勅願寺　大興隆寺　閻衆三千人　大隆善寺　五百人
　　　　　大慈恩寺 二千人　大隆𥙷寺 一千人

一號舡 太刀數　一萬二千九百五十四把　　銅子　一十二萬斤
　　自進太刀 二百九十把 官員 十五人　　從商人 百十二人　　水夫 五十八人

貳號舡 附搭太刀 五千八百七十五把　　紅銅 九萬斤
　自進 百六十把　　官員 五人　　從商 九十五人　　水夫 四十人

參號舡 太刀 五千三百二十三把　　紅銅 八萬八千五百斤
　自進 二百六十把　　官員 六人　　從商 九十人　　水夫 三十五人

都合三艘 四百五十六人

都合太刀數 二萬四千八百六十二把　　同銅 廿九萬八千五百斤

在寧波官人廩給 白米五升 其外十三色　　口糧 黑米二升 其外四色

自寧波至杭州之間同上 白米五升 其外八色　　同 白米二升 其外七色

於杭州廩給 白米五升 十二色　　口糧 白米一升半 八色

自杭州至北京之間廩給 白米五升 十一色　　口糧 白米二升 其外九色

於北京廩給口糧　上下無差異,　　白米五升 羊一疋 鵝一隻 鷄一隻
　　　　　　　　　　　　　　　　其外十二色 蓋五日分也,
　　　　　　　　　　　　　　　　但羊鵝鷄十人別也,

北京貢回廩給 白米三升 孔方七十三充　　口糧 白米一升 同卅五充

△嘉靖十八年貢舡廩給　即本開板之外照舊例,

　廩給
米白五升 肉八兩 油四兩 塩四兩 醬四兩
醋四兩 茶四夕 酒三斤 笋三斤 蘿蔔三斤
花椒四夕 燭六枚 柴三十斤 炭六斤 以上十四色

口糧
米二升 肉二兩 蘿蔔壹斤 柴五斤 醬二兩 塩二兩

大明嘉靖十九 庚子 年小春初五書于寧波嘉賓堂,

『唐船日記』(전문)

해설

호토쿠 견명선의 제8호선, 즉 장곡사(長谷寺)와 도노미네[多武峯]의 공동경영선에 타고 있던 무역상인 구스바 사이닌[楠葉西忍]의 담화를 흥복사(興福寺) 대승원주(大乘院主) 진손[尋尊]이 필록한 것이다. 『대승원사사잡기(大乘院寺社雜事記)』에 따르면, 사이닌이 진손에게 자신이 명에 다녀온 체험담을 이야기한 것은 분메이 12(1480년)년부터 17년에 걸쳐서였다고 한다. 이 사료는 종이 뒷면에 메이오[明應] 2(1493)년의 문서가 있으므로 아마도 후대에 진손이 일기에서 발췌하여 작성한 것으로 보인다. 본 사료의 토대가 된 『대승원사사잡기』의 기사는 분메이 17년 8월 3일자, 같은 해 7월 7일자, 에이쇼[永正] 2(1505)년 5월 4일자 기사를 들 수 있다(이에 대해서는 후술). 이 중에서 분메이 17년의 기사에는 사이닌이 가져온 「도당선입목일기(渡唐船入目日記)」라는 사료를 필사한 것으로 추정되는 부분이 포함되어 있다. 이 사료는 교토에서 북경에 이르는 여정만이 아니라 명측에서 지급해 준 식량·물품에 대해서도 기록하고 있다. 나아가 일본에서 적재해서 명으로 가져 간 물품에 대해 일본과 명에서 각기 얼마에 팔 수 있는지를 상세히 기록하고 있고, 사이닌이 탑승한 8호선에 대해서는 경영에 소요된 제반 경비를 적고 있다. 견명선 경영의 구체적인 양상을 알 수 있는 귀중한 사료이다. 현재 국립공문서관에 소장되어 있다(내각문고 구 소장본).

본문

原表紙
「　　　　　　享德二年三月日
　　唐船日記 大唐景泰四年外官西忍入道也
　　　　　　大乘院　　　　　」

　　如此記者,
自日本至明州分二十四日, 夜晝四十八日[=]吹付也.
自明州至王宮分六十三日.
　　　　　合百十二日也.
自王宮歸明州分 南京へ四十二日, 明州へ二十四日 六十六日.

天竺人楠葉入道西忍渡唐兩度之內第二度日記

一, 享德二年 癸酉 三月晦日進發, 十艘之內九艘自肥前國大嶋 小豆浦 也. 秋船ハ同國
　 後唐 五島 ｛口口ナルヨリ出之事也｝
　　大嶋ハ南, 後唐ハ北, 其間五十里也. 春船ハ南ヨリ秋船ハ北ヨリ出之, 船方ノ掟法
　　也, 必大唐ノ明州ニ吹付也.
一, 大唐ハ景泰四年 癸酉 四月廿三日ニニンホウ符(寧波府)ニ入, 明州也.
　　八月六日都ニ上, 九月廿三日, 十月三日, 同八日, 三度ニ都迄入.
一, 同五年二月廿八日, 都ヲ下, 南京ニ四月九日入.
　　五月三日ニ南出テ, 同十三日ニワウ杭州ニ付也. 同廿六日ニニンホウ符ニ付也.
一, 遣唐使引出物幷在唐土ノ衣裝事
　　シンス(正使)・フス(副使)・從僧・コ(居)座衣裝事
　　外官　　ロ(紹)ニ金ノヲリ(織)付　三ツヽ,
　　人ホン(伴カ)　北絹ノ衣裝　　　三ツヽ,
　　人ホン[ニ]冬ノ裝束　　　　　一ツヽ. ｛御配事也｝
　　　引出物[ハ]
　　外官　北絹四, ロ一反, 沙一反.
　　　　シユス(繻子)一反, 鈔八貫ツヽ,
　　　　シンス・フス[ニハ]十貫ツヽ,
　　人ホン　北絹一反ツヽ, モンメン(木綿)一反ツヽ,
一, 在唐之間每日下雜用　但五個日[ニ]一度[ニ]下之.
　　　柴　　　　四百五十斤
　　　炭　　　　百五十斤
　　　花桝〔椒〕　十五兩
　　　茶　　　　十五兩
　　　醬也　　　三斤十二兩
　　　塩　　　　三斤十二兩
　　　桐子　　　百五十斤
　　　酒　　　　一瓶

油	三斤十二兩
魚	一斤半
茱	三斤
米	外官ハ毎日五升ツヽ,
	人ホンハ毎日二升ツヽ,

一, 都ノ下物　　一人別毎日　但五個日ニ一度ニ下之.

白米	一升
酒	瓶子二十カウ(合).
麥コ	スコシ分
ヤキ餅	四ツヽ,
茶子・果(菓)子	
シヲ	
ミソ	
クキ(豉)	
カウ(香)ノ物	
ス(酢)	
カ(鵝), ニワトリ, ヤキ(山羊)	
シヤウカ(生姜)	
サンセウ(山椒)	
柴	毎日一斤.
炭	毎日一斤.

一, 出仕スレハ毎日シヤ(茶)飯行之, 外官・ホン, アルカキリ出給, 膳ヲ面面ニ入物ヲ持テ請取也. ヤカテ物ニカユルナリ.

一, 一タン(段)ト大義ナル一獻, シヤ飯在之.

一, 外官ハ輿(轎)カキテ(舁手)マテ毎日付置之.

　　人ホンノ馬, 人別在之.

　　力用人夫在之, 何事ニモ召仕之.

一, 歸朝之時ハ, 日本マテノ糧米以下船[ニ]入之.

一, 唐土ニテハ川船也, 悉皆自關司申付之, 引手在之.

一, 日本ニテ道ノホト(程)

　　自京都至築前國ハカタ, 道間百八十里.

　　自築前國大嶋至大唐明州, 其間三百五十里.

　　　　　　合五百卅里{五十三日也}

　　自明州至南キン, 其間四百里.

　　自南キン　至　王城マテ, 其間五百里. 唐土ノ三千 六百里也.

　　　　　　都合九百里{九百日}

　　　惣都合千四百三十里

一, 唐土ニテ銀ノウリカヒノ事

　　北キン(京)ノ王城[ニテ]銀十文目ヲ一貫[ニ]買之. 一兩也.

　　南キンニテ二貫ニ買(賣)之.

　　明州ニテ三貫ニ買(賣)之.

　　　　　二貫文ノ得ニナル也, 是ニテ生ノ絲ヲ買テ, 於日本買(賣)之, 德也.

一, シャ(麝)香ハ, ウキウキ(回回)人ノ手ヨリ取之, 德也.

一, 十艘ノ船ニツム物.

　　油ワウ(硫黄)　　　三十九萬七千五百斤{此內二萬三千斤申請分.}

　　銅　　　　　　　十五萬四千五百斤

　　簧黃(蘇芳)　　　十萬六千斤

　　大刀　　　　　　九千五百振{加進物定.}

　　長刀　　　　　　四百十七振

　　ヤリ(槍)　　　　五十

　　扇　　　　　　　千二百五十本

　　蒔繪物大小　　六百卅四色

　　　　　此油ワウハ公方船ニツム物也, 嶋津ニ被仰出, 油ワウカシマ(硫黄島)ニテ取
　　　　　進之物也, 今度[ハ], シマツコレヲウリ申, 希有事也云云.

一, 今度, 八號船ハ長谷寺・多武峰ヨリ申テ渡之.

　　　　一艘入目事

　　十貫文 安藝國高サキ(崎)エ船借用行使入目也.

　　三百貫 船カリチン

　　　　三百貫 船作事 材木マテ.
　　　　六十貫 匠事 二人給分
　　　　四百貫 船方 四十人給分 十貫ツ.
　　　　五十貫 船頭 カチトリ(梶取)
　　　　四百貫 油ワウ五萬斤 此內二百貫油ワウ, 二〔百脫〕貫船チン.
　　　　百　貫 四月リ(ママ)八月マテ每日(月)十五貫ツヽ, 船方御丁間水等人數百人
　　　　百　貫 渡糧物米百石
　　　　百　貫 炭・木・油・水タル(樽)・ホシイヽ(干飯)
　　　　　以上千四百(ママ)五十貫.
一, 生唐絲 一斤ハ百六十文目也, 代三貫三百　依時不同, 高直六, 七貫.　日本代
　　　　　日本一斤ハ二百五十文云云.
一, 五色ノ練絲一斤 百六十文目, 代紫・紅ハ七, 八貫 白・アサキハ五貫
　　　　　日本モ唐土モ百六十文目也.
一, シヤ香ハ一斤百六十文目也, 一斤ニ三十裏在之.　八十目ハ香, 八十目ハ皮.
　　　　　　　代十二貫也, ウキウキ人金四兩ニウル也, 卅裏ニア
　　　　　　　マルハ惠也, 彼方ヲヽシ.
　　　　　日本ニテノ代廿, 依時不同事
一, 西國ニテ銅ヲ買事, 一駄ハ百斤也, 二十五貫目　一兩二百五十目也.
　　　　　十貫五百文渡唐時如此召之.
一, カンサウ(甘草)ハ, 日本一斤二百六十目
一, スワウ(蘇芳)一斤二百六十目 代三百文, 遣一貫七百.
一, タウサ(陶砂)一斤二百六十目 代百廿文, 遣一貫二百.

『善隣國寶記』(전문)

해설

즈이케이 슈호[瑞渓周鳳]의 저술로 고대에서 중세에 이르기까지 해외로 왕래한 사신과 승려에 대한 기사와 외교문서를 수록한 일본 최초의 외교사 서적이다. 분쇼[文正] 원(1466)년 8월에 고본(稿本)이 일단 완성되었고 이후 증보를 거듭하여 분메이 2(1470)년 12월에 완성된 것으로 보인다. 다만 현재 통행본에는 후대에 가필한 부분도 있는 것으로 알려져 있다. 원본의 소재는 불분명하며, 메이레키[明曆] 3(1657)년의 목판본 외에 십여 종의 사본이 있는 것으로 알려져 있다. 본서에서는 다나카 다케오[田中健夫]가 편집한 『선린국보기(善隣國寶記)·신정속선린국보기(新訂續善隣國寶記)』(슈에이샤[集英社], 1995)에 수록된 텍스트를 바탕으로 외교문서류 중에서 호토쿠 견명사와 관련된 6통의 문서를 수록했다. ①「일본국왕원기성표(日本國王源義成表)」는 아시카가 요시마사[足利義政], 당시에는 아시카가 요시나리[足利義成]가 명 황제에게 보낸 국서로 견명사가 가져온 문서이다. ②「예부완자문(禮部宛咨文)」은 '본자 7호(本字七號)'의 감합에 작성하여 예부로 보낸 자문이다. 견명선에 실은 화물과 선원들의 성명을 적어 놓았다. 이 문서를 예부에 제출하여 사증을 받았다. '본자 7호' 감합은 1호선에 지급된 감합이어서 표문이나 진공할 방물을 비롯해 1호선에만 적재된 화물에 대한 설명이 보인다. ③「명경태제칙서(明景泰帝勅書)」는 ①을 수령한 경태제가 보낸 답서다. ④「명경태제별폭(明景泰帝別幅)」은 경태제가 아시카가 요시마사에게 보낸 회사품 목록으로 ③의 부속문서다. ⑤「예부자문(禮部咨文)」은 예부가 일본국 앞으로 '경태신감합(景泰新勘合)'을 정사에게 맡긴 것이나 향후 진공품의 양과 사절의 인선 등에 대해 통고한 자문이다. ⑥「조선국왕완원의정서장(朝鮮國王宛源義政書狀)」은 호토쿠 견명사가 귀국한 후 명에게 사신의 난동을 사과하고 싶다는 취지의 중재를 조선 국왕에게 요청한 내용이다.

본문

「日本國王源義成表」

日本國王臣源義成

律應東風, 懸知好道之

君出於

中國, 木入南斗, 具瞻殊常之識, 驗於當

朝, 是以, 傾葵藿之至誠, 通鴻鴈之遠信, 伏以,

大明

皇帝陛下, 化孚有截, 沢洽無垠, 南桂海, 北氷天, 西月㟼, 東日域, 同文同軌, 相應相求, 天戈所靡, 無不賓順矣, 臣源義成, 欽承先志, 紹知陋邦, 守在遐方, 專存外衛, 屬國多虞, 有稽職貢, 見恕爲幸焉耳, 方今以允澎長老爲專使, 以僧芳貞爲綱司, 奉問

皇家之安否, 兼貢方物之不腆, 賴蒙

嘉樹, 仰荷

鴻庥, 謹奉

表以

聞, 臣源義成, 誠惶誠恐, 頓首頓首, 謹言

景泰二年歲次辛未秋八月日 日本國王臣源義成

「禮部宛咨文」

日本國, 今塡本字漆號勘合壹道, 爲朝

貢事, 今將本船裝載方物(幷)人員姓名, 開坐于后, 須到咨者,

今開,

壹, 表文壹道,

壹, 貢獻方物

馬貳拾匹 撒金鞘柄太刀貳把 硫黄壹萬斤 馬脳(瑪瑙)貳拾塊 貼金屛風參副 黒漆鞘柄太刀壹百把 槍壹百柄 長刀壹百柄 鎧壹領 硯壹面幷匣 扇壹百把, 壹, 專吏壹員—

綱司—居座—從僧—土官—通事—從人—船頭壹名—水夫—

右, 咨

禮部,

景泰貳年捌月日

咨

「明景泰帝勅書」

皇帝, 勅諭日本國王源義成, 惟王聰明賢達, 敬

天事大, 以福一國之人, 良用爾嘉, 朕恭承

天命, 嗣登大寶, 主宰華夷, 王又差正副使允澎等, 齋捧表文, 幷以方物來貢, 見王之勤

誠, 玆因

　使回, 特令齎勅諭王, 幷賜王及妃銀両·綵幣,

　王共體朕至懷, 故諭,

　景泰五年正月初九日

「明景泰帝別幅」

　皇帝給賜, 日本國王

　銀貳百両

　絨錦

　龜勝團花大紅壹匹 寶相花大紅壹匹 毬紋花深靑壹匹 細花柳黃壹匹

　紵絲

　暗花骨朶雲靑貳匹 暗花骨朶雲黑綠貳匹 暗花骨朶雲柳靑貳匹 暗花骨八寶柳靑貳匹 暗花骨朶雲八寶靑貳匹 暗細花柳靑貳匹 暗細花淺桃紅壹匹 暗細花柏枝綠貳匹 暗細花深桃紅壹匹 素丹礬紅貳匹 素深靑貳匹 靑黑綠壹匹

　綵絹

　藍漆匹 紅漆匹 綠拾匹

　紗

　暗花骨朶雲藍肆匹 暗花骨朶雲深靑貳匹 暗花骨朶雲深桃紅壹匹 暗花骨朶雲明綠貳匹 暗花骨八寶黑綠壹匹 暗花骨朶雲黑綠壹匹 暗細花深靑壹匹 暗細花柏枝綠壹匹 素深靑參匹 素黑綠參匹

　羅

　大紅貳匹 黑綠肆匹 深綠肆匹 柳靑參匹 鸚哥綠壹匹 紗綠肆匹 深桃紅貳匹

　王妃

　銀壹百両

　絨錦

　龜勝團花深靑壹匹 牡丹花丹礬紅壹匹

　紵絲

　暗花骨朶雲柳靑壹匹 暗花骨朶雲柳綠一匹 暗細花丹礬紅參匹 暗細花藍貳匹 素官綠貳匹 素丹礬紅貳匹

綵絹

緣參匹 藍壹匹 紅參匹

紗

暗花骨朶雲藍靑貳匹 暗花骨朶雲深靑壹匹 暗花骨朶雲黑綠壹匹 暗細花柳靑壹匹 暗細花明綠壹匹

素深靑壹匹 素黑綠壹匹

羅

大紅貳匹 柳靑貳匹 黑綠貳匹 柏枝壹匹

深靑壹匹

奏討

古銅大香爐貳箇{共重壹千貳百肆拾斤}

古銅小香爐壹箇{重漆拾五斤}

黃銅方香爐壹箇{重貳拾壹斤}

黃銅花甁壹對{共重肆拾漆斤}

黃銅磬壹口{重壹拾五斤}

鐃鈸貳雙{共重參拾參斤}

黃銅花龜鶴燭台壹對{共重參拾壹斤}

景泰伍年正月初玖日

「禮部咨文」

大明禮部爲公務事, 今將景泰元年編完日本國日字壹號至壹百號勘合壹百道, 本字壹號至壹百號勘合底簿壹扇, 付本國差來專使允澎等齎回, 外擬合移咨照依勘合底簿內

欽定事理, 欽遵收掌, 書塡比對, 今後如是, 進貢方物, 母得濫將硫黃壹概報作附搭之數, 其正貢硫黃亦不得過參萬斤, 及差來人員, 務要擇其端謹識達大體執守禮法者, 前來, 仍將宣

德年間頒去未塡勘合幷底簿, 順便差人齎繳施行, 須至咨者, 右, 咨

日本國,

景泰伍年貳月十八日 對同都吏李恭

咨(花押)

「朝鮮國王宛源義政書狀」

日本國源 義政, 奉書

朝鮮國王殿下, 治國以來, 帶國印通使命, 而需大藏經幷諸色貨, 皆梱載以歸, 無虛歲焉, 固 上國之賜也, 不勝感幸, 今差遣盧円通事, 齎不腆之土宜, 以修隣好, 萬萬寬恕, 爰我國行人, 先是於

大明國事頗不軌, 然而

聖恩寬宥, 特屈刑章, 故及歸國日, 以加囚禁, 來歲必聘專使於

大明之庭, 揚對天之閎休, 仰無前之偉績, 進貢方物, 以謝前時之罪, 幸不遐棄焉, 伏聞, 上國之於大明, 疆域連接, 聘問交繁, 請爲我先容, 以通夙夜之心, 亦善于隣者, 莫如焉, 幸甚幸甚, 所封進者, 具于別幅, 謹書,

『綱光公記』

해설

히로하시 쓰나미츠[廣橋綱光]의 일기. 국립역사민속박물관에 자필본이 소장되어 있다. 쓰나미츠는 에이쿄[永享] 3(1431)년에 태어나 장인(蔵人)·변관(辯官)을 거쳐 공경(公卿)을 역임하고 분메이 9(1477)년에 사망했다. 관위는 종1위 준대신. 히로하시 가문은 대대로 전주(傳奏)를 지냈고 쓰나미츠도 아시카가 요시마사를 섬겼었다. 해당 시기의 정치 정세와 공무(公武) 관계를 알 수 있는 귀중한 사료지만, 정리된 형태로 판각되지 않았기 때문에 견명선 관련 사료로 활용된 적은 없었다. 본서에 수록된 교토쿠[享德] 3(1554)년 12월 9일조와 같은 해 12월 10일조에는 도노미네가 호토쿠 견명선의 답례로 궁중에 당금(唐錦)을 보내온 일, 견명선이 가져온 물품을 아시카가 요시마사가 확인한 일, 금번 견명사 파견은 결말이 좋지 않았다는 소문 등을 기록해 놓았으며, 7월에 귀국한 명 사신에 대한 조정 사회의 실시간 반응을 전하고 있다. 『강부기(康富記)』 교토쿠 3년 10월 15일조에는 견명선의 화물을 검수하기 위해 봉행(奉行)인 이오 미노노카미[飯尾美濃守] 등이 효고로 내려간 것이 보인다. 아울러 본 사료와 대조하면 7월 아카마가세키에 도착한 견명선은 10월 효고에 도착하여 12월에 화물이 경영자에게 전달되었다는 것을 알 수 있다.

본문

享德三年一二月九日

晴, 自日野黃門有使者, 月次祭兼名卿愁訴無謂事也, 忩可 奏聞由返答了, 於夕陽參內申入了, 一昨日自多峰三種【唐錦二段, 麝香濟〔臍〕廿入盆, しや一段, 有文】

享德三年一二月○日

晴, 早旦向日野亭, 有朝飯, 人人會合, 今度天龍寺唐舶色色, 室町殿御一覽云云, 散散沙汰成由風聞,

『臥雲日件錄拔尤』

해설

『와운일건록(臥雲日件錄)』은 즈이케이 슈호가 작성한 일기로 현재 원본은 사라지고 에이로쿠[永禄] 5(1562)년 상국사(相國寺) 승려 이코우 묘안[惟高妙安]의 발췌본이『와운일건록발우(臥雲日件錄拔尤)』라는 제목으로 전해지고 있다(현 국립역사민속박물관 소장). 쇼운과 관련된 기사가 여러 곳에서 보이고 있어 즈이케이와 쇼운의 교류를 짐작하게 한다. 본서에 수록한 조로쿠[長禄] 2(1558)년 정월 8일조 기사는 쇼운이 본 견명선을 회상한 것으로『쇼운입명기』와 가장 관련이 깊은 글이다. 명에서 6만 관을 얻었던 일, 영파에서 조강(曹江)까지는 220리고 조강에서 항주까지는 다시 220리라는 등『쇼운입명기』에 대응하는 내용 외에 부채 네 개를 가지고 있다가 부채 하나로 한묵전서(翰墨全書) 하나와 교환했다거나, 일본에서는 800문에서 1관문 사이의 값어치를 지닌 칼이 명에서는 5관문으로 팔렸다는 등『쇼운입명기』에 없는 정보도 확인할 수 있다. 분쇼[文正] 元(1456)년 6월 7일조는『쇼운입명기』에도 자주 등장하는 규엔 류친[九淵龍賝]이 호토쿠 견명사에 대해 이야기하는 내용이다. 명에 도항하는 여정에 대해 서술하면서 장해가 지은 시 한 수를 피로하고 있다. 그러나 명주, 즉 영파에서 연도(燕都), 즉 북경까지 배를 타고 5일 거리라는 정보는 전혀 맞지 않을뿐더러 북경에 3일간 머물렀다는 것도 사실과 맞지 않는다. 영파에서 배로 5일 거리는 항주고, 쇼운은 여기에서 8월 11일부터 16일까지 5일간 머물며 관광을 즐겼다. 항주를 북경으로 오기한 것은 아닌가 추정된다.

본문

長祿二年正月八日

一等持寺首座訴咲雲來曰, 某渡唐時惟齋四扇去, 一扇以代翰墨全書一部云云, 日本大刀, 價八百, 或一貫者, 在彼方則一刀五貫, 蓋定價也, 先是自大明得六萬貫, 就中五萬貫, 蓋大刀之報也, 一萬貫醫黃之報也, 大刀惟朝廷收之, 非餘人所賣買, 又問燕都之程, 曰, 自明州四千八百里也, 自明州至曹娥江二百二十里, 自曹娥江至杭州, 又二百二十里, 自杭至金陵, 五百六十里也, 出杭北則太湖也, 渡大江而至揚州, 船過金山・焦山之間, 南有江南偉觀之扁, 北有江淮勝概之扁, 皆船至揚州之處也, 一

文正元年六月七日

靈泉九淵來, 話及渡唐之事, 曰, 日本與唐海上程三百里, 弘法所記也云云, 九淵又曰, 自明州至燕都, 凡可三十日之程歟, 然某舟行五日, 三日逗留, 非啻三十日也, 又曰, 張楷作詩曰, 四千客路皆由海, 數十陪臣半是僧, 自揭之座上曰, 史官當以吾詩爲據, 記日本事也,

『碧山日錄』

해설

『벽산일록(碧山日錄)』은 동복사(東福寺) 영은헌주(靈隱軒主) 타이쿄쿠[太極](법휘는 미상)의 일기다. 본서에는 존경각문고(尊経閣文庫)에 소장된 사본(도쿄대학 사료편찬소 소장 사진첩)을 참고했다. 수록된 조로쿠 3(1559)년 8월 25일조는 타이쿄쿠와 친분이 있던 운쇼 잇케이[雲章一慶]가 규엔 류친이 입명할 때 전별하는 게(偈)를 보냈는데, 이를 본 영파의 장해가 극찬했다는 내용, 운쇼 잇케이의 어록에 승록사의 남포(南浦)가 서문을 쓰고 장해가 발문을 붙였다는 등의 기사가 실려 있다. 「허암화상행록(虛庵和尙行錄)」과 대조하면 일본 승려가 남포에게 글을 요청한 것을 보여주는 예시로 장해와 일본 승려 간의 교류를 엿볼 수 있다.

본문

廿五日甲戌, 寶渚(雲章一慶)以偈送九淵(龍隙)入中州, 曰, 龍翁兩國大宗匠, 龍子龍孫皆作家, 今以扶桑霖雨手, 三千里外摘楊花、花花花早歸去莫周遮, 張楷睹之抃踏三唱之云, 寶渚之門人某等編語錄, 達之中州也, 僧錄南浦爲之序, 御史張楷作跋語, 西蜀碧峰和尙, 號休牧翁, 賦禪詩五章以稱之, 其法卷, 名周玄者, 作長歌爲証也, 予昨扣寶渚需見焉, 和尙出之, 咸如先所聞,

『大乘院社雜事記』

해설

흥복사 대승원주 진손의 일기다. 호토쿠 2(1450)년에서 에이쇼 5(1508)년까지 약 반세기 분량의 자필 일기가 남아 있다(현 국립공문서관 소장). 앞서『당선일기』에서도 언급했듯이, 진손은 견명선에 승선했던 구스바 사이닌[楠葉西忍]과 친분이 있어 그가 이야기하는 견명선 경영의 구체적 양상을 필록하여 후에『당선일기』로 정리했다. 본서에서는 이『당선일기』를 서술하는 데 밑바탕이 되었으리라 추정되는 내용을 중심으로 채록했다. 아울러 구스바 사이닌은 에이쿄 6년 견명사에 참여하여 명으로 도항한 바 있는데,『대승원사사잡기』에는 여기에 열거한 것 외에도 견명선과 관련된 여러 기사가 남아 있다. 그 중에서도 분메이 12(1480)년 12월 21일조나 같은 해 정월 24일조 등에는 명·일 무역의 구체적인 품목과 가격, 얻을 수 있는 이익만이 아니라 배를 만드는 데 필요한 비용까지 기록되어 있어 매우 흥미롭다.

본문

文明一七年八月三日

一, 西忍入道{歲九十}, 一昨日渡唐船入目日記持來, {寶德度},

十貫文 安藝國高崎エ船借用ニ下向糧物

三百貫 船賃 三百貫 船作事 四百貫 船方四十人{別十貫},

五十貫 船トウ·カチトリ 四百貫 ユワウ五萬斤【此內三百貫ハユワウ, 百貫ハ船チン,】

百貫 四月ヨリ八月マテ, 每月十五貫文ツヽ, 船方御丁間水人別百人分, 船方マテ,

百貫 渡糧米百石人百人分, 船方マテ,

百貫 スミ·木·シホ·油·水樽·糒·ラウソク·茶·色色事·ミソ·シホ 六十貫 通事二人給分

合千八百二十貫文【此內四百貫文ユワウノ方ハ, 普廣院殿御代ハ不可入, 近年雅意故ニ入云云,】

都{王宮}, 每度之下物注文

每日米一升{白米}, 酒瓶半 麥コ 燒餅四

茶子ノ果子 シホ ミソ

クキ カウノ物 ス

カ ニワトリ ヤキ

生カ サン小 薪 スミ

五個日ニ一度ニ毎日ノ分下行之,

唐ハ景泰四年四月廿三日ニ, ニンホウ府ニ入ル, 八月六日都ニ上, 九月廿三日・十月三日・八日三度ニ都ヘ入,

同五年二月廿八日都ヲ下南キン, 南キン四月九日ニ入, 同五月三日南キンヲ出テ, 同十三日ワウ州ニツク, 同廿六日ニンホウ府ニツク,

衣裝日記 十一月十二日ニ給之,

進ス フス 從僧 コサ 以上, 僧ノ衣裝三ツ丶,

外官ニハ, ロノ金織タル三ツ丶,

人凡〔伴〕ニハ, 北絹衣裝三ツ丶, 又多衣裝一ツ丶,【今度初也云云, 外官ニハ不給之,】

歸朝ニ引出物

進ス・外官以下ニ, 人別北絹四反・ロ一反・沙一反・シュ(ユ?)ス一反,

以上, 七反ツ丶, 進ス錢十貫, コサ・外官ニ八貫ツ丶,

人凡ニハ北絹一反・木綿一反, 三百五十人計也,

文明一七年八月七日

一, 西忍來, 先日進上渡唐相殘記持來, 明州{ニンホウフ}, 外官一人前ノ記, 下行物每日下行分

也,

柴四百五十斤【斤別百六十文目, 十六兩也, 七十二貫目ニ相當歟,】

炭百五十斤{二十四貫目,}

花桝〈サンセウ〉十五兩

茶廿五兩{二百五十目,}

鹽三斤十二兩{六百目,}

欄子〈ランソク〉百五十丁

酒一瓶{茶七斤計, 人ホトノ壺也,}

油三斤十二兩{六百目,}

魚一斤半{二百四十目,}

茶三斤{四百八十目,}

白米五升{六合餘七合計器也, 日本,}

以上外官方

人凡二ハ黒米二升宛,

仮令寶德渡唐ニ多武峰・長谷寺兩寺ヨリ船一艘沙汰立之時ニ外官三人【藥師院〈コサ〉・楠葉〈コサ〉・也, 七郎次郎】也, 此下ニ商人以下百人分, 人凡ニテ召具之, 百人ハ外官三人之下人分也, 一人ノ下ニ三十人餘也, 此分ヲ毎日外官人下行物ニテ事ヲ成也, 餘分ハ外官德分也, 外官一人ノ下ニ人 ノスクナキハ, 外官ノ德分也也(衍), 米ハ人別ニ被下行之, 何十日ナリ共, 明州ニ在國中ハ毎日此分下行之, 船方四十人計在之, 明州河ハタニ, 木屋ヲ造テ候ニ, 船方ヘ下行物又在之, 數百人船人也, 西忍之船分四十人船方也, 毎日下行物色色在之云云, 凡希代善政國也,

永正二年五月四日

楠葉入道西忍ハ渡唐兩度, {一兩ハ人凡, 二兩ハ外官,}

自京都至築前{ハカタ}, 道間百八十里,

自肥前國大嶋{小立浦}, 春船ハ進發, 秋船ハ同國後唐(五島) ナルトヨリ進發, 其間南北五十里

也, 春ハ南, 秋ハ北ヨリ也,

至大唐明州{茶山}, 津, 日本唐土之間三百五十里也,

合五百三十里{五十三日歟},

自明州至南都, 其間四百里,

自南都〈ナンキン〉至北都〈ホクキン〉, 其間五百里, {唐土ノ三千六百里也,}

合九百里{九十日}, 都合千四百三十里也,

自南都至長安城, 其間四百里云云, 長安城ハ南也,

一, 於唐土銀代事, 北都王城ニテ十文目ヲ一貫ニ取之, 於南都二貫ニウル, 於明州三貫ニウル也, 此三貫ニテ絲ヲ取テ, 於日本取之ニ, 理在之, 仮令一貫物二十文目替之事也, 料足ハ不用之,

『大乘院日記目錄』

> **해설**

『대승원사사잡기』를 저술한 진손이 흥복사에 섭관가(攝関家)의 자제가 입실하게 된 이후의 사항을 편년순으로 정리한 것이다. 지랴쿠[治曆] 원(1605)년부터 에이쇼 원년(1504)까지의 기록이 전해지고 있다(현 국립공문서관 소장). 잡사기와 겹치는 시기의 경우 잡사기에는 없는 기록도 있다. 아울러 교토쿠 2(1553)년 말미에 첨부된 기사의 전반부는 『당선일기』에도 필록되어 있다.

> **본문**

享德二年三月晦日

渡唐船九艘出日本, 長谷寺・多武峰・天龍寺等申請云云, 同九月一艘, 合九艘也云云,

享德二年末尾

一, 唐船十艘ニ積色色, 西忍入道說分, 後日記之,

油黃三十九萬七千五百斤, 加進物一萬斤定【此內二萬三千斤□□請自帝王給之了,】

銅十五萬四千五百斤, 簀黃十萬六千斤

太刀九千五百振, 加進物定, 長刀四百十七振,

ヤリ五十一,

扇千二百五十本, 蒔繪物大小六百卅四色,

此內

一號船四萬三千八百斤 {力子}三萬四千二百斤

二號船七萬七千斤 {力子}四千二百斤

三號船二萬七千百斤 {力子}一萬四千四百斤

四號船三萬四千四百斤 {力子}二萬千二百斤

五號船大內(ママ)申請不渡之,

六號船九萬二百斤 {力子}一萬五千四百斤

七號船五萬三千二百斤, {力子}一萬八千四百斤

八號船四萬四千二百斤, {力子}三萬二千斤

九號船二萬三千百斤 {力子}二千四百斤 {□〔九カ〕月渡之},

十號船一萬一千斤 {力子}一萬三斤

『蔭凉軒日錄』

> 해설

　역대 음헌주(蔭軒主)를 맡았던 이들의 공용 일기. 음헌(蔭軒)은 상국사 녹원원(鹿苑院)에 설치된 숙사로 음헌주는 선종 사찰을 관장하는 승록인 녹원원주(鹿苑院主)를 보좌하고 녹원원주와 쇼군의 연락책으로 활동했다. 현재 15세기 중엽에 음헌주였던 기케이 신즈이[季瓊真蘂]와 15세기 후반의 음헌주였던 기센 슈쇼[亀泉集証] 그리고 16세기 중엽의 음헌주 게이시 케이슌[継之景俊] 시기의 사본이 전해진다. 본서에서는 존경각문고 소장 사본(도쿄대학 사료편찬소 소장 사진첩)에 의거하여 수록했다. 분메이 19(1487)년 5월 18일조, 같은 해 9일조, 조쿄[長享] 3(1489)년 8월 13일조는 모두 기센 슈쇼가 작성한 부분으로 메이오[明應] 견명사의 파견 준비가 이루어지던 시기에 해당한다. 18일조는 호토쿠 견명선 때에 있었던 일을 도요 인포의 법사 슈쿠겐 쥬겐[肅元壽嚴]에게 탐문하여 작성한 것으로 호토쿠 견명사가 바치는 진공품은 모두 천룡사가 준비했으며, 명 황제에게 하사받은 회사품은 모두 공방(公方)의 몫이 되었다는 내용을 담고 있다. 19일조는 역시 호토쿠 견명사가 겪었던 일을 슈쿠겐에게 탐문한 것이어서 호토쿠 견명사를 비롯하여 이후 간쇼 견명사, 분메이 8년 견명사, 분메이 15년 견명사까지 총 네 차례에 걸쳐 명에 도항했던 슈쿠겐이 정보통으로서 중시되었던 사정을 엿볼 수 있다. 하지만 『쇼운입명기』에 슈쿠겐은 단 한 번도 등장하지 않는다. 그 내용은 호토쿠 견명선의 선단 구성과 진상품은 천룡사가 조달했는데, 이번에 1호선을 운영할 예정인 상국사의 경우 그만한 재력이 없는 것을 우려하는 기센 슈쇼에 대해 호토쿠 견명사 때는 규슈에서 좌공문(座公文)을 매각함으로써 진공품의 용도에 충당했음을 알 수 있다.

　조쿄 3년 8월 13일조는 명 메이오 견명사의 부사로 선발된 신게츠[心月]가 오우치 씨가 선박 4척의 파견을 희망한 것에 대해 견명선에 승선하는 간부 일동을 대표하여 반대의 뜻을 표명한 내용이다. 그 이유는 호토쿠 견명사 때에 9,200명이라는 대규모 인원이 파견되어 '소란'을 일으켰기 때문에 이후 300명 이하로 축소되어 이후의 세 차례 견명사(간쇼, 분메이 8년, 분메이 15년)는 선박 3척으로 파견했데, 이번에 4척으로 파견하면 명측이 받아들이지 않을 것이라는 내용이다. 여기서 언급되는 '소란'이란, 북경으로 상경하던 도중 산동 임청의 청원역에서 인근 주민을 약탈한데다가 담당 관원을 구타하여 중상을 입힌 사건을 가리킨다. 이로부터 일본측에서도 본 사건이 명측이 일본의 통행을 규제하게 된 원인으로 인식하고 있었음을 알 수 있다. 또한 명의 메이오 견명선은 출발 반년 전까지 경영자와 승선원이 바뀌었는데, 이 때 부사였던 신게츠는 결국 명에 입성하지 못했다.

본문

文明一九年五月一八日

　東洋和尙正使之時, 大唐進物以下, 渡唐之時宜可相尋可白之命, 去十六日有之, 今日以悰子相尋天源院肅元東堂, 答, 渡唐船十艘調之, 嶋津者雖領勘合辭而不渡, 以故, 九艘渡之, 其內三艘者, 天龍寺自受用之船也, 進物者自寺家弁之, 自大唐返物者, 皆爲公物, 自餘悉可寺物也云云,

文明一九年五月一九日

　往天源相尋寶德三年辛未渡唐之事, 辛未者大唐景泰二年也, 享德二年癸酉三月廿九日渡唐船出日本奈留嶋, 享德三甲戌年歸朝, 景泰五年也,

　天源院所記一紙云,

　日本國【辛未】秋渡唐船九艘,

　一號船 天龍寺　　　　　　二號船 {伊勢國}法樂社
　三號船 天龍寺　　　　　　四號船 九州探題
　五號船 九州志摩津【未渡唐】　六號船 同大友
　七號船 同大內　　　　　　八號船 大和州多武峰
　九號船 天龍寺{枝船,　　　　十號船 法樂社{枝船,

　以上十艘,

　御進物如常, 自天龍寺弁之,

　於天源有小宴, 春伯始藏主在座, 自享德三年甲戌至當年十九丁未, 凡三十四年也, 午後謁東府, 御水向提子之圖幷御位牌圖, 以琳喝食, 供 台覽, 如此可命云云, 以堀川殿, 天龍寺船之事, 天源肅元東堂所白, 達 台聽, 肅元曰, 自日本之進物, 天龍寺船時, 馬廿匹渡之, 文明十五年者, 馬五匹渡之, 於大唐相尋之內官, 硫磺・馬等於大唐爲簡要乎, 內官曰, 不簡要, 硫磺者□自琉球來云云, 硫磺・馬, 渡唐之大義不過之, 故爲來來問之云云, 以後者被略硫磺・馬, 以黃金, 銚子・提子・香爐等鑄之被渡, 則自他可然之由, 肅元長老白由白之, 爲寺家可然樣可相議云云, 愚云, 寶德辛未時者九艘渡唐也, 其一號船・三號船・枝船一艘, 以上三艘天龍分也, 今度渡唐亦一號・二號・枝船一艘, 三艘爲相國分, 三號船可被命大內云云, 相公曰如此, 如此於寺家, 能可相議, 愚云, 與伊勢守可相談云云, 愚又白, 大唐進物煩費事, 寺家無力之條, 不可叶, 爲居座先引違弁之, 歸朝之

時被返弁者可乎, 肅元話云, 寶德三年辛未歲, 自寺家坐公文廿通, 白請之, 於九州賣口, 一一不秉拂者取之,

長享三年八月一三日

　心月云, 三十年以前九艘渡唐, 人數千二百人, 其時日本人多多故, 於大唐喧譁出來, 以故, 以後者不可過三艘, 人數不可過三百人, 自大唐此分相定, 其後三度渡唐皆三艘, 今破其法四艘渡之者, 於大唐不可有許容, 然者與大唐可爲義絶云云, 愚云, 被列參于汲古, 以此旨, 被諭者可然云云, 心月云, 補陀洛迦山之近所蓮華洋與寧波府五, 六里云云, 與諸役者可被相議評云云,

『明實錄』

해설

실록이란 황제가 사망하면 그 일대기를 기거주(起居注)나 공문서 등을 이용하여 편찬한 것을 가리킨다. 다만 경태제의 경우는 다른 황제와 달리 특수하다. 경태제는 형인 정통제(正統帝)가 토목보(土木堡)의 변으로 몽골에 끌려가는 바람에 추대되었다. 그런데 경태제가 사망한 뒤 정통제가 복위하여 연호를 바꿔 천순제(天順帝)가 되면서 경태제를 폐위시켰기 때문에 경태제의 일대기는 정통제와 천순제의 묘호인 영종(英宗)의 실록인 『영종실록』에 수록되어 있다. 본서에서는 타이완 중앙연구원 역사어언연구소 교인본에 의거하면서 『영종실록』에서 호토쿠 견명사와 직접적으로 관련된 기사를 수록했다. 경태 4년 10월에는 상경하던 일본 사신이 관원을 구타하여 중상을 입혔다는 보고가 있었고, 같은 해 11월에는 일본 사신이 북경에 표문과 방물을 바쳤다는 내용, 같은 해 12월 경태 5년 정월에는 공물 가격에 대한 협상 내용, 같은 해 2월에는 태도가 좋지 않은 사신들을 속히 귀국시켜야 한다고 촉구하는 제안 등의 내용이다. 천순 3년에는 호토쿠 견명사가 보인 무례함에 대해 사죄할 것을 조선 국왕이 일본국에 전달하도록 지시한 기사가 보이기도 한다.

본문

景泰四年(1453)

十月丙戌時四夷入貢者多至千人, 所過需酒食・諸物, 憑陵驛傳, 往往毆擊人至死, 平江侯陳予奏, 日本使臣至臨清, 掠奪居人, 及令指揮往詰, 又毆之幾死, 巡撫広東侍郎揭稽亦言, 爪哇使臣狡猾, 不遵…約束, 宜重懲之, 於是, 禮部請執治其正副使及通事人等, 不聽.

十一月甲寅日本國王遣使臣允澎及都総通事趙文端等来朝, 貢馬及方物, 賜宴口綵幣表裏等物有差.

十一月辛未日本國正副使允澎等奏, 在昔太祖高皇帝頒賜下國天龍寺仏前花瓶二・香炉四・龜鶴燭台各一, 近年被火毀壞, 今以旧式進呈, 乞賜臣等齎回祝延聖寿, 命工部造與之,

十二月甲申禮部奏, 日本國王有附進物及使臣自進附進物, 例應給直, 考之, 宣德八年賜例, 蘇木硫黄每斤鈔一貫, 紅銅每斤三百文, 刀剣每把十貫, 鎗每条三貫, 扇每把・火

筋每双□三百文, 抹金銅銚每箇六貫, 花硯每箇·小带刀每把·印花鹿皮每張□五百文, 黒漆泥金金嵌螺花大小方円箱□香奩等器皿每箇八百文, 貼金金硯□硯銅水滴每副二貫, 折支絹布, 每鈔一百貫絹一疋, 五十貫布一疋, 当時所貢以斤計者, 硫黄僅二万二千, 蘇木僅一万六百, 生紅銅僅四千三百, 以把計者, 刀僅二, 腰刀僅三千五十耳, 今所貢硫黄三十六万四千四百, 蘇木一十万六千, 生紅銅一十五万二千, 有奇, 刀四百一十七, 腰刀九千四百八十三, 其余紙扇·箱等物比旧□増數十倍, 蓋縁旧日獲利而去故, 今倍数而来, 若如前例給直, 除折絹布外, 其銅錢総二十一万七千七百三十二貫一百文, 時直銀二十一万七千七百三十二両, 有奇, 計其貢物時直甚廉給之太厚, 雖曰厚往薄来, 然民間供納有限, 況今北虜及各處進貢者衆, 正宜節財用, 議令有司, 估時直給之, 已得旨從議, 有司言, 時直生紅銅每斤銀六分, 蘇木大者銀八分, 小者五分, 硫黄熟者銀五分, 生者三分, 臣等議蘇木不分大小□給銀七分, 硫黄不分生熟□五分, 生紅銅六分, 共銀三万四千七百九十両, 直銅錢三万四千七百九十貫, 刀劍今每把給鈔六貫, 鎗每條二貫, 抹金銅銚每箇四貫, 漆器皿每箇六百文, 硯每副一貫五百文, 通計折鈔絹二百二十九疋, 折鈔布四百五十九疋, 錢五万一百一十八貫, 其馬二匹, 如瓦剌下等馬例, 給紵絲一疋·絹九疋, 悉從之.

景泰五年(1454)

正月乙丑 日本國使臣允澎等奏, 蒙賜本國附搭物件價值, 比宣德年間十分之一, 乞照旧給賞, 帝曰遠夷当優待之, 加銅錢一万貫, 允澎等猶以為少, 求増賜, 禮部官劾其無厭, 命更加絹五百匹·布一千匹.

二月乙巳 禮部奏, 日本國使臣允澎等, 已蒙重賞, 展転不行, 待以禮而不知恤, 加以恩而不知感, 惟肆貪略無忌憚, 沿途則擾害軍民, 毆打職官, 在館則楚館夫, 不遵禁約, 似此小夷敢爾午慢, 若不嚴加懲治, 何以摂服諸番, 宜令錦衣衛能幹官員帯領旗校人等示以威福, 催促行程, 如仍違拒, 宜正其罪, 從之.

天順三年(1459)

二月癸酉 勅朝鮮國王李, 該禮部奏稱, 得王咨, 有日本國差人円等到國言, 國王源義政以先差去進貢使人失禮, 蒙朝廷恩宥放回, 將本人科罪, 今欲差人赴京謝罪, 縁日本國僻在海隅, 去京路遠, 其情真偽, 難以遥度, 勅至, 王即拘円等, 詳審前項傳說, 如果真実無偽, 転行源義政說, 朝廷以爾既能悔過自新, 准令, 擇遣謹厚老成識達大体者為使来朝貢, 往来中途不許生事, 若或似前掠財物, 欺凌官府, 罪必不宥, 王其審実, 停当而行, 母得忽略.

『籌海圖編』

해설

명대에 간행된 일본 연구서 중 하나. 절강총독 호종헌(胡宗憲)의 휘하였던 정약증(鄭若曾)이 가정 41(1562)년에 간행했다. 수부(水夫)나 공신(貢臣), 왜상(倭商) 등으로부터 청취 조사를 실시하고, 또한 가정 34~37년에 걸쳐 일본에 건너 가 체류하며 왕직(王直)을 유인하는데 성공한 장주(蔣洲), 진가원(陳可願)의 협력을 얻어 작성했다고 한다. 이후 일본 연구의 규범이라 할 정도의 위상을 차지하고 있으며, 이후 간행된 많은 유서들이 이 책의 서술 방식을 따르고 있다. 본서에서는 국립공문서관 소장본에 의거했다. 진공 인원이 많았던 탓에 경청사와 천녕사에 분숙했음을 알 수 있는 기사가 보인다. 참고로 '정통 7년'으로 표기한 것은 오류다.

본문

卷二「進貢」項

正統七年入貢

時, 貢船九隻, 使人千餘, 分發境清·天寧各寺安歇,

朝廷雖責其越例, 以遠人慕化亦寬容之, 八年六月使回,(後略)

『朝鮮王朝實錄』

해설

역대 조선국왕의 일대기를 편찬한 것이다. 본서에는 한국국사편찬위원회에서 간행한 축인본에 근거하여 아시카가 요시마사[足利義政]가 호토쿠 견명사가 저지른 무례를 사죄한다는 뜻을 명측에 전달해 달라고 조선에 요청한 일에 관한 기사를 수록했다. 세조 4년 10월에 일본 사신이 조선에 온 것, 이듬해 정월 명조에 사신을 보내고 4월에 도착한 명측의 답신을 일본 사신에게 전달한 것 등을 알 수 있다.

본문

世祖四年(1458)

十月丙寅御思政殿, 引見日本國使者円·柴江等十三人, 其書契曰, 日本國源義政奉書朝鮮國王殿下, 祖宗以来, 率以善隣爲國宝焉, 故今差円通事, 齋不之土宜, 以修前好, 幸納, 先是, 天龍禅寺求興復之助於大明國, 行人事頗不軌, 然而聖恩寬宥, 特屈刑章, 及帰國日, 以加囚禁, 来歳必聘專使於大明之庭, 揚對天之休, 仰無前之偉績, 兼謝前時之罪者也, 伏聞上國之於大明, 疆域連接, 聘問交繁, 請爲我先容, 以通夙夜之心, 亦善隣之謂也, 幸甚, 上覧之曰, 予悉書意, 汝等本漢人, 何故奉日本書契而来, 對曰, 昔被日本, 國王憐愛之, 故奉使而来, 命饋之.

十月壬申幸慕華館, 王世子随駕, 宗親·宰枢及倭·野人等侍, 命童倉及日本國使者円·柴江等進酒.

世祖五年(1459)

正月丁亥遣行知司譯院事金有禮, 齎漂流唐人鎖慶等奏本□倭人声息咨如大明, (中略) 咨曰, 議政府狀啓, 據禮曹呈該, 有日本國差来円等伝國王源義政言語説称, 在先遣使進貢朝廷, 使人失禮, 欽蒙聖恩寬饒回還, 即將本人科罪外, 欲要差人謝罪, 却縁辺島海寇曾往上國沿海地方作耗, 慮恐把海官軍意謂賊船, 阻礙不便, 差令円等, 具陳事由, 五先転報朝廷, 得此具呈, 得此狀啓, 據此參詳, 上項所告, 係是外國朝貢声息, 理宜転奏, (後略)

三月乙未承政院奉旨馳書于東萊県令曰, 今三月十二日, 奏聞使金有禮従事官来言, 日本國三郎朝貢事, 金有禮已奏達, 奉聖勅月望時当到, 須転諭此意于國王使者円, 留待浦所, 奉審聖旨後回去, 四月辛酉行知司譯院事金有禮奉勅回自大明, 上幸慕華館迎勅如儀, (中略) 又勅曰, 該禮部奏稱, 得王咨, 有日本國差人円等到國伝言, 國王源義政説称, 比先差去進貢使人失禮, 蒙朝廷恩宥放回, 已將本人科罪, 今欲差人赴京謝罪等因, 然本國僻在海隅, 去京路途遠, 其情真偽, 難以遥度, 必得其実, 然後可信, 勅至, 王即拘集本國来人円等, 詳審前項伝説事情, 如果真実無偽, 転行源義政知會, 朝廷以爾既能悔過自新, 恭修職貢, 准令, 択謹厚老成識達大体者爲使来朝, 其通事亦須選委謹慎知禮, 人員伴送尤須厳加戒約, 往来中途不許生事・擾人, 若或似前犯法無禮, 掠財物, 欺陵官府, 罪必不宥, 王其仔細審実, 停当而行, 毋得忽略.

四月丁卯 命成直講李約東齋勅書写本及書契, 往東萊富山浦, 付日本國使者円, 其書契曰, 使至得書, 兼承厚, 爲慰殊甚, 洋海相阻, 不克以時聘問, 王乃屢遣信使, 践修旧好, 非情重交隣, 不能爾也, 朝貢上國事, 已爲王奏達, 蒙准, 今来勅諭謄写, 謹付回, 王宜欽遵施行, 不土宜具在別幅, 領納爲幸, 余冀順序保嗇.

五月戊申 遣上護軍具信忠, 奉奏本如大明, 奏曰, 天順三年四月初十日陪臣金有禮齎捧到勅諭, 該禮部奏稱, 得王咨, 有日本國差人円等到本國伝言, 國王源義政説称, 比先差去進貢使人失禮, 蒙朝廷恩諭放回, 已將本人科罪, 今欲差人赴京謝罪等因, 然本國僻在海隅, 去京路途遠, 其情真偽, 難以遥度, 必得其実, 然後可信, 勅至, 王即拘集本國来人円等, 詳審前項伝説事情, 如果真実無偽, 転行源義政知會, 朝廷以爾既能悔過自新, 恭修職貢, 准令, 択遣謹厚老成識達大体者, 爲使来朝, 其通事亦須選委謹慎知禮, 人員伴送尤須厳加戒約, 往来中途不許生事・擾人, 若或以前犯法無禮, 掠財物, 欺陵官府, 罪必不宥, 王其仔細審実, 停当而行, 得忽略, 欽此, 拘集円等, 備説勅諭事意, 具問情偽, 本人答言, 即与前説無異, 得此転令源義政知會.

詩文類

*본서에서는 호토쿠 견명사와 관련하여 주고받은 시문들을 수록했다. 다만 일본 승려가 일본 승려 앞으로 보낸 송행시문이 너무 많기 때문에 명측 승려와 일본인 간의 교류를 보여주는 것들로만 한정했다. 시문은 아니지만 『월주화상어록(月舟和尙語錄)』에 수록된 '前住當山後住建長東林和尙入祖堂'은 기존에 거의 알려지지 않았던 도린 뇨슌[東林如春]과 명의 장해와의 교류를 다룬 내용이라 채택했다.

「送通事趙公文端三入大明國序」(翱之惠鳳)

해설
고우시 에호[翱之惠鳳]가 호토쿠 견명사의 통사인 조문단(趙文端)에게 보낸 송행서(送行序)이다. 그의 문집 『죽거청사(竹居淸事)』(『오산문학전집(五山文學全集)』 3권 수록) 소장. 조문단이 중국에서 태어나 일본에서 자란 점, 에이쿄 연간에 두 차례의 도항에 이어 세 번째 입명했다는 점 등이 기록되어 있다. 고우시 에호 역시 에이쿄 8년 견명사로 입명했으므로 조문단과는 지기였을 것이다. 또한 『죽거청사』에는 그 외에도 규엔 류친, 덴요 세이케이[天與淸啓]와 같이 호토쿠 견명사에 참여한 종승들에게 보낸 송행문도 수록되어 있다.

본문
送通事趙公文端三入大明國序
　　景泰第二春之冬, 吾國將有入貢之事, 命浮圖氏尊乎其徒者, 乃幹其, 其專命某副焉, 某与某爾伍, 総示衆, 諸作咸挙, 百計具率, 相偕謂曰, 祭祀貢封, 邦之典也, 曰曰邇, 式秉彝焉, 以日以月, 以時与歲, 皆藉地而有制, 是古之揆也, 吾國在荒服海裔之外, 宜与中州靡疏親, 独弗旧德者, 漢魏以降, 吾國頼以由中州之道也, 儒服縫掖誦詩書, 佁姬旦□周公□·仲尼□孔子□之畢, 武夫負戈以戒有逆, 以備不虞, 是其自中州也, 農工商估之品, 各有経弗紊, 是其自中州也, 但浮圖氏之徒, 大流其化, 議其外, 則似於常者, 至夫鋤其罡, 以脅導其順, 以誘期民性於和調, 則諒不為無乎王度焉, 是其自中州也, 于貨泉行, 莫不宝其宝, 是其自中州也, 今夫通事趙公文端, 通二國之事, 達両家之情, 繋弗軽, 且趙公生於中州, 長乎吾國, 志存二國, 恩無彼此, 在此行也, 乃其心也, 大翁無恙, 往以壽之,是不失於孝也, 重詣大都, 匍匐天子之庭, 是亦忠之一端也, 使吾國奉朱草之, 伸葵之誠, 是不忘前好也, 来告方外之友某曰, 吾之志子之所識也, 蓋紀以贈, 曰, 知公者寔二十年, 不為非故人也, 孰佛公之言焉, 公之在吾國也, 宣德之末二受重命, 一莫或失, 且齒通事列者, 不一而足, 在吾國食通事禄, 自宣德到今, 其給繼者, 公一人也, 人之所通知也, 今一旦而往, 是天之賜榮於公也, 往麋塩, 抑有一於此, 吾國文武之士, 如林如雲, 独受使命於浮圖氏者, 中州或以議焉, 蓋文武成有務, 而不可一日無也, 彼浮圖氏者, 独非國之臣子乎, 而其無所関, 則以遣之, 亦從宜也, 因畳致之懇, 曰, 善保修塗, 言発三思可也, 念吾國所以向中州者, 在其弗旧德, 是彼有恭而無倨, 有而無也, 此為贈故人之意也,

「渡唐天神像賛」(明·質庵文淳)

해설

시류 고토[斯立光幢]가 북경의 대흥륭사(大興隆寺) 제일좌(第一座)였던 질암문순(質庵文淳)에게 부탁하여 도당천신상(渡唐天神像)에 첨부한 찬문(讚文)의 사본으로 후쿠오카시 숭복사(崇福寺)가 소장한 『묵적지사(墨蹟之寫)』간에이[寛永] 14년조(도쿄대학 사료편찬소 사진첩)에 수록되어 있다. 쇼운은 갑술 2월 12일에 질암을 방문하여 차담을 나누었다. 본 찬문은 2월 15일자이며, 규엔 류친은 2월 16일에 방문했다(『禿尾長柄帚序』참조). 북경에 머무는 동안 일본의 승려들은 번갈아 가며 질암을 방문했다.

본문

天満大自在天神像
愛梅酷似林和靖(逋)
謫窟不同韓退之(愈)
雙径傳衣遊好夢
扶桑千古仰神儀、
　景泰甲戌仲春望日, 質庵(文淳)為
　日東幢公(斯立光幢)賛 (印) (印)

「禿尾長柄箒序」(明·質庵文淳/明·衛時用/九淵龍睒)

해설

『독미장병추(禿尾長柄帚)』는 쇼쥬 류토[正宗龍統]의 시문집이다. 다마무라 다케지[玉村竹二]편 『오산문학신집(五山文學新集)』4(東京大學出版會)에 수록되어 있다. 쇼쥬는 임제종 황룡파에 속하며 규엔 류친의 법질에 해당한다. 규엔과 함께 호토쿠 견명사에 참여했던 난소 류사쿠[南叟龍朔]는 속가의 형이다. 이러한 관계로『독미장병추』에는 명으로 떠나는 이들을 송별하는 시문이 산재해 있다. 서문에는 북경 대흥륭사의 질암, 영파의 위시용(衛時用)이 쓴 서문과 함께 규엔의 글도 실려 있어 규엔이 명에 체재하는 쇼쥬를 위해 집필했음을 알 수 있다.

본문

日東九淵(龍睒)口, 偕其法姪南叟朔(龍朔)上人, 公事之暇, 過飛虹, 詣予蝸居, 焚香啜茗, 筆話移時, 意如也, 袖中出詩什數章見示, 予熟覽之, 乃知為朔公之弟正宗統(龍統)上人之大作也, 視其字画美, 句法清新, 矧復友愛之情, 隱然見於言外, 綽有三百之遺意焉, 雖中華有作者, 亦不能遠過, 可羨可羨, 九淵謂予曰, 正宗所居, 曰蕭庵, 願賦一詩, 寄以贈文, 不亦可乎, 予因慕其才, 故不辞而為書一絶, 以奉, 尚希道照甚幸, 斉居幽爽絶塵氛, 華扁書蕭憶子雲, 最愛高僧才器美, 天葩落筆吐奇芬, 大明景泰五年歳次甲戌仲春既望日, 大興隆前堂金台質庵(文淳)寄奉.

九淵大和尚, 一日過予, 茶話之間而曰, 吾國一僧, 諱龍統, 字正宗者, 聡明特達人也, 八歳能詩, 披雲掃霧, 二十行文, 経天緯地, 一時英俊, 咸仰余光而走下風, 是亦斗南一人耳, 予聞是言, 心甚慕, 但以不獲清誨於左右為恨, 是以輙得俚言一律, 錄奉正宗上人法座前, 伏希, 過目呵呵, 擲之幸甚, 青年徳望冠時, 志気凌雲万丈高, 海外共誇騏驥足, 斗南争鳳凰毛, 詩才李杜口(李白·杜甫)声名匹, 文勢欧蘇(欧陽修·蘇軾)気象豪, 幾度相憶欲相見, 烟波渺々夢魂労, 四明西山小隠衛時用謹奉.

本朝宝徳乙〔癸〕酉, 余口九淵龍口従國信使, 入大明國, 百越歷三呉, 大江之南北, 長之東西, 行不足者, 殆六七千里, 遂達燕之北京, 而遭時盛明, 礼楽繁興, 人物秀整, 実莫愧以漢唐之化, 於是乎, 晨而謁貴仕達官, 暮而接名英衲, 殆獲酬平素之志也, 數日携南叟朔□龍朔□蔵主, 遍遊都下名刹, 到大興隆寺, 投謁質庵□文淳□老人之室, 老人指南, 謂余曰, 斯人有何求耶, 無日不渉吾地, 余曰, 南有令弟, 名統, 字正宗, 留之海東, 不能無鶺鴒鴻雁之念, 況乎正宗, 才且賢, 年壮学老, 詩文与禅, 皆熟, 願老人, 賦詩一, 遠寄正宗, 以慰藉之, 質庵恵以此, 而余以景泰甲戌春, 辞闕下抵南京, 遍歷潤・常・湖・蘇四州, 到余杭, 留半月, 復帰四明, 衛氏時用, 金陵人也, 客居四明, 才德兼全, 実衣冠之選也, 余従之遊, 亦有贈正宗詩, 可以為栄, 遂以六月廿四日, 去寧波府, 泛大洋海, 是時, 予帰舟, 無江南物, 惟両詩耳, 帰本朝之日, 以二老贈, 投之正宗, 々々曰, 匪分之恥, 君子不受, 不類之歌, 仁者不当, 中褒寵, 過実也甚, 吾得当之耶, 蔵而不出者數年, 一日余過蕭庵, 責正宗曰, 公何謙抑之甚哉, 公之伯父続翠江西□龍派□翁, 本朝名流, 德高一代, 名垂後世, 而口無可択之言, 是以獲其隻字片言者, 以為百世之宝, 皆必秘重焉, 嘗為公題詩扇上曰, 斯文付賢姪, 全趙一相如, 且書其後云, 癸亥秋, 病余作書付姪統, 蓋翁平日, 慎許可, 知公之才之美, 而吐斯句, 由是余南遊, 所至揚公声名者, 決非余私言也, 然則二老詩中褒寵, 亦本実乎続翠之言者也, 正宗於是出軸, 余書之, 且繋以四一章, 此身誓不隠人善, 到処江南説君, 一代盛名帰広受, 少時健筆數機雲, 呉中秋色万山, 越上春容百草薫, 故国生還情如昨, 皇天何許久離群, 寔長禄三年歳次己卯秋七月下, 洛陽東山九淵龍眹書于知足塔下.

「虚庵和尚行錄」(明·南浦和尚)

해설

갑술년 2월 21일조에 쇼운 즈이킨이 흥륭사(興隆寺) 대승록사(大僧錄司) 우선세(右善世)인 남포화상(南浦和尚)에게 송행서(送行序)를 보낸 기사가 보인다. 이 송행서 자체는 전해지지 않지만, 남포화상이 고안 레이세츠[高庵令凹]의 요청에 따라 같은 해 정월 29일에 고안 겐자쿠(虚庵玄寂)을 위해 쓴 행록이 본 사료다(야마구치현 시모노세키시 공산사 소장). 본서에는 공산선사 편집위원회 편 『공산선사(功山禪寺)』(공산사, 1985년)에 수록된 사진을 참고했다. 허암은 공산사의 전신인 나가토국 금산장복사(金山長福寺)의 개기(開基)이다. 호토쿠 견명선에는 오우치씨가 운영하는 선박도 참여했으며, 장복사 승려인 고암(高庵)도 아마 이 선박을 타고 명에 건너가 북경을 방문했으리라 추정된다.

> **본문**

日本国長門州府金山長福禅寺開山虚庵(玄寂)和尚行録

日本居大海東, 俗習多取法於中国, 崇敬仏乗尤為隆篤, 故金刹宝輪雄峙輝煥…, 凡禅林儀軌, 皆踏襲祖規, 如講訳経論伝授毘尼, 一遵…仏制, 至若大其宗教, 高僧名士在々有之, 若隆然特起而継絶学者, 則虚庵禅師其人也, 師諱玄寂, 虚庵其別称, 姓佐々木, 宇多天王之裔, 生縁伊勢州安濃郡, 自幼穎異絶倫, 有志禅学, 遂嗣法於仏通禅師□痴兀大慧□, 仏通嗣慧日開山聖一国師(円爾), 聖一嗣大唐無準仏鑑禅師(師範), 故師授受有自来矣, 師初事天台止観之学, 由閲厳円覚諸経, 自是心戸洞然, 性天廓爾, 深遠空宗, 始篤永于禅亦又精顕密教, 嘗遊方寓長門州之神功廟無比菩薩之堂□忌宮神社□, 州人仰其風浄, 供束薪川輪山峙, 尾州専司円公(北条時仲)□ 為州刺史時, 躬事土木之労, 建蘭若延師主之, 仍施庄園, 師固辞, 而公強以部内地帰之, 公為九州牧, 屡延師, 府内激揚経世出世之法, 厚襯於師□師得之, 亦以建大殿焉, 公之配夫人, 嘗奉師宝机及水晶軸法華経, 今蔵師之塔, 師居長福時, 扶桑白之流, 来集座下, 包塡委至無所容, 雖武夫卒, 師慈相, 咸挙首加額, 善心油然而生, 金帛之施, 充斥几席, 師皆視之, 漠如一無所取, 或強之, 受随以給, 済貧乏, 師凡見, 病者則施之以薬, 老者則慰之以安, 飢寒者則之以衣食, 若域内之可修理者, 師為之無悋色, 故

朝廷嘉奨特旨以称之, 元徳元年己巳七月二十有九日, 師, 於弟子索盥, 更衣危坐, 良久提数珠示衆而化, 維獲五色舎利無算, 烟焔所及, 樹頂草若貫珠焉, 諸徒斂遺骸函, 奉于大通庵, 而塔曰慈済, 師世寿七十有八, 僧臘五十有二, 扶桑之人, 得法於師者, 悉皆絵其真像, 而宗祀之, 建武中, 源将軍□足利尊氏□因征西, 慕師道行, 割小月村地以施, 府君□大内某□重寄庄園以寺□々衆多二千指, 其所施者亦皆師之馥余膏之所致耳, 師曾住豊田之広厳禅寺□々厄于回禄, 而師肖像・数珠□存, 似有神物陰相之也, 師化去, 自己巳至今一百二十六寒暑, 其四世孫曰令□高庵□曰玄浩者, 具師行実, 不憚数万程之遠, 嶽渉海, 而効懇切之至, 謁予, 文以発揮師之潜徳於人情, 亦可謂為難能, 予忍無以副之耶, 乃為次其説, 以示後来於戯, 師道徳人也, 而有大行大功, 為仏法之棟梁, 作人天之眼目, 故其見諸行事, 感

国王臣庶知遇蓋如此焉, 抑又多諸因縁, 為日本一代碩師, 非菩薩羅漢乗願再来, 孰能光顕盛

大有如是哉, 予愧菲才不足鋪張師之盛美, 姑臆説以記歳月云,

大明景泰五年甲戌歲孟春月二十有九之吉
僧錄司右善世兼翠微山
勅建大円通禅寺開山第一代住持承
旨広善戒壇円授宗師臨済二十三代正伝心印七十一翁如幻老人 南浦 書

「日本長州鳳凰山安國禅寺南嶺和尙道行碑」(明·雲屋妙衍)

해설

갑술년 5월 23일조에 항주 선림사에 은거하고 있던 하천축영산교사(下天竺靈山敎寺) 주지 운옥묘연(雲屋妙衍)에게 쇼운이 스승 기쇼 슈켄[季章周憲]의 상에 찬문을 얻을 일이 기록되어 있다. 이 찬문은 현재 전해지지 않으나 게이인 젠큐[桂隱元久]가 '갑술년 여름 4월 초하루'에 운옥에게 받은 법조남령자월(法祖南嶺子越)의 도행문(道行文)이 본 자료이다. 세로 198cm, 가로 103cm의 대작으로 야마구치현 우베시 동륭사(東隆寺)에 소장되어 있다. 동륭사 경내에는 본 자료를 새긴 비석도 세워져 있다. 여기서는 도쿄대학 사료편찬소가 소장하고 있는 필사본에 의거했다. 갑술년 4월 1일, 북상한 견명사 일행은 아직 회안부에 있었고 항주에는 도착하지 않았었다. 따라서 게이인은 북경으로 상경하는 무리에 포함되지 않았거나, 가는 길에 부탁했다가 돌아오는 길에 받았을 수도 있다. 현재 동륭사에는 게이인이 스승 다이켄 겐도우[大建元幢]를 위해 「천축영산구환(天竺靈山漚幻)」을 저술한 정상(頂上)도 남아있다. 여기에는 '갑술년 여름 5월'이라는 날짜가 첨부되어 있다. 참고를 위해 함께 수록했다. 여기서는 『야마구치현사 사료편 중세 4』에 수록된 사진과 판각에 의거했다. 운옥과 구환의 유래는 불분명하다.

본문

日本長門州鳳凰山安国東隆寺開山南嶺(子越)和尚道行碑

浙江杭州府僧綱司都綱天竺靈山住持比丘雲屋妙衍(印)(印)
浙江杭州前衛昭信校尉管軍百戶葵原吳東升書并篆額(印)(印)
日本居大海東, 俗習多取法於中國, 其崇敬仏教, 尤為隆篤, 故其刱寺置額, 亦以五山十刹而甲乙之, 禪林儀軌並依百丈清規, 若鳳山南嶺禪師, 一門數世, 雄拠大方, 化声交振, 而四海雷奔, 盛哉, 其法孫元久(桂隱)航海来朝, 謂曰, 吾祖曾欲遊中國而不遂志, 化已来幾百年, 未記道行, 若待今日, 願文刻于碑, 予読其状曰, 師諱子越, 号南嶺, 洛陽茂族藤氏子, 穎異不群, 初従懷敬和尚受業, 竺墳魯, 通栋大義, 尋拝仏灯国師(約翁徳儉), 灯挙第一義而勘之, 随問随答, 当仁不譲, 既而司侍職於東山(建仁寺), 首衆於巨福(建長寺), 三浦介延請問法, 一日謂介曰, 吾有南遊志, 豈匏繋此哉, 促装行, 介留不止, 偕弟曰東海, 振策西邁, 道経長州, 太守厚東崇西□武実□, 夢肉身大士入境, 黎明躬往視, 与夢符契, 即迎館於上舎, 将別, 西公□厚東武実□曰, 吾立梵刹奉師, 使封内人民, 法雨, 師不得已応其請, 而東海入中国, 代書, 寄江西信庵主・天目本禅師(中峰明本), 二師展視曰, 扶桑有斯人乎, 東海回, 各附僧伽黎以表信, 其衣現在, 太守姓物部氏, 守屋大臣胄胤, 崇敬仏乗, 有給孤長者之風, 将闢寺基之夕, 復夢鳳凰遷巣於某山, 往観峰環水繞, 松檜森聳, 乃鳩工購材, 始作浄名室, 次蓋居仏殿, 名其山曰鳳凰, 寺曰東隆, 応夢也, 然後門廊・庖湢・庫庾, 靡不畢具, 并輸税以充衆食, 従是向師風者, 川奔雲湧, 暁月窓(元暁)・光寂室(元光)遠来助化, 素問道者無虚日, 故天龍国師(夢窓疎石)遇関西僧, 必問曰, 曾礼長門長老来否, 若豪家富族, 捨第建寺, 延師開山, 今為附庸者二十余院也, 摂州福厳国師道場興議, 請師継踵, 期満還山, 諸方大刹迎不起, 故建仁嵩中山(中嵩)寄偈曰, 三十余年方得信, 審知五十五春秋, 開千光室遅君久, 須急来扶老比丘, 観応二年詔位列諸山, 賜安国禅寺額, 割山并一郷, 永充常住荘園, 師又択寺正北爽地, 作寿蔵之塔, 続灯庵, 師退居, 一夕将三鼓, 忽有女子, 乞受帰戒, 為授畢, 侍者覘之, 没入前渓大池, 先是, 火于浴室, 鐘鼓斉鳴, 道俗来, 師宴坐自若, 月窓来叫曰, 火及方丈, 胡不出去, 師執其手笑曰, 老僧江湖興発, 紫陽聖福欠主席, 詔師, 師辞老, 勅太守固逼起之, 延文四年八月入寺, 鯨音再震, 鼉鼓重喧, 衆歎希有, 謝事回旧, 隠影不出山, 貞治二年九月十一日, 聚徒遺誡, 書云, 七十九年, 心月孤円, 来時無口, 一句了然, 擲筆而化, 寿若干, 臘若干, 塔曰常照, 其徒弟元初就聖福建塔, 亦曰続灯, 出世弟子曰潮(海門元潮), 曰信(孚中曇信), 曰爥(月山□爥), 曰(大建元幢), 曰礼(履仲元礼), 曰伊(仲方円伊), 余目視雲者尚多, 師十八時, 仏前立誓, 過午不食, 脇不席, 三会語録, 門人纂集之, 大相公(足利義持)謂礼履仲曰, 不幸失汝師, 願拝遺像, 遣使之安国迎取, 至則斎沐梵香設拝, 召画工図写二像, 命僧録大岳師(周崇)述讃, 一留第供養, 一賜履仲, 以為法門之栄, 寺経回禄, 続灯然独存, 若有神護, 師之四十余年紹隆祖道, 荐膺殊擢, 拠大道場, 声実昭灼, 龍象奔趨, 而化縁有限, 良可也, 然其去住自由, 光明赫, 道俗具斯足矣, 彰其法身之常住, 而表其功行之純, 垂休千古有斯在, 語言文字何足以軽重哉, 然而先世行業子孫顕揚礼也, 遂不辞而述以辞曰,

扶桑之域, 居大海東, 習俗取法, 与中華同,
崇敬仏僧, 尤為隆盛, 金利巍峨, 宝輪暉暎
禅林規矩, 百丈是宗, 五山十刹, 丕振玄風,
篤生碩師, 号曰南嶺, 魯誥竺墳, 窮探要領,
勝幢屢建, 宗旨弘敭, 化風遐暢, 師道蔚昌,
主鳳凰山, 応檀邦夢, 緇白象龍, 川奔雲湧,
門徒弟子, 得法尤多, 附庸諸刹, 棋布星羅,
化権輝赫, 時縁際会, 一皆南嶺, 如幻三昧,
塔曰常照, 庵曰続灯, 永鎮海邦, 金剛眼睛,
我辞非実, 惟黙斯契, 一月千江, 太虚無際,
大明景泰五年歳在甲戌夏四月朔旦

(朱印)　　(朱印)
普応中興大建禅師像
　最勝法幢大乗根器, 鳳凰山上鳳雛, 獅子窟中獅子, 諸方禅衲, 水赴雲奔, 四坐道場, 風飛雷厲, 堂堂乎後学模, 屹々然中流砥柱, 十刹階級望国師風, 百草頭辺示祖師意, 光明鎮海之珠, 羽翼奮垂天之金翅, 是為普応開山松源(崇嶽)之六世, 南嶺伝家, 不乏賢箕, 葉葉相承継,
　師之徒桂隠久(元久)書記, 持師像, 入中華求讃, 遂信筆草, 答其所請,
　大明景泰甲戌夏五月
　天竺霊山幻讃,(朱印)(朱印)

付「普応中興大建禅師像賛」(明・漚幻)

「斯立光幢像賛」(明・張楷)

해설

『쇼운입명기』에 자주 등장하는 장해(張楷)가 시류 고토의 초상화에 찬한 글이다. 동복사에 현존하지만 찬문은 마멸되어 판독할 수 없다. 여기서는 『인교징서(隣交徵書)』에 수록된 사본에 의

거했다. 갑술년 6월 길일자로 귀국을 위해 영파를 떠나기 직전에 작성된 것이다. 시류는 임제종 성일파의 선승이다. 오토모씨[大友氏]와 인연이 깊어 6호선에 승선하여 도항한 것으로 추정된다.

본문

讚立之像　　　　　張楷

学探正理、教演真詮、玉質温如、氷懷湛然、承五師弓冶之托、典列刹之権、通文為儒、得道以禅、知之者以為継遠東林(慧遠)之遐派、不知者以為出本中峰(明本)口伝、皆不然、達磨九年無一字、曹渓一宿便能言、正吾立之之謂焉、噫、誰詎不然、

時大明景泰甲戌夏六月吉日、賜甲辰進士前僉都御史張楷讃、

○ 立之謂斯立也、名光幢、東福寺僧、理中(光則)法嗣、真書宝勝院蔵、

「竹居清事跋」(明·張楷)

해설

장해가 고우시 에호[翱之惠鳳]의 어록『죽거청사(竹居清事)』에 쓴 시와 발문이다. 수묵지(守黒子)는 장해의 호다. 고우시의 친구인 란인[蘭隱]이 명에 도항했을 때 의뢰했다고 한다. 앞서 언급한 시류 고토의 상찬 등과 함께 장해와 일본 승려의 교류로는 규엔 류친이 자신에게 보낸 송행문(『와운일건록발우』분쇼 원년 6월 7일조, 앞의 글)과 운쇼 잇케이[雲章一慶]의 어록 발문(『벽산일록』조로쿠 3년 8월 25일조, 앞의 글)을 들 수 있다.『죽거청사』에는 란인에게 보내는 송행문 외에「和蘭隱」이라는 제목의 시(詩)도 남아 있는데, 그 사서(詞書)에 "蘭隱辛未之冬, 寄錫於江南之船, 船及壬申之冬, 尚滯紫陽(博多), 蘭隱以事, 暨會于洛, 固獲会合"라고 기록되어 있어 바람을 기다리는 동안 란인이 교토에 돌아와서 만난 것을 알 수 있다. 쇼운은 란인에 대해서는 기록하지 않았다.

본문

題竹居清事後

馨公偶帯竹居集、添得楼船万丈光、示我猶同剣出、看君真是鳳鳴岡、如開宝蔵難枚挙、似

対珍羞必品嘗、他日禅林脩語録、百年文誉動扶桑、

日本蘭隱馨上人、携禅師恵鳳語録号竹居清事至中華、求予印正、余喜其立論弘博

文則麗、読之不能釈手、賦近体五十六字、以題其後 庶表識鑑之不苟云、守黒子書、同

慧鳳禅師語録一、其友蘭隠上人携至中華、求予印正者、如予、既賛以一詩、不足以発禅師之蘊、故後言曰、覩師之文、蓋僧而達於治者也、使其早従吾道、得入官使之列 其弘詞奥論、豈不有裨於化理哉 惜乎、具大弁才、而悉帰於空諦 有大智恵、而卒付之覚乗、実斯文之不幸也、然其望之理即抱之気、則不以地位而有問焉、鳳也能以其窮文之心、窮究其師之道、不矜己不午物、不以智自満、不以学自高、優柔以求之、諷詠以得之、則祖祖相承之業、灯灯相続之、将不在師而在誰也、文章云乎哉、遂識如右、守黒子又書、

「前住當山後住建長東林和尙入祖堂」(抄)(月舟壽桂)

> [!NOTE] 해설

에이쇼[永正] 15(1518)년, 건인사(建仁寺)의 주지 겟슈 쥬케이[月舟寿桂]가 엔토쿠[延徳] 3(1491)년에 고인이 된 도린 뇨슌[東林如春]의 위패를 건인사의 조당(祖堂)에 안치할 때 지은 법어. 이와세 문고[岩瀬文庫]에 소장된 『월주화상어록(月舟和尚語錄)』(도쿄대학 사료편찬소 소장 사진첩)에 수록되어 있다. 도린이 규엔 류친을 따라 입명했다는 것, 장해와 함께 시를 읊었다는 것, 경태제의 명령으로 '홍로경시(鴻臚卿寺)'라는 편액을 써서 절찬을 받았다는 것 등이 기록되어 있다. 쇼운은 도린에 대한 언급하지 않지만, 장해와 일본 승려와의 교류를 보여주는 사례로 해당 부분을 발췌했다.

> [!NOTE] 본문

(前略)師(東林如春)越州人也、恂恂不言、研精芸苑、学松雪(趙子昂)書、咄咄逼真、壮年居洛建仁、以任書記、中年従国信使九淵(龍睟)師、観光中華、御史張楷作詩唱和、能書之名振于中朝、天子降詔、書鴻卿寺之額、師沘頼而退、詔命不允、揮毫応之、観者絶倒、頗被聖眷、咸謂、不図斗南之後、日本復有此僧、(後略)

에이쿄 이후 견명선 일람

명칭	출발시기 (일본측 사료) *1	입명시기 (명측 사료) *2	귀국시기 (일본측사료) *1	선박 경영자	정사 (正使)
에이쿄[永享] 4년 견명선	1432 (에이쿄 4)	1433 (선덕 8)	1434 (에이쿄 6)	①公方②相國寺③山名 ④寄合⑤三十三間堂	龍室道淵
에이쿄[永享] 6년 견명선	1434 (에이쿄 6)	1435 (선덕 10)	1436 (에이쿄 8)	①公方②相國寺③大乘 院④山名·醍醐寺⑤⑥ 三十三間堂	恕中中誓
호토쿠[寶德] 견명선	1451 (호토쿠 3)	1453 (경태 4)	1454 (교토쿠 3)	①天龍寺②⑩伊勢法樂 舍③天龍寺④九州探題 〈⑤島津〉⑥大友⑦大內 ⑧多武峰⑨天龍寺	東洋允澎
간쇼[寬正] 견명선	1465 (간쇼 6) *3	1468 (성화 4)	1469 (분메이 원)	①公方②細川③大內	天與淸啓
분메이[文明] 8년 견명선	1476 (분메이 8)	1477 (성화 13)	1478 (분메이 10)	①③公方(堺商人請負) ②勝鬘院	竺芳妙茂
분메이[文明] 15년 견명선	1483 (분메이 15)	1484 (성화 20)	1486 (분메이 18)	①③公方(堺商人請負) ②內裏(取龍請負)	子璞周瑋
메이오[明應] 견명선	1493 (메이오 2)	1495 (홍치 8)	1498 (메이오 6?)	①細川②細川③公方	堯夫壽蓂
에이쇼[永正] 3년 견명선	1506 (에이쇼 3) *4	1512 (정덕 7)〈남경〉	1513 (에이쇼 10)	①③大內②細川	了庵桂悟
	?	1510 (정덕 5)	?	細川	宋素卿
에이쇼[永正] 17년 견명선	1520 (에이쇼 17)	1523 (가정 2)〈영파〉	X	①②細川	鸞岡瑞佐
	?	1523 (가정 2)〈영파〉	1524 (다이에이 4)	①②③大內	謙道宗設
덴분[天文] 8년 견명선	1539 (덴분 8)	1540 (가정 19)	1541 (덴분 10)	①②③大內	湖心碩鼎
덴분[天文] 16년 견명선	1547 (덴분 16)	1549 (가정 28)	1550 (덴분 19)	①②③大內	策彦周良

*1 출항·귀항 장소가 반드시 동일하지는 않다.
*2 입명(入明)이란 별도의 언급이 없는 한 북경 입성을 가리킨다. 단 에이쇼 3년 견명선의 경우 명의 국내사정에 의해 북경이 아닌 남경으로 갔다. 에이쇼 17년 견명선은 영파의 난이 일어났기 때문에 상경하지 못했다.
*3 태풍을 만나 이듬해에 재출항했다.
*4 에이쇼 3년에 효고를 떠났고 에이쇼 7년에 하카타를 출항했으나 태풍을 만나 귀항했다.

해제 및 해설

해제

스다 마키코(須田牧子)

1. 개요

이 책은 일러두기에서 언급한 바와 같이 경태 4(1453)년에 명조로 입국한 호토쿠 견명선[寶德度遣明船]과 관련된 여행기이며, 저자는 종승(宗僧)으로 참여한 쇼운 즈이킨[笑雲瑞訢]이란 승려다. 그런데 널리 알려진 텍스트가 호토쿠 견명사[寶德度遣明船]의 정사 도요 인포[東洋允澎]의 성을 딴『인포입당기[允澎入唐記]』란 제목으로 간행되었기 때문에 주로 이 명칭으로 알려져 있었다. 도요 인포는 명에 체류 중이던 경태 5(1454)년 5월 항주에서 객사했고, 이 책에는 도요 인포의 죽음과 화장하는 광경이 기록되어 있어 이러한 제목은 적절하지 않다. 따라서 이 책에서는 본래 저자의 성을 따서『쇼운입명기[笑雲入明記]』를 제목으로 삼았다.

14세기 말부터 16세기 중반까지 10여 차례 파견된 견명선과 관련된 여행기로는 현재 세 건이 남아 있다. 하나가 여기에서 소개하는『쇼운입명기』라면, 다른 하나는 가정(嘉靖) 18(1540)년 명에 파견된 덴분[天文] 8년 견명선의 부사를 지낸 사쿠겐 슈료[策彦周良]의 것이다. 사쿠겐 슈료는 가정 26(1548)년에 파견된 견명선에서는 정사에 임명되었는데, 현재 이때의 여행기도 남아 있다. 전자가『사쿠겐 화상 초도집[策彦和尙初渡集]』이고, 후자는『사쿠겐 화상 재도집[策彦和尙再渡集]』이다. 이외의 다른 견명선의 경우 여행기가 전해지지 않는다. 즉『쇼운입명기』는 견명선의 구체적인 행적을 전하는 사료로는 가장 오래된 동시에 15세기 견명사의 실상을 전하는 유일한 사료로서 16세기 견명선과 비교할 수 있는 정보를 제공하는 자료기도 하다.

그러나 이 책은 중요도에 비해 서지학적 검토가 충분히 이뤄졌다고 하기는 어렵다. 사쿠겐 슈료의 여행기는 두 책 모두 자필 원본이 전해지고 있으나 본서의 원본은 현재까지 소재를 확인할 수 없는 상태다. 아래에 열거하는 다섯 종의 필사본이 알려져 있을 뿐이다.

A. 도쿄대학 총합도서관 소장본 『釋笑雲入明記』
B. 궁내청 서릉부 소장본 『入唐記』
C. 내각문고 소장본 『入唐記』
D. 『續史籍集覽』 수록본 「允澎入唐記」
E. 『甲子夜話』 続編 59 수록본 「入唐記」

이 중에서 가장 잘 알려진 것은 속사적집람본(續史籍集覽本, 이하 D본이라 통칭)이다. 1894년에 간행된 '속사적집람'이라는 총서에 「인포입당기」라는 제목으로 수록된 것이다. 그 후 고바타 아츠시[小葉田淳]에 의해 D본에는 존재하지 않던, 즈이케이 슈호[瑞溪周鳳]가 작성된 서문이 첨부된 도쿄대학 총합도서관본이 소개되면서[1] 이 도쿄대본(이하 A본이라 통칭)이 가장 좋은 판본으로 인식되어 학계에 이용되었다. 이 서문에는 ①저자가 쇼운 즈이킨이라는 것, ②쇼운 즈이킨의 약력, ③이 입명기를 즈이케이 슈호의 저작 『선린국보기(善隣國寶記)』의 부록으로 수록하려 했다는 것, ④본 입명기의 성립 연대는 오닌[應仁] 정해년, 즉 오닌 원(1467)년 무렵이라는 것 등 다른 사료로는 알 수 없는 대단히 중요한 내용이 포함되어 있다. 이 서문이 있느냐 없느냐에 따라 사료에 대한 이해는 확연히 달라진다. 이런 의미에서 A본의 발견은 매우 중요한 의미를 지닌다고 할 수 있다.

그렇기는 하나 A본이 현존하는 가장 좋은 판본이란 다른 여러 사본을 비교 검토한 결과는 아니다. 기존에는 각 사본의 전승 과정을 파악하고 여러 사본을 비교하여 문자의 이동(異同)을 확인하는 연구가 이루어지지 않았다. 특히 궁내청 서릉부 소장본(B본)과 내각문고 소장본(C본)에 대해서는 『국서총목록(國書叢目錄)』에 '입당기(入唐記)'로 수록되어 그 존재가 알려져 있긴 하지만, 연구 차원에서는 언급조차 되지 못했었다. 그러나 사본 밖에 남아 있지 현 상태에서는 서지학적 검토를 통해 어떤 텍스트를 활용해야 할지 판단하는 것이 필수적인 작업이리라. 아래에서는 먼저 여러 사본에 대해 그 성립과 전승과정을 개별적으로 살펴보고, 그 내용을 간략하게 비교 검토하겠다.

---

1 小葉田淳, 『中世日支通交貿易史の研究』, 刀江書院, 1941, 53~54쪽.

2. 판본의 현존 상황

A. 도쿄대학 총합도서관 소장본 『釋笑雲入明記』

본 필사본은 표지에 '釋笑雲入明記'가 묵서(墨書)로 쓰여 있고, 다섯 개의 장서인이 찍혀 있다. 앞표지에 '東京帝國大學圖書館'이 있고 첫 페이지 상단에 오른쪽부터 '益堂蔵書', '不羈斎圖書記', '陽春廬記', '南葵文庫'라는 장서인이 나란히 찍혀 있다. 이 장서인을 기준으로 A본의 전승과정을 추정해 보기로 한다.

먼저 '東京帝國大學圖書館' 장서인. 본서가 도쿄제국대학 시대에 현 소장처인 도쿄대학 도서관에 입고되었음을 나타낸다.

'南葵文庫'는 난키문고[南葵文庫]의 장서인이다. 난키문고는 기슈[紀州] 도쿠가와 가문의 아자부구[麻布區] 이이쿠라[飯倉] 저택에서 메이지 후기부터 1924년까지 일반에 공개되었던 사립도서관이다. 간토대지진가 발생한 다음 달 도쿠가와 요시미치[徳川頼倫]가 도쿄대학 총장에게 기증을 제의했다. 장서 총수는 25,330부, 9,661책에 달하며, 질과 양 모두 도쿄대학 총합도서관 장서의 근간을 이룬다고 알려져 있다.[2]

'陽春廬記'는 고나카무라 기요노리[小中村清矩]의 장서인이다. 고나카무라는 에도 출신으로 호를 양춘로(陽春廬)라 했다. 분큐[文久] 2(1862)년 기슈번[紀州藩]의 번교고학관(藩校古學館)의 관장이 되었고, 같은 해 막부의 명령으로 화학소(和學所)의 교수가 되었으며, 1882년에는 도쿄제국대학[東京帝國大學]의 교수가 되어 고사류원(古事類苑)의 편찬에 종사했다. 1895년 74세의 나이로 사망했다. 1902년, 고나카무라 기요노리의 장서 5019권을 난키문고에서 구입했다고 한다.[3] 고나카무라 기요노리의 장서였던 책은 이때 난키문고로 옮겨져 그대로 도쿄대학 도서관에 기증된 것으로 보인다.

'不羈斎圖書記'는 아키야마 고타로[秋山恒太郎]의 장서인이다. 아키야마는 도쿄교육대학의 전신인 도쿄사범학교의 3대 교장을 역임한 인물로[4] 불기재(不羈斎)는 그의 호다. 고카[弘化] 원

---

2 國立國會圖書館 편, 『國立國會圖書館蔵書印譜』, 青裳堂書店, 1995, 東京大學総合圖書館HP(http://www.lib.u-tokyo.ac.jp/tenjikai/tenjikai95/bnk/nanki.html)
3 『蔵書印集成解說』, 東京大學出版會, 1974.
4 中野三敏, 『近代蔵書印譜』 二編, 青裳堂書店, 1986.

(1844)년에 태어났으며[5] 에치고[越後]의 나가오카[長岡] 출신이다. 1869년 게이오기주쿠[慶應義塾]에 입학했고 메이로쿠샤[明六社]에도 이름을 올렸다.[6] 1874년 문부성에 들어갔고 1876년 나가사키 사범학교 교장을 거쳐 1877~78년에 걸쳐 도쿄사범학교 교장을 역임했다. 그 후에도 하마마츠, 미야기, 도야마, 아오모리, 후쿠이를 비롯한 각지의 중학교와 사범학교 교장을 역임했고, 1999년에 군마현 마에바시 중학의 교장으로 임명된 것으로 확인된다.[7] 아키야마 고타로와 고나카무라 기요노리는 활동 시기가 겹치는데, 아키야마 고타로 쪽이 나이는 아래기는 하나 두 사람의 관계는 불분명하며 어떤 경위로 본 사본이 계승되게 되었는지는 알 수 없다.

'盆堂藏書'는 홋타 에키도[堀田盆堂]의 장서인이다. 홋타에 대해서는 명원관총서(明遠館叢書)의 편자로 알려져 있지만,[8] 생몰연대를 포함한 인물 정보는 미상이며,[9] 명원관총서에 대해서도 관견이긴 하나 역시 연구가 없다. 그렇지만 명원관총서 제59권에 수록된 『서유증언(西遊贈言)』 뒷부분에 관련 정보가 기록되어 있어 홋타에 대한 단서를 제공해 준다. 즉 『서유증언』은 분세이[文政] 정해년인 1827년에 필사된 책을 덴포[天保] 갑오년인 1834년에 홋타가 등사한 것이므로 이로부터 홋타가 19세기 전반기에 활동한 인물임을 알 수 있다. 참고로 명원관총서 소장 도서 중 가장 연대가 앞선 책은 제62책 『요율의선(拗律意鮮)』인데, 뒷장에 덴포 경자년 25일에 등사를 마쳤다고 적혀 있고 '盆堂藏書記' 인장이 찍혀 있다. 따라서 홋타의 활동 시기 역시 덴포 경자년인 1840년까지 거슬러 올라간다.

이상의 검토를 통해 A본은 19세기 전반기에 활동했던 홋타 에키도라는 인물의 장서이며, 성립 연대는 19세기 중반 이전까지 거슬러 올라간다는 것을 확인할 수 있다. 홋타 자신이 등사한 것이 분명한 『서유증언』과는 상당히 다른 글씨체로 쓰여 있어 홋타의 수고(手稿)라 보기는 어렵지만, 같은 명원관총서에 소장된 『책언입명기(策彦入明記)』(사쿠겐 슈료의 『초도집(初渡集)』과 『재도집(再

---

5 「明治三十一年八月十二日青森縣第一尋常中學教長秋山恒太郎外一名特旨ヲ以テ位記ヲ賜フノ件」(國立公文書館所藏公文書, 「太政官・内閣関係第五類叙位裁可書 / 叙位裁可書・明治三十一年・叙位卷五」 수록)에 첨부된 「履歷書」.
6 慶應義塾大學 編, 『福澤諭吉書簡集』一, 岩波書店, 2001, 295쪽 ; 『同』二, 287쪽 ; 『同』三, 231쪽 ; 『同』九, 60쪽. 大久保利謙, 『明六社』, 講談社学術文庫, 2007, 78쪽.
7 東京文理科大學 編, 『創立六十年』, 1931, 前揭注 5 「履歷書」. 「明治四十二年二月十日秋山恒太郎群馬県立前橋中學校長ニ任スルノ件」(國立公文書館所藏公文書, 「太政官・内閣関係第五類任免裁可書 / 任免裁可書・明治四十二年・任免卷三」 수록).
8 『國書總目錄 I 著者別索引』, 岩波書店, 1976, 「堀田盆堂」.
9 홋타 에키도는 홋타 마사모토[堀田正修, 1816~49]를 가리킨다. 시모쓰케국[下野國] 사노번[佐野藩]의 번주 홋타 쇼에이[堀田正衛]의 적자. 가독(家督)을 잇기 전에 요절했다.

渡集)』의 축약본)과는 유사한 글씨체다. 혹은 홋타의 주변 사람이 쓴 것은 아닌가 추정된다. A본이 홋타에서 아키야마 쪽으로 직접 넘어갔는지, 아니면 그 사이에 또 다른 소장자가 있었는지는 확실하지 않다. 어떻든 홋타의 활동 시기가 19세기 전반이고, 고나카무라 기요노리의 사망 연도가 1895년인 것을 감안하면, 비교적 짧은 기간 동안 소장자가 바뀌다가 도쿄제국대학 도서관에 입고된 것으로 볼 수 있다.

그러면 A본의 특징을 간략히 정리해 보자. 성립 시기는 19세기 중반 이전으로 추정되며, 소장처는 19세기 중반 이후 홋타 에키도 → 아키야마 코타로 → 고나카무라 기요노리 → 난키문고로 소장자가 바뀌었다가 현재는 도쿄제국대학 도서관에 소장되어 있다. 본 필사본이 저본으로 삼은 책이 무엇인지는 전혀 알 수 없다.

B. 궁내청 서릉부 소장본 『入唐記』

궁내청 서릉부에 소장된 이 사본은 표지에 '入唐記'라고 묵서(墨書)되어 있다. 첫 페이지 우측 상단에 '宮內省圖書記', 우측 하단에 '天爵堂圖書記', 묵서 마지막 페이지 좌측 하단에 '君美'라는 세 개의 장서인이 찍혀 있다. '천작당서기(天爵堂書記)'와 '군미(君美)'는 아라이 하쿠세키[新井白石]의 장서인이다.[10] 하쿠세키는 메이레키 3(1657)년에 태어나서 교호 10(1725)년에 사망했으므로 B본의 성립은 늦어도 1725년 이전으로 확정된다. 하쿠세키 이전의 소장자는 알 수 없다. 하쿠세키의 자필본일 가능성도 있지만 확실하지 않다. 궁내성(현 궁내청)에 소장되기까지의 경위도 명확하지 않다. 다만 현재 궁내청 서릉부에는 아라이 하쿠세키가 소장하고 있던 책이 다수 소장되어 있다.[11]

본 사본의 내용만으로는 저본으로 삼은 책이 무엇인지 전혀 알 수 없다. 다만 A본이 중요시되는 계기인 즈이케이 슈호의 서문은 이 사본에도 존재한다.

C. 내각문고 소장본 『入唐記』

구 내각문고 소장본으로 현재 국립공문서관에 소장되어 있는 이 사본은 표지에 '入唐記'라고

---

10 渡辺守邦・後藤憲二 편, 『新編蔵書印譜』, 青裳堂書店, 2001.
11 『和漢圖書分類目錄』 上・下, 宮內廳 書陵部, 1952~53.

묵서되어 있고, 표지의 오른쪽 상단에는 '昌平坂學問所'라 쓰인 검은색 인장이 찍혀 있다. 첫 페이지 오른쪽 중앙에 '日本政府圖書'란 붉은색 인장이 찍혀 있고, 같은 페이지 오른쪽 하단에 역시 '淺草文庫'란 붉은색 인장이 찍혀 있다. 그리고 마지막 페이지에는 왼쪽 상단에 다시 '昌平坂學問所'란 검은색 인장, 왼쪽 하단에 '文化癸酉'라는 붉은색 인장이 찍혀 있다. 이 연호 + 간지는 본서가 쇼헤이자카 학문소[昌平坂學問所]에 입고된 연도를 나타내는 것이므로[12] 이를 통해 C본은 분카[文化] 계유년, 즉 1813년에 쇼헤이자카 학문소에 수용된 것임을 확인할 수 있다. 아사쿠사 문고[淺草文庫]는 1875년 아사쿠사에 설립된 도서관으로, 구 막부 계열의 화학강담소(和學講談所), 모미지야마 문고[紅葉山文庫], 쇼헤이자카 학문소 등의 장서 11만 권을 소장하고 있으며, 그 장서는 나중에 내각 문고로 이관되었다.[13] '일본정부도서(日本政府圖書)'는 내각문고의 장서인이다.[14]

위의 검토를 통해 본 사본의 성립은 1813년 이전으로 추정되며, 1813년 쇼헤이자카 학문소에 입고되어 메이지 유신 이후 아사쿠사 문고, 내각문고로 전해져 현재에 이르고 있음을 확인할 수 있다. 본 사본도 마찬가지로 언제 작성되었는지는 알 수 없으나, 아라이 하쿠세키 사본인 B본과 글자 배열이 거의 동일하고 이체자·동자의 유사점도 많아 동일 계통의 사본에 속하는 것으로 추정된다. 즈이케이 슈호가 쓴 서문은 본 사본에도 수록되어 있다.

D. 『續史籍集覽』 수록본 「允澎入唐記」

이 책은 곤도 헤이조[近藤瓶城]가 1894년 『속사적집람(續史籍集覽)』 시리즈에 '允澎入唐記'라는 제목으로 수록하여 출판한 것이다. 말미에 "당기(唐記) 두 건은 앵무헌(鸚鵡軒) 요코이 토키후유[橫井時冬] 진장(珍藏)"이란 문구가 있어 이 책이 요코이 토키후유 소장본이 저본인 것을 알 수 있다. 아울러 여기서 말하는 "당기 두 건"이란 『인포입당기』, 즉 『쇼운입명기』와 『사쿠겐입당기[策彦入唐記]』(사쿠겐 슈료가 작성한 『초도집』과 『재도집』의 축약판)를 가리킨다. 현재 두 건 모두 저본이라 할 요코이 토키후유 소장본의 소재는 확인되지 않고 간본의 형태로만 볼 수 있다.

곤도 헤이조는 원래 오카자키 번[岡崎藩]의 유자(儒者)로 통칭은 모토사부로[元三郎]였는데, 이

---

12 『改訂增補內閣文庫藏書印譜』, 國立公文書館, 1981.
13 『內閣文庫百年史』, 國立公文書館, 1985.
14 『改訂增補內閣文庫藏書印譜』, 國立公文書館, 1981.

후 게이조[圭造]로 개칭했고 은거 이후에는 헤이조로 바꾸었다. 1881년 활판소를 설립하고 사위인 곤도 게이조[近藤圭造]와 함께 사적집람의 편집 인쇄에 착수하여 1885년에 완성했다. 1893년~98년에는 『속사적집람』을 계속 발간했다. 1990년 『개정사적집람』의 간행에 착수했으나 이듬해인 34년에 사망하고, 유업은 곤도 게이조가 계승했다.[15]

요코이 토키후유는 1859년 나고야에서 태어나 1906년에 사망했다. 1884년 와세다 전문학교에 입학했고, 1886년 와세다 전문학교 법학부, 1887년 영어과를 졸업했다. 이 시기에 고나카무라 기요노리, 모토요리 도요카이[本居豊穎], 구리타 히로시[栗田寬]에게 사사했다고 하여 A본의 소장자인 고나카무라 기요노리와의 교류를 확인할 수 있다. 아울러 1888년 와세다 고등상업학교의 교원이 되어 동교에 신설된 내국상업조사계 업무를 겸직하면서 제국대학의 서고 및 사료편찬계, 제국박물관, 내각문고, 미토 창고관(彰考館)을 비롯한 소장문헌자료, 나아가 도쿄부청에 인계된 구 막부 문서, 구 번주 저택에 남겨진 기록문서를 섭렵하여 상업사 연구에 힘썼다고 한다.[16] 이러한 업무의 연장선상에서 C본을 열람할 기회가 있었을지도 모른다. 어떻든 간에 요코이 토키후유의 소장본을 확인할 수 없는 이상, 그것이 요코이의 자필 사본인지, 아니면 A본이나 C본과 공통점이 있는 판본인지에 대해서는 알 수 없다.

이상의 검토를 통해 D본의 전승과정에서 확실한 점은 1894년에 간행되었으므로 이에 따라 그 저본인 요코이 소장본의 성립 연대는 1894년 이전이라는 것 뿐이다. 요코이 소장본의 소재가 불명확한 탓에 요코이 이전의 유통 상황을 물론 요코이 소장본이 어디에서 옮겨온 것인지도 알 수 없다. 한편 본서에는 즈이케이 슈호의 서문이 실려 있지 않다. 앞의 세 판본에 서문이 있던 점에서 감안한다면, 오히려 서문이 없다는 것이 D본의 특징이라고 할 수 있다.

E. 『甲子夜話』 続編 59 수록본 「入唐記」

E본은 『갑자야화(甲子夜話)』 속편59에 '入唐記'란 제목으로 수록되어 있다. 『갑자야화』는 히라도 번주 마쓰우라 세이잔[松浦静山](본명: 세이[清])에 의해 분세이 4(1821)년에서 덴포 12(1841)년에 걸쳐 저술 편찬된 정편 100권, 속편 100권, 삼편 78권, 총 278권의 방대한 총서다.

---

15 『近藤瓶城翁傳』, 近藤圭造編, 1912.
16 『國史大辭典』, 吉川弘文館, 1993, 「橫井時冬」(服部一馬).

이 '입당기'를 마쓰우라 세이잔이 접하게 된 경위는 속편59 첫머리에 기록되어 있다.

> 2월 초에 데이우[檉宇]가 서책을 증정하며 "『입당기』 한 권을 보냅니다. 일전에 『사쿠겐도당기[策彦渡唐記]』보다 더 오래된 책입니다. 제가 살펴보니 호토쿠 3년, 즉 신미년 10월에 교토를 떠나 교토쿠 3년, 즉 갑술년 7월에 귀경한 것입니다. 그러니까 저 나라에 머문 기간이 4년입니다. 저자는 승려 즈이킨이고 호를 쇼운[笑雲]이라 합니다. 서토는 명조 경제(景帝) 때입니다. ……"라 하였다.

이 기록으로 미루어 볼 때, E본은 데이우가 증정한 『입당기』를 마쓰우라 세이잔이 필사했음을 알 수 있다. 증정한 시기가 '2월 초'라고만 되어 있어 명확하지는 않지만, 이 바로 앞 권인 58권에는 "신묘년 2월, 하야시[林]가 작은 책 한 권을 보이며 말하기를"이란 기록이 있어 신묘년 2월, 즉 덴포 2(1831)년 2월이 아닌가 추정된다. 데이우는 하야시 히카루[林檉]의 호다. 하야시 히카루는 하야시 하야시 줏사이[林述齋, 1768~1841]의 아들로 대학두(大學頭)를 지낸 인물이다. 하야시 가문의 일원이 선물한 것으로 보아, E본이 참고한 책은 쇼헤이자카 학문소에 소장된 C본의 사본일 가능성도 있다.

E본에도 즈이케이 슈호의 서문이 없다. 이는 하야시 히카루가 선물한 책에 없었다기보다는 마쓰우라 세이잔이 필사할 때 생략되었을 가능성이 높다. "저자는 승려 즈이킨이고 호를 쇼운[笑雲]이라 합니다"라는 정보는 서문이 없으면 쓸 수 없는 사실이기 때문이다.

이상에서 볼 때 E본의 성립 연대는 1831년 마쓰우라 세이잔의 손에 들어갔을 것으로 추정되며, 그 근간이 된 것은 대학두였던 하야시 가문에서 제공된 판본이었을 것이다.

지금까지 다섯 종의 판본에 대해 검토했다. 마지막으로 각 판본의 성립 연대에 대해 정리해 보자.

A. 도쿄대학 총합도서관 소장본 : 19세기 중반 무렵에 성립
B. 궁내청 서릉부 소장본 : 1725년 이전에 성립
C. 내각문고 소장본 : 1813년 이전에 성립
D. 『續史籍集覽』 수록본 : 1894년 이전에 성립
E. 『甲子夜話』 續編 59 수록본 : 1831년에 성립

따라서 현재 알려져 있는 여러 판본 중에서 아라이 하쿠세키 구 소장본·궁내청 서릉부 현 소

장본인 B본이 가장 오래된 판본일 가능성이 높다고 할 수 있다.

3. 판본 별 내용의 비교 검토

다음으로 판본에 따른 내용의 차이에 대해 간단한 비교 검토를 해보고자 한다.

A본은 발견 이후 선본(善本)으로 간주되어 왔으나, 본서에 수록된 사료 원문의 이동(異同) 목록을 참조하면 알 수 있듯이 여러 판본 중에서도 누락되거나 필사 오류로 추정되는 부분이 가장 많다. 예를 들어, 계유년 4월 23일조의 "일본의 진공선 2호선·6호선·8호선 세 척"이란 구절에서 "8호"가 탈락되었거나, 다음날인 24일조에 "부학(府學)을 유람했다. 선생의 안내를 받아 영귀정(詠歸亭), 반궁(泮宮), 대성지문(大成之門), 명륜당(明倫堂)을 둘러보다가 마침내 호심사(湖心寺)에 이르렀다"는 구절에서는 "반궁(泮宮)"이 "양궁(洋宮)", "호심사(湖心寺)"가 "조심사(潮心寺)"로 바뀌어 있는 식이다. 나아가 A본이 중요하게 여겨지게 된 계기인 즈이케이 슈호의 서문은 B본이나 C본에도 존재한다. D본은 서문이 없는 점만 제외한다면, A본에 비해 오히려 누락이 적은데, 예를 들어 다른 판본에 모두 "진 대인(陳大人)과 계 대인(季大人)"이라 되어 있는데 비해 D본만이 "진 대인(陳大人)과 이 대인(李大人)"으로 되어 있다(계유년 4월 25일조). 그리고 계유년 8월 4일조에 "진 대인이 북경으로 갈 우리 일행을 전별했다"는 구절에서 전별의 "餞"이 B본과 C본을 제외하면 모두 "錢"으로 되어 있는데, D본은 "錢"이라 되어 있으면서도 그 옆에 "餞"이란 방주(傍註)가 달려 있다. 이처럼 D본은 내용 이해에 따라 독자적인 교정을 가한 흔적을 엿볼 수 있다. 한편으로 B본에서 "曰"이라고 표시된 것을 지웠거나(계유년 5월 14일조), 대두(擡頭)·평출(平出) 등이 모두 생략되는 등, 간본으로 편집된 결과 원래 사본에 존재했을 것으로 추정되는 정보가 사라져 버린 경향도 보인다.

전체적으로 누락이나 내용 미숙으로 인한 오자가 적어 원형을 잘 간직하고 있을 가능성이 가장 높은 판본이 B본이다. 앞서 추정한대로 B본은 아라이 하쿠세키 구 소장본으로, 성립 연대도 가장 오래되었다. 따라서 현재로서는 B본, 즉 궁내청 소장본을 선본으로 인정된다. 이러한 판단에 입각하여 본서에서는 B본을 저본으로 채용했다.

그렇다면 판본 별 계통 관계를 정리해 보자. 이미 언급한 바와 같이, B본(궁내청본)과 C본(내각본)은 글자 배열이나 글자의 이동(異同), 이체자 등의 공통성이 높아 동일한 사본의 계통을 이어받은 것으로 생각된다. E본(갑자야화본)은 C본(내각본)의 사본일 가능성이 높다. B·C·E본의 경우 상호 간의 관계성이 유추되는 반면 A본(도쿄대본)과 D본(속사적집람본)은 문자의 이동에서 본다면 현존하는 여러 판본과의 친근성을 살펴보기 힘들다. 두 판본 모두 필사 연대는 중세까지 거슬러 올라가지 않으며, 선행하는 사본의 성격도 불명확하다.

4. 중세 일본에서 『쇼운입명기』의 유통

즈이케이 슈호의 서문에 따르면 『쇼운입명기』는 원래 『선린국보기』의 부록으로 첨부할 예정이었다고 한다. 하지만 현재 확인되는 10여 종의 『선린국보기』 중에서 『쇼운입명기』를 수록한 예는 하나도 없다. 단독으로 현존하는 각 사본도 중세까지 거슬러 올라갈 수 없다면, 『쇼운입명기』의 수용과 유통을 어떻게 볼 수 있을까.

이 점을 이해하는데 시사적인 것은 『쇼운입명기』의 계유년 8월 13일조에 등장하는 "고산(孤山)을 유람하려 했는데, 도중에 비를 만나 돌아왔다(將遊孤山, 途遇雨而還)"는 구절이다. 여기에서 마지막 글자 "還"의 경우 B본(궁내청본)을 제외한 판본은 "遠"으로 표기되어 있고, 내각본에는 오른쪽에 "『사하입해(四河入海)』 권1에서는 '遠'이 '還'으로 되어 있다"라는 방주(傍註)가 달려 있다. 이에 따라 『사하입해』를 보면 "쇼운의 입당기 호토쿠 4년 8월 13일조에 고산(孤山)을 유람하려 했는데, 도중에 비를 만나 돌아왔다. 해질녘에 개어서 범천사(梵天寺)에 들어갔다. 조당에 소자첨(蘇子瞻)의 상이 있었는데, 패문에 '당산토지동파거사호법명왕(當山土地東坡居士護法明王)'이라 쓰여 있다"고 인용되어 있는 것을 확인할 수 있다.[17]

『사하입해』는 쇼운 세이잔[笑雲清三]이 찬술한 소식 시의 주석서다. 다이에이[大永] 7(1527)년에 집필을 개시하여 덴분 3(1534)년에 완성했다. 다이가쿠 슈스우[大岳周崇]의 『한원유방(翰苑遺芳)』·즈이케이 슈호의 『좌설(脞說)』·반리 슈큐[萬里集九]의 『천하백(天下白)』·『초우여적(蕉雨余滴)』(도겐 즈이센[桃源瑞仙] 술·잇칸 지코우[一韓智翃] 편)의 네 종을 집대성한 뒤에 쇼운 세이잔 본인의 자설을 덧붙인 것이다. 동복사(東福寺)에 자필 고본, 건인사(建仁寺) 양족원(兩足院)에 무로마치 말기 고사본이 남아 있는 외에도 게이초[慶長] 겐나[元和] 고활자판(古活字版)이 남아 있다.[18]

쇼운 세이잔은 임제종 성일파에 속하는 선승으로 이세[伊勢] 출신이다. 속성은 알 수 없다. 이

---

17 『抄物資料集成』第二卷, 清文堂, 1971, 수록본.
18 鈴木博,「四河入海について」,『抄物資料集成』第七卷, 清文堂, 1986.

세국 무량수사(無量壽寺)에서 겐파쿠 쓰우가쿠[嚴伯通囮]에게 사사했고 이후 상경하여 동복사 대자암(大慈庵)의 탑주가 되어 복원에 힘썼다. 이후 미노[美濃]로 내려가 반리 슈큐에게 사사했다. 만년에는 건장사(建長寺)의 공첩을 받아 동당위(東堂位)에 올랐다고 한다.[19]

이상에서『쇼운입명기』는 오닌[應仁] 정해년, 즉 1467년 무렵에 성립된 후 16세기 초에 일정한 범위 내에서 유통되어 읽혀져 왔음을 확인할 수 있다.

『쇼운입명기』의 유통을 파악하는 데 있어 함께 주목해야 할 것은『사쿠겐입당기』이다. 이는 사쿠겐 슈료의 두 차례에 걸친 덴분 연간의 견명사행 기록인『초도집』과『재도집』을 사쿠겐 스스로 직접 발췌한 축약본이다.[20]

『사쿠겐 화상 일번도당·이번도당[策彥和尙一番渡唐·二番渡唐]』이라고도 한다. 하야시 히카루가 마쓰우라 세이잔에게 증정한 것이 바로 이『사쿠겐 입당기』이며, 이보다 더 오래된 것으로『쇼운입명기』가 소개되고 있다. 요코이 토키후유가 가지고 있던 것도 이 두 종이었고, 아라이 하루세키도 이 두 종을 소지하고 있었던 것이 확인된다.[21] 명원관총서에도『사쿠겐 입당기』는『사쿠겐 입명기』란 제목으로 수록되어 있으며, 홋타 에키도도 중세 사행록으로서 이 두 종을 소지하고 있었다. 교토 천룡사 묘지원(妙智院) 소장『무자입명기(戊子入明記)』·『임신입명기(壬申入明記)』·『초도집』·『재도집』등 다른 견명선 기록이 근대 이전에는 거의 필사되지 않은 것에 비해 이 두 권의 유통 빈도는 두드러진다는 점에서 중세와 근세 명일 외교의 지식 수용과 축적을 파악하는 데 흥미로운 자료를 제공해 준다.

---

19 玉村竹二,『五山禪僧傳記集成』, 講談社, 1983,「笑雲清三」.
20 근년의 연구에 따르면 단순한 발췌가 아니라 독자적인 정보도 수록되어 있는 것이 확인되고 있다. 岡本真·須田牧子,「天龍寺妙智院所藏「入明略記」」,『東京大學史料編纂所紀要』27, 2017.
21 『和漢圖書分類目錄』下, 宮內廳 書陵部, 1953.『策彥入唐雜錄』에「初渡日記」·「再渡日記」란 제목으로 수록되어 있음.

해설

무라이 쇼스케[村井章介]

1. 저자 쇼운과 견명사절단

본서는 무로마치 시대의 일본인 승려 쇼운 즈이킨이 1451(호토쿠 3·경태 2)년에서 1454(교토쿠 3·경태 5)년에 걸쳐 명조로 파견되었던 호토쿠 견명선의 1호선에 종승으로 승선하여 교토에서 북경까지를 왕복하는 과정에서 보고 들은 것을 기록한 여행기다.

쇼운은 생몰년은 물론 출신지나 속계 모두 불분명하다. 임제종 오산파 승려로 법계는 무소 소세키[夢窓疎石] - 모린 슈슌[茂林周春] - 기쇼 슈켄[季章周憲] - 쇼운 즈이킨으로 연결된다. 명조로 파견되기 이전의 행적은 분명하지 않으며, 귀국 후 고쇼 2(1556)년에 십찰 중 하나인 산성등지사(山城等持寺)의 수좌(首座)가 되었다가 얼마 지나지 않아 주지에 올랐다. 간쇼 원(1460)년에 주지에서 물러나 우지 마키시마의 조월암(釣月庵)에 거처하다가 분메이 4(1472)년에 오산(五山) 상국사(相國寺)의 주지를 맡은 데 이어서 오산의 필두격인 남선사(南禪寺)의 주지에 올라 분메이 7년까지 복무했다.[22] 『선린국보기』를 저술한 즈이케이 슈호[瑞溪周鳳, 1391~1473]과 친분이 깊어 등지사에 입사한 것도 녹원원(鹿苑院)의 승록(僧錄)을 맡고 있던 즈이케이 슈호의 추천에 의한 것이라 알려져 있다. 즈이케이는 쇼운과 만날 때마다 명조에서 겪은 일에 대해 물었고, 은퇴 후에도 자주 왕래했다는 것이 그가 오닌 원(1467)년에 쓴 이 책의 서문과 즈이케이의 일기 발췌본인 『와운일건록발우』에서 확인할 수 있다.

호토쿠 견명선은 쇼군 아시카가 요시마사[足利義政, 재임: 1449~73] 집권 초기에 파견되었는데,

---

22 玉村竹二,『五山禪僧傳記集成』, 講談社, 1982, 笑雲瑞訢 항목 참조.

견명사절단은 호토쿠 3(1451)년 10월에 교토를 출발하여 이듬해(호토쿠 4년=교토쿠 원년) 정월에 하카타에 도착한 뒤 8월에 하카타를 출항했으나 순풍이 불지 않은 탓에 히라도에서 월동했다. 실제 출항한 때는 교토쿠 2(1453)년 3월에 이르러서였다. 그리하여 4월에 명의 영파부(寧波府)에 도착했다. 1호선에는 정사(正使) 도요 인포[(東洋允澎), 부사(副使), 강사(綱司)라고도 한다] 조산 호테이[如三芳貞] 그리고 종승(從僧)으로는 쇼운 외에도 인쇼[允邵, 계유년 10월 2일조[23]]와 간쇼 견명선(1465년 파견)에서 정사를 맡은 덴요 세이케이[天與淸啓, 계유년 4월 20일조]가 승선했다. 도요 인포는 무소 소세키 - 젯카이 추신[絶海中津] - 도요 인포로 이어지는 법계에 속하며, 1440년대 말 천룡사의 주지를 지냈다. 북경에서 돌아오는 길에 병을 얻어 경태 5(1454)년 5월 19일 항주에서 입적했다. 조산 역시 천룡사의 동반중(東班衆)이었다. 통사로는 조문단(趙文端)이 수석을 맡았고 이외에도 노원(盧円), 완귀옥(阮貴玉)이 승선했다. 있었다(계유년 4월 7일조, 같은 달 9일조, 갑술년 6월 14일조).

호토쿠 견명선은 총 9척(1호선~10호선, 이중에서 5호선은 출항하지 않음)에 이르는 대선단으로 구성되었는데, 정사와 부사와 같은 핵심 간부가 승선한 1호선은 막부가 운영하는 '공방선(公方船)'이 아니라 천룡사(天龍寺)가 경영을 맡았다. 2호선 이하, 즉 본문에서 유선(類船)이라 표현되는 선박에는 세이카이[淸海], 묘조 쓰분[妙增都聞], 규엔 류친[九淵竜瞋], 시류 고토[斯立光幢]를 비롯한 선승, 그리고 나라[奈良] 대승원(大乘院)의 문주(門主)였던 진손[尋尊]에게 견명선 경영에 대해 이야기한 것으로 알려진 구즈하 사이닌[楠葉西忍](부록2 『당선일기』 참조)도 승선했다.[24] 다만 거좌(居座)를 맡았던 세이카이나 묘조는 실제로는 상인이었을 것으로 추정된다.

사절단에서 쇼운이 맡았던 역할은 여정을 기록하거나 명측 인사와의 교류가 중심이었는데, 조선의 외교 사절단에서 정사나 부사에 버금가는 지위였던 서장관(書狀官)과 유사하다. 본서야말로 쇼운이 맡았던 임무의 복명서(復命書)라 할 수 있다. 견명선에서 정사와 부사에 다음가는 지위는 승려 중심의 거좌와 속인 중심의 토관(土官)이 있는데, 실제로는 모두 상인, 즉 무역선 경영자로부터 거래를 위탁받은 대리인이었으나, 경태 4(1453)년 11월 15일 조참(朝參)에서는 명의 중서사인(中書舍人)이 종승을 토관 보다 상석에 배치했다.

---

23 이하 전거를 본서의 본문에서 찾을 수 있는 경우에는 주기를 생략한다.
24 小葉田淳, 『中世日支通交貿易史の硏究』, 刀江書院, 1969, 46쪽.

2. 입국(入國)·진공(進貢)·회사(回賜)

경태 4(1453)년 4월 17일 1호선은 봉화강 하구 정해현에 도착한 다음 강을 거슬러 올라가 20일에 영파부에 들어갔다. 본서는 이 날부터 명의 연호인 '경태 4년'을 사용한다. 귀국 길에 일본 연호 '교토쿠 3년'을 사용한 때는 나가토국 아카마가세키에 도착하면서다. 이로부터 통관 수속이 이루어지는 항만에 도착했을 때를 입국과 귀국으로 인식하고 있었음을 알 수 있다. 3호선, 7호선, 10호선은 1호선보다 앞선 4월 10일 이전에 정해현에 도착해 있었고, 2호선, 6호선, 8호선은 4월 23일, 4호선은 5월 2일, 9호선은 가장 늦은 9월 14일(계유년 10월 7일조)에 각각 영파에 도착했다.

정사인 도요 인포를 비롯한 1호선 승선자들은 교자에 타서 절강시박사(浙江市舶司) 안원역(安遠驛) 내 일본 사절단 숙소인 가빈관(嘉賓館)에 들어갔다. 정사는 안자(安字) 1호방, 부사는 안자 2호방이 배정되었고, 3, 4호방 이하에는 거좌와 토관이 배정되었다. 쇼운의 방은 안자 9호방이었다. 시박사의 장관인 시박태감(市舶太監)으로 추정되는 '진 대인(陳大人)'이 시박사 근정당(勤政堂)[25]에서 환영 연회를 베풀기도 하고, 영파지부(寧波知府)가 동석하기도 했다(계유년 4월 22일, 5월 4일, 5월 27일, 6월 21일조). 연이어 도착하는 총 1,200여 명에 달하는 사절단 모두를 가빈관에 수용하지 못해 경청사(境淸寺), 천녕사(天寧寺)에 나누어 숙박하게 했다(『주해도편(籌海圖編)』 권2 진공). 4호선이 도착한 다음 날인 5월 3일에 "일본 진공선 8척"의 도착을 알리는 사절이 북경으로 출발했다. 조공 사절의 상경을 허가하는 북경 예부(禮部)의 차문(箚文)이 같은 달 27일에 도착했다. 6월 5일에는 항주에서 파견된 절강의 삼사관(三司官), 즉 도지휘사(都指揮使), 포정사(布政使), 안찰사(按察使)의 관속이 절강제형안찰분사(浙江提刑按察分司)에서 정사 이하를 접견했다.

5월 28일부터 6월 4일까지 각 선박에 실린 진공물의 '계수(計數)'를 실시하여, 끝난 물품부터 순차적으로 동고(東庫)에 납입되었다. 6일에 실시된 1호선 진공물의 '검수'는 다른 '계수'와 구별되는데, 14일에 각 선박의 거좌가 "화물 점검 과정에서 발생한 불미스러운 일"에 대해 협의한 것

---

25 小葉田淳, 『中世日支通交貿易史の硏究』, 刀江書院, 1969, 281·287·367쪽에서는 '근정당'을 안원역 내에 있던 건물로 추정하지만, 본서에서는 "진 대인과 이 대인이 가빈관에 왔다"(계유년 4월 25일조)거나, "우리 일행이 아침 일찍 근정당에 가서 진 대인과 이 대인 두 내관을 만났다"(계유년 5월 1일조)와 같은 서술 그리고 그 명칭에서 짐작하건대 근정당은 시박사 내에 있던 진 대인의 사무실은 아니었을까 생각된다. 한편 '관광당'(계유년 4월 21일조 등)은 『초도집』 가정 18년 5월 27일조에 "가빈당(嘉賓堂)의 문에 걸린 편액에 '觀國之光' 네 글자가 쓰여 있었다"는 구절이 있어 가빈관 내에 있었다고 여겨진다.

으로 보아 더 세밀한 검사였던 것 같다. 7일부터 유황의 검수, 8일에는 소목과 동 검수, 13일에는 조공 사절이 상경하면서 가져 갈 화물상자의 검수가 이루어졌다. 18일에는 일본에서 조공할 말 20마리를 항주로 발송하면서 토관 1명과 종자 50명이 동행했다. 6월 27일과 7월 2일에는 유황 100,000근이 남경으로 보내졌다. 7월 21일에는 동고에서 북경으로 보낼 진상품을 화물 상자에 담는 작업이 이루어졌다. 모든 절차가 끝나고 쇼운 일행이 상경길에 오른 것은 8월 6일이었다. 104일, 약 3개월 반에 걸친 영파 체류였다.

쇼운 일행이 북경에 입성한지 7일째되던 10월 2일에 이르러 일본이 조공하는 말이 북경에 도착했고, 같은 달 5일 조참(朝參)에서 경태제가 이를 친견했다. 10월 28일에 일본 진상품을 담은 화물상자가 75량의 차량에 실려 북경 회동관에 도착했다. 12월 5일 주객사가 이를 점검하고 8일 아침 조참 시에 자금성 봉천문에서 진상품의 헌상 의식이 거행되었다. 12월 6일, 정사, 부사, 종승에게 회사품이 주어졌다. 부탑화물(附搭貨物)의 대가 중 동전은 이듬해 귀국 길에 남경과 항주에서 각각 3만 관씩 지급되었다(갑술년 4월 26일, 5월 17일조). 귀국 후 쇼운은 즈이케이에게 "대명에서 받은 동전 6만 관 중 5만 관은 태도(太刀), 1만 관은 유황의 대가"(『와운일건록발우』 조로쿠 2년 정월 8일조, 부록 2)라고 말한 바 있다. 이 외에도 사견(紗絹) 5,000 단의 지급도 이루어졌다(갑술년 4월 27일조).

3. 감합무역(勘合貿易)의 분기점

감합무역은 일본 국왕의 진공(進貢)에 부수적으로만 인정되던 일종의 조공무역이다. 첫 번째 견명선은 영락 원(1403)년 아시카가 요시미츠[足利義滿]가 명의 영락제(永樂帝)로부터 일본 국왕에 책봉된 이듬해에 출항했다. 조공 무역선의 자격 증명서인 감합은 명의 예부에서 국왕에게 교부하고, 국왕은 각 무역선에 이를 한 장씩 교부했기 때문에 견명선 파견하는 경영 주체들은 국왕의 조공 기회를 기다리는 것과 국왕에게서 감합을 교부받는 것, 이 두 가지가 필수적이었다.

요시미츠가 살아 있을 적에는 거의 매년 견명사가 파견되었고, 귀항 시에는 반드시라고 해도 좋을 만큼 명의 사신이 동행하는 등 명·일 간에는 '국교(國交)'라고 부를 만한 정치적 관계가 지속되었다. 오에이[應永] 15(1468)년 요시미츠가 사망하자 뒤를 이은 아시카가 요시모치[足利持]는 아버지의 노선을 정면으로 뒤집어 같은 해와 그 이듬해에 일본에 온 명측 사신을 그대로 돌려보내면서 양국의 국교는 단절되었다. 요시모치가 후사 없이 사망함에 따라 쇼초[正長] 2(1429)년 쇼군에 오른 요시모치의 동생 아시카가 요시노리[足利義教]는 태세를 전환하여 명·일 국교를 회복하고 에이쿄[永享] 4(1432)년에 제7차 견명선을 파견했지만, 일본 측의 목적은 무역에서 얻는 이윤 추구로 바뀌어 있었다. 견명선의 파견 주체에는 슈고 다이묘[守護大名]와 사사(寺社)가 참여했지만, 실질적인 선박 경영은 상인이 담당했다. 견명선이 귀항하면 한 척당 3,000~5,000관문(貫文) 정도의 '추분전(抽分錢)'을 상인이 파견 주체에게 바쳐야 했다. 이를 제외한 나머지가 상인의 수익이 되는데, 예상대로 매출이 발생한다면 파견 비용 대비 수익률은 약 2.5배에 달했다.[26]

명·일 간의 감합무역에 상업적 성격이 짙어지자 명조는 일본으로의 사신 파견을 중단하고 무역 규모에도 제한을 두려고 했다. 후술하듯이 제8차 견명선이 파견되었을 때 부탑화물에 대한 가격 평가를 절하한 것이 그 증거다. 그럼에도 무역에 대한 일본측의 기대감은 줄어들지 않았으니, 제9차 견명선, 즉 쇼운이 참여한 호토쿠 견명선은 선박 수 9척(계획 단계에서는 10척), 도항 인원 1,200명이라는 전례 없는 규모로 확대되었다. 파견 주체에 일본국왕(공방)의 명칭은 없었고, 1·3·9호선은 천룡사, 2·10호선은 이세의 법락사(法樂舍), 4호선은 규슈 단다이[九州探題], 5호선은 도항하지 못한 시마즈[島津] 씨, 6호선은 오토모[大友] 씨, 7호선은 오우치[大內] 씨, 8호선은 야마토[大和] 도노미네[多武峰]가 담당했다. 명조는 일본측의 이러한 팽창에 위기감을 느끼고 10년 1공에 선박은 3척, 총 인원은 300명 이내라는 제한 규정을 제정하기에 이른다.

감합에 관한 본서의 기사는 제1차 출항 전에 히라도에서 유선, 즉 1호선 이외의 선박의 감합을 점검한 것(임신년 8월 24일조)과 북경 도착 후 15일 후에 "예부가 일본의 감합을 검사했다"라는 구절에 불과하지만, 명측의 태도가 경직되어 가는 모습은 본서에서도 엿볼 수 있다. 경태 5(1454)년 정월 6일, 예부에서 부탑화물의 대가를 제시하자 조공 사절은 2월 1일 황제에게 표문을 바치면서 가격을 올려줄 것을 간청했다. 4일에는 통사를 통해 "만약 선덕 8년(1433)의 예에 따라 값을 치뤄주지 않는다면, 본국으로 돌아가지 못합니다"라고 호소하는가 하면, 6일 예부에서 선덕 10년의 예에 따르겠다는 답변이 오자 다음날 강사가 나서 "선덕 10년의 예에 따라 값을 받는다면, 본국에 돌아가 죽임을 당할 것"이라고 애원하기도 했다. 선덕 8년은 제7차 견명선을 가리키고, 선덕 10년은 제8차 견명선을 가리킨다. 양자의 교환비는 1:0.44에 이를 정도로 상당한 차가 있었다.[27] 8일 예부의 부원에 명측의 관계자들이 모여 대응을 논의한 결과 기본적으로 선덕 10년의

26　橋本雄,「遣明船と遣朝鮮船の經營構造」,『遙かなる中世』17, 1998.
27　小葉田淳,『中世日支通交貿易史の研究』, 刀江書院, 1969, 398~400쪽에 217,732관 대 95,968관이란 숫자가 열거되어 있다.

예를 적용하기로 결정되었다(이상 부록 2 참조). 게다가 유황, 동, 소목을 비롯한 물품 중 일부는 남경에서 돌려받았다(갑술년 4월 22일~24일조).

4. 용안을 알현하다

쇼운 일행이 북경에 이른 시기는 경태제 치세의 전성기였다.

정통(正統) 14(1449)년 몽골에 친정했던 정통제가 토목보(土木堡)에서 오이라트의 수장 에센에게 패하여 포로가 되어 버리는 이른바 토목보의 변이 일어났다. 이에 따라 황제의 자리는 정통제의 이복동생에게 뜻하지 않게 넘어갔는데, 그가 바로 경태제다. 경태제는 토목보의 변이 일어난지 1년 뒤에 에센이 송환해 온 형 정통제를 자금성에 유폐하고 정권을 유지해 나갔다. 여기에 경태 2(1451)년에 에센이 대원의 후예인 톡토 부카를 살해하고, 5년에는 에센 자신이 부하인 아라크에게 살해당함에 따라 몽골의 양대 세력이 공멸하는 등 경태제의 권력은 공고해지는 듯도 했다. 그러나 불과 3년 뒤에 형인 정통제가 변란을 일으켜 정권을 탈취하니 곧 탈문(奪門)의 변이다. 경태제는 폐위되어 이윽고 병사하게 되는데, 쇼운이 북경에 들어갔던 시점에서는 어느 누구도 예상하지 못한 일이었으리라.[28]

경태 4(1453)년 8월 3일, 영파부 각지의 관료와 승려들이 천녕사(天寧寺)에 모여 성절(황제의 탄생일)을 축하했는데, 쇼운 일행은 비를 이유로 참석하지 않아 시박사 진 대인을 격노케 했다.

조공 사절은 북경 입성 3일째인 경태 4년 9월 28일 아침 일찍 조참을 허락받아 봉천문에서 황제를 알현했다. 그 전날, 홍려시(鴻臚寺) 습례정(習禮亭)에서 조참례(朝參禮) 연습이 있었다. 11월 14일 동지 조참 이틀 전, 원단의 조참 4일 전에도 조천궁(朝天宮)에 외국인을 불러 조참례 연습을 했다. 10월 2일 조참에서 정사가 봉천문에서 일본 국왕의 표문을 바치는 것으로 조공 사절의 가장 중요한 임무가 끝난다. 다만 마찬가지로 중요할 터인 일본 국왕의 칙서 수령에 대해서는 무슨 이유인지 관련 기사를 찾아볼 수 없다(부록2『선린국보기』참조).

원단의 조하 의식은 27세가 된 황제가 봉천전(奉天殿)에 거둥하면 만세, 만만세 삼창이 울려 퍼지고 일본, 티베트, 조선, 위구르, 몽골, 달단, 여진, 운남, 사천, 류큐를 비롯한 여러 번국의 사신

28　川越泰博,『モンゴルに拉致された中國皇帝』, 研文出版, 2003.

들이 연회에 참석하는 등 대단히 성대한 행사였다. 『명사(明史)』 본기에 따르면, 이 외에도 안남(安南), 자바[爪哇], 참파[占城], 하미[哈密], 오이라트[衛拉特]와 같은 번국에서도 입공했다고 한다. 또한 정월 11일부터 이튿날에 걸친 천단(天壇) 행차도 수천 명의 연주자, 보옥을 짊어지고 가는 코끼리 세 마리, 육룡차 두 대, 두 마리의 코끼리가 끄는 수레 두 대, 황제의 봉련(鳳輦)을 호위하는 무관 수만명, 갑옷을 입고 말을 탄 병사 36만 명이라는 어마어마한 규모였다.

본서에 기록된 일본측 조공 사절의 조참은 쇼운이 참여하지 않은 것도 포함한다면 9월에 1회, 10월에 7회, 11월에 6회, 12월에 8회, 정월에 2회, 2월에 2회로 총 26회에 달할 정도로 매우 빈번했다. 이중에서 황제가 직접 참여한 날은 9월 28일, 10월 1일, 10월 2일[29], 10월 4일, 10월 5일, 10월 15일, 11월 1일, 11월 14일, 정월 1일로 총9번이었다. 쇼운 일행의 적극적인 참여가 두드러진다. 9번 중에서 특히 중요한 것은 11월 1일(역의 반포), 11월 14일(동지), 정월 1일(원단)로 이 세 번은 자금성의 중심이자 가장 큰 건물인 봉천전(奉天殿, 현 태화전)까지 가서 황제를 배례했지만, 나머지 여섯 번은 "천자가 봉천문에 거둥하여 일본의 진공마(進貢馬) 20필을 친견했다"(계유년 10월 5일조)는 기사처럼 황제가 일상적으로 정무를 처리하는 공간인 봉천문(현 태화문)에서 친견이 이루어졌다. 조참이 끝나면 조공 사절은 궐좌문으로 이동하여 연회에 참석했다(갑술년 정월 15일조에 따르면 백관들의 연회는 오문에서 열렸다). 12월 2일 조참 기사에는 "조참례가 있을 때마다 반드시 연회를 베풀어 주었다"는 언급이 있을 정도였다. 정월 초하루에 베풀어지는 연회는 '광록연(光祿宴)'이라 불렸다.

5. 외국에서 온 사신들

이처럼 일본측 조공 사절에 대한 명의 대접은 매우 융숭했다. 쇼운에게 시 한 수를 증정받은 한 중서사인(中書舍人)은 "외역(外域)에서 대명(大明)에 조공하는 나라가 500여국이나, 오직 일본인만이 책을 읽는다고 할만하다"며 칭송했다(계유년 10월 9일조). 일부 아첨도 섞여 있었겠지만, 일본에 대한 높은 평가는 12월 21일 회동관에서 열린 연회에서 주객사가 중국과의 국교 빈도와는

---

29 이 날의 조참례에서는 정사가 봉천문에서 표문을 올렸지만, 황제가 실제 거둥했는지는 쓰여 있지 않다. 다만 그 중요성을 감안할 때 황제가 직접 거둥했을 가능성이 높다.

반대로 일본을 왼쪽, 고려 즉 조선을 오른쪽에 배치한 것에서도 엿볼 수 있다. 이는 2호선의 거좌인 세이카이가 조선의 관료와 자리 다툼을 벌인 것을 반영한 결과다. 일찍이 사신 오토모노 고마로[大伴古麻呂]가 신라 사신과 배치된 자리 순서를 둘러싸고 다툼을 벌인 일을 상기시킨다.

본서에는 원단 조례 외에도 외국인과 조우하는 일이 빈번하게 나타난다. 쇼운은 북경으로 상경하던 중 영파에서 류큐 사신이 공마(貢馬), 유황, 소목을 싣고 온주(溫州)에 도착했다는 소식을 들은 바 있다(계유년 5월12일, 6월25일조). 류큐의 진공품은 일본보다 먼저 안원역(安遠驛)의 승관(丞官)에 의해 북경으로 발송되었다(계유년 6월 26일조). 일본과 류큐 양국의 조공 품목은 중복되어 있어 서로 경쟁했을 가능성도 있다. 경태 4년 8월 26일, 양자강 북쪽 산양현에서는 귀국길에 오른 라마국의 번승(番僧), 즉 티베트 불교 승려들과 마주치기도 했다. 북경 회동관에서는 자바국인에게 일본과 연락을 주고받고 싶다는 이야기를 듣기도 하고(계유년 10월 13일조), 회회인(回回人)의 숙사를 방문했다가 가로로 쓰인 문자를 보기도 했다. 회회의 문자는 범자(梵字)와 유사한 듯 하면서도 달랐다고 한다(계유년 10월 21일조). 겨울에는 원단 조례를 위해 각지의 여러 번국(藩國)이 차례로 명조에 내조하는 시기인데, 쇼운은 여진인(계유년 10월 14일조), 달단인(계유년 10월 18일, 11월 16일조), 조선인(계유년 12월 9일조), 사천인(계유년 12월 23일조)이 조공하는 모습을 전하고 있다. 이중에서 달단인은 낙타 20마리를 거느리고 왔었다.

호토쿠 견명선에 뒤이은 간쇼[寬正] 견명선의 오우치선(大內船)에 승선했던 셋슈[雪舟]가 귀국 후 32년이 지난 82세 때에 그렸다고 전해지는 「국국인물도권(國國人物圖卷)」(교토국립박물관 소장)은 쇼운이 명에서 목격했던 것들을 그림으로 표현한 것과 같은 작품이다. 여러 사회 계층에 속한 명의 인물들을 묘사한 13장의 그림에 이어, 라마승(羅摩僧), 회회인(回回人), 달단인(韃旦人), 서번인(西蕃人), 여진국인(女眞國人), 남번인(南蕃人), 천축인(天竺人), 고려인, 류큐인, 요동인(遼東人)과 같이 외국인을 묘사한 10장의 그림이 존재한다. 여기에 더하여 여섯 종류의 동물과 한 종류의 마선(馬船)을 묘사한 그림으로 마무리된다.[30] 셋슈가 중국 체류 중 본 그대로를 그린 작품이라고 전해지는데, 인물과 동물 모두 거의 통일된 형식으로 그려져 있어 중국 양대(梁代)의 '직공도(職

---

30 「국국인물도권」에 23건의 인물도와 6건의 동물도가 실려 있는데 비해 선박도는 단 1건 밖에 실려 있지 않은 것은 다소 부자연스럽다. 본래는 이외에도 쾌선이나 참선과 같은 선박의 도상이 실려 있던 것은 아닐까 생각된다. 村井章介, 『中世史料との對話』, 吉川弘文館, 2014, 288쪽 참조.

貢圖)'와 같이 어떤 그림이나 도보(圖譜)를 바탕으로 그린 것이 아닌가 하고 추정된다.[31] 중국에서 획득한 정보를 정리하여 일본인에게 보여주기 위한 목적이 있었던 것으로 추정되는데, 일본 수묵화에서는 유례가 없는 작품이다.

6. 쇼운의 관광과 셋슈의 실경산수화

쇼운 일행이 영파에 머문 기간은 상경 시에 3개월 반이었고 귀경 시에는 보름이었다. 이외에 항주의 경우 상경 시에 7일, 귀경 시에 10일 머물렀다. 북경에서는 5개월, 남경에서는 3주 남짓 체재했다. 덴분 8(1539)년 명에 파견된『초도집』의 저자 사쿠겐 슈료의 경우 상경 길에 영파에서 약 6개월을 기다려야 했고, 항주에 도착해서는 명측이 상경 인원을 엄격히 제한한데다가 시간도 부족하여 영파에서 북경까지 이동하는 데만 쇼운의 2.5배 이상을 소비해야 했다. 사쿠겐에 비하면 쇼운의 경우는 축복받은 여행이었다고 할 수 있다.

쇼운 일행이 가는 길은 물론 오는 길에도 보타산(普陀山)의 불긍거관음(不肯去觀音)을 참배하는 까닭은 아마도 관광에만 목적이 있지는 않았을 것이다(계유년 4월 6일조, 갑술년 6월 22일조). 영파에서는 부학(府學), 호심사(湖心寺), 사명역(四明驛), 천녕사(天寧寺), 해회사(海會寺), 백의사(白衣寺), 경청사(境淸寺), 연경사(延慶寺), 수창사(壽昌寺), 만수사(萬壽寺), 수월암(水月庵) 등을 방문했다(계유년 4월 24일, 4월 27일, 5월 7일조). 5월 14일에서 15일까지는 1박 2일로 교외의 아육왕산(阿育王山)과 천동산(天童山)을 방문했다. 상경 도중에 머문 항주에서는 3일째 되던 날에 범천사(梵天寺)를 찾았고 4일째에는 정자사(浄慈寺)와 소제(蘇堤)의 육교(六橋)를 두루 둘러보다가 영은사(靈隱寺)에 숙박했다. 5일째에는 영은사를 둘러보고 이어서 삼천축(三天竺), 고산(孤山), 마노사(瑪瑙寺), 보숙사(保叔寺)를 탐방했다. 6일째 되던 날에는 해회사(海會寺)와 오자서묘(伍子胥廟)를 둘러보고 마지막 날에는 전당강(錢塘江)의 조수를 관람하기도 한다(계유년 8월 11일~17일조). 돌아오는 길에 정사 도요 인포가 객사하는 불운이 있었음에도 바로 전날에 오자서묘에서 삼모관(三茅觀)에 올라 서호(西湖)와 전당강을 조망했고, 다음날에는 철불사(鐵佛寺), 외오사(畏吾寺), 영수사(靈壽寺)를 돌아 보았다(갑술년 5월 18~20일조). 참고로 쇼운이 둘러 본 영파 시내의 사찰과 암자 중에

---

31 大西廣,「雪舟史料を読む 14~18」,『月刊百科』2003년 3·5·7·9·11월호.

는 사라진 것이 많지만, 이외의 경우 놀라울 정도로 예나 지금이나 변함 없이 현존하고 있다.

특히 서호의 경우 현재에도 엄청난 인기를 자랑하며 일본에서도 많은 수의 관광 회화가 그려졌다. 사쿠겐은 일본에서 「서호도(西湖圖)」를 본 적이 있는데, 실물을 보고 나서는 자못 감격에 겨워했다고 한다(『초도집』 가정 19년 9월 3일조). 셋슈가 직접 그렸다는 「서호도」는 현재 남아 있지 않지만, 슈게츠 도칸[秋月等觀]이 홍치 9(1496)년에 북경 회동관에서 그린 「서호도」가 전하고 있다(이시카와 현립 미술관 소장). 서호의 전경을 동쪽 해안 높은 곳에서 내려다 본 그림으로 고산, 소제, 육교, 정자사, 남고봉, 삼천축, 영은사, 북고봉, 혜과사(惠果寺), 보숙탑사를 비롯한 명승지가 빠짐없이 그려져 있다. "호수 한 가운데 우뚝 서 있는 곳은 곧 고산이다. 앞으로 돌출해 있는 곳은 비래봉(飛來峰)이다. 북고봉(北高峰), 남병산(南屛山), 육교(六橋), 삼천축이 한 눈에 둘러볼 수 있는 거리에 있다"는 쇼운의 경관 묘사(갑술년 5월 18일조)는 마치 '서호도'를 보는 듯하다. 또한, 영파 시박사의 근정당(勤政堂)에서는 길이가 5장이나 되는 거대한 '항서호도(杭西湖圖)'가 벽에 걸려 있는 것을 보기도 했다(계유년 6월 21일조).

항주에서 북경까지를 오고 가는 길, 특히 양자강 이남은 관광지로도 손색이 없다. 쇼운은 소주와 태호를 비롯해 72개의 동(洞)이 있는 오강장교(吳江長橋, 즉 수홍교(垂虹橋)), 오삼동(五三洞)의 보대교(寶帶橋), 장계(張繼)의 시로 유명한 풍교(楓橋)와 한산사(寒山寺), 감로사(甘露寺)의 다경루(多景樓), 강남율관루(江南律觀樓), 강회승개루(江淮勝概樓)와 같은 유명한 누각, 양자강의 하중도인 금산(金山)과 초산(焦山)을 차례대로 둘러보았다. 셋슈가 그렸다고 전해지는 「당토승경도권(唐土勝景圖卷)」(교토국립박물관 소장)을 비롯한 일련의 실경산수화에는 태호(太湖)와 보대교(寶帶橋), 오강현(吳江縣), 초산사(焦山寺), 북고산, 다경루, 진강부(鎭江府), 금산사(金山寺) 등이 묘사되어 있다. 이 회화들은 있는 그대로의 산과 강을 묘사한 것이 아니라, 나름대로의 암묵적 규약에 따라 묘사하고 있어 이들보다 앞서 중국의 관광명소를 그린 회화를 모범으로 삼은 것으로 여겨진다.[32]

이에 비해 양자강 이북은 볼거리가 적은 편이지만, 쇼운은 사정역(泗亭驛), 풍서택(豊西澤), 서주성(徐州城)을 비롯해 한(漢) 고조(高祖) 유방과 관련된 유적지(계유년 9월 8일, 갑술년 3월 21일, 갑술년 3월 23일조)나 고우호(高郵湖), 적수호(積水湖), 청구호(靑丘湖), 사호(覼社湖)와 같은 호수(계유년 8월 25일, 9월 12일, 갑술년 3월 16일, 4월 6일조)에 마음을 빼앗기기도 했다. 귀경하는 길에 장기 체류한

32　村井章介, 『中世史料との對話』, 吉川弘文館, 2014, 271쪽 참조.

남경에서는 석두성(石頭城), 광은가(廣恩街), 정해사(靜海寺), 종산(鍾山)을 방문했다. 광은가에 대해서는 "황금으로 만든 쟁반에는 앵두를 쌓아 놓았고, 은으로 만든 주발에는 사탕수수를 담아 놓았다"고 묘사하고 있어 미식으로 가득 한 거리였던 듯하다. 실제로 쇼운은 접대를 받아 광은가에 두 번이나 방문했다(갑술년 4월 11일~14일조).

경태 4(1453)년 9월 15일, 일본측 조공 사절이 산동성 임청현(臨淸縣) 청원역(淸源驛)에서 주민들로부터 술과 음식을 약탈하고 군관인 지휘(指揮)를 구타하여 중상을 입히는 사건이 발생했다[33](『명영종실록』 경태 4년 10월 병술조, 부록 2에 수록). 그런데 쇼운은 청원역에 도착했을 때 "제국(齊國)의 땅이다. 환공묘(桓公廟)와 안자묘(晏子廟)가 있었다. 감초(甘草)가 많았다. ⟨1근 값이 8문이었다⟩"고 서술할 뿐 이 사건에 대해서는 언급하고 있지 않다. 성대한 행사로 보이는 명·일 교류에 드리워 있던 어두운 그림자를 엿볼 수 있는 동시에 본서의 사료적 성격과 한계를 알 수 있는 시사적인 사례라 할 만하다.

7. 중국 사회에 대한 관찰

본서에는 명대 중국의 세태에 대해서도 흥미로운 기사가 다수 실려 있다.

과거 쇼운은 과거에 대해 깊은 관심을 가지고 있었다. 경태 5(1454)년 2월 9일 회시(會試) 응시자 3천 명이 시험장인 국자감(國子監)에 모였다고 기록하는 한편, 다음 날에는 직접 국자감을 찾아 그 모습을 "가시나무 울타리를 삼엄하게 설치하여 구경꾼이 들어오지 못하게 했다"고 관찰하고 있다. 같은 달 26일에는 합격자를 발표하는 '과거방(科擧榜)'을 베껴 적기도 한다. 과거방의 문서 양식을 살펴볼 수 있는 귀중한 사료다. 귀경하는 길에는 하간부(河間府) 청현(靑縣) 유하역(流河驛)에서 경태 원년 과거 합격자의 집에 고문(高門)을 세우는 것을 보았고(갑술년 3월 6일조), 경주(景州) 고성현(故城縣)의 양가장역(梁家莊驛)에서도 "과거문(科擧門)이 많았다"고 적고 있다(갑술년 3월 6일조). 쇼운은 명에 체류하는 중에 장해(張楷)라는 퇴직 관료와 친분을 쌓았는데, 그는 사법·군사 계통의 지방 고관을 역임하고 당시는 고향인 영파에 은거하고 있었다. 장해는 18세가

---

[33] 小葉田淳, 『中世日支通交貿易史の硏究』, 刀江書院, 1969, 51쪽 참조.

된 자신의 아들 장백후(張伯厚)가 회시 수험을 위해 나간 일(계유년 7월 18일조)과 북경에서 장백후가 쇼운의 숙소를 방문하여 시를 지은 일(계유년 11월 25일조) 등을 기록하고 있다.

관습·연중행사 경태 4년 7월 15일, 조공 사절 일행의 선두(船頭)들이 영파성 밖 절강(浙江), 즉 봉화강(奉化江) 강변에서 수륙회를 열자 종승들이 모두 여기에 참석했다.[34] 7월 19일에 영파 부학에서 제사를 지냈는데, 36명의 수재들이 뜰에서 춤을 추었다. 8월 22일, 강소성(江蘇省) 상주부(常州府) 분우패(奔牛壩)에서는 백성들이 개구리와 뱀을 먹는다고 적기도 한다. 9월 9일, 산동성(山東省) 연주부(兗州府) 어대현(魚台縣)에서는 남녀가 모두 국화꽃을 꺾어 머리에 꽂은 것을 보았다. 10월 16일에는 월식이 있어 자금성 안에서 종소리가 천둥처럼 울려 퍼졌다. 11월 1일, 자금성 봉천전(奉天殿)에서 황제가 거둥하여 조례가 끝나자 백관들이 몰려들어 다음 해의 달력을 얻으려 서로 다투었다. 11월 3일에는 대자은사(大慈恩寺)에서 마주친 20명의 호승(胡僧)이 모두 귀에 금고리를 달고 있었다. 제야(除夜)에는 자금성 앞을 동서로 가로지르는 장안가(長安街)에 불빛이 줄지어 있어 낮처럼 밝게 빛났다. 경태 5년 정월 13일에는 등시(燈市)를 관람했다. 등롱 옆에는 모두 유리병이 걸려 있었고, 병 안에는 작은 물고기가 등불 빛에 반사되어 춤을 추고 있어 매우 귀여웠다고 한다. 5월 5일에는 동장안가(東長安街)에서 자금성의 단문(端門)을 바라보니 만등(萬燈)이 하늘을 비추는 것 같았다. 같은 달 7일에는 기마병 어깨에 걸쳐 있는 붉은 비단이 땅에 끌리는 모습, 그리고 종자들이 북을 치며 자금성을 돌아다니는 것을 보았는데, 이는 남자아이가 태어난 집의 풍습이라고 적고 있다. 3월 3일, 대운하를 통과하는 배 위에서 황제가 하사한 황봉주(黃封酒)를 열어 상사(上巳)를 즐기니 수부들이 모두 술에 취해 노래를 불렀다. 4월 8일, 양주부(揚州府)에서 작약이 흐드러지게 핀 모습을 보았는데, 이로부터 일찍이 태수(太守)였던 채변(蔡藩)이 만화회(萬花會)를 개최한 것도 무리가 아니었을 것이라 짐작하기도 한다.

---

34 망자의 구제와 성불을 목적으로 하는 수륙회의 본고장 중 하나는 영파 교외의 동전호(東錢湖)에 있던 사시수륙도량(四時水陸道場)이다. 교토 대덕사(大德寺)에 소장되어 있는 남송시대의 회화「오백나한도(五百羅漢圖)」100폭은 이 도량의 창설자 일족과의 연관성이 상정된다. 井手誠之助,「大德寺傳來五百羅漢圖試論」,『聖地寧波: 日本佛教1300年の源流』, 奈良國立博物館, 2009.

토산·경제 쇼운은 강소성 비주(邳州) 하비역(下邳驛)의 저잣거리에서 길이 약 1.5척의 "말린 뱀"이 걸려 있는 것을 목격한다(계유년 9월 1일조). 산동의 적수호에서는 어선 1백여 척에 모두 가마우지가 실린 것을 본다(9월 2일조). 산동 양곡현(陽穀縣) 형문수역(荊門水驛)에서는 동과(冬瓜)가 많은 것을 보았다(9월 13일조). 임청현 청원역에서는 감초(甘草)가 많고 1근이 8문에 팔린다고 적고 있다(9월 13일조). 강소성 도원현(桃源縣) 도원역(桃源驛)에서는 포규선(蒲葵扇)이 명물이며(갑술년 4월 1일조), 소주부에는 화석(花席)과 다완(茶椀)이 매우 많다고 적고 있다(5월 10일조). 양자강 이북에서는 산동의 덕주(德州)와 임청현, 강소의 회안부가 풍요로운 땅이라 서술하고 있다(3월 20일조). 경태 5(1454)년 3월 15일 황하를 남쪽으로 건넌 날의 기사에서는 동쪽으로 흐르던 황하를 북쪽으로 분류시키는 공사를 언급하고 있다. 경태 5년 정월 21일에는 남경에서 공은(貢銀)을 실은 수레 30대가 경사로 들어왔는데, 그 중 10대가 거용관(居庸關) 순검사(巡檢司)에게 보내졌다고 기록했다. 수레 한 대당 은 3만냥이 실려 있었다고 한다. 몽골과 대치하는 전선에서 병사들의 급여를 비롯하여 전비에 충당하기 위한 은이었을 것이다. 세계사에 거대한 영향을 미치게 될 명의 은 수요 현상을 엿볼 수 있다. 3월 16일, 산동성 제녕주(濟寧州)에서는 남경(南京)에서 후추를 싣고 북상하는 진공선 1,000여 척과 마주쳤다. 또 운량선 10,000여 척이 수로에 가득하여 움직이지 못했다고 적고 있다. 수도의 경제가 화남 지역에 전적으로 의존하고 있었고 대운하가 이를 지탱하는 대동맥이었음을 암시하는 기사다.

8. 내륙의 수운(水運) 시스템

일본의 견명사는 북경으로 향하는 대부분의 구간을 운하나 강·호수를 이용하여 선박으로 이동했다. 선상 여행이었기 때문에 본서에도 중국 경제를 지탱하던 내륙 수운의 실상을 보여주는 기사가 가득하다.

영파와 항주의 중간 지점인 회계현(會稽縣)에는 1리 정도 선박이 육상을 이동하는 구간이 있어 승객들은 배에서 내려 걸어서 이동했다(계유년 8월 9일조). 강소성 서주성에서 동남쪽으로 20km 정도 떨어진 난소 여량홍(呂梁洪)과 여량상갑(呂梁上閘)에서는 7, 8마리의 소가 배 한 척을 끌었고, 서주갑(徐州閘)에서는 쇠사슬로 배를 끌었다(계유년 9월 3일조). 여량상갑은 배는 많으나 강물이 적었고, 여량백보홍(呂梁百步洪)은 반대로 강물은 많은데 배가 적었다고 한다(갑술년 3월 24~25일조). 갑(閘)은 강의 수위를 조절하여 배가 움직일 수 있게 하는 수문을 말한다. 서주부(徐州府) 평성역(彭城驛)은 역 앞으로 변수와 사수가 합류하는 지점이 있어 배를 이어서 다리를 만들어 놓았다고 한다(3월 23일조). 회수(淮水)를 따라 청구역(清口驛)과 산양역(山陽驛) 간 60리에는 수조선창(修造船廠)이 있었다(4월 4일조). 북쪽에서 오는 배는 소주 앞 비릉역(毘陵驛)에서 돛대를 내려야 했는데, 오(吳)·월(越) 지역은 다리 아래를 통과해야 하는 경우가 많기 때문이라 한다(5월 7일조).

대운하를 오가는 배에는 마선(馬船), 쾌선(快船), 홍선(紅船), 참선(站船), 운량선(運粮船), 황선(黃船)을 비롯한 여러 종류가 있었다. 마선은 말을 실을 수 있는 대형 화물여객선, 쾌선은 쾌속선, 역참은 관청에서 쓰는 관용선, 홍선은 죄수를 실은 배, 운량선은 식량 운반선, 황선은 황제의 어용선을 가리킨다. 강사, 거좌, 토관을 비롯한 조공 사절의 핵심 성원들은 참선에 탑승했는데(갑술년 5월 16일조), 토관 1명이 동행하여 공마(貢馬) 20필을 운반한 선박은 경태 4(1453)년 10월 2일 경사에 도착한 지 이틀 후인 10월 2일 '마선중(馬船衆)'이 조견(朝見)을 한 것으로 보아 마선(馬船)이었던 것으로 추정된다(계유년 6월 18일조). 「국국인물도감」 말미에 있는 마선의 그림을 보면, 돛대가 3개고 앞쪽에 큰 방이 있으며 뒤쪽에는 높은 선창이 설치되어 있다. 쇼운이 비주 도원역 앞에서 목격한 3척의 황선에는 황제의 의복을 싣고 상경하던 중이었는데, 3명의 환관이 활을 쏘며 이를 호위했다(갑술년 4월 2일조). 또한 남경에서는 역시 3척의 황선이 얼음을 싣고 북경으로 출발하려던 중이었는데, 수부 1,000여 명이 웃옷을 벗은 채로 배를 끌고 있었다(4월 25일조). 하나같이 황제 권력의 절대성을 엿볼 수 있는 장면이다.

대운하에서 특히 중요한 항구는 출발점인 항주 무림역(武林驛), 중간 지점인 양주 광릉역(廣陵驛), 종점인 통주 통진역(通津驛)이었다. 쇼운은 광릉역에 대해서는 "역의 누각은 겹겹이 포개져 있어 처마와 기둥이 날아 춤추는 듯했다. 역 앞 장강과 회수 등에서 마선, 쾌선, 홍선, 참선을 비롯한 여러 배들이 배꼬리와 뱃머리가 서로 맞물려 있었다"고 적고 있다(계유년 8월 24일조). 통진역에 대해서는 "사방에서 온 마선, 쾌선, 공선, 참선, 운량선을 비롯한 여러 배들이 모두 여기에 정박해 있었다"고 묘사하고 있다(9월 25일조). 귀국 길에 통주에서 출발한 지 이틀째 되던 날, 행인사(行人司)에서 보낸 반송관(伴送官)은 관자(關子)[35]를 써서 마쾌선(馬快船) 15척을 준비했다. 한 척당 8대의 수레와 23~24명의 인원을 실을 수 있었다(갑술년 2월 29일, 3월 2일조).

---

35 갑술년 2월 29일조에 "관자(關子)란 일본에서 말하는 '과서(過書)', 즉 통행증이다"란 할주(割註)가 달려 있다. 통행증이면서 통행에 수반되는 각종 편의를 제공하는 기능도 했던 것을 알 수 있다.

9. 문아(文雅)의 교류

쇼운은 문필에 깊은 조예가 있어 견명사의 종승에 발탁되었을 것이다. 본서에서 확인할 수 있는 그의 활동 중에는 이에 걸맞게 중국의 고사와 문학에 대한 해박한 지식을 엿볼 수 있다.뿐만 아니라 선승으로서 중국 승려와의 도담(道談)도 요령있게 이루어지고 있었다.

북경으로 상경하던 중에는 편액이나 위패의 글씨를 옮겨 적은 글이 많다. 예를 들어, 영파 천녕사의 문에는 "묘장해(妙莊海)", 해회사 외문에는 "화장세계(華藏世界)"라는 편액이 걸려 있었고, 해회사 조당에는 "개산화상중봉본선사(開山和尙中峰本禪師)"라는 위패가 있었다(계유년 4월 27일조). 중봉명본(中峰明本)은 임제종 환주파의 개조로 은거를 즐겨 중국과 일본 양국에서 큰 인기를 누렸던 원대(元代)의 고승이다. 당초 쇼운은 중국어에 서툴렀던 것으로 보이는데, 이런 경우 뜻을 알 수 있는 문자에 관심이 편중되기 쉽다는 것은 사쿠겐 슈료의 『초도집』의 사례에서도 확인할 수 있다. 하지만 쇼운도 귀국이 가까워질 무렵에는 "언어가 대강 통했다"고 말할 정도가 되어 영파 시박사의 근정당에서 진 대인에게 북경과 남대(南台)에서 있었던 일을 직접 들려주기도 했다(갑술년 6월 1일조).

저명한 중국 문인들과 관련된 장소를 방문한 기사를 소개하겠다. 영파 가빈관에 위치한 관광당 뒤쪽의 일실에는 주자(朱子)의 필적으로 "여조물유(與造物遊)"라 쓰인 편액이 걸려 있었다(계유년 4월 21일조). 영파 사명역 앞에는 당대에 비서감을 역임한 하지장(賀知章)의 사당이 있고 그의 소상이 안치되어 있었다(4월 24일조). 쇼운은 소동파(蘇東坡)를 무척 존경했던 듯한데, 영파부학(寧波府學)의 수재에게 동파의 시에 나오는 "석염목(石鹽木)"이라는 단어의 의미를 묻기도 했다. 항주에서는 범천사(梵天寺)에서 토지신으로 모셔져 있던 동파의 상을 보았고, 영은사(靈隱寺)에서는 동파의 시구 "남북일산문(南北一山門)"을 떠올리거나, 고산(孤山)의 임화정(林和靖) 고택에서는 삼현(三賢), 즉 백낙천, 임화정, 소동파의 소상을 둘러 보았다. 소동파가 세상을 떠난 곳인 강소성 상주부 비릉역에서는 소동파의 소상을 보고 위패의 문자를 옮겨 적기도 했다(계유년 7월 10일, 8월 13일, 8월 15일, 8월 22일조).

쇼운이 시문을 인용하는 기사는 다음과 같다. 절강성 여요현(餘姚縣) 여강역(姚江驛)의 대용천사(大龍泉寺)에서 당대의 시인 방간(方干)이 절 뒤편 정상에서 읊었다는 "미명에 먼저 바다 밑 해를 보네"라는 시구를 떠올렸다(계유년 8월 7일조). 고산의 임화정 고택에서는 명대 최초의 선승인 계담륵선사(季潭泐禪師)가 지은 "처사(處士)의 매화 천 그루가 다하여 소공(蘇公)의 버드나무가 한그루도 없네"라는 시구가 실상을 적은 것임을 알 게 된다(8월 15일조). 북경 등시(燈市)에서는 남송(南宋)의 선승(禪僧) 대천보제(大川普濟)가 지은 「유리등붕(瑠璃燈棚)」이라는 선시의 한 구절 "얼어붙은 문지방 안이 매우 차니 옥룡이 서리었다"를 떠올리기도 한다(갑술년 정월 13일조). 산동 연주의 청구호(靑丘湖)에서는 "청구(靑丘)"라는 단어가 포함된 사마상여(司馬相如)의 부(賦)에 나오는 "운몽택(雲夢澤)과 같은 곳이야 여덟 아홉개쯤 삼켜도"란 구절을 생각하면서 실제로도 그러한 경관을 묘사했다고 느낀다(갑술년 3월 16일조). 노(魯)와 제(齊)의 경계에 다다르자 두보(杜甫)의 「망악(望岳)」에 나오는 "제(齊)와 노(魯)에도 그 푸르름이 끝이 없구나"라는 구절을 상기한다(8월 18일조). 강소 고우주 안평역에서는 황산곡(黃山谷)이 장인인 손신로(孫莘老)에게 부친 "벽사호 안에 밝은 달이 있네"란 시구에 대해 언급한다(4월 6일조).

고사 유래에 대한 기사는 다음과 같다. 월왕(越王) 구천(勾踐)이 마굿간을 두었다는 고사가 있는 영파부 차구역(車廄驛)에서 구천의 상을 보았다(계유년 8월 7일조). 산동 연주부 어대현에서는 은공(隱公)이 물고기를 바라보던 관어대(觀魚台)의 옛터라고 적고 있다(갑술년 3월 20일조). 서주에서는 항우가 성 서쪽에 도읍을 두고 말의 훈련하던 모습을 시찰하던 희마대(戲馬台)의 옛 터를 방문했어, 이어서 성 밖에 있던 한고조묘(漢高祖廟)에서는 고조와 소하(蕭何), 조참(曹參) 등 공신들의 유상을 보았고 위패가 배치된 형태를 옮겨 적었다(3월 23일조). 강소의 회안부학에서는 한 선생에게 도원(桃源)의 유래에 대해 물었는데, 그에게서 초(楚)의 영왕(靈王)이 복숭아 나무를 심은 데서 유래했다는 교시를 받았다(4월 3일조). 양주부 의진역 천녕사 관음각에 올라 진(晉)의 다섯 왕이 양자강을 건넜다는 '오마도(五馬渡)'와 초 평왕에게 부모를 살해 당한 오자서가 강을 건넜다는 '서포(胥浦)'를 유람했다(4월 9일조). 양자강 남안에 위치한 진강부 단도현에서는 진의 시황제가 30,000명의 죄인을 동원하여 지맥을 뚫었다는 고사를 전하고 있다(5월 4일조).

마지막으로 쇼운과 동시대인과의 교류에 대해 소개하려 한다.

쇼운이 영파에 체류할 때 천동산(天童山)의 가암(可庵) 장로에게 차를 대접받은 일이 있다(계유년 7월 4일조).

다음으로 북경에서 교유를 살펴보자. 법화사(法華寺)를 유람하면서 한 노승과 일본 승려 료테츠(亮哲)의 시에 대해 이야기를 나누었다(갑술년 정월 2일조). 흥륭사(興隆寺) 수좌(首座) 질암문순(質庵文淳)과 차담을 나누었는데, 이때 쇼운은 『칙수백장청규(勅修百丈淸規)』에 나오는 "茶一中"의 뜻을 물은 바 있다(2월 12일조). 아무나 만나지 않는다는 지화사(智化寺)의 대해화상(大海和尙)과는 '불법의 대의'에 대해 선문답을 주고 받은 뒤 차를 함께 했다(2월 14일조). 흥륭사의 독방화상(獨芳和尙)에게는 구운 떡과 대추가 일본에도 있느냐는 질문을 받았고, 그가 주석을 단 『반야심경』을 받았다(2월 16일조). 북경을 떠날 날이 다가오자 흥륭사 대승록사(大僧侶錄司)인 남포화상(南浦和

尙)에게서 송행서(送行序)를 받았다(2월 21일조).

　남경에서는 수재 한 명과 남경의 유구한 역사에 대해 필담을 나눈 바 있다(갑술년 4월 13일조). 돌아오는 길에 항주에서는 전천축(前天竺)의 운옥묘간(雲屋妙衎)이 은거하던 선림사(仙林寺)를 찾아 자신의 선사(先師) 기쇼 슈켄[季章周憲]의 초상화에 저찬(著贊)을 요청했고 또 쇼운 자신은 운옥에게서 게송(偈頌)을 받았다(5월 23일조).

　마지막으로 귀국 길에 영파에서 교유를 살펴보자. 쇼운은 앞서 언급한 장해의 집을 방문하여 송별시를 선물 받았다(6월 4일조). 한편 조공 사절 일행은 경쟁적으로 당시 천녕사에 머물고 있던 아육왕산(阿育王山)의 주지 청원(淸源)에게 송행서를 청했다고 한다(6월 9일조). 쇼운은 친분을 쌓은 가암에게 송별시를 청했다(6월 10일조). 사명역에서는 송회(宋恢) 선생이 시를 지어 쇼운에게 보내주었다(6월 11일조). 영파에서 팔분자(八分字)에 능하기로 유명한 이경방(二卿坊)의 정유광(鄭惟廣)이 쇼운에게 팔분자 한 폭을 써서 전별했다(6월 12일조).

영인자료

일본국립공문서관 내각문고 소장본「入唐記」

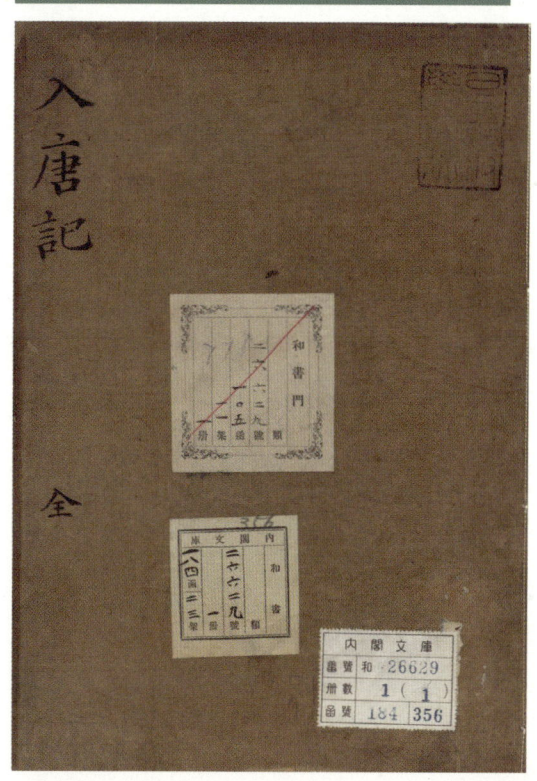

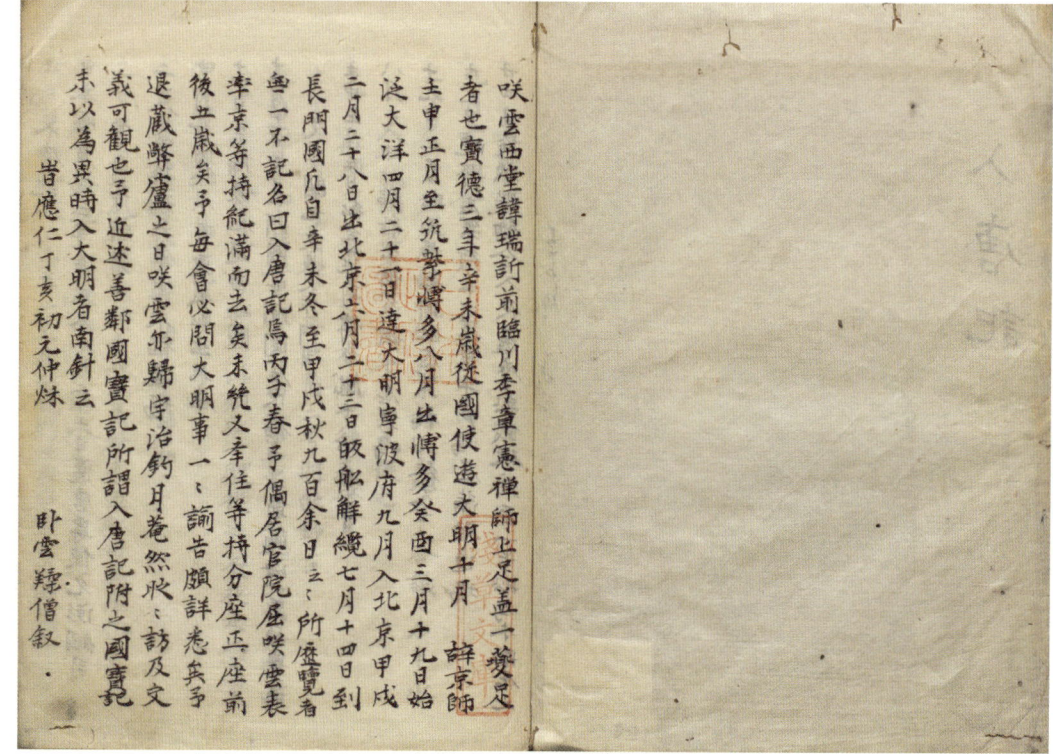

咲雲西堂譚瑞訢前臨川季章憲禪師孔足盖一變足
者也寶德三年辛未歲從國使遊大明十月辭京師
壬申正月至筑紫行博多八月出博多癸西三月十九日始
泛大洋四月二十一日達大明寧波庚九月入北京甲戌
二月二十八日出北京三月二十三日赴船解纜七月十四日到
長門國凡自辛未冬至甲戌秋九百餘日之所歷覽者
無一不記名曰入唐記焉丙子春予偶居官院屋咲雲表
率京等持紀滿而去矣未統又拏住等持分座正座前
後五歲矣予每會必問大明事一一諭告願詳卷其予
退藏弊廬之日咲雲亦歸宇治釣月菴然歛之訪及文
義可觀也予近述善鄰國寶記所謂入唐記附之國寶記
未以爲異時入大明者南針云
　　　　　　　　　　　昔應仁丁亥初元仲秋
　　　　　　卧雲穉僧叙

入唐記

日本國寶德三年辛未冬十月二十六日遣唐專使允澎綱司
芳貞等辭京

二十八日至接州兵庫富永福道場
十一月九日夜半有東風舡出兵庫
十四日至備後尾道西二旬
十二月吉至長門國赤間關居永福寺三前蘭道場
文亨閣也文亨文作門司
壬申正月五日舡至筑前博多徹于妙榮寺
十八日二号舡三号舡同至平戸嶋禮文嶋殊大士
十九日二号舡出博多搋于忘賀嶋
主申正月五日一號船出博多徹于忘賀嶋
廿三日曉發忘賀行三十里至平戸嶋滿福道場
廿四日横類舡勘合入夜薩摩舡載硫黃至一号舡為本舡屬之
者諱曰類舡
九月五日朝發平戸午至小豆大島
二十日少有頂風將解纜綱司集諸舡、頭寺大合議、未半水
支把櫨開洋頼者二三里二号三号従之
廿一日舡頭等曰今年不可有風也待春可行
廿二日一号二号回禪千平戸午大島
癸酉三月十九日諸舡早發大島走四十里日未晩至五嶋奈留浦
三十日有風午後一号舡開洋類舡七艘従之一画夜走六七十里
四月一日類舡只見三帆千六七里外
二日衆人皆醉我布酔
三日午前無風舡衆默禱青鳩一隻飛来廼舡好風滿帆
四日鷹来息挖上午海水少濁水支日巳入唐地
五日早朝修懺、未半一支見山暁到此或日茶山日佛頭山

六日午至補陀羅山掛舡于蓮峯洋語觀音高俗懴摩法
七日舡一艘自沉家門来問曰什麼舡従那裡来道軍趙文瑞
答曰日本國進貢舡
八日影舡百餘艘来逹海浙東巡海將軍劉萬戸送龍眼
荔文等
九日馬大人贈水一艘劉大人贈酒一樽
十日閏日本三号七号舡已到定海縣
十一日劉大人文送舡十号舡已到定海縣
十二日到沉家門半大人覓笑笋乾寺
十三日官舡一隻自巡檢司来迎舡
五十餘艘吹角鼓匝舡
十四日大画拖進两眠
十五日雨中推櫓行三十里到丹山従此六町里
十六日東潮行六十里至三山不推櫨随潮而行諸曰来潮
十七日一潮到定海縣、令贈以来二僭酒二桃筆乾模桃栽難方
十八日舡中修觀音懴儀一座
十九日出定海縣見一塔巍然通事盧圓曰這筒是寧波府
子入驛、門頷曰浙江市舶司安逺驛、中日本夜酬
二十日日本國一号舡晩派浙江年朔建寧波府乃
大明景泰四季癸酉夏四月十六日也内官陳大人賫迎專使
允澎綱司芳貞送僧瑞訢清啟等就假館擇茶采輪
館額曰嘉賓有諸房、頷安宇一号房尋使居之安
字二号房綱司居之安字三四号房以下屋座土官次
第頷之字屋九号房
廿一日陳大人就觀光堂延待專使綱司従僧等堂後有一

室韻曰與造物遊乃米元暉筆也李内官自温州來
二十二日大人文乾勤政堂延居土官等偕羊鵝雞麴汀筍乾醬
爪糟茄共十六監大列于前以換他日饍飡不食之意受之
二十三日日本二号六号八号舡三隻始到府東門
二十四日遊于府學先生引到詠畋亭洋官大成之門明倫堂遂
至湖心寺入四明驛前有賀知章祠堂安塑像前有牌
曰唐秘監太子賓客集賢院太學士贈禮部尚書賀公之
神位諸像影像之前啓有牌
二十五日陳李兩大人來于嘉靖處禮日衆啓諸房
二十七日遊天寧寺門揭妙莊嚴之過海會寺去城可二里外門
額曰歲界程堂有牌日開山和尚中峯本禪師
五月一日發李起勤政堂見陳李兩内官
二日日本四号舡到寧波港龍珠始入驛
三日大人陳氏起北京养日本進貢舡八隻夫
四日陳大人大設茶飯享日衆於勤政堂府太守光伴鍾鼓
唱優自朝至晚
五日端午觀戈堂有礼午後陳大人宴知府諸官
七日歷遊府中詣剎白衣寺鏡清寺延慶寺壽昌寺萬壽寺
水月菴
八日布政司周大人自杭列來
十日按察使馮大人自杭列來
十二日告琉球舡一隻到温州
十三日李内官曉發舟波起温州列將寧迎琉球人
起齋玉山之去驛半日程外門額玉机山門揭音王寺佳山
淸源本和尚鳴鐘鼓率大衆出山門外引接于
大雄寶殿高唱藥師如來号就茶堂茶飯之罷入

妙勝寶殿誦大悲咒閣三十三重舍利塔入其塔中
手捧小塔而出其大七八寸許所謂阿育王自天竺所
搬者是也
祖堂多牌一 開山宣密居素禪師一 當山三十三
代黑準和尚方丈承恩閣之上有牌日釋敎宗主
笑隱新禪師遂至天童山而一宿其間二十里
十五日天童山景德寺佛殿大雄寶殿祖堂有開山義與
禪師牌玲瓏宮二間有密庵塔門額中峯
真前揭臨濟正傳九峯雙沼萬松閣宿鷺亭
遺趾存耳
廿一日陳大人將宴日衆先賜人伴水夫來以麵粉砂糖酒醋
塩醬鮮筍楊梅油菜鵝雞等
廿七日大備茶飯宴日衆勤政堂宴未半北京礼部剳至曰
閒日本國進貢舡來朝速令起關云
廿八日峯一号舡進貢物八之東庫正副使居座土官皆出
廿九日晩二号舡進貢物天旱月飾有俞所東僧衆皆集天
寧寺祈雨
六月一日正使副使起東庫謁陳大人三号舡舉貢物
二日 六七号舡物貨一張舉之
三日 八号舡進貢舉之
四日 翠四号舡貨物
五日 正副使壓座土官詣三司官門額曰浙江提刑按察分司
六日 点檢一号舡硫磺
七八日 晒一号銅子
十三日 撿二号貨更曉大雷而雨

十四日 諸船屋座集于綢司房談点擴不公之事
十五日 陳大人就天宰寺設大齋以慶祈雨滿歲
十六日 舡礦綱司備日本様飯酒享陳大人
十七日 換一號舡貨匣
十八日 萬戶巍太人送日本貢馬二十匹起扰列日衆土官一員
　　　人伴等五十人從之
廿日 陳大人就勤政堂張亨張揩挴審使布政司御史
廿一日 陳大人就勤政堂享之
廿五日 李内官從溫州未日琉球貢馬十五匹硫礦二万斤藜木
　　　知府五大人陸止掛杭西湖燕鷁廣五丈許
廿六日 駅丞官送琉球進貢上京
廿七日 陳大人將日本硫礦五万斤送南京
　　　一二五百斤

七月一日 早起勤政堂見陳李二大人
二日 陳大人文調日本硫黄五萬斤送南京
三日 東庫掛一號舡銅子
四日 天童長无可菴招予會茶有雜鴟子似柘榴而大
　　　秀方馮克客来予問碑文多有畫丹字如何容日石碑
　　　止以丹書字耳又問東坡詩有石塩木之語如何日本
　　　名也此方盛有之
十三日 諸舡貨物起送之外還之各至 自下還上日起送
十四日 三司大人自北京歸 癸日本舡来之使
十五日 諸舡、頭等就浙江濱設水陸會從僧皆出
　　　張楷子十八歲翠進士起杭
十九日 府學有茶調秀才三十六人舞于庭

廿一日 陳大人起東庫將起送物入匣
八月一日 五更起勤政堂乌川旦禮文起天寧寺唱
　　　皇帝聖誕之禮儀府申諸官府學縣學秀才天重山
　　　青王寺延慶禹壽清衆恭趨于祝処聖寺道塲一等立
　　　定秀才一人立階上唱排班拜興等
三日 皇帝聖節閣府官僚諸剃僧裹督趨天寧寺而講
　　　禮日衆因雨不起陳内官大妞
四日 觀克堂茶飯陳大人錢之謝
五日 朝諸大人致茶飯之謝
六日 日衆三百貞平明出安遠驛乘舡四明驛
七日 晨發舞江午至車庶驛、有越王句踐像晚泊舡千餘
　　　姚縣姚江驛有寺日大龍泉寺。後絶頂大高唐方子
　　　詩所謂未明先見海底日誠哉
八日 上虞縣換舡夜泊曹娥江
九日 曹城驛、前自壁臺畫日至杭列府二百二十里至寧波府二
　　　百廿里午至會縣陸地行舡一里許予出舡歩行過東
　　　開驛二三里詣曺娥廟讀八字碑茶邑所謂己折為二
　　　宋元祐中茶卜書而立之
十日 晓到紹興府山陰縣城中有山乃越王臺旧赴半山有
　　　高閣嶺日越山勝絶欖其下有鑑湖剗溪曲水
　　　朝至蕭山縣平渡錢江廣十八里東岸日浙東
　　　乃越地也西呉地晚入杭列武林驛
十二日 六七八号舡攺到杭
十三春 將逰孤山途中過雨而遠晚晴入梵天寺祠堂有檯子
　　　瞻像陳當山土地東坡居士護法明王
十四日 出涌金門至南屏山下入浄慈寺。南山外門題西湖畔清

淨慈門三門千佛閣 門左宋鏡堂注堂永明室方丈
一湖軒書院 應奧文殿 五百羅漢堂 長老玉岡潤和尚接
方丈閣點茶 侍者手擎繊香立中央講香揖茶之
禮辭去遇西湖度六橋所謂蘇公堤無柳一株揷
北入山路五六里到靈隱寺外門額曰飛來峰入門直上方
丈住持像空鏡和尚對床夜話

十五日 早晨上殿祝聖一僧唱藥師如來號雜耶諷回向至今上
皇帝大衆同音呼萬々之せ寢堂全衆上堂無門禪有
偈永曰伱有夸今夜一輪滿一片淸光何處無予隨長老就
齋堂契粥了步出寺々甬呼猿洞四龍橋堅江間見山亭冷泉亭俊
靈聲山北高峯連等咘遂傍飛來峯而北百一門額曰佛國山
其內額曰三天生淨土東坡所謂南北山門之門裏西皆
有額々皆或同或異其下天竺額曰靈山講寺甚洪井三上名靈山

十六日 吳江長橋七十二洞一洞乃一間也蘇別府々西門額曰閶
門晩泊于楓橋到寒山寺佛殿左有碑名叔岡頭寺人
曰江東寺三日 後殿寒山拾得像本筆門前有二十曰寒
山井拾得井去楓橋二十里有市名下寺南碑北藏松山
寺南額曰天下第二泉

廿一日 常別府熙寧縣秀才曰此縣有寺南碑北藏松山
惠山亭遊惠山寺々有泉額曰天下第二泉

廿二日 毘陵驛 有蘇公遺像碑曰宋父忠公東坡居士々神等中
壇 民食蛙蛇

廿三日 鎮江府古潤州丹陽縣南水關北水關有高樓額曰
多景樓京口驛

廿四日 渡楊子江廣甲北岸有樓額江南律觀樓 潤北北岸有樓
揭江淮勝槩樓乃楊州也有駅額廣陵驛々樓童々簷檻雅
卑駅前江淮等處馬快紅站語舶軸艫相卸 中流有山謂金山慈山七

廿五日 邵伯驛 詠官迯亡不館 曰衆高郵州迯于太湖磚河塘

二日 新安驛

三日 孟城驛

廿六日 進安府山陽縣彰麻國 舊僧舡二隻辭北京板

廿七日 淮陰驛 淸河縣

廿八日 桃源驛

廿九日 海邳州宿廷縣有郊屋

九月一日 下邳駅市店掛乾籠長丈五秀才曰城裡有進履橋

三日 呂梁洪沛泗交流處水太急使七八牛牽舡又鉄釻寧舡
曰 是也宮梁上閘牛摩舡与洪同徐閘別汶銼欽寧舡
洪是也宮梁上閘牛摩舡与洪同徐閘別汶銼欽寧舡

十六日 錢塘江觀潮午後出武林來舡行二十里泊于德勝頭

十七日 吳山土主忠孝感惠顯聖王伍公之神

十八日 仁和縣吳山驛長安驛崇德縣

十九日 昆林驛相鄕縣万壽寺嘉興府三塔寺龍淵勝境

四日 徐州府彭城驛有夜雨

五日 兩中泊彭城

六日 泊彭城三夜々聽雨

七日 沛縣下閘
八日 泗亭驛 漢高為亭長之魯地
九日 山東家刹魚臺縣魯地給東土女皆簪菊花
十日 濟寧刹魯橋驛
十一日 南城水驛
十二日 東平刹安山水驛橫水湖有小漁舟百餘隻皆載鶴
十三日 東阿縣荊門水駅 郇多陽穀縣 冬瓜苍大荏多
十四日 東昌府清水縣清陽驛
十五日 臨清清源驛齊地有桓公廟晏子廟可草多夯代父
十六日 高唐刹武城縣甲馬營水驛
十七日 濟南府德州良店駅
十八日 頓天府 霸刹奉新驛
十九日 楊青驛天津衛 天津右衛 河水始清
廿日 河西驛
廿一日 楊村驛水始漾
廿二日 和合驛
廿三日 張家灣
廿四日 通州
廿五日 驛送官達通洋驛馬舩狀舩孔舩站舩運粮舩木四來諸舩皆繫于此
廿六日 驛送官出車馬駟馭日眾各來之起晚入崇陽門
官人記人負姓名引達于會同館
廿七日 朝多入鳴臚寺習禮亭習朝參禮
廿八日 朝參長安街玉河東隄玉河西隄長安門奉天門見
皇帝 官人唱鞠躬拜起叩頭起平身跪叩頭
門端門省二象午門左挾門右挾門奉天門跪叩頭而出
賜宴、罷又趨端門跪叩頭
映送瀚左門

謁禮部院禮部乃昆稜胡瀠年八十餘
十月一日 朝參奉天門見天子朝儀如前賜宴閣左門
二日 朝參正使入奉天門擇表支綱同以下立平門闒大鐘
鳴自左挾門入奉天門跪拜起叩頭起自右挾門出
賜宴于瀚左挾門外始到于館
三日 馬舩衣朝見天子手奉天門 賜宴如常
四日 馬舩衣朝見天子手奉天門觀日本進馬二十匹瀚左門
五日 朝參天子御奉天門給來麵粉酒醋醬菓子醬粢米
宴如常 宴罷飯館官日本遣使龍賢先幢始入京
七日 菱日本九号舩一隻九月十四日到寧波府
八日 四号六号七号八号十舩衣入京
九日 中書舍人金子묻一詩舍人曰外城朝貢乎大明者
十日 燕山勒雪
十二日 燕山勒雪
十三日 南蠻瓜哇人百餘人在館水通信於日本
十四日 女真人來朝眼馬皮似鞋旦人
十五日 朝參見天子於奉天門賜宴如常朝罷遊翰林院
十六日 成刻月食九重城裏鐘鼓雷奏
十七日 上命設茶飯於本館從享日眾內官一員廿禮部侍郎
光伴倡優伎術事、驚人
十八日 朝參致賜茶飯之譬因觀鞋旦人來朝獻馬七十匹
十九日
廿日 四回人來朝獻馬二十四
廿一日 入回人館見書字、橫行似枕字而非

十八日日本進貢貸回入會同館車七十五兩
十一月一日朝叅入西甬門左奉天門石到奉天殿見
皇帝朝禮畢賜新曆景泰五年甲戌唐酉官并諸人爭
進而奪之賜宴閼左門又謁礼部院
二日上仝人大隆福禅寺ミ乃景泰三年勅建也
三日又金見大巻恩寺ミ有胡僧一百員皆耳帶金環
四日又有昔大奧隆禅寺ミ設茶飯綱司貞令卖不赴
五日主客司換進貢物
七日朝叅賜衣正副使金禪金環袈裟柳綠藍羅衣襪子
八日朝叅奉天門獻日本貨物鞍旦回司諸者觀之
十一日百官及外城叅往朝天宮習冬至朝義
十二日朝叅致賜僧絆羅銀環袈裟柳綠藍羅衣襪子
履復従僧致賜衣各著宮衣又謁礼部院
十三日朝叅自在掖門東甬門過八八池到奉天殿見天子文穗
武様之間萬官排班三呼万歳聲動天地
十五日朝叅中書大人自奉天門生排従僧於官上
十六日八百人伴茶朝駱駝二十金匹従之
十九日恪日本人伴等賜冬衣裳
廿五日張揹子張伯厚應擧在京束作赴

十二月一日朝叅奉天門朝礼賜宴
二日朝叅毎朝叅心賜宴
六日朝叅欽賜正副使緞子二羅絑四端絹子三端銅子一萬従僧
跟子二端絑子二端銅分五十
七日朝叅謝欽賜之恩
八日本二号舩塵座清海始運京日十月十日發寧波
九日高麗官人来朝

十五日朝叅獻九号舩貢馬匹
十七日綱司屋座謁礼申治送日本
廿一日日本清密高麗官人賜著欽於本館手位主客司来礼
日本右高麗
廿三日四川人二百金人至館
廿五日日衆三百餘貢就本館賜茶飯
廿六日朝叅致賜飯慶
廿七日百官往朝天宮習嵗旦朝礼外國人皆従
廿八日日本清密等朝叅賜衣
廿九日立春清密等朝叅著宮衣致敗賜衣謝
三十日陰夜長安街列炬如晝

大明景泰五年甲戌春王正月一日五更朝叅
皇帝御奉天殿ミ諸排班齊南廊拜興四拜平身班者
行礼祝寿ミ礼畢ミ就班拜與四拜三拜叅拜與四拜
就曉三呼万歳ミミミ節三呼万歳拜與四拜平身
礼畢自八皇池出左掖門入千閣左門賜芺禄宴日本
賴麻高ㅁ碑回回鞍旦達ミ女真雲南四川琉球本諸者
皆頑馬
二日遊法花寺入僧堂一老僧曰我師乃日本亮楷也師曾有
偈日眼前凩物般ミ別唯百寒梅一樣花
三日綱司眼礼部獻扇子十把礼部許馬
四日清海等賜眼子絑子
六日礼部給日本香貨價直
十二日皇帝幸于天妃廟
十三日帝回駕入大明門奏樂前行者數千人大象貢宝玉行者

三日六龍車二象輦車者二鳳輦二人肩之其一帝御之
執戟擁衛者數萬人申曾士走馬者三十六萬騎至大朋門
分行東長安街西長安街
十三日觀燈市 燈籠傍皆掛瑠璃瓶瓶中有教寸魚映燈光而踊
躍甚可愛也瀦大門題瑠璃燈棚于氷毒潭玉龍蟠其謂之于
十五日朝參禮畢百官午門賜宴 日本外域語人闕石門賜宴夜觀
燈至東長安街望見捲紅綿於端門戲地從之鳴鼓笛以達宮城
予門之則日家庭男子車三百兩至京送十車於庭庸閣巡撫司車二兩
廿一日南京貢銀子車三百兩至京送十車於庭庸閣巡撫司車一兩
銀三萬兩
二月一日朝參奉天門正使捧表詣盂方物給價
四日礼部召通事問異人耶求日給價若不依宣德
例再入較本國三

六日礼部曰方物給價其可照依宣德十季例
七日綱司諸礼部曰十季例送本國諌戲只類俸察
八日大皇隆寺者西長安門一里有眾四十員第一座篔蒼淳
公乃前僧司録獨芳和尚淳野杵志予答語次問
進士三千貞入試局
九日礼部院隼侍郞中眞外郞主客司等議定給價
十日將觀試院乃國子監也嚴設棘用不許遊人入
十一日者中新驛經一帙乃花歲也
十二日大皇隆寺者西長安門一里有眾四十員第一座篔蒼
清規有余甲之詰甲和尚野杵志予答語次問
十三日遊正覚寺大海和尚済下宗師機鋒頗峻中而有山号
十四日知果寺大海和尚頷曰正覚山雖城中而有山号
之如何是佛法大意海曰伱是何處人予曰日本國來海曰未

離日本好与三十棒予曰上座罪過海笑侍者思茶來
十五日朝參奉天門朝礼如常
十六日與隆寺獨芳和尚洞下李有問見李來子曰之契某予次師
這裏來為什么予曰老和尚萬福師咲賜自瓶註心經一
奉燒餅曰曰李有嚰見李來子曰之契某予次師
十七日琉球國長史來朝
廿一日與隆寺大僧録司石善世南浦和尚賜送行序
廿二日勅給賜癸討古銅大香鑪二十黄銅方香鑪一十銅磬一口錢
錢一付各二件
廿五日勅礼部院閒抖奉榜曰
廿六日礼部為捋舉事令將景泰五年會試取到中式李人姓
名開列于後頒至榜者

計閒中式舉人三百五十名
第一名彭 江西安福縣儒學生 春秋
第二名尹 江西奉化縣監生 易
第三 徐 浙江開化縣儒學生 書
廿八日奉天門早朝欽奉聖旨賜 以右榜諭眾通知 景泰五年二月日榜
廿九日 行人司名伴送官陶氏齋閱子來 行人司名伴送官陶氏齋閱子來
三十日 朝辭通洋驛登舡晩泊張家灣
三月一日 小雨過和合驛
二日 河西驛伴送官進開子具馬快舡二十五隻、載車八兩
三日 閒黃封酒以賞上乙水夫醉歌至于揚村驛
貨物人員二十三四輩

四日 河水始濁乃黃河之流也午過楊青驛夜至奉新驛
五日 河間府天津衛
六日 流河驛庚子科舉人建高門者二
七日 滄州新橋驛吳橋縣連窩驛
八日 文河縣
九日 濟南府德州良店驛
十日 安德驛城裡城外之富不減臨清安
十一日 景州故城縣良家莊驛枘棗門多
本昌府武城縣甲馬營水驛夜過渡口驛
十二日 廣平府清河縣昭清縣清津驛臨清下閘 閘啟
臨清上閘 清陽驛始見青草河水少清
十三日 聊城 樓重々大壯麗崇武城子過剣門駅麻琶晚渡
黄河 廣二十里許万夫束東流而就北流夜泊安山水驛
十四日
十五日
十六日 哀州府東平州汶上縣開河驛嘗見開河西可十里有湖邑青丘
萬餘艘塞河而不動晩至于濟寧州之齊衛境也
吞雲夢八九者也 南京進貢舷一艘載胡椒又運粮舷
十七日 南城水驛 西白山亦謂龜山也
十八日 朝出哀州東北有山乃岱山也哀州屬魯濟寧居齊杜少陵
望岳詩曰 岱宗夫如何 魯青未了誠哉
十九日 趙村閘 石佛閘魯橋驛
二十日 曾臺縣 乃魯公觀魚臺旧地辛林閘南陽閘沙河驛
二十一日 徐州沛縣泗亭驛豊西驛漢高軒地也
二十二日 謝溝閘 留城上閘
二十三日 彭城驛 前許泗交流舷爲橋城北有山旧名雲龍今曰白
佛西有戲馬臺 漢基西北有樓詠謂黃樓三城外有漢
高廟々裏高祖及蕭曹遺像儼然

漢祖高皇大帝
漢留侯張子房位
漢鄭侯蕭何之位

二十四日 彭城夜雨晨情超呂梁上閘舷多此次于房村驛
二十五日 又百夜雨子過呂梁百灾 洪水多舷少伯于雙決
二十六日 淮安府新安驛有斬者傳牌日殘盗來打擢首級
二十七日 邳州下邳驛
二十八日 直河驛
二十九日 鍾吾驛
三十日 直城驛
四月初桃源縣 桃源驛泊舷土俗製蒲葵扇賣之
二日 黃舷三隻裝載哀長上北京內官三貫挾彈射進舷者
三日 入府學問先生此地名桃源百此平日地屬楚·靈王曾哉桃樹
以爲桃園日向名之三·
四日 清河縣清口驛々前黃河一支西來我舷隨淮水而南二水交
流清濁自分 從此舷沂淮水晩至于山陽驛自清口至山六

一 十里間有修造舩廠

五日淮陰驛清江浦有韓信廟漂母墓

六日高郵州安平驛有壁社湖乃孫華无讀書處山谷寄訊
曰壁社湖中百明月出之

七日江都縣邵伯驛綱司員兒人伴三十人自此直往杭州

八日楊州府廣陵驛城中百万家盛賞紅葉葵鞠曾為
万花會宣矢從此北京三千八百里至南京一百六十里

九日儀真縣有寺曰天寧一僧引登觀音閣指示境致曰役處
日五馬渡晉五王南渡此與浦曰昏鮮釼渡江
此三午波舩至楊子江順風揚帆夜半渡江舟人皆誦
普門品曉繞江南兩岸岱多
十日朝見石頭城午至城下城高數丈末知其長或曰周二十
程世至竜江抽分場至廣恩門泊于龍灣

十一日内官三員都督一員近接于廣恩街

十二日遊靜海寺之游了也有高閣之上見江淮遠近之山

十三日一秀才來予問地畫乃云冠中出小筆書曰此地春秋屬
吳戰國屬越後屬楚初呈金陵邑秦改曰秣陵又為建業
吳後改為建業晉武帝改為秣陵又奉改曰建業改
郡東齊梁陳曰之唐宋文帝改馬札為皇帝至
順元年改建庚為集慶該方今大明主挺之勅定鼎于
此改曰應天府五十

十四日秀才又來如旧識延子遊廣恩街酒舖推櫻桃於金盤
盛其廣於銀桃

十七日表太監送箏歌一隻畫眉錦鷄鸚鵡
十八日太監又送鸚哥一隻監川草花一盤酒一罐

廿一日鐘山主城可十里松竹蔚然
廿二日衆至石城橋內官四員總共官三員擬交床扂聲曰
今日出硫黃明日還你銅子續木本
廿三日出硫黃三万斤銅子一千二百五十杜還之
廿四日銅子幷蘇木還之
廿五日黃舩三隻載氷上北京水夫千餘脫衣寧舩
廿六日太監出給僧新錢三千万宣讀之
廿七日出欽綃子五千端

五月一日大雨
二日辭金陵次宰龍江衛
三日晨墳官舩百餘送至楊子江午過崇山焦山晚泊北固山下
四日雨中推槫出鎮江有舟徒縣乃秦始皇發餘衣三萬人
鑿地脈之處

五日丹陽縣
六日孟濱河
七日常州昆陵驛北來諸舩到此皆倒挽竿蓋其越多過橋下也
八日讀次長州苑
九日夜泊楓橋
十日入蘇州府花唐茶桃太多
十一日晚出昏門
十二日吳江縣實帶橋五十三洞岳虹橋七十二洞橋半有岳虹
亭從此迎太湖孟諸湖常宣續之四州序帆天立震澤
笠澤松江莒溪顧溪雲溪姑稜山西塞山洞庭湖中有石
堤其長四十里
十三日嘉興府桐鄉縣皇林驛崇德縣
十四日杭州府仁和縣德勝壩

一 十五日 吳山驛 正使不安先入武林駅
一 十六日 綱屋土等詔舩四隻入武林驛人伴士留于吳山駅
一 十七日 阮太監出給價錢銅三千万
一 十八日 詰吳山伍子胥廟遂到三菲觀 盖吳中之勝槩也已
西湖石錢塘而挹吳山之半腰此是于湖中則孤山也突出
于前面則岳來峯也小高終于武林駅晩栓浦金門柳洲寺舎
一 十九日 正使東洋和尚終于武林駅晩栓浦金門柳洲寺舎
諸径朱早寺長老自拈火把作佛変其唱曰噴火楼
花照眼明薫風抹過渥墼城
一 廿日 乏于鉄佛寺県与寺霊壽寺
一 廿一日 人伴士留于吳山者遂城裹港直到錢塘江
一 廿二日 廿三起百餘人發杭
一 廿三日 起將出吳林同雨留
一 廿四日 雨中次于餘姚城下
一 廿五日 起五十人發杭起寧波府發訂次分曰一起二起
一 廿六日 朝來轎子出武林午渡錢江至蕭山縣西兵駅
一 廿七日 紹寧府 治會瞽山陰二縣 畧有鑑湖剡渓
一 廿八日 早出山陰于起二閘晩曹娥驛
一 廿九日 雨中出自杭州至
一 三十日 朝終寧波府繋舩靳水人安遠驛居
安宇九号房
一 六月一日 入勤政堂見陳大人 寺説北京南臺之支大人喜 予粗通語音
一 二日 屋座妙增自杭州至
一 三日 細司芳負杭州至
一 四日 遊鏡清寺遂至張楷蒙楷百詩送予行

一 五日 給價銅錢從杭至此討三万貫
一 六日 晩有聖旨太守高常大備茶飯日衆競求送行詩
一 七日 諸舩土官分紿絹子
一 八日 天童可竜在驛予求詩辞吾醫瞎仙話心
一 九日 明驛宋悏先生有詩送予
一 十日 四卿坊鄭惟廣能八多字為予書之
一 十一日 市舶司紿海上二通叟留于寧波衛
一 十二日 衆晨餘安遠駅各来舩陳李二大人知府主大逸
一 十三日 至東門諾曉過霊津橋行三里許
一 十四日 趙文瑞貴玉一道 叟留寧波衛
一 十五日 晩至定海瓶盖舩百餘鯉甲十數万人送至升山
一 十六日 乗潮行可十里
一 十七日 朝過運筆揔兵官須茉諸舩
一 十八日 朝修觀音 識儀脱推檣行四十里
一 十九日 昌國縣而行
一 廿日 海霧昏 不東西午後乗晴而出忽過急風怩誌失
一大鐵樁三号舩失二鉄猫
一 廿一日 至着顚風六七里外只有二帆影
一 廿二日 朝好風特来諸舩開洋
一 廿三日 起海水少清水夫曰巳離唐地
一 廿四日 晩見遠山不知何処
一 廿五日 至昨所見山下水夫皆曰吉肥前五嶋七棹小御舩

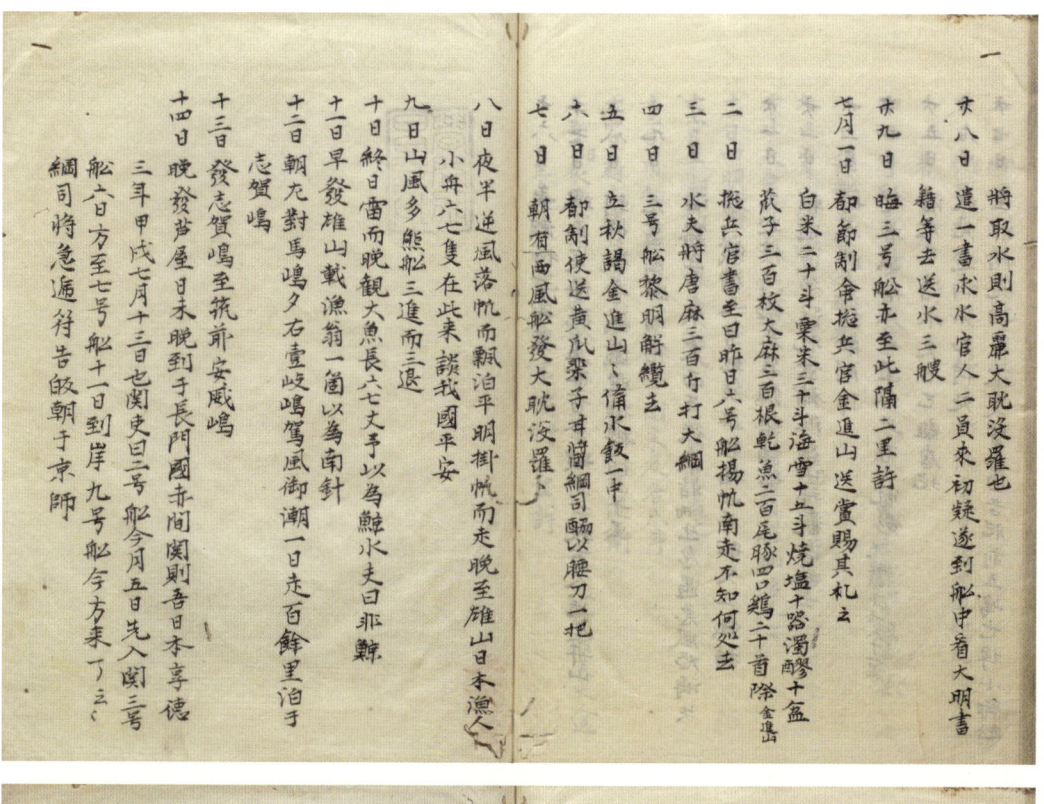

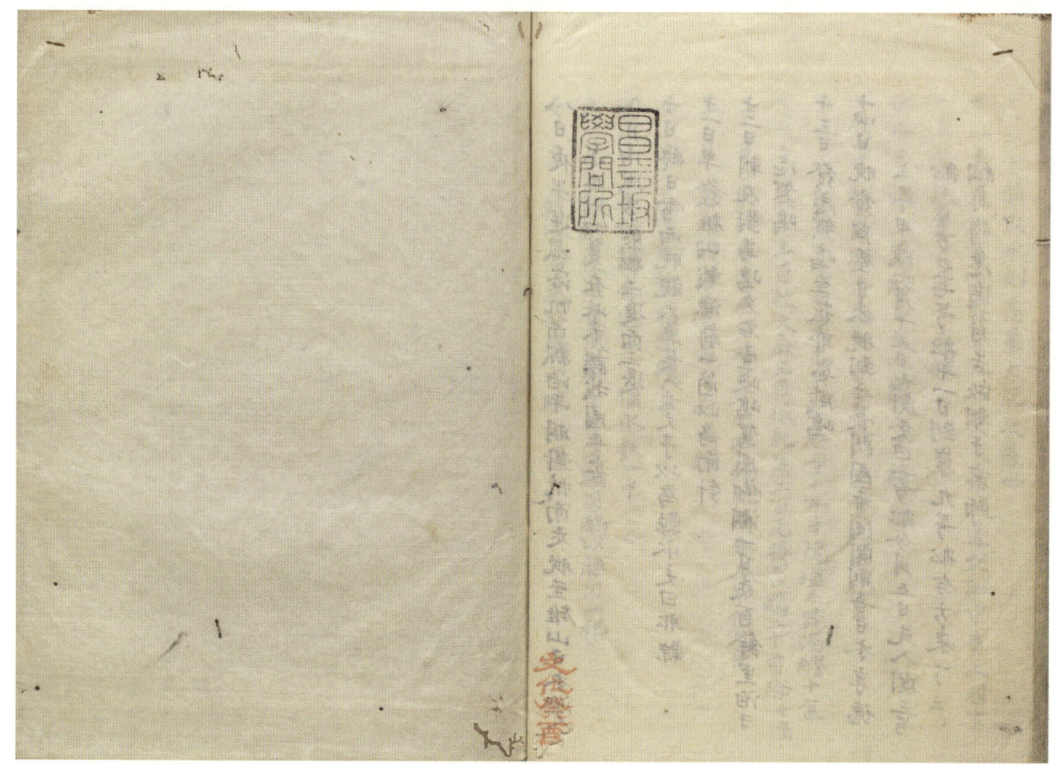

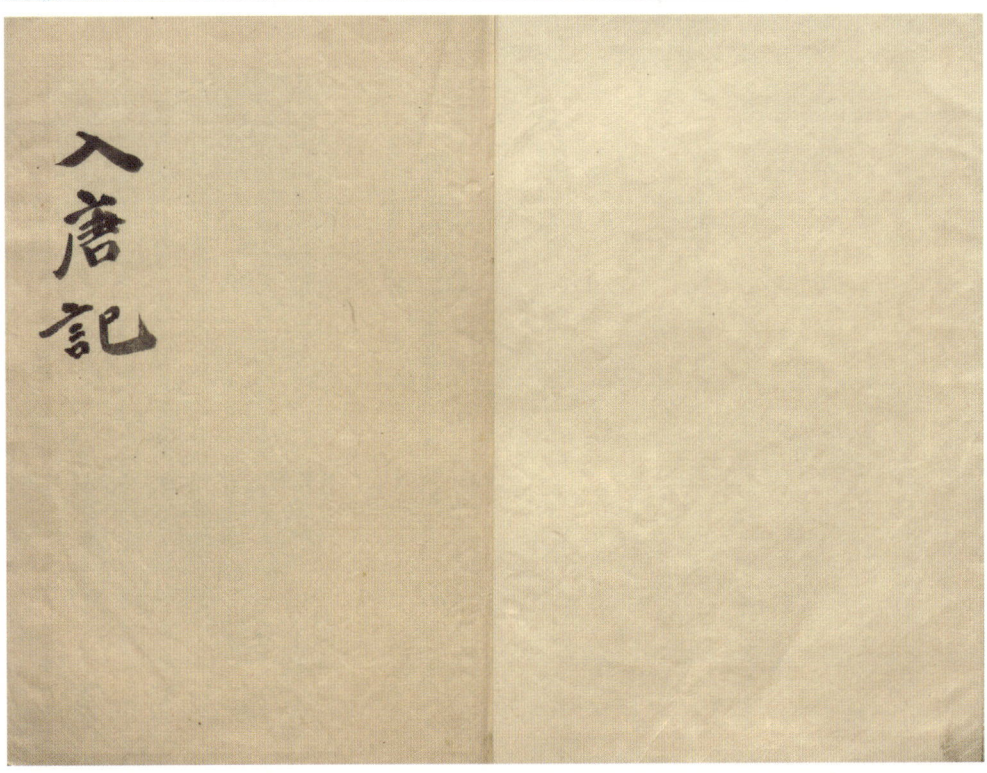

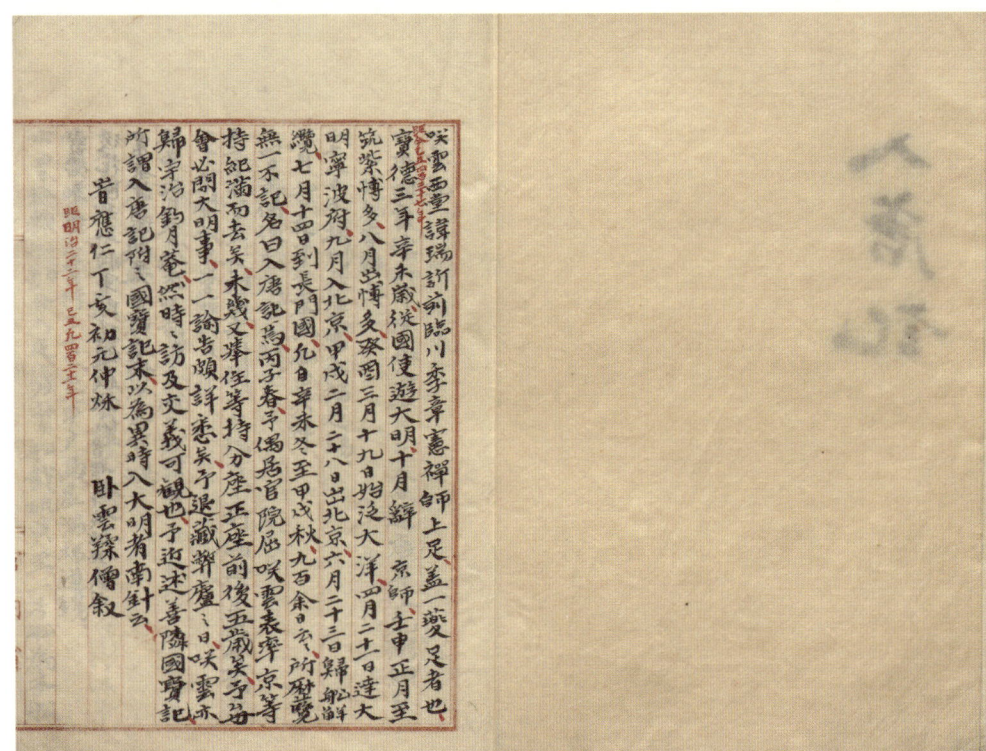

寶德年當
後花園天皇、將軍即足利義政公 寶德三年義政林義成
當明景泰年、當時亡世

入唐記
日本國寶德三年辛未冬十月二十六日遣唐豆使允澎綱司
芳貞等辨裝
二十八日至攝州兵庫寓永福道場
十一月九日夜牛有東風船出兵庫
十四日至備後尾道留二旬
十二月十日至長門國赤間關号永福寺 前隔海一里乃豊前文
字關也 支等攸閉見
壬申正月五日船至筑前博多 𪷐子城樂寺
八月十七日一號船出博多 掛子城樂寺
十九日二號船三號船同至志賀進文殊大士
林三日晚發志賀行三十里至早戸島屋湎福至
水日撥類船瑟合入夜薩摩舩載硫黄至一号舩為本舩

屬之者諸曰類舩
九月五日朝發平戸午至小豆大島
二十日少有順風將辨繩網集諸船頭等入會議未半
水支把撒間洋者二三里二号三号從之
二十一日舩頭等日今不可有風也待奉可守
二十二日一号二号四樟子早戸島二号將颶鳴野古
癸商三月十九日諸船早發水昌老早戸里日本野至五鳴茶留浦
三十里一号見三帆十六六里
四月一日類船之一晝夜走六七十里
二日癸酉日曠 我亦曠
三日少有順我 一隻茂未西舩好風滿帆
四日鷹來君枕上午後淋水少濁水支已入唐地
晋日早朝修黻三未半一支兒山晚到此或曰茶山曰佛頂山

六日午至補陀羅山掛船于達筌得觀音初修讓舉法
七日晝船一號日晩家問未問日什發船從伊梩東通事趙文端
答日本國進貢船
八日彩船百餘纜未速劉東浙海將軍劉萬戶送龍張文
荔支寺
九日開畢三号七号一被到劉大人贈酒一樟
十日馬大人贈水一被到茂海縣
十二日劉大人文送冤蒙筆乾等
十六日到況家門牛大人馬大人劉氏楊氏王民諸官人書船五
十餘艘烱南打鼓迎我
十五日官舩一隻自迎樟司迎舩未
千四日大雨推送迴舩
十五日雨中推櫓行三十里到舟山 挑比六何里

十六日乘潮行六十里至三山不推楷隨潮如行諸曰乘潮
十七日一潮到定海縣人舍贈次米二儋酒二瓶笋乾櫻桃鵝鷄水
十八日船中候潮觀音懴儀一座
十九日出定海縣見一塔巍峨通事虞圓曰這當是寧波府
二十日日本國一号船曉泝浙江平明達寧波府乃大明景
泰四年癸酉夏四月廿日也内官陳大人賓等使九澇
網司訪交徴瀰瑞新清茂等就假館捧茶葉糖子入
驛門額曰浙江市舶司安遠驛驛中日本衆所館額
廿一日陳大人就觀光堂延待寺使網司從僧等堂後有一
三重大塔也
廿二日本國一号船進羊鵝鷄麵竹笋
乹醬瓜糖茄共十六種大刋于前鍇衆引領就食之五
廿三日日本二号六号八号等船三隻帆到府東門
廿四日遊于對學先生引歸寧津宮大成府明倫堂遂至
湖家于祠宇朝駕知草堂宮子朝傲前有興日唐
秘監太子賓客集頭院大學士贈禮部尚書賀公神
九諸像邊右廟門顧等甫咸有碑
十六日大人又就勤政堂延岩諸房
廿七日遊天寧寺門揭妙莊嚴又過海會寺去城可二里外門顧
華藏世界祖堂有碑曰同山和尚中峯本禪師
廿九日遊于對學勤政堂延君座士官等諸羊鵝鷄麵竹笋
乾醬瓜糖菰共十六種大列于前鍇衆引領就食之五
五月一日癸卯早起勤政堂揭妙莊嚴又過海會寺去城可二里外門顧
二日本四号船到寧波港龍琢招入驛

三日官人陳氏起北京差日本通事船八隻未
四日陳大人大設茶飯享日衆柝勤政堂府太守光律鐘
鼓倡優自朝至晚
五日瑞午觀光堂有禮下後陳大人就和府諸官
七日歷遊南中諸剎曰衣寺鏡清音延慶奉壽昌寺萬壽
寶殿高唱藥師如來號就茶堂茶飯寵入砂勝寶殿
八日布政司同大人自杭州来
十日發使遇大人自杭州来
十一日告陳瑛到一隻到温州去寧波至昌里
十二日李内官晩發寧波到温州将賓迎琉球人
十三日起寧出城山門外引䇿子大難寺住山
十四日歷外門顧山松山門外引摐子大雄寶殿
誦大悲咒開寺三重舍利塔入其揚中寺棟小塔而出其
大七八寸許州謂阿育王自天堂所擲者是也
祖堂多脾一開山富昌素禪師一當山三十二代無
準和尚方丈永息開上右脾曰禪教宗主㗯隱折禪
師遊天童山景德寺備殿大雄殿
十音天童山景德寺備殿大雄殿間有家麻塔門顧中年黃司揭
臨濟正傳九筆雙池萬工池萬松閒有路爲亭遠近
存年
廿一日陳大人將宴日發光賜入伴水支等以麵粉砂糖酒醋
鹽醬羣筆楊梅油菜鵝鷄
廿七日天清茶飯華日衆勤政堂茶集勤來朝還令起關
開日本國追貢船来朝還令起關

廿八日舉一號船進貢物入之東庫正副使居座土官皆出
廿九日晦二號船舉進貢天早月餘有命測東僧衆皆集天
寧寺祈雨
六月一日正使副使起東庫謁陳大人三號船舉貢物
二日六七號船進貢物貨一吧擧之
三日零四號船貢物貨
四日八號船進貢擧之
五日一號船進貢庫土官等諭三司官門揭曰浙江提刑察司
六日正副使居座土官等諭三司官門揭曰浙江提刑察司
七日晦一子硫磺
八日擧鑠水銅子
十三日擧二子貨直晩大雷而雨
十四日諸船座集于綱司房議點擬不少之事

十五日陳大人就天寧寺設大齋以慶祈雨滿散
十六日撿一號船貨直
十七日陳大人將日本硫磺細司備日本機緞酒尊陳大人
十八日萬戶魏大人送日本貢馬二十四起杭州日衆土官
一員人伴等呈入設之
廿一日陳大人壁上掛張楷書茶史布政司御史
如府夫人就勸政堂李張楷榜蔡史布廣五丈許硫磺二万斤錄
廿三日李內官從溫州來日琉隊貢馬二十五匹
木一千六百斤
廿五日李承宣送院隊追貢上京
廿六日驛一騎船貨直
廿七日陳大人就勸政堂見陳李二夫人
七月一日陳大人勒政堂調日本梳黃五萬斤送南京
二日陳大人又調日本梳黃五萬斤送南京

三日東庫掛一號船銅子
四日天童長老可菴抱子會於茶有鷄頭子似柘榴而大
上以丹字牙又問東坡詩有石槨木之語如何曰木名
也此方盛有之
十日秀才馮克容來不多吞書田學問如何答曰石槨
十一日陳大人自北京歸
十二日諸船貨物起送之外選之各至十六運上日起送
十三日三司大人起府歸一杭日衆送至港上
十四日諸船二頭等硫磯浙江濱設水陸會徒僧皆出
十七日張楷子十八歲擧赴士起杭
十九日陳大人府學有祭訶秀才三十六人舞干挺
廿一日五更趙勤政堂編月旦一禮又起天寧寺唱

皇帝聖誕之禮儀府中諸官府學縣子秀才天童山育
王寺延慶高壽清衆趨于祝延聖壽道場一等並
定秀才一人立階上唱排班興等
皇帝聖節蘭府官僚諸刹僧衆比句趨天寧寺而講禮
日衆因而不起陳丹白大悲
五日衆朝詣陳大人致茶飯之謝
六日嶽山和尚驛有越王句踐儀碑白駐千餘
七日觀光堂舜工午车車飯驛四明驛有越王句踐寺
閣謂末明兄見海底日誠哉
八日上虞縣橫驛江夜泊誠江
九日曹娥驛向曾窟呈書至杭州計二百二十里至寧波府二

石廿里午至會稽縣陸地行船一里許予出船吏行槖東
閟驛四三里詣曹娥廟讀八字碑芭蕉所謂碑已折爲二
家元祐中蔡卞書而立之
十日曉到紹興府山陰縣城中有鑑湖刻漢曲水
高閣額曰越中勝絕眼其下有鑑湖刻漢曲水
浙東乃越地也西岸曰渐西乃吳地也晩入杭州武林驛
十一日至蕭山縣西興鎭午渡錢塘江廣十八里東岸曰
十二日六七子船載到杭
十三日將遊孤山遇雨而迷晩時入梵天寺祠堂日韶子瞻
像碑曰雷山上地東坡居士護法朝王
十四日出涌金門至南屛山下入淨慈寺
淨慈門三門千佛閣五京鏡堂西堂永明室方丈一湖軒
高閣應溪文戰書顯漢皇長光玉澗潤和尚梅方丈閣

額普門南儀亭操公泉日雲堂穠香閣清華軒清
暉樓水月棲雲液池孤山和靖舊老处梅一枝李潭
詩所謂高士梅花千樹盡蘇公楊柳一株燕子龕寶也
宅中有樂文和詩集左右許田藏十陵爲者
隱士百餘筆有牌又揭碣磁講寺額中蕭
子故庭子佛足之上有大榭曰保叔外寺有金獅池或曰
此水與西湖通晩入錢塘門額曇與武林驛
十六日海命寺前有伍子胥廟額聳武林驛
曰吳山上表忠觀戓典聖王伍仙之神
十七日錢塘江觀潮午後出武林東站行二十里泊于德勝頂
十八日仁和縣吳山驛長安驛崇德縣
十九日息林驛桐鄕縣萬壽寺嘉興舟三塔寺抵西門額日平
廿日吳江長橋七十二洞一洞乃一閒世夕蘇州府

門晩泊于楓橋到寒山寺佛殿左有碑曰舊名楓橋寺又曰
山惠山寺遊殿寒山拾得爲本寺門即有二井曰寒山
拜中塘 民食掛地
廿一日當州府無錫縣秀才此縣有寺南禪北禪花藏松
蔣中塘 民食掛地
廿二日毘陵驛ㅅ有姜公遠像梅日天下第二泉
廿三日鎭江府古潤州丹陽縣南水闗北水闗甘露寺有高樓
江臨寺云復殿寒山拾得爲本寺門即二井曰寒山
廿四日渡楊子江額日于江四十里爲楊州儀眞縣北岸有樓
北岸有樓額日佳麗樓揚加別有駅額廣陵驛瓜州
九路頭之門裏面皆有額學或同戓異下天竺曰上天竺有
講寺爲洪井三生石靈子印筆中天竺一重山
學木上像祖堂有李潭泓禪師上天竺大講寺外門
䑓相呼中流有二山謂金山焦山巴

廿五日 邵伯驛 承旨 逃亡不館 日巻 高郵州 泛于太湖碍河
塘盂城驛
廿六日 淮安府 山陽縣 彰森國審僧 船二隻 辭北京歸
廿七日 淮陰驛 清河縣
廿八日 桃源驛
廿九日 晦 邳州 名迁縣 有卯座
九月一日 下邳驛 市店相掛 乾龍長文五秀才曰城裡有進裢橋
二日 新安驛
三日 葛溝 洪汴汴泗支流瀉水太急 便七八牛拿船一隻百步
洪是己乎水上開牛拿船与洪同 徐州關外以鐵鉤爭船
四日 徐州府彭城驛 有夜雨
五日 雨中泊彭城
六日 泊彭城 三夜 聽雨

七日 沛縣 下聞
八日 泗亭驛
廿六日 酒亭府 護名為寄長鲁地
九日 山東兗州魚臺縣 皆地給粟士女皆費菊花
十日 濟寧別 音橋驛
土日 南城水驛
十二日 兼半州安山水驛有小澳 舟百餘隻皆載鶴
十三日 東阿縣荊門水驛
十四日 東昌府清水縣清陽驛 船多陽穀縣 冬八甚文吾多
十五日 堂清清源驛齊地有柏公廟 晏子廟甘棠多
十六日 高唐州武城縣 甲馬祭水驛
十七日 濟南府 徳品 良店駅
十八日 頃天府 霸州 春新駅
十九日 楊青驛 天津衛 天津右衛 河水始凍

廿一日 楊村驛 水始凍
廿二日 河西驛
廿三日 和合驛
廿四日 張家灣
廿五日 通州通津驛 馬船快 船站船運糧船木四來
廿六日 驛丞官等率馬驛關日衆各來之起京晚入崇陽門
官人記入賓城名引進于會同館
廿七日 官命入鴻臚寺習禮尋習朝参禮
廿八日 朝参長安街玉河西陇長安門兼天之門端門
方二象平門左掖門右掖門奉天門
走關左門賜宴 罷又趍端門 跪叩頭而出

謁禮部院禮部乃昆梯胡漢年八十餘
十月一日朝参奉天門賜宴開五門
二日 朝参 正使人奉天門傳表文綱叩前賜宴関五門以下立於午門闕大鐘鳴旬
五掖門入奉天門跪拜起叩頭起自右掖門出賜宴了
四日 馬船發朝見 天子于奉天門賜宴如常
五日 朝参天子御奉天門觀日本進貢馬 千足闕日本開左闕
加常宴罷賜館官総求麺粉酒醋菓子臀薪米木
七日 望日 李九號船一隻九月十四日到寧波府
八日 四子六子七子八子呈二詩
九日 中書合人呈二詩令入升域朝貢千九大明者兀吾
余國唯日本人獨讀書矣

十日 四六七八号舩泊始朝參
十一日 礼部壤日本勘合主客司金屏風金字上添貼字
十二日 燕山初雪
十三日 南蠻咸哇國人百餘人在館未通信於日本
十四日 女眞人來朝喀服馬皮似鞾且人
十五日 朝見天子於天門賜宴如常朝罷遊翰林院
十六日 食九里城衆鐘皷雷轟
十七日 上命設茶飯於本館以享日眾內官一員并禮部侍郎光伴倡優俀術事一驚人
十八日 朝參致賜茶飯之謝四觀鞾旦人來朝獻馬七十
廿一日 入四人來朝獻馬三十匹
廿四日 入四人來館見書字八橫行似梵字而非

廿八日 日本進貢貨囘入會同館車七十五兩
十一月一日 朝參入西角門左奉天門右到奉天殿見
皇帝朝礼畢賜新曆景泰五年甲戌曆 百官芽講人爭進呈集之 賜眞關文詣礼部院
二日 上柳入大隆福禪寺為景泰三年勅建也 賜興也
三日 又命見大慈恩寺 有胡僧二百員皆戶金環
四日 又有古入大奧隆禪寺 設茶飯綱司奧令罳不起
五日 主客司授進貢物
八日 朝參奉天門獻日本貨物鞾旦四員諸蕃觀之
十日 西官及外域眾佳朝天宮冬至朝儀
十二日 朝參賜衣正副使 金緞金環袈裟滾滾柳練金褐金練蓋羅衣襪子鞾
子鞾從僧紵羅銀袈裟柳練藍羅衣襪子鞾 又綢礼部院
十三日 朝參致賜衣謝 合吝袤 又綢礼部院

十四日 令至朝參自在旒門入東角門過鳳凰池到奉天殿見
天子文樓武樓々間 萬官排班三呼万歲聲勤天地
十五日 朝參中書大人自奉天門出俳從僧於上官上
十六日 鞾旦人八百人來朝駱駝二十餘西從之
十九日 上搏日本八伴等賜冬衣裳
廿五日 張楷子張伯厚疵忍奉在京來作詩
十二月二日 朝參奉天門朝禮賜宴
六日 朝參 歡賜玉司便匣子羅紵四端絹二六端絹子萬桃僧
殿子一端絹子三端勞子五十
七日 朝參謝欽賜 畢
八日 朝參奉座清海始達京曰十月十日發蓬設
九日 高麗賞人來朝

十合 朝參獻九号舩眞馬正
十六日 綱司屋座謁禮中洐速日本
廿一日 日本清海高麗賞人賜茶飲於本館車位主客司來
廿三日 百官佐朝天官習歲旦朝礼外國人皆從
廿六日 日歲三百餘員朝參觀衣
廿七日 朝參致賀
廿八日 本館賜茶飯慶
廿九日 立春清海肯朝參肯宮衣致賜衣謝
三十日 除夜長安街列炬如畫
大明景泰五年甲戌春王正月一日五更朝參
皇帝御奉天殿 十官排班炬齋
菊齋拜舞四拜平身

班首行礼祝壽礼畢就班拜與四拜三舞蹈再拜興
四拜就跪三呼萬歲〻〻并三呼〻〻歲拜與四拜平身
礼部自凡事畢出左掖門入于闕左門賜光祿宴日本頼〻
高麗四韃于達〻半東雲南川琉球〻諸番皆預
焉

二日遊法光寺入僧堂一老僧曰我師乃日本嘉智也師曾有
得曰眼的風物般〻別喵有寒梅一樣光
三日綱司諸礼部獻扇子十把礼部辞焉
四日清海寺賜殿子綃子綿子
六日礼部給日本番貨價直
吉
吉望帝田篤之天妃廟
十二日往三西六龍車二三象車車者二鳳輦二人府之其
吉帝田篤之天妃廟
行者三西六龍車二三象車車者二鳳輦二人府之其

例再不取本國之
六日礼部曰方物給價其可照依宣德十年例
七日綱司諸礼部曰十年例還本國誅戮只願憐案
八日礼部院集待郎〇中員外郎主考司等議定給價
九日進士三千員入試司
十日時觀試院乃國子監也議設練国不許遊人入
十一日省正統举中新譯經一藏乃花簇也
十二日大興隆寺為西長安門一里有業四賀第一座贊童淳
公乃前僧司錄倡芳和尚高弟也朝野稱之乎卓諸〇
問青視有茶一中之諸中字如何埠日與鎮青同座諸一轆
又日諸之中
十三日遊正覺寺山門顆曰正覺光山雖誠千初有山字
十四日知果寺大滿和尚濟下常師機鋒峭咤〻〻不接入字因

二日遊法光寺入僧堂一老僧曰我師乃日本嘉智也師曾有
大明門入御〻熱戰援衛者數萬人甲曹士馬者三千六万騎至
大明門分行東長安街西長安街
十三日觀灯市燈籠傍皆臥瑠璃桃〻中有數寸魚琉灯光
西踊雖芭可爱也濟大川題瑠璃灯棚曰永画溪玉籠
墙具謂之才
十四日朝等礼畢畢首上門賜身外城諸人湖右門賜華夜
觀灯畢畢畫十街望端門萬燭耀天
十七日有衣冠騎馬捲紅綃於眉上城〻此之鳴鼓萬以还宮
廿日家產男子者例如此〻
廿一日南京買銀子車二百兩至京於居庸闊迎塩司
車一兩銀重萬兩
廿四日礼部召趙通送曰方物給價若不依宣德八年
二月一日朝為奉天門正使捧表請益方物給價
礼部召趙通送問曰來人所求曰給價若不依宣德八年

問之如何是佛法大意海曰俗是何爲人乎曰日本國來海曰
未雖日本乎興三十棒乎上產罪過海笑侍者呈茶來
十五日朝参奉天門〻〇一笫
十六日與隆寺獨芳和尚洞下遠老道重王臣子見之乎大禀
子次師峯燒新日日本有馨日有又華東子曰芳和尚萬福
日有師曰達〻東東為付了乎曰先和尚萬福師咲賜
角所詳心經一卷
廿六日觀礼部院開科峯榜〻日
廿七日琉陳國長史東朝
廿一日興陰寺大僧録司右善世南浦和尚賜送行序
廿二日和給賜姜討古銅大香鎭二ヶ咩銅方香鎭一ヶ銅
磬一口鏡一鈷子二件
礼部詢科举事今門棗泰五年會試取列中試

舉人姓名開列于後領至榜者

計開中式舉人三百五十名
第一名 彭華 江西吉福縣儒學生 春秋
第二名 尹直 江西泰化縣監生 易
第三名 徐鑾 浙江開化縣儒學生 書
右榜謝恩訖 景泰二年二月旦榜
廿八日奉天門早朝欽奉聖音賜殿試及第出身同進士出身人等宴於禮部今月二日至通州通津驛
二日河西驛伴送官准賜宴關子具馬快船二十六隻載東八兩貨物人員二十二隻
廿九日行入司光伴送官陶必夢關柔予一夕伴送關子具予伴所在文武官衙門應副也平明到通州晚至張家灣
三月一日小雨過和合驛 驛正站一百二里五兩
三十日朝辭通漢驛繋船晚泊張家灣

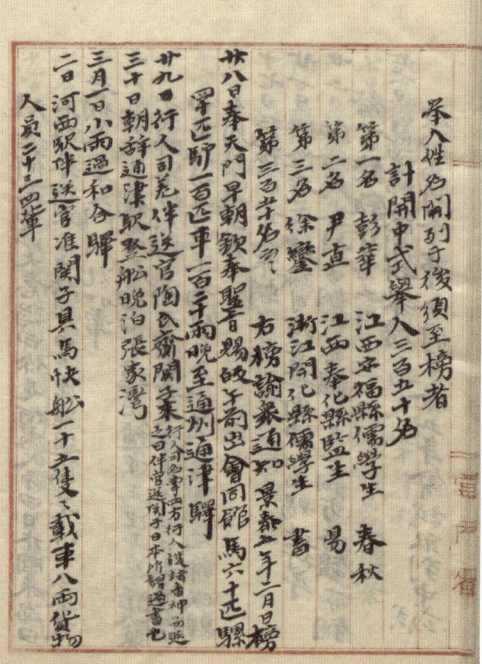

十六日黃河水廣二十里許行萬丈交流湯而就北流夜泊平山水驛
青山森池為東平州沒上縣開河駅當地開河西可重否湖日又運根船万餘里夢若胡城又向前來雙塔里晩至于濟寧州為蓟街境過
十七日南城池水驛 而有山所謂龜山也
十八日至兗州東北乃汎山也兗州屬普濟寧廬齋杜少陵登岳詩日姥昔開普岳未了誠哉
十九日趙村開若佛開普橋驛
廿日 晋蘩縣乃登公紫日地現鬼臺日來了誠哉
廿一日徐州沛縣四里驛 漢高駐跡河驛
廿二日彭城驛舊南汴四等驛 豐口駅漢高斬蛇處也
廿三日謝溝開 宿城上開
廿四日石佛西有驚臺為碁石北有樓所謂黃樓耶 城外有漢

三日 開黃封酒以賞上已水支醉歌墨楊村驛
四日 河水似鬥乃黃河汎流也年過楊青駅夜至奉新驛
五日 河間府天津衛
六日 滄州長蘆通河驛磚河驛
七日 流河駅庚不彩寧入達高門者
八日 走河縣新橋 良店驛
九日 濟南府德州
十日 安德駅域里縣外 富木城臨清州
十一日 景州故城縣良家社駅卦草門多
十二日 廣平府清河縣臨清縣清源驛臨清下開
十三日 本馬駐武城縣清陽駅乾見青草河水少身
十四日 臨清上廟 清陽駅船見青草河水少身
十五日 聊城 樓重 北麗素武駅牛過荊門駅寂寞晚渡

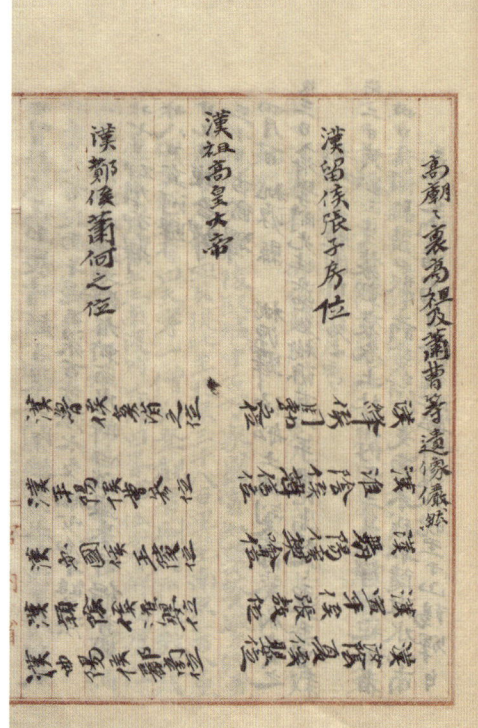

漢鄭儀蕭何之位
漢留侯張子房位
高廟襄為理及蕭曹等遺像儀
漢祖高皇大帝

右頁(上):
前
二日黃船三隻裝載袞衣上北京內官三員挾擡射近船者
三日入府學問先生此地名桃源有以平日地屬楚之靈王曾栽
桃樹以爲桃園因名之ミ
四日淸河縣淸口駅ミ前黃河一支西來我船沂淮水而南
二水交流淸濁自分從此船泝淮水晚至于山陽驛自
四月一日桃源驛 泊舩士借製蒲簍府賣之
二十九日鍾吾驛
三十日古城驛
ニ十八日直河驛
二十七日卯駅
二十六日淮安府新安驛有斷岸唐牌曰强盜來仟僧省級
二十五日又有疾雨午過岔梁百步洪水多船必泊于雙洪
二十四日彭城夜和晨晴起呂梁上閘舩多水少次于房村驛

左頁(上):
淸口至此六十里間有修造舩廠
五日進陽駅淸江浦百籍信廟漂母墓
六日高郵州安平驛有麗社湖乃孫肇老讀書山谷寄
詩麗社湖中有明月夕
七日江都縣 邵伯驛綱司臾老人休三十人自此直往
杭州
八日楊州府廣陵駅城中百万家盛賣如藥火毊繁鄕署
爲万花會曰矣從此至北京三千八百里至南京一百八十里
九日儀眞駅有寺曰天寧一僧別簽閣指所境教曰彼
處有五馬渡晋五王南渡處此浦伍子胥鮮劍渡江
所ミ午後搬至楊子江頃風揭帆夜半渡江舟人皆誦
普門品曉瞰江南兩岸蓬多
十日朝見石頭城至誠下城高數丈未知其長戌日周回二十

右頁(下):
日程也至龍江抽分塲至廣恩守泊于龍灣
十一日內官三員都督一員迎于廣恩街
十二日遊蔣湖寺ミ濟下也有高閣ミ上見江淮遠近之山
十三日一秀才來言問地圖才乃冠中出小筆手書曰此地春秋
屬吳戰國屬越後屬楚初置金陵邑秦陀山林陵吳大
帝都此改曰建業晋武帝改爲秣陵又分比爲建業改業
鄭復改爲建康東晋元帝馬扎此爲都馬宋齊梁陳皆都
至隋元帝改建康爲蔣路方方今大明六極之初定鼎
于此改爲應天府ミ
十四日秀才又來如此謂從于遊廣恩街浅鋪具機抱金盤
盛可廣北銀槐
十七日來太監送滿歌一隻畫眉錦鶺鴒鸎ミ
十八日太監又送鸚歌一雙群第一盤川筆花一盆酒一罇

左頁(下):
二十一日鍾山去城可十里松竹蔚然
二十二日出硫黃三万斤銅子一十二万二十扛遣之
今日選束硫黃明日選你銅子三員銅子稦木秦
二十三日出硫黃三万斤
二十四日銅子并黃木遣之
二十五日黃船三隻載氷上北京水支千餘脫衣寧舩
二十六日太監出給償新錢三千萬宣德分
二十七日出紗鈴子五千萬端
五月一日大和
二日晨晴官舩次于龍江衛
三日輧金陵石餘送至楊子江ミ過金山焦山晩次于北
固望回山下
四日雨中推擢出鎭江府丹徒縣ミ乃秦始皇發赭衣三万
ミミミミミミミミミ

入鑿地縣之處
五日 母陽縣
六日 玉淸河
七日 常州毘陵驛 北來諸船到此皆以舫筏蓋以茱萸多通橋也
八日 入蘇州府花席茶候太多
九日 夜泊楓橋
十日 入蘇州 長洲苑
十一日 晩出閶門
十二日 吳江縣賀帶橋橋五十三洞至江橋七十二洞橋半有垂虹亭從此泛太湖 蓋跨湖帶宣興 四州片帆所出震澤笠澤松江苕溪 頫瞰雲溪姑蘇山西墓山洞庭湖中有石堤其長四十里
十三日 嘉興府橋鄕縣 皁林驛崇德縣
十四日 杭州府 仁和縣 德勝壩
十五日 吳山驛 正使又苦兒入武林驛
十六日 網屋士寺站 船入隻入武林驛人伴不留于吳山驛
十七日 阮太監潟給價鐵銅三十万
十八日 諸吳山伍子胥廟遊到三罪觀 蓋吳中 峽縣忠左
十九日 正使東洋和尙終于武林驛 晩於涌金門柳洲寺會諸諳經末畢 于長老自括火把作佛事 其偈曰噴火燈花照眼明 薰風拂過涅槃城 西湖有鐵塘 有源吳山 中腰 忽出湖中 則孤山也安出前面別逝東峯也北高峯南屛山六橋三天竺在一望之間拜
廿日 過子鐵佛寺 吳會過靈隱寺 人伴等留于吳山首 逸城裏港 直到錢塘江

廿一日 一起五十人登舡起寧波府發行 次才曰一起二起
廿三日 前天竺 雲屋居于山林寺 名喧吳 越予饋永先師饌饌 詞操業書又做一個饌子
廿四日 二起百餘人發杭
廿五日 三起將出武林日雨四留
廿六日 朝來韓子出我武林 午渡錢塘江 至蕭山縣南頁驛
廿七日 紹興府 治舍 誓山陰二縣 界有鑑湖剡溪
廿八日 早起 山陰 午起二閘 晩着蛾驛
廿九日 雨中 汝子曹娥城下
三十日 過車蛾驛 午逢寧波府繁船即永 入安逸驛會忠守
六月一日 入勸政堂見陳大人予親北京南臺之事大人喜予粗通詞譯
二日 屋産妙增白杭州至
九子房

三日 網司芳員杭州至
七日 有聖童太守鬲第大備茶飯 曰衆千餘此實簡其宴
八日 講鏡淸寺邊至張楷家指有詩送予行
九日 給價銅鐵從杭至此計三萬貫
十日 晩有疾風暴雨一龍出浙江上天黑雲一道如尾初下衆着三丈余
十一日 網司芳員杭州至
十二日 有天童可卷在驛予求詩歸 馬蹄朧仙沾人心
十七日 四明驛宋懐廣龍八分字爲予書之
十三日 市舶司給海上三十日關末入各六斗
十四日 趙文端阮貢至二遭事留于晴寧波驛衛

十五日袁辰鮮□遂駅各栄本船陳李二大人知府主大人
送至東門港晩過靈津橋行三里許
十六日來潮行可十里
十七日晩至定海縣畫船百余發甲士數万人送至舟山
十八日朝修謁音威後晩推槽行四十里
十九日左昌國縣而行
廿日海霧晝不分東西至晴初出見忽過宣風怨濤
廿一日左廻橫司総兵官須柴諸船
廿二日朝過蓮華汗晩鷲神礼落山井四隻舩失三鐵猫
廿三日砂磧風來舩六七里外一隻二帆影從此以下加六間里
廿四日起有類舩六七里外六百二帆影從此以下加六間里
廿五日海水没清水主曰已離唐地

六日都剖使送黃似棄子甘醬綱司鯔以轍月一把
七日朝有西風舩發大晩没離
八日夜半逆風謁帆詩而縦泊平明掛帆石走晩至雄山日
本漁人小舟六七隻在此來詠我國平安
九日終日雷南晩觀大黒長六七丈午次為𣢦水史日非鞭
十日里發雄大戲浪的蓬以為南針
十一日朝左對馬島夕右壹岐島駕風御湖一日走百餘里泊
于志賀嶋
十二日發壱賀嶋至流前蔵鳴
十三日徳三年甲戌七月午十三日也関史日三号舩今月廿七日出
関三子舩六日方至七子舩十日到岸九子舩今方來了

廿六日晩見遠山不知何処
廿七日至昨所見山下水夫皆告曰吾肥前五島也埠小脚舩
將取水則水官人二員來初疑遊到舩中有大明書籍
等去送水三般
廿九日暗三号船衣至此隔二里許
七月一日都節剖命據共官金趾山送賣賜其札云
白米二十斗栗米三十斗海豊十斗燒塩十器泗鷲
十柳盒武子三百枚大麻三百根乾魚三百尾豚四鷄二
十首餘金進山
二日搭共官書至曰昨日六号舩揚帆南夫不知何處去
三日水夫將唐麻三百門打大綱
四日三号舩黎明鯢去

右明治十七年甲申五月二十六日將新井昌本為取一
部存明代外交事績頭足明謹讀者續莫思
別紙棄省山人常常 抄

雲綱司將今遊筥書飯朝千京師

옮긴이 후기

『쇼운입명기』가 중세 일본의 대외관계사 사료로서 갖는 가치와 위상에 대해서는 무라이 쇼스케 선생님과 스다 마키코 선생님의 상세한 해제와 해설이 첨부되어 있으므로 구태여 여기에 벽돌 하나를 더 얹을 필요는 없을 것이다. 다만 일본중세사나 중국명대사를 전공하지도 않은 비전공자가 어떠한 경위로 무모하게 번역에 뛰어들게 되었는지를 이 자리를 빌어 독자 분들께 설명 드리는 것이 우선일 듯 하다.

돌이켜 보면 우연한 만남이었다.

2011년경으로 기억한다. 대학원 석사과정에 막 진학한 참이었다. 어느 날인가 지도교수이신 서인범 선생님께서 일본 야마가타현에 출장 차 다녀오신 뒤 책 한 권을 보여주셨다. 제법 짙은 녹색으로 장정된, 손 한 뼘에 들어갈 법한 크기의 작은 책자였다. 일본에서 막 출간된 책인데, 출장 중 만난 야마가타 대학의 아라미야 마나부[新宮學] 선생님께 받으셨다고 말씀해 주셨다. 『표해록(漂海錄)』을 지은 최부와 비슷한 시기에 명나라에 다녀 온 일본인 승려의 여행기라는 설명과 함께. 바로 『쇼운입명기』였다.

석사 논문의 주제를 구상하면서 이런저런 자료를 난독(亂讀)하던 시기였다. 때마침 조선에서 명청 중국에 파견되었던 사신들의 기록인 연행록(燕行錄)에 관심을 갖고 있던 터라 『쇼운입명기』에도 흥미가 갔다. 선생님께 책을 빌려서 내친 김에 전체를 훑어 보았다. 서인범 선생님께서 직접 역주하신 최부의 『표해록』을 이미 읽어 두었던 까닭에 『쇼운입명기』와 비교하며 살펴 나갔다. 비슷한 시기에 같은 지역을 방문했어도 조선인과 일본인이 보고 들은 것은 비슷한 듯 비슷하지 않았다. 어찌 보면 당연한 일이지만, 명조에 체류하던 쇼운이 유독 사찰을 자주 찾던 것이 인상적이었다. 유황이나 동과 같은 무역품 검수가 빈번하게 이루어지고 그 거래가격을 둘러싸고 명과 일본 양측이 서로 신경전을 벌이던 모습도 꽤 신선했다.

하지만 거기까지였다. 『쇼운입명기』를 진지하게 파고든다거나 심지어 번역까지 할 생각은 전혀 없었다. 학위논문의 주제를 만주사와 청조사로 가닥을 잡았기 때문이다. 한국에서 어렵사리 석사학위를 취득하고 도쿄대학 대학원 총합문화연구과에 유학하여 스기야마 기요히코[杉山清彥] 선생님 밑에서 본격적으로 만주사와 청조사를 공부하게 되었다. 대학원 수업에서는 주로 명말청초기의 한문사료와 만문사료를 강독했다. 자연스럽게 『쇼운입명기』나 명·일 관계사는 기억의 한켠으로 밀쳐 놓게 되었다.

그러다가 근세 류큐사를 전공하신 와타나베 미키[渡辺美季] 선생님이 도쿄대학에 새로 부임하셔서 대학원과 학부 수업에 참여할 기회를 얻었다. 와타나베 선생님의 수업에서는 주로 근세 류큐를 중심으로 한 국제관계에 관련된 자료를 읽어나갔다. 수업이 진행되는 가운데 때로는 중일 관계의 역사가 다루어지기도 했고 간혹 『쇼운입명기』가 화제에 오르기도 했다. 이렇게 『쇼운입명기』와 아슬아슬하게 이어지던 끈은 와타나베 선생님께서 명청시대 공문서에 관한 공동연구팀을 발족함에 따라 계속해서 이어졌다. 와타나베 선생님의 제안을 받아 들어가게 된 이 연구팀에서 『쇼운입명기』의 일본어본을 출간하신 스다 마키코 선생님을 직접 만나게 되었던 것이다. 연구팀의 해외 조사에 함께 참가하고 결과 보고서를 작성하는 과정에서 스다 선생님과는 대화를 나눌 기회가 종종 있었는데, 주된 이야깃거리 중 하나는 역시 『쇼운입명기』였다.

2020년 코로나19가 한창이던 중에 대청제국사를 주제로 박사학위를 취득하고 7년만에 귀국했다. 서인범 선생님께서는 본인이 주관하시던 동국대 문화학술원 인문한국플러스(HK+) 연구단에서 일할 수 있도록 배려해 주셨다. '동유라시아 세계의 물품'이라는 새로운 연구 주제에 매력을 느끼면서도 그간 청 초기의 정치사와 제도사를 주로 공부해왔던 탓에 우왕좌왕했다. 연구 주제와 관련된 자료를 역주하는 '사료총서'를 맡게 되었지만, 한국어로 소개하기에 적당한 자료를 찾지 못한 채로 시간만 흘러갔다. 그러던 중 그간 기억의 한켠에 밀쳐 두었던 『쇼운입명기』가 명조와 무로마치 막부 간의 무역을 다루는 사료라는 데에 생각이 미쳤다. 내처 『쇼운입명기』를 사료총서의 한 권으로 출간하겠다는 계획을 서인범 선생님께 말씀드렸고 허락을 얻었다. 끊어질 듯 끊어지지 않던 『쇼운입명기』와의 끈을 매듭지을 기회를 얻은 셈이다.

여기까지가 비전공자가 이 책의 번역을 무모하게 마음먹게 된 경위이다. 그러나 '번역할 결심'과 '실제 번역'은 전혀 다른 차원의 문제였다.

『쇼운입명기』는 승려의 저술이므로 불교 용어가 빈번하게 등장한다. 중국 불교사에 대한 지식이 부족했던 탓에 이런 구절이 등장할 때마다 진도가 막히기 일쑤였다. 이에 명대 불교사를 전공한 이미정 선생과 한국 불교사를 전공한 이유진 선생에게 도움을 요청하여 함께 강독반을 조직했다. 여기에 유학 시절 대학원 수업을 함께 수강했던 노현진 선생이 코로나19 여파로 귀국해 있던 터라 강독에 참여하기로 했다. 그렇게 팬데믹이 미처 가라앉지 않았을 무렵인 2021년 5월부터 매주 만나 서로 돌아가며 읽어나가기 시작했다. 1년 정도 지나자 노현진 선생은 개인 사정으로 참석하지 못하게 되었고, 초역을 검토하는 과정에서 일본근세사를 전공한 이해진 선생이 새로 합류했다. 2022년 10월에 강독과 검토가 끝나면서 이후 작업은 내가 전담하기로 하고 강독반은 해산했다.

비교적 단순한 문형의 한문으로 쓰여진데다가 이미 일본어 번역도 마련되어 있어 번역이 쉽게 끝나리라 생각한 것은 말 그대로 오산이었다. 한문으로 쓰여 있다 해도 중국과 한국의 문체가 미묘하게 다르듯이 일본도 마찬가지였다. 단순한 문형은 도움이 되기는커녕 도리어 골칫거리로 돌아왔다. 문장이 지나치게 단순한 탓에 대략적인 뜻은 이렇겠다 싶다가도 한국어로 옮기기는 여간 까다로운 일이 아니었다. 일본어 번역도 일본식 한문 훈독체로 옮겨져 있어 차라리 원문을 읽는 편이 의미를 이해하기 수월했다. 강독반을 운영하며 초벌 번역과 1차 검토를 마친 상태였지만, 결과적으로는 처음부터 다시 옮긴다는 심정으로 2023년의 두 방학은 꼬박 번역 작업에만 매달려야 했다.

아울러 일본어 번역본에는 734개에 달하는 방대한 각주가 달려 있는데, 이를 어디까지 반영하고 새로운 역주를 얼마나 추가할 것인지도 결정하기 어려운 문제였다. 저작권 문제도 걸려 있어 결국 일본어 번역자의 성과를 최대한 존중하여 원서의 각주를 있는 그대로 한국어로 옮겼다. 다만 번역문 본문에 반영하여 불필요해진 경우는 삭제했고, 한국인 독자에게 생소할 일본 지명이나 인명에 대해서는 추가로 설명을 덧붙였다. 옮긴이의 역주는 원저의 오류나 오기가 명백할 경우에 한해 최소한으로 한정했다. 여기에 일본어본에는 없던 『쇼운입명기』 판본 두 종의 원문 이미지를 자료로 첨부했다. 하나는 본서의 해제에서도 소개된 내각문고본 「입당기(入唐記)」(일본공문서관 소장본)이고, 다른 하나는 미야지마 세이이치로[宮島誠一郎] 관계문서에 수록된 「입당기(入唐記)」(일본국립국회도서관 소장본)이다.

끝으로 감사의 말을 덧붙인다.

첫번째 자리에는 이 책을 소개해 주시고 한국어 번역을 독려하셨던 서인범 선생님을 누구보다도 먼저 들어야겠다. 불초한 제자를 학문적이고 인간적으로 이끌어주신 선생님께 거듭 감사드린다. 두번째 자리는 강독을 함께 했던 이미정 선생과 이유진 선생에게 돌린다. 강독에 가장 부지런히 참여하고 조언을 아끼지 않았던 이미정 선생 덕분에 작업을 마칠 수 있었다. 이유진 선생은 본서에 부록으로 수록된 사료 원문을 입력하는 초벌 작업을 맡아 주었다. 이런저런 사정으로 두 분을 공역자로 올리지 못하게 되어 미안할 뿐이다. 세번째 자리는 스다 마키코 선생님이다. 선생님께서는 외국인 신진 학자를 믿고 번역을 맡겨주셨을 뿐만 아니라 번거로운 질문과 요청에도 매번 친절하고 성실하게 응해 주셨다. 마지막으로 출간 업무를 직접 담당해 주신 경인문화사 한주연 팀장님과 유지혜 편집자님께 감사드린다. 마감 기한을 제멋대로 늘리고 어기기를 되풀이하던 불량 필자를 말 그대로 '감당'해 주신 두 분께는 면목이 없다.

  촉박한 작업 시간 속에서 정작 한가롭게 외국을 유람하는 타인의 이야기를 한국어로 옮기는 작업이 솔직히 말해서 썩 유쾌하지만은 않았다. 하지만 명·일 관계와 무역이라는 생소한 분야를 비전공자가 원 사료로 접할 수 있던 것은 분명 다시 없을 경험이었다. 물론 이 보잘 것 없는 경험을 온전히 누리기 위해 부모님과 아내와 아이에게는 늘 소홀할 수밖에 없었다. 삶을 즐길 수 있어야 비로소 일도 즐길 수 있다는 상투구를 새삼스럽게 상기하고 있다.『쇼운입명기』의 번역이 한국학계에 조금이나마 도움이 되기를 기원한다.

2024년 3월

임경준

Shouun-Nyuumin-Ki by Shosuke Murai and Makiko Suda
Copyright ⓒ 2010 Shosuke Murai, Makiko Suda
All rights reserved.
Originally published in Japan by HEIBONSHA LIMITED, PUBLISHERS, Tokyo.
Korean translation rights arranged with HEIBONSHA LIMITED, PUBLISHERS, Japan through Bestun Korea Agency.
Korean translation rights 2024 Dongguk University Academy of Cultural Studies, The institute of Humanities Korea Plus.

이 책의 한국어판 저작권은 베스툰코리아 에이전시를 통해 일본 저작권자와 독점 계약한 '동국대학교 문화학술원 HK+ 사업단'에 있습니다. 저작권법에 의해 한국 내에서 보호를 받는 저작물이므로 무단전재나 복제, 광전자 매체 수록 등을 금합니다.

동국대학교 문화학술원 사료총서 03

쇼운입명기 笑雲入明記
일본 승려의 눈에 비친 명·일 관계와 무역

초판 인쇄 | 2024년 3월 15일
초판 발행 | 2024년 3월 25일

지 은 이 쇼운 즈이킨(笑雲瑞訢)
엮 은 이 무라이 쇼스케(村井章介)·스다 마키코(須田牧子)
옮 긴 이 임경준(林慶俊)
발 행 인 한정희
발 행 처 경인문화사
편   집 유지혜 김지선 한주연 이다빈 김윤진
마 케 팅 전병관 하재일 유인순
출판번호 406-1973-000003호
주   소 파주시 회동길 445-1 경인빌딩 B동 4층
전   화 031-955-9300   팩   스 031-955-9310
홈페이지 www.kyunginp.co.kr
이 메 일 kyungin@kyunginp.co.kr

ISBN 978-89-499-6792-9 93910
값 25,000원

* 저자와 출판사의 동의 없는 인용 또는 발췌를 금합니다.
* 파본 및 훼손된 책은 구입하신 서점에서 교환해 드립니다.